国家社科基金西部项目（课题编号：17
科研启动项目（课题编号：JRB1704）

违宪概念的一般原理

饶龙飞　著

上海三联书店

目　录

导　言

　　按照一般的学术研究套路，在展开具体的问题研究之前，都得花一定的笔墨书写本研究的国内外研究现状及其研究价值和方法。本书对违宪概念的研究并不想完全地"服膺于"这种模式，因为聪慧的读者可以从后文的论述与注释之中"感受现状"和"体悟价值"。

　　在此仅想絮叨的一点是，作为"保障宪法实施的一个重要概念和重要的判断标准"，[①]违宪（概念）问题至今并未得到深入地研究，这可以从下列学者的判断中得到印证：徐秀义、胡永革二位先生在20世纪80年代提到："什么是违宪"，"不论是干部还是群众都不十分了解。"[②]大约10年之后，于沛霖先生仍然说："违宪的概念"等"有关违宪的基本问题，在我国宪法和有关法律中尚属空白。"[③]在1995年的全国宪法学年会上，"与会代表们认为，在今后的宪法法律研究和实施工作中，有关什么是违宪，什么是与宪法相抵触，怎样理解宪法的法律效力等问题将作为重点探讨和进一步研究的问题。"[④]虽然有了这种共识，但是，当时钟拨到

---

　　① 李林、翟国强：《健全宪法实施监督机制研究报告》，中国社会科学出版社2015年版，第44页。

　　② 参见徐秀义、胡永革：《谈谈宪法监督制度》，《学习与研究》1985年第8期。

　　③ 参见于沛霖：《完善我国宪法监督制度的思考》，《辽宁师范大学学报》（社会科学版）1994年第3期。

　　④ 张华：《人民代表大会制度理论研讨会暨1995年中国宪法学年会综述》，《高校社科信息》1996年第2期。

21世纪时,违宪问题的研究也没有获得实质性的进展。在胡肖华先生看来,虽然"我国宪法学界一直致力于违宪审查制度的研究",但"对违宪的概念等微观具体制度的构建""缺乏创新性研究"。①韩大元先生也认为:"由于缺乏对违宪的概念、违宪的危害性、违宪的构成要件、违宪责任等问题的统一认识,社会生活中出现的大量违宪问题,还无法通过有效的机制加以解决。"②而邢斌文先生近来亦撰文指出,尽管"什么是违宪"问题是推进合宪性审查工作过程中无法绕开的核心问题之一,但基于该问题的敏感性和复杂性,关于"违宪"的内涵,在我国理论和实践中始终没有深入探讨并得出清晰的答案。③

理论研究的薄弱可归因于实践的缺失,④但反过来也可以说,理论层面的缺失恰恰是实践环节薄弱的一个重要因素。因此,无论是理论抑或实践,都促使我们必须全面且深刻地认识和研究违宪(概念)问题。⑤

---

① 参见胡肖华:《违宪审查原则论》,《湖南科技大学学报》(社会科学版)2004年第3期。

② 韩大元:《宪法学基础理论》,中国政法大学出版社2008年版,第425页。有的学者认为,我国现行宪法监督体制不完善的表现之一便在于1982年宪法仅在第五条出现了"违宪"字样,但对违宪概念、违宪构成要件等基本问题未有规定,导致宪法监督缺乏明确的标准。参见秦勇:《宪法监督模式与政权组织形式的互动与选择》,黑龙江大学硕士学位论文,2004年5月,第2页。

③ 参见邢斌文:《什么是"违宪"——基于全国人大及其常委会工作实践的考察》,《中外法学》2020年第2期。

④ 也许实践中的经验性做法与理论的预期尤其是建基于比较法上的理论预期存在一定的差距,从而导致理论并没有回应实践的关切。不过,究竟应该是选择"理论顺应实践"还是"理论超越和指导实践",也许正是人们(尤其是作者本人)在理论和实践互动过程中存在的迷惘。

⑤ 陈云生先生认为:"离开宪法原则和程序根植于其中的宪法政治环境抽象地讨论'违宪',徒引发没有结果的争议,是没有任何益处的。"基于这一立场,其并未对"违宪"进行定义式解释。参见陈云生:《宪法监督司法化》,北京大学出版社2004年版,第353页。

第一章　学说分歧与问题所在

一、学说分歧

在逻辑学上，"定义是揭示概念特有内涵的逻辑方法，即用简洁、明确的语句揭示概念所反映的事物类的本质属性或特有属性。"[①]因而，欲了解违宪概念的内涵与外延，首先需要从其定义入手。概略地浏览我国宪法学者对违宪概念的定义，主要有以下几种有代表性的主张。

1. "侵害对象说"。该说认为，"违宪是违反宪法的简称，是与宪法的原则、精神及具体规定相抵触。"[②]

这种定义仅指出了违宪之"宪"（即本书第三章所述"违宪审查依据"）的内部结构三要素乃是宪法原则、宪法精神和宪法具体规定，所谓的"违宪"亦只是指与这些内部结构要素的抵触。[③]当然，这种违宪的定

---

① 李娜主编：《逻辑学导论》，武汉大学出版社2010年版，第20页。

② 郭春涛：《论违宪》，《徐州师范大学学报》（哲学社会科学版）1997年第1期。另可参见李元起主编：《中国宪法学专题研究》，中国人民大学出版社2009年版，第83页；秦前红主编：《宪法》，武汉大学出版社2010年版，第407页。更为简洁的表达有："所谓违宪，是指违背或破坏宪法原则的行为。"参见罗正德编著：《中国宪法学新论》，中国国际广播出版社1994年版，第33页。有论者将违宪行为所违反的"宪法或其他法律规范"称为"违宪行为的侵害对象"。参见欧爱民：《违宪行为的法理分析》，《求索》2005年第4期。另有学者则将违宪行为所违反的"宪法的原则、精神和规范"称作"违反宪法的客体"。参见郑贤君：《全国人大宪法和法律委员会的双重属性——作为立法审查的合宪性审查》，《中国法律评论》2018年第4期。

③ 有的学者将直接违反宪法的具体规定称为"直接抵触"宪法；而违反宪法的基本原则和基本精神则为"间接抵触"宪法。参见刘连泰：《中国合宪性审查的宪法文本实现》，《中国社会科学》2019年第5期。

义并没有错误。就规范论的角度而言,违宪与一般性违法的区别之一就在于二者所违反的规范不同:前者违反的是具有最高法律效力的宪法规范,后者违反的则是一般法律规范。[①]但该定义并未揭示违宪与违法的本质区别(在"宪法也是法律,违宪也是违法的一种情形"的命题中更是如此),对于合宪或违宪的判断而言亦无多少助益。

2."主体+行为+侵害对象说"。该说基于对违宪主体范围的界定以及违宪行为法属性的确定不同与在表述违宪之"宪"范围的确定性方面的差异,主要有如下三种表述方式:

(1)"违宪是指国家的法律、法规、命令、行政措施以及国家机关或公民的行为与宪法的原则或内容相抵触。"[②]

(2)"违宪是指一切国家机关和武装力量、各政党和社会团体、各企事业组织所制定的各种行为规范以及它们所实施的公务上的行为和上述机关、团体、组织的领导人在履行职务中违反了宪法的有关规定。"[③]

(3)"违宪是指我国一切国家机关、武装力量、各政党、各社会团体、企业事业单位、以及公民个人实施的公务行为或非公务行为违反了我国的宪法或宪法性法律中可以追究违宪者宪法责任规定的行为及其结果。"[④]

第一种表述在宪法学理上被称为"广义违宪论",[⑤]因为其所界定的

---

① 有学者认为,在宪法学上所指之"宪法",主要是指根本法意义上的宪法。因此,合宪与违宪之"宪"指的是根本法意义上的宪法,而非指部门法意义上的宪法和实质意义上的宪法。参见胡锦光:《合宪性审查》,江苏人民出版社2018年版,第18页。鉴于宪法表现形式多样,宪法惯例、宪法解释等宪法渊源形式是否均属于违宪之"宪",值得仔细斟酌,这也是本书第三章所欲探究的问题。

② 肖蔚云、魏定仁、宝音胡日雅克琪:《宪法学概论》,北京大学出版社2002年版,第54页。另可参见松花穆林、刘景欣主编:《新编宪法学》,内蒙古大学出版社1999年版,第310页。

③ 马岭:《关于违宪的几个理论问题的探讨》,《当代法学》1988年第3期。

④ 王世涛:《违宪构成初论》,《法学家》2005年第5期。

⑤ 广义违宪论和狭义违宪论的观点表述,参见许崇德主编:《宪法学:中国部分》,高等教育出版社2000年版,第87页。其中,狭义违宪论将违宪表述为"国家的法律、法规、行政命令等规范性文件与宪法的规定、原则及精神相抵触。"既不同于广义违宪论和狭义违宪论,又与下文引述的"中义违宪论"不同的是,有的学者将违宪主体范围界定为"国家机关、武装力量、各政党、各社会团体、各企事业单位",并将可接受违宪评价的对象限定为上述主体所制定的法律、法规或规范性文件,以及决议、决定或其所进行的活动。参见俞子清主编:《宪法学》(第三版),中国政法大学出版社2007年版,第36页。有的学者则将违宪主体的范围表述为"国家机关、政党等掌握公共权力或政治资源的公共、准公共机构",参见傅思明编著:《宪法学》(第二版),对外经济贸易大学出版社2014年版,第36页。

违宪主体是宽泛的、无限制的；且违宪主体实施的任何性质的法律行为——无论是公务行为还是非公务行为——都可能因与宪法的原则和内容相抵触而成为违宪行为。

第二种表述被该论者称为"中义违宪论"，因为该论中的违宪主体虽然排除了普通公民，但却不像"狭义违宪论"中的违宪主体仅限于"法律、法规、行政命令等规范性文件"的制定主体，尚包括各政党和社会团体、各企事业组织以及机关、团体、组织的领导人；另外，区别于第一种表述，"中义违宪论"主张只有这些主体所实施的公务行为——无论是抽象公务行为还是具体公务行为——才可能因违反宪法的有关规定而成为违宪行为。

第三种表述的最大特色在于其对违宪审查依据的范围既作了扩张又作了限缩，扩张之处在于该论点所界定的违宪之"宪"的范围不仅包括了具有最高法律效力的宪法，还包含了只具有一般法律效力的宪法性法律；而限缩之处则在于无论是宪法还是宪法性法律，并不是所有的条款或内容都可视为违宪审查依据，只有那些"具有违宪标准，可追究违宪者宪法责任"的规定才是违宪之"宪"。此外，其不同于下述"主体＋侵害对象＋状态说"的一点是，该论点将违宪的属概念确定为"行为及其结果"而非"行为"亦非"行为的状态"。

3."主体+侵害对象+状态说"。此说认为，"所谓违宪，是宪法主体违反宪法的精神、原则或者具体规范从事各种行为的状态。"[1]

此说同"侵害对象说"一样将违宪审查依据的内部结构要素列举为宪法精神、宪法原则和宪法具体规范，但与上述两种学说相比较，其不同之处在于：

一是未像"主体＋行为＋侵害对象说"那样在定义中详细列明违宪主体的范围，仅以"宪法主体"予以概括，至于"宪法主体"的范围尚待具

---

[1] 莫江平:《中国宪法学》，法律出版社2002年版，第52页。

体解释。①

二是将相对于种概念之"违宪"的属概念确定为"行为的状态"。其实，无论是合宪抑或违宪，都是对某一行为进行评价的结果。正如马克思主义经典作家的那句经常被法律学人引用的名言所说："对于法律来说，除了我的行为以外，我是根本不存在的，我根本不是法律的对象。我的行为就是我同法律打交道的惟一领域，因为行为就是我为之要求生存权利，要求现实权利的惟一东西，而且因此我才受到现行法的支配。"②即使在刑法学中有所谓状态犯的概念，指的也是犯罪行为终了，不法行为处于继续状态的犯罪形态，是在犯罪完成后的一种不法状态。也就是说，这种不法状态并非是刑法评价的对象。故此，违宪的属概念指向的应该是"行为"而不是"行为的状态"。至于上述第二种学说中的第三种表述所言之"结果"，仅是违宪行为在客观方面可能存在的一个特征而已，③其并不能成为违宪属概念的组成部分。

4. "主体+侵害对象+特征说"。该说主张："违宪是指国家机关、政党、社会组织及国家公职人员采取的行为违反了其宪法上特定的权利义务或国家机关制定的规范性文件同国家的宪法发生了抵触和冲突，它具有国家性、后果的严重性和制裁的最高性的特点。"④

区别于上述三种观点，这一违宪概念的定义具有如下两个特点：

一是针对不同的违宪主体所实施的不同行为性质，对违宪的实质作了不同的界定，即将国家机关等组织体与国家公职人员所实施的违宪行为的实质确定为"违反了其宪法上特定的权利义务"，而国家机关制定的规范性文件的违宪实质在于"同国家的宪法发生了抵触和

---

① 从其后的论述来看，该书对违宪主体亦未限定范围，采"广义违宪论"。参见莫江平：《中国宪法学》，法律出版社2002年版，第54页。

②《马克思恩格斯全集》第1卷，人民出版社1956年版，第16—17页。转引自张文显：《法哲学范畴研究》（修订版），中国政法大学出版社2001年版，第60页。

③ 有关行为结果是否是违宪构成的必要条件，可参见拙著：《违宪构成研究》，同济大学出版社2019年版，第94页以下。

④ 王广辉：《比较宪法学》，武汉水利电力大学出版社2000年版，第166页。

冲突"。

　　二是在违宪的定义中列举了违宪的三项特点,即国家性、后果的严重性和制裁的最高性。揭示概念内涵的定义方法,就是要用"简洁、明确"的语句表述该概念区别于其他相类似概念的基本特点。如果违宪的特点在于"国家性、后果的严重性和制裁的最高性",那么,该定义的前半句的表述就必须内含这些特点;或者说,如果前半句的表述已经体现了这些特点,那么,后半句就是多余的。除非前半句与后半句之间在逻辑上是并列关系,其对于违宪的定义而言都是必要的,该说对违宪概念的定义才是合理的、合乎逻辑的。但根据该论者的解说,"国家性"体现在前半句的"违宪主体"范围上,"后果的严重性"则体现在前半句对"违宪客体"(如违反了其宪法上特定的权利义务)的界定上。故此,该定义的前、后半句在含义上就是重复的,从逻辑上来讲是不妥当的。

　　5."主体+行为+本质说"。该论认为,"违宪是指特定的国家机关或官员所实施的、不合宪的创制法律规范的行为或政务活动。这些行为或活动危及了或足以危及宪法所保护的统治阶级的根本利益和意志。"①

　　根据该说对违宪的定义,违宪具有如下三个基本特征:(1)违宪的主体是指特定的国家机关或官员。(2)可能违宪的行为只限于上述主体所实施的创制法律规范的行为或政务活动,也就是抽象及具体的公务行为或权力性行为。(3)违宪的本质在于其危及了或足以危及宪法所保护的统治阶级的根本利益和意志。可以说,该定义基本上揭示了违宪概念区别于其他概念尤其是一般违法的特有属性,但亦存在"美中不足"之处:该定义中出现的"不合宪"之表述违背了逻辑学有关定义的基本规则之一即"定义项不能直接或间接地包含被定义项",②也就是说,

---

　　① 王才松、宫玉春:《试论违宪和违宪审查程序》,《东北师大学报》(哲学社会科学版)1992年第1期。

　　② 李娜主编:《逻辑学导论》,武汉大学出版社2010年版,第24页。

作为定义项中的"不合宪"其实就是被定义项"违宪",因而,该定义犯了"同语反复"的逻辑错误。

6. "主体+侵害对象"及"侵权+救济"说。基于表述方面的细微差异,该说存在如下两种表达:

一是"所谓违宪行为是指国家机关、特定人员违反宪法或与宪法相关法的行为以及国家机关因滥用权力而造成公民基本权利受侵害,而后者又得不到有效的普通救济的行为。"①

二是"违宪行为是指国家机关、企业事业单位、社会团体(主要是指政党组织)和公民个人直接而明显违反宪法或上位法规范、原则、精神或直接侵害公民基本权利且后者得不到合理救济的行为。"②

该说两种表述的最大共同点也是区别于上述五种学说的最大不同点在于其将有关主体——两种表述在界定主体范围时有差异——所实施的侵害公民基本权利而后者得不到有效或合理的法律救济时的行为列为一类违宪行为。正如该说的主张者所言,之所以将该类行为确定为违宪行为,是因为:"这类违宪行为本应由普通法院审理并制裁违法者,但由于普通法院的司法程序存在瑕疵或者由于有关人员的渎职行为,致使公民基本权利在普通法院得不到合理、有效的救济,宪法基于'有效且无漏洞的救济'理念,允许当事人在穷尽一切普通救济程序或在普通救济无用时,针对一般违法行为向宪法审判机关提出宪法诉愿。

---

① 胡肖华主编:《宪法学》,湖南人民出版社、湖南大学出版社2003年版,第347页。

② 欧爱民、刘谦:《违宪行为的新探索》,《常德师范学院学报》(社会科学版)2003年第4期。在另一篇论文中,欧爱民先生将违宪行为定义为:享有公权力的法律主体严重违反宪法或上位法的规范、原则、精神或普通公民滥用自己的基本权利对抗自由民主的宪政秩序,并需通过违宪审查程序追究其宪法责任的行为。从该定义的文字表述来看,其并未包含"直接侵害公民基本权利且后者得不到合理救济的行为"。但该文却在他处将这种违宪行为称为"演变性违宪行为",并且认为这种违宪行为的构成必须具备两项要件:(1)行为侵害的必须是公民的基本权利,而非普通权利;(2)当事人必须穷尽其他救济途径或其他救济途径根本无用。参见欧爱民:《违宪行为的法理分析》,《求索》2005年第4期。而该作者所著的专著又将"违宪"表述为需要违宪审查机关通过违宪审查程序加以解决的法律纠纷。参见欧爱民:《宪法实践的技术路径研究——以违宪审查为中心》,法律出版社2007年版,第5页。就此也可见违宪概念定义的困难和复杂。

这时一般违法行为便转变为违宪行为。"①

其实,公民因其基本权利为他人违法行为所侵害且在法律救济程序中未得到充分救济从而提起宪法诉愿的行为,并不能使该违法行为"演变"为违宪行为,理由是:公民之所以能提出宪法诉愿的主要原因在于"普通法院的司法程序存在瑕疵或者由于有关人员的渎职行为",也就是说,在宪法诉愿情形下,真正侵害公民基本权利的主体已不是原违法行为主体,而是负有法律救济职责而怠于履行该职责的公权力主体(详见后文对公民违宪主体资格的分析)。因此,宪法审判机关所要审查的对象是公权力机关所实施的法律救济行为(作为及不作为),而非原违法行为;所要证明的是公权力主体是否违宪而非原违法行为主体是否违宪。

此外,该说的两种表述之间也存在细微的差异:(1)在违宪审查依据方面,前者确定为"宪法或与宪法相关法";后者则界定为"宪法或上位法规范"。②(2)在违宪主体的范围方面,前者确定为"国家机关、特定人员";后者则并未作出限定,包括所有的国家机关、企业事业单位、社会团体(主要是指政党组织)和公民个人。(3)值得一提的是,根据该论主张者的论述,后者将违宪行为限定于"直接违宪行为"(在该定义的表述中亦可见"直接"一词),而且其所谓的"直接违宪行为"是指违反"内容清楚、明了、具体,可以直接约束有关立法机关、司法机关与行政机关"的宪法规范的行为,"间接违宪"则是指违反"内容不很明确,具有原则性、概括性、灵活性、无具体惩罚性,只能对国家机关、公民、法人具有间接约束力"的宪法规范的行为。③

---

① 欧爱民、刘谦:《违宪行为的新探索》,《常德师范学院学报》(社会科学版)2003年第4期。

② 此处的"宪法相关法"之所指,该书并未作出详细解释。至于"上位法规范"之所指,从该文的论述来看,在我国是指全国人大常委会制定的法律。

③ 参见欧爱民、刘谦:《违宪行为的新探索》,《常德师范学院学报》(社会科学版)2003年第4期。对此种"直接违宪"和"间接违宪"的主张,本书将在"第七章 违宪的类型"部分进行批判性阐释。

二、四个问题

上述六种违宪概念的定义,[①]不仅反映了违宪的内涵在我国宪法学界至今还未取得共识,[②]"是一个争议较大的概念",[③]且经过梳理我们便可发现,要对违宪概念下一个符合逻辑的、妥当的、可接受的定义,至少必须合理回答如下四个问题:(1)谁有资格违宪? 或者说违宪主体的范围如何界定?(2)具有违宪主体资格的组织或个人所实施的哪些行为(如是否仅限于公务行为或政务活动)可成为合宪性评价的对象?(3)违宪侵害的对象即违宪之"宪"的范围如何界定?(4)与违宪概念这一种概念最"相邻"的属概念是什么:行为、行为状态抑或其他?

其实,以上所列第(2)和第(4)个问题本质上为同一个问题,即第(2)个问题(我国宪法学界一般称为"违宪审查对象")的回答决定了违宪行为属概念的内涵和外延,而第(4)个问题的解答在某种程度上亦是对第(2)个问题的回答。

然而,在解答了违宪主体的资格要件及范围、违宪行为侵害的对象即违宪审查依据的特点及范围、违宪审查对象或违宪的属概念等三个问题后,就能对违宪概念进行定义式的描述吗? 让我们先简略地梳理

---

① 笔者深信,以上梳理的六种违宪概念释义的代表性主张,并未将学界所有有关违宪的学说"一网打尽"。这是无法做到的,对于本书的论证而言也并不必要(学说史上的意义则另当别论)。如有的将"违宪"解释为:违宪,"合宪"的对称。"违反宪法"的简称。通常指国家机关、社会团体、企业、事业单位及其领导人等违背或破坏宪法原则的行为。参见《宪法词典》编辑室:《宪法词典》,吉林人民出版社1988年版,第191页。有的将"违宪"概念定义为:违宪就是指一切国家机关、各政党和社会组织违背了宪法的原则和规定,应当按照宪法规定的程序和方法承担不利后果的行为。参见王建华主编:《宪法学新论》,电子科技大学出版社2005年版,第464页。有的则将"违宪"定义为:所谓违宪,是指国家的法律、法规、行政命令以及国家机关和工作人员的行为与宪法的原则和内容相违背。参见郭学德主编:《宪法学简明教程》(第二版),中国经济出版社2002年版,第35页。凡此种种,无法一一列举到位。

② 参见韩大元:《宪法学基础理论》,中国政法大学出版社2008年版,第385页。

③ 刘嗣元:《宪政秩序的维护:宪法监督的理论与实践》,武汉出版社2001年版,第239页。

一下违法(行为)、犯罪、侵权行为和行政违法等概念的定义,其后便可对这一问题作出肯定或否定的回答。

对违法(行为)概念的定义,我国法理学界并未形成共识性的表述。有的著述将违法界定为:"违反现行法律,给社会造成某种危害的、有过错的行为。"①有的学者则将违法行为表述为:"具有法定责任能力的组织或个人违反法律规定,不履行法定义务或滥用权利,对社会造成危害的行为。"②而俄罗斯学者在界定违法行为的概念时则作出了与之相类似的表达:"违法行为是具有法律行为能力的一人或多人实施的有罪过的,违反法律规定的,给社会带来危害并将导致法律责任的行为。"③从这些同中存异的表述中,我们可以发现,具有法定行为能力或责任能力等违法主体要件、过错或罪过等违法主观方面要件、违反法律或不履行义务或滥用权利的行为及其造成的社会危害等违法客观方面要件等违法构成要件均成了定义违法(行为)概念的不可缺少的定义项。

我国刑法学主流学说根据《刑法》第13条第1款的规定,将犯罪的基本特征概括为:具有相当程度的社会危害性、刑事违法性和应受刑罚惩罚性。④尽管此一犯罪特征的描述并未包含犯罪构成要件,但鉴于犯罪概念与犯罪构成之间所存在的下列"抽象"与"具体"的关系,以犯罪构成要件作为定义项来对犯罪概念进行界定也是可行的:"犯罪概念从宏观上揭示犯罪的本质与基本特征,犯罪构成是认定犯罪的具体法律标准;犯罪概念是犯罪构成的基础,犯罪构成是犯罪概念的具体化。"⑤这种可

---

① 卓泽渊主编:《法理学》(第四版),法律出版社2004年版,第267页。另可参见周旺生、朱苏力主编:《北京大学法学百科全书》(法理学·立法学·法律社会学),北京大学出版社2010年版,第921页。

② 徐永康主编:《法理学》,上海人民出版社2003年版,第412页。

③ [俄]M.H.马尔琴科:《国家与法的理论》,徐晓琴译,中国政法大学出版社2010年版,第454页。

④ 参见高铭暄主编:《刑法学原理》(第一卷),中国人民大学出版社2005年版,第382页。

⑤ 张明楷:《刑法学教程》(第三版),北京大学出版社2011年版,第31页。有关犯罪概念与犯罪构成之间存在的"抽象"与"具体"关系的观点,尚可参见刘艳红主编:《刑法学总论》,北京大学出版社2006年版,第40页。

行性已为外国(如日本)刑法学理论关于犯罪概念的界定所证实:"所谓犯罪就是具备构成要件的、违法的、有责的行为。"①而构成要件该当性、违法性和有责性恰是日本刑法学理论所主张的犯罪成立的三大要件。

我国民法学者在定义为法理学者视为违法行为之一的侵权行为时,同样将"过错""财产和人身""损害"等侵权行为的主客观构成要件列为侵权行为的定义项。如有学者认为:"侵权行为,是指行为人由于过错侵害他人的财产和人身依法应承担民事责任的行为,以及依法律的特别规定应当承担民事责任的其他致害行为。"②"侵权行为就是指行为人由于过错侵害他人的人身和财产并造成损害,违反法定义务,依法应承担民事责任的行为。"③

我国行政法学者又是如何定义"行政违法"或"非法行政行为"的呢? 胡建淼先生认为:"行政违法是指行政主体所实施的,违反行政法律规范,侵害受法律保护的行政关系而尚未构成犯罪的有过错的行政行为。"④有的学者在定义"非法行政行为"时主张:"非法行政行为是指行政主体在行政管理行为(应为行政管理过程,引者注)中由于故意或过失不遵守行政法规范造成一定的法律后果而依法承担法律责任的行为。"⑤可见,在这些学者看来,侵害受法律保护的行政关系(可以说是行政违法的"违法客体")、过错(故意或过失)等行政违法的主客观构成要件也是行政违法概念不可或缺的定义项。

以上对违法(行为)、犯罪、侵权行为和行政违法等概念的定义的引述,已足以说明:仅仅解决违宪主体、违宪审查依据、违宪审查对象这些问题是不够的,对违宪构成要件的阐释对于违宪概念的定义来说也是必要的。有鉴于此,本书的第二章至第五章将对以上四个问题分别作出分析和解答。

---

① [日]福田平、大塚仁编:《日本刑法总论讲义》,李乔等译,辽宁人民出版社1986年版,第38—39页。

② 马俊驹、余延满:《民法原论》(第二版),法律出版社2005年版,第997页。

③ 王利明:《侵权行为概念之研究》,《法学家》2003年第3期。

④ 胡建淼:《行政法学》(第二版),法律出版社2003年版,第429页。

⑤ 王清云、迟玉收主编:《行政法律行为》,群众出版社1992年版,第393页。

第二章　违宪主体的资格要件与范围

——以公民的违宪主体资格为讨论焦点

　　曾有学者认为："从理论而言,不能界定一个清晰、明确的违宪主体范围是难以回答'何谓违宪'这个问题的。"[①]事实上,从前文所梳理的有关违宪概念定义的观点来看,我们亦可发现各种主张的分歧点之一就在于对违宪主体范围作了不同的界定。可以说,"对于究竟什么样的人或者机构可以成为违宪主体,……,无论在理论或者实践中都还没有进行深入的研究,也没有形成基本的共识。"[②]从既有的论述来看,在违宪主体范围的界定方面,国内学者分歧较大、尚未形成基本共识的问题之一便是"公民能否成为违宪主体?"[③]因此,本章将以该问题为讨论焦点,通过梳理相关的正、反主张及其所持的理由,以析出违宪主体的资格要件,并以此资格要件为标准,对我国宪法规定的其他宪法关系主体的违

---

　　① 胡锦光、秦奥蕾:《论违宪主体》,《河南省政法管理干部学院学报》2004年第1期。

　　② 刘松山:《违宪审查热的冷思考》,《法学》2004年第1期。

　　③ 有的学者认为:"在我国,承担宪法责任的主体主要是国家机关及其领导人,公民个人并不是违宪主体,这在学界已达成共识。"参见焦洪昌、贾志刚:《基本权利对第三人效力之理论与实践——兼论该理论对我国宪法司法化的指导意义》,《厦门大学法律评论》(第4辑),厦门大学出版社2002年版,第250页。但从下文所梳理的有关"公民能否成为违宪主体"的诸种相异主张来看,这种判断并不成立。事实上,外国宪法理论对宪法拘束对象也存在"立法主义模式""治理模式"和"自然主义模式"等三种相异主张。其中"自然主义模式"(naturalist model)主张宪法在更广泛的范围内对一国法律管辖的每个人施与命令,每个人在以纯粹私人的、非政府身份行为时都可能违反宪法。参见 John H. Garvey and T. Alexander Aleinikoff. *Modern Constitutional Theory*, 1994, pp.702—710. 转引自夏勇:《中国宪法改革的几个基本理论问题》,《中国社会科学》2003年第2期。

宪主体资格作一简要的说明。

第一节 公民的违宪主体资格

一、"公民是否是违宪主体"的观点梳理

对于"公民是否可成为违宪主体",我国学者主要存在如下三种主张:

一是"绝对肯定论"。该论主张:"违宪是指一切组织和公民的违反宪法的行为。"[①]"违宪不但指国家的法律、命令、行政措施和法规同宪法的原则或内容相抵触,而且指一切国家机关和武装力量、各政党和各社会团体、各企业事业组织,以及一切公民(包括普通公民、国家领导干部和一般干部)的行为与宪法的原则或内容相违反。"[②]不过,有论者对此处的"公民"范围作了一定程度的限缩,即"作为违宪的公民必须具备完全的行为能力和责任能力,年满18周岁精神正常的公民才能成为违宪的主体。"[③]

二是"绝对否定论"。该论的主张者认为:"违宪主体较之一般违法犯罪案件的主体,其不同之处在于它不包括公民个人。"[④]"一般单位和

[①] 王叔文:《我国宪法实施中的几个认识问题》,《中国社会科学研究生院学报》1988年第5期。

[②] 孙卫东:《论违宪与违宪制裁》,《吉林大学社会科学学报》1995年第2期。相同主张亦可参见:(1)张文显主编:《法理学》(第二版),高等教育出版社2003年版,第149页;(2)郭斐:《试论违宪》,《江西社会科学》1990年第S1期;(3)郭春涛:《论违宪》,《徐州师范大学学报》(哲学社会科学版)1997年第1期;(4)肖北庚:《违宪责任论略》,《湖南公安高等专科学校学报》2001年第4期;(5)郭殊:《论宪法责任》,《华东政法学院学报》2005年第5期。更有论者将2001年的"齐玉苓案"视为公民违宪的典型案例,参见金玄武、陈光:《论宪法制裁》,《云南师范大学学报》(哲学社会科学版)2012年第4期。

[③] 王世涛:《违宪构成初论》,《法学家》2005年第5期。

[④] 马岭:《"违宪构成"浅议》,《理论导刊》1988年第6期。

个人不可能成为违宪主体。"①"就和行政诉讼不能允许普通公民作为被告一样,宪法诉讼也不允许任何公民受到直接起诉。从这个意义上来说,普通公民并不可能'违宪'。"②"只有掌握公权力的公共、准公共机关或组织才能成为合格的违宪主体,普通公民、尤其是处在公权力相对人地位的公民绝对不可能是违宪的主体。"③

三是"相对肯定论"。该论区别于上述两种主张的特点在于其在一般性地否定公民的违宪主体资格基础上,仍然为公民可成为违宪主体设置了"特定情形"或"例外情形"。不过,对于所谓的"例外情形"或"特定情形",不同论者作出了不同的解释。

如有的学者将"特定情形"解释为如下两种:第一,在国家权力产生过程中,由于普通公民所实施的欺骗、贿赂等妨碍选举的行为侵犯了宪法所直接保护的我国的民主制度而构成违宪行为,因而普通公民也就成为违宪主体。第二,"普通公民在滥用民主权力,侵犯宪法所保护的国家基本制度和基本原则时可以成为违宪主体。""如果有谁在我国煽动民族仇恨,鼓吹民族分裂,破坏国家统一,这种行为毫无疑问是违宪行为,这个行为人即便只具有普通公民身份,也构成违宪主体。"④这种主张似乎还可找到外国宪法例作为论据,如《哈萨克斯坦共和国宪法》(1995年)第39条第2款规定:"任何破坏民族和谐的行为都被认为是违

---

① 朱丘祥主编:《宪法学》,清华大学出版社2009年版,第130页。相同主张也可参见:(1)蒋晓伟主编:《法理学》,同济大学出版社1999年版,第415页;(2)林广华:《违宪审查制度比较研究》,社会科学文献出版社2004年版,第9页;(3)王才松、宫玉春:《试论违宪和违宪审查程序》,《东北师大学报》(哲学社会科学版)1992年第1期;(4)马克敏:《关于违宪与违宪审查制度的法理思考》,《社会科学家》2008年第5期;(5)陈党:《宪法实施中的违宪责任追究问题探讨》,《浙江工商大学学报》2012年第6期;(6)程杰:《宪法制裁制度初探》,《中州学刊》2005年第4期。

② 张千帆:《论宪法效力的界定及其对私法的影响》,《比较法研究》2004年第2期。

③ 童之伟:《重提"违宪改革合理说"宜审慎——以过去数年之乡镇长直选"试点"为事证》,《法学家》2007年第4期。

④ 参见唐忠民:《公民能否成为违宪主体辨析》,《西南民族大学学报》(人文社科版)2004年第6期。此一观点得到其他学者的赞同,参见刘广登:《宪法责任研究》,苏州大学博士学位论文,2005年4月,第10—11页。

宪的。"①有的学者则在确认"'公民个人违宪'的说法只是一个假设的问题,不能成立"的基础上设置了一项"例外":"但不应否认随着我国社会发展及宪政实践的展开,可能会出现强势公民个人具备违宪能力的情形,只是依我国目前的宪政水平来实践这一观点,似乎为时过早。"②另有论者却认为:"例外情形一般发生在如下两种场合:其一,宪法规定的某些基本权利具有直接效力的情形。"这种情形的发生不仅取决于宪法明确规定特定的权利条款在私法领域具有直接效力(如德国《基本法》第9条、我国《宪法》第40条),而且所涉宪法权利尚未被部门法具体化。"其二,普通法律将公民的某些行为纳入宪法诉讼的管辖范围的情形。"如根据德国《基本法》第18条的规定,"公民如果滥用基本权利来对抗或攻击自由民主的宪法秩序便可能成为违宪行为的主体。"③

二、"公民是否是违宪主体"的论证理由及回应

上列三种相异主张的客观存在已充分证实要回答"公民能否成为违宪主体?"这一问题并非想象中的那么简单,它要求(甚至可以说"命令")我们只有在仔细考察、辨析相关主张的论证理由后才能作出正确的解答。

(一) 我国《宪法》序言第13自然段第2句、第5条第3、4、5款的规范内涵

我国现行《宪法》序言第13自然段第2句规定:"全国各族人民、一切国家机关和武装力量、各政党和各社会团体、各企业事业组织,都必须以宪法为根本的活动准则,并且负有维护宪法尊严、保证宪法实施的

---

① 本书所引用的外国宪法及宪法性文件,如无特别说明,中文译文均来自于姜士林等主编:《世界宪法全书》,青岛出版社1997年版。
② 胡锦光、秦奥蕾:《论违宪主体》,《河南省政法管理干部学院学报》2004年第1期。
③ 参见欧爱民:《违宪行为的法理分析》,《求索》2005年第4期。

职责。"第一章总纲第5条第3、4、5款规定："一切法律、行政法规和地方性法规都不得同宪法相抵触。一切国家机关和武装力量、各政党和各社会团体、各企业事业组织都必须遵守宪法和法律。一切违反宪法和法律的行为，必须予以追究。任何组织或者个人都不得有超越宪法和法律的特权。"

　　根据以上宪法条款之规定，"绝对肯定论"的主张者认为："由此可见，一切宪法关系的主体都必须是毫无例外地遵守宪法和法律。违宪不但指国家的法律、法规、命令、行政措施等同宪法的原则、精神和具体规定相抵触，而且指一切国家机关和武装力量，各政党和各社会团体，各企事业组织，以及一切公民的行为与宪法的原则、精神和具体规定相抵触。"①

　　然而，"绝对否定论"者却通过否定宪法序言与第5条的"裁判规范"资格从而否定了公民成为违宪主体的可能性："宪法序言由于其缺乏明白限定的具体性，无法成为裁判规范，仅为一般的号召和要求，目的是为了唤起人们对宪法的尊重，使人们能够树立起健全的宪法意识，自觉地去遵守宪法。其重心并不在于规定何种行为是违宪，也不是为了给宪法监督机关（判断）是否违宪提供标准。总纲第5条的规定具有法律效力是不言自明的，关键是这些内容的法律效力需要和宪法关于全国人大及其常委会职权的规定结合使用，其他规定的适用必须通过专门的普通法律来达到，因此也就不具有裁判规范的性质。既然上述规定对公民不具有裁判性质，那公民又何以成为违宪的主体？"②

　　以上针锋相对的论证理由已充分说明，正确解读上述宪法内容的规范内涵对于确定公民的违宪主体资格而言是至为关键的一环。

　　首先，关于《宪法》序言第13自然段第2句的规范内涵，我们试作如下解析：

---

　　① 郭春涛：《论违宪》，《徐州师范大学学报》（哲学社会科学版）1997年第1期。
　　② 马克敏：《关于违宪与违宪审查制度的法理思考》，《社会科学家》2008年第5期。

1. 从宪法序言的法功能来看，①基于宪法序言所载内容的特殊性，其并不赋予公民等权利主体以具体的宪法权利（义务）或授予各国家机关特定的职权（职责），因而其不能成为"可由法院强制执行或保证实施的权利或权力规范"意义上的"裁判规范"。②但宪法序言中的规范性内容（尤其是蕴含了宪法原则的部分）具有违宪审查依据资格，也就是说宪法序言可作为"判断法令或处分等公权力行为是否合宪"意义上的"裁判规范"。因此，上引论者以宪法序言不具有"裁判规范"资格为由否定公民可成为违宪主体，是片面的和不妥当的。

同时，其在肯定《宪法》第5条具有法律效力的基础上又否定该条文的裁判规范资格，就更显荒谬了。因为，就我国的违宪审查而言，《宪法》的所有规定都只有在全国人大及其常委会积极行使违宪审查权的前提下才具有实效性，而不仅仅限于《宪法》第5条。此外，根据一般法理学说有关法的效力和法的实效区分，宪法不具有实效并不否定其具有法律效力，也不能否定其可作为裁判规范的资格。

2. 德国法学家耶林（Rudolph von Jhering）曾言："目的是全部法律的创造者。每条法律规则的产生都源于一种目的，即一种实际的动机。"③而"规范目的是一切解释的重要目标。……任何解释都应当有助于实现规范内容所追求的规范目的。"①据此，对宪法序言第13自然段第2句的规范内涵的探求就主要是对其规范目的的探求。

从该句与该自然段第1句的规范关联结构来看，第13自然段第2句共享着该自然段的如下规范目的：确立宪法的根本法属性及其在我国法律秩序体系中的最高法律地位而并非是规定违宪的标准以及确立我国违宪主体的范围。具体地说，该自然段第1句是直接、正面规定宪

① 参见下文第三章有关宪法序言违宪审查依据资格的详尽论证。

② 正文所述两种意义上的"裁判规范"，可参见[日]芦部信喜：《宪法》（第三版），林来梵等译，北京大学出版社2006年版，第33页。

③ 转引自[美]E·博登海默：《法理学：法律哲学与法律方法》，邓正来译，中国政法大学出版社1999年版，第109页。

④ [德]伯恩·魏德士：《法理学》，丁晓春、吴越译，法律出版社2013年版，第309页。

法的根本法地位和最高法律效力,第2句则是第1句的逻辑延伸或者说是第1句的保障性内容。①也就是说,只有当各类宪法关系主体以"本宪法"为"根本活动准则"并且切实承担起"维护本宪法尊严、保证本宪法实施"的职责时,"本宪法"才能成为一国法律秩序体系中的根本法,也才具有最高法律效力。

此外,该自然段的"入宪"历史亦可说明其上述规范目的:"在总结历史经验教训中,人们提出一个重要问题,就是宪法制定得再好,如何保障宪法实施? 如何防止宪法弃之不用? 如何防止'文化大革命'那样的悲剧重演? 从制宪技术的角度看,就是加强对宪法的自身保障,在宪法中要有一段专门规定宪法根本法地位、最高法律效力和各个方面都必须维护宪法的文字。"②因而,《宪法》序言第13自然段是对我国宪法监督保障的原则性规定。

3. 仔细研析第13自然段的语词表述,我们可发现,制宪者在确定"必须以宪法为根本的活动准则,并且负有维护宪法尊严、保证宪法实施的职责"主体时使用的是"全国各族人民"而非"中华人民共和国公民"。根据我国宪法学的通说解释,"人民"与"公民"是两个不同的概念,前者是与敌人相对应的政治概念,是群体的概念;而后者是与外国人(包括无国籍人)相对应的法律概念,是个体的概念。"公民"既包括享有宪法和法律规定的一切公民权利并履行全部义务的"人民",也包括不能享有全部公民权利也不能履行公民的某些光荣义务的"敌人"。③据此,第13自然段所规定的"维护宪法尊严、保证宪法实施的职责"并非是可由违宪审查机关强制普通公民履行并在其不履行时追究违宪责任的"宪法义务",而是具有意识形态色彩和政治意味的、"带有一定的

①《宪法》序言第13自然段第1句:本宪法以法律的形式确认了中国各族人民奋斗的成果,规定了国家的根本制度和根本任务,是国家的根本法,具有最高的法律效力。

② 全国人大常委会办公厅研究室政治组编:《中国宪法精释》,中国民主法制出版社1996年版,第90页。

③ 参见肖蔚云、魏定仁、宝音胡日雅克琪:《宪法学概论》,北京大学出版社2002年版,第180页。

号召性和纲领性的、对人们行为的一种普遍要求"。①

其次,《宪法》第5条第3、4、5款的规范内涵。

奥地利学者凯尔森认为:"法并不是像有时所说的一个规则,它是具有那种我们理解为体系的统一性的一系列规则。如果我们将注意力局限于个别的孤立的规则,那就不可能了解法的性质。将法律秩序的各个特殊规则联结起来的那些关系,对法律的性质来说,也是必不可少的。只有在明确理解构成法律秩序的那些关系的基础上,才能充分了解法的性质。"②德国学者拉伦茨亦谓:"法律中的诸多法条,其彼此并非只是单纯并列,而是以多种方式相互指涉,只有透过它们的彼此交织及相互合作才能产生一个规整。"③因而,《宪法》第5条第3、4、5款的规范内涵自然应在联系该条第1、2款以及整体的宪法"意义脉络"的基础上才可正确把握。

在1999年现行《宪法》第三次修正即在第5条增加1款作为第1款的"法治国家原则"入宪之前,④第5条被论者解释为是"关于法律权威和法制统一原则的规定,也是宪法实施的保障性条文的具体化。"修正后的第3、4、5款是对第2款即"国家维护社会主义法制的统一和尊严"原则的具体化。⑤而在"法治国家原则"入宪之后,第5条则被学者解释为是"关于建设法治国家的规定"。其中第1款"规定了依法治国的基本方略",其后4款则"对依法治国的各项要求作出规定"。⑥

---

① 参见肖金泉、徐秀义:《略论违宪》,《法学杂志》1984年第4期。另可参见林广华:《违宪审查制度比较研究》,社会科学文献出版社2004年版,第13—14页。

② [奥]凯尔森:《法与国家的一般理论》,沈宗灵译,中国大百科全书出版社1996年版,第3页。

③ [德]卡尔·拉伦茨:《法学方法论》,陈爱娥译,商务印书馆2003年版,第144页。

④ 中华人民共和国宪法修正案(1999年)第13条:宪法第五条增加一款,作为第一款,规定:"中华人民共和国实行依法治国,建设社会主义法治国家。"

⑤ 全国人大常委会办公厅研究室政治组编:《中国宪法精释》,中国民主法制出版社1996年版,第113页。

⑥ 许安标、刘松山:《中华人民共和国宪法通释》,中国法制出版社2003年版,第27、28页。

其实,这两种解释之间并不存在根本性的抵触和矛盾,甚至可以说是相互兼容的。因为,修正后的第5条第3、4、5款既可以说是第2款"法制统一原则"的具体化,也可以说是第1款"法治国家原则"的具体要求,而第2款本身又是内涵更为宽泛的"法治国家原则"要求的一部分,因为"完备统一的法律体系"是社会主义法治国家目标达成的形式标志之一。①但是,无论是"法治"还是"法制统一",都应在坚持宪法的根本法地位及最高法律效力的前提下才可实现。我们很难想象,在脱离了一国之根本法的"宪法"控制下会形成所谓的"法治"状态以及"法制统一"。"依法治国,首先是依宪治国",②"法治"的最高形态是"宪法之治"。在这一点上,第5条与《宪法》序言第13自然段相互呼应,共同构成"我国宪法监督保障制度"。③

此外,从第5条各款尤其是第3、4、5款的语言表述来看,正如有的学者所言:"宪法第5条第3款没有公民'违宪'的列举,第4款强调的是公民在法律面前的一律平等,也看不出将公民包括在违宪范围内的意思。"④亦有论者对第5条第4款第2句、第5款作出了解释结果相同但理由略有不同的解释:第5条第4款第2句"并未表明'违反宪法和法律'的主体是什么,也未表明由谁进行追究(追究的主体),更未说明追究的方式和程序。"根据第5条第5款的表述,"其中心含义是特权问题,并不能推论出'任何组织和个人'就是前一句(即第5条第4款第2句,引者注)的违反主体。"⑤据此,《宪法》第5条第3、4、5款亦不能成为确定公民具有违宪主体资格的宪法依据。

---

① 参见张文显主编:《法理学》(第三版),法律出版社2007年版,第93页。

② 习近平:《在首都各界纪念现行宪法公布施行三十周年大会上的讲话》(2012年12月4日),载习近平:《习近平谈治国理政》(第一卷),外文出版社2018年第二版,第141页。

③ 全国人大常委会办公厅研究室政治组编:《中国宪法精释》,中国民主法制出版社1996年版,第90页。

④ 林广华:《违宪审查制度比较研究》,社会科学文献出版社2004年版,第14页。引文中所引用的宪法条款有误,应分别修改为第5条第4款、第5条第5款。

⑤ 郭殊:《论宪法责任》,《华东政法学院学报》2005年第5期。

综上所论，《宪法》序言第13自然段及第5条第3、4、5款的规范内涵决定了其无法成为证立我国公民具有违宪主体资格的宪法规范依据。

（二）公民宪法基本义务条款的规范效力

我国《宪法》第52—56条以及第42、46、49条通过"复杂的规范结构"创设出公民所要承担的对国家、社会乃至其他权利主体的"多样性"的基本义务。[①]其中，《宪法》第53条规定："中华人民共和国公民必须遵守宪法和法律，保守国家秘密，爱护公共财产，遵守劳动纪律，遵守公共秩序，尊重社会公德。"有论者将该条规定与《宪法》序言第13自然段及第5条规定相结合，从而形成一个证立公民具有违宪主体资格的、系统的"宪法规范群"。[②]

但是，无论是"绝对否定论"者还是"相对肯定论"者，均对"宪法中的公民基本义务条款可作为证立公民是违宪主体之一的宪法规范依据"作出了否定的回答。如有的学者认为，公民基本义务中的"政治性义务往往规定的比较抽象，凸现了宪法的政治性特征，发挥了政治宣言的作用，但实践中既无可能也无必要对公民的何种行为、活动属于违反这一义务的范畴进行具体界定和惩处。而法律性宪法义务一般是对公民权利与自由基于公共利益的需要予以合理限制的结

[①] 参见林来梵：《从宪法规范到规范宪法：规范宪法学的一种前言》，法律出版社2001年版，第242页。

[②] 参见郭春涛：《论违宪》，《徐州师范大学学报》（哲学社会科学版）1997年第1期。公民负有"遵守宪法和法律"的基本义务不为中国宪法所特有，如下国家的宪法文本中亦有相类似之规定：《哈萨克斯坦共和国宪法》（1995年）第34条第1款规定："每个人都有遵守哈萨克斯坦共和国宪法和法律，尊重他人的权利、自由、荣誉和尊严的义务。"《白俄罗斯共和国宪法》（1996年）第52条规定："白俄罗斯共和国国土上的每个人都必须遵守宪法、法律和尊重民族传统。"《意大利共和国宪法》（1947年）第54条第1款规定："全体公民均有义务忠于共和国并遵守宪法和各种法律。"根据我国学者的比较研究统计，在世界107部成文宪法（1997年1月前颁布）中，有38部（占35.5%）宪法规定了"遵守宪法和法律的义务"。参见王惠玲：《成文宪法的比较研究：以107部宪法文本为研究对象》，对外经济贸易大学出版社2010年版，第125页。

果,实践中具有两方面作用:一是提供订立与实施普通法律的母法支持,一是监督立法机关履行其立法义务。依据法律性宪法义务规范,法律可以具体规定公民违反宪法义务的形式、追究与制裁等内容。因此,在宪法义务已通过订立法律转化为法律义务时,所谓'公民违反宪法义务'的行为实质是违法。而尚未转化时,应敦促立法机关进行立法,将宪法问题转化为法律问题实施。"①同属"相对肯定论"阵营的唐忠民先生在赞同蔡定剑先生观点的基础上亦提出:"这些规定(指公民基本义务条款,引者注)只具有宣传意义,不具有实际的法律强制性。"②

"违法即违反法律,不履行法律义务。""违法就是做出了法律不容许(禁止)的行为或者是不做出法律所要求(令行)的行为。"③根据这一违法概念的界定以及我国法理学将违宪列为违法种类之一的通说,我们可对"违宪"作出与之相类似的表述:违宪即违反宪法,不履行宪法义务。违宪就是做出了宪法所禁止的行为或是不做宪法所要求的行为。据此,法律义务及宪法义务的存在,是违法和违宪产生的前提。照此推理,在宪法明文规定了公民负有诸多的基本义务的前提下,公民完全可能因违背宪法义务实施了违宪行为而成为违宪

---

① 胡锦光、秦奥蕾:《论违宪主体》,《河南省政法管理干部学院学报》2004年第1期。根据该文的论述,公民基本义务中的"政治性义务"指《宪法》第52条、第54条规定的"维护祖国统一、国家尊严的义务"等基本义务,相当于林来梵先生所言之"道义性义务";而法律性宪法义务主要指纳税、服兵役、计划生育等"规范性义务"。参见林来梵:《从宪法规范到规范宪法:规范宪法学的一种前言》,法律出版社2001年版,第242页。"绝对否定论"阵营中亦有学者表达了与胡锦光先生等同样的看法,参见马克敏:《关于违宪与违宪审查制度的法理思考》,《社会科学家》2008年第5期。

② 唐忠民:《公民能否成为违宪主体辨析》,《西南民族大学学报》(人文社科版)2004年第6期。蔡定剑先生的观点是:"即使宪法中有公民义务的规定,也不能得出公民可以成为违宪主体的结论。在宪法中对公民义务作出规定,那么这种规定最多也只具有宣传性意义。"参见蔡定剑:《关于什么是宪法》,《中外法学》2002年第1期。韩大元先生亦认为:"作为遵守宪法义务主体,公民不同于其他特定机关,不属于违宪主体,不承担违宪的法律责任,它更多的表明一种政治宣示或道德力量,表现为公民维护社会共同体的意志。"参见韩大元:《宪法学基础理论》,中国政法大学出版社2008年版,第464页。

③ 沈宗灵主编:《法理学》(第二版),高等教育出版社2004年版,第407页。

主体。①

我国宪法学界不乏此推理的支持者,如有论者认为:"根据法理学的一般理论,法律关系主体没有履行或不当履行法律义务、在不同程度上侵犯了法律所保护的社会关系就是违法,此时的法律关系主体就是违法主体,那么,宪法关系主体没有履行或不当履行宪法上的义务、侵犯宪法所保护的社会关系和社会秩序理应属于违宪,这时的宪法关系主体就成为违宪主体。就公民而言,首先公民有可能不履行或不当履行宪法义务。在我国宪法中,有明确的公民义务条款,公民是当然的宪法义务主体,……"②因而,要否定这种推理,则必须提出其他更强的、可接受的理由。

探究以上否定"公民基本义务条款可作为证立公民具有违宪主体资格的宪法依据"论点的理由,其中之一便是"宪法中的公民基本义务条款对公民的法律约束力仅是一种宣示作用,如果没有法律的具体化规定,仅依据公民基本义务条款则无法约束公民,甚至要求公民承担一定的法律责任。"③这种"公民基本义务条款在法律具体化之前对公民不具有规范效力"的观点不仅在国内学界"颇有市场",④在国外亦不乏赞同者。如日本学者芦部信喜先生便认为:"与基本权利的情形不尽相同,宪法中所规定的义务在没有通过法律或法规等其他法律规范加以具体化的情形下,并不可能具有直接的实效性。"⑤

---

① 张千帆先生认为:"根据宪政国家的一般原则,宪法是一部赋予公民权利而非义务的法,宪法义务的承受主体只能是国家与政府机构,而非普通公民。……在一般情况下,宪法不能给普通公民施加法律责任,国家也不能因公民个人'违宪'而采取任何法律制裁。"参见张千帆:《论宪法效力的界定及其对私法的影响》,《比较法研究》2004年第2期。笔者认为,"一般原则"并不能"否定"我国宪法文本的"实然规定","一般情况"也不代表不存在"例外情形",故此,公民是否为宪法义务的主体并不能仅作应然论证,更重要的是如何解读宪法的"实然规定"。

② 刘广登:《宪法责任研究》,苏州大学博士学位论文,2005年4月,第10页。

③ 梁红霞:《公民基本义务原理、规范与应用》,西南政法大学博士学位论文,2010年3月,第8页。

④ 参见韩大元主编:《宪法学》,高等教育出版社2006年版,第328页。另可参见朱孔武:《基本义务的宪法学议题》,《广东社会科学》2008年第1期。

⑤ [日]芦部信喜:《宪法学》(2),有斐阁1994年版,第104页。转引自林来梵:《从宪法规范到规范宪法:规范宪法学的一种前言》,法律出版社2001年版,第240页。

认真研读我国《宪法》第42、46、49条及第52—56条的文字表述,笔者认为,除第49条第3款之外,其他条款规定的公民基本义务确实不具有"直接的实效性",因为无论是"规范性的"劳动的义务、受教育的义务、依法纳税的义务、依法服兵役的义务、计划生育的义务,还是"道义性的"维护国家统一和民族团结、遵守宪法和法律、维护祖国的安全、荣誉和利益等义务,宪法对这些义务的承担主体的资格、义务的具体内容、义务履行的条件、义务违反所应承担的法律责任等都未作出明确规定,而是留待给了法律予以具体化。这导致我们很难仅根据这些只是"基本原则"的基本义务条款要求公民履行基本义务或追究其法律责任。[1]在这种情形下,认定公民因违反宪法规定的基本义务而成为违宪行为的实施主体既没有可操作性,也是没有任何实际意义的。

然而,我国《宪法》第49条第3款的规定——"父母有抚养教育未成年子女的义务,成年子女有赡养扶助父母的义务。"——却难谓抽象、概括而不具有可实施性。我国《婚姻法》(2001年修正)第21条第1、2、3款规定:"父母对子女有抚养教育的义务;子女对父母有赡养扶助的义务。父母不履行抚养义务时,未成年的或不能独立生活的子女,有要求父母付给抚养费的权利。子女不履行赡养义务时,无劳动能力的或生活困难的父母,有要求子女付给赡养费的权利。"[2]

比较《宪法》和《婚姻法》(或《民法典》)的相关规定,我们很难说《婚姻法》第21条相较于《宪法》第49条第3款而言更为具体,尽管前者通过第2款、第3款明确了相关权利主体在义务主体不履行抚养、赡养义务时享有要求义务主体给付抚养费、赡养费的权利,但对抚养费、赡养费的具体数额法律本身也并未明确;而且我们完全可以通过宪法解释

---

[1] 韩大元先生认为:"在宪法中,纳税义务只作为一项基本原则,还没有成为现实的义务。"参见韩大元主编:《宪法学》,高等教育出版社2006年版,第328页。

[2]《中华人民共和国民法典》第1067条规定:"父母不履行抚养义务的,未成年子女或者不能独立生活的成年子女,有要求父母给付抚养费的权利。成年子女不履行赡养义务的,缺乏劳动能力或者生活困难的父母,有要求成年子女给付赡养费的权利。"

方法析出《宪法》第49条第3款包括了"有关权利主体在义务主体不履行抚养、赡养义务时享有要求义务主体给付抚养费、赡养费的权利"的规范内涵。因为,给付抚养费、赡养费(即提供基本的生活条件)是抚养义务、赡养义务履行的虽非唯一但最为重要的形式。[①]因此,对于《宪法》第49条第3款的规定而言,仅以"在法律具体化前不具有直接的实效性"为理由否定其可证立公民(指父母、成年子女)具有违宪主体资格是难以令人信服的。

(三) 宪法的基本功能及宪法精神

在论证宪法中公民基本义务条款不能作为证立公民具有违宪主体资格的依据的理由中,除了"公民基本义务条款在为法律具体化前不具有直接的实效性"之外,还有一项理由便是:"在没有普通法律规定的情况下,公民即使没有履行宪法义务也不可能成为违宪主体承担宪法责任,这与宪法限制国家权力保障公民权利的精神是相违背的。"[②]

"限制国家权力保障公民权利"的宪法基本功能与精神决定了"公民不可能成为违宪主体",对于这一点,学界亦不乏诸多的支持和赞同者。如蔡定剑先生曾言:"宪法精神告诉我们,公民缺少违宪的'资格',不能成为违宪的主体,因而也不存在公民违宪问题。理由就是宪法是人民给政府制定的契约,它是人民用来规范约束政府权力,防止政府权力滥用,保障公民基本权利的根本法。制定宪法的目的是限制国家不

---

① 根据有关学理解释,《宪法》第49条第3款中的"抚养"是抚助养育的简称,指为子女提供基本的生活条件,照顾子女的身心健康,并保护他们的权利和利益。"教育"是指家庭教育,父母有责任对子女进行包括德、智、体方面在内的基本教育。"赡养扶助"是指子女对无劳动能力或有劳动能力但生活困难的父母,提供基本的生活条件,并照顾他们的生活,并在精神上给予父母以尊敬和体贴。参见全国人大常委会办公厅研究室政治组编:《中国宪法精释》,中国民主法制出版社1996年版,第179页。另可参见许安标、刘松山:《中华人民共和国宪法通释》,中国法制出版社2003年版,第155—156页。

② 梁红霞:《公民基本义务原理、规范与应用》,西南政法大学博士学位论文,2010年3月,第15页。另可参见夏泽祥、刘惠荣:《违宪主体之辨析》,《中共青岛市委党校 青岛行政学院学报》2002年第1期。

得为非,并让政府明了和承担保障公民权利的义务。"①又如有的学者认为,控制国家权力的宪法基本功能和保障公民基本权利与自由的宪法精神决定了公民"无可能亦无能力实施违宪行为、成为违宪主体"。②

对于"宪法是什么"这个问题,也许永远不会存在一个唯一正解或者说"也许是没有答案的"。③古今中外曾经存在过的或者现今仍然流行的、形形色色的有关宪法概念的学理解说或法官论点已强有力地证实了这一点。对此,我们仅稍加浏览国内学者对宪法概念的解说就可窥一斑:"宪法是分配法权并且规范其运用行为的根本法。"④"宪法是一个章程。"⑤"宪法是人类为了自己的生存和发展有目的地建立共同体的规则。"⑥"宪法就是规定国家权力应如何为公民权利服务的根本法。"⑦"宪法就是一套主要建立在成本——利益分析基础上的权力分配和权利保障规则。"⑧可以肯定的是,我们还可以列举出更多的有关宪法概念的不同主张或观点。

尽管如此,我们仍可以在相异的解答中寻找到"最低限度意义上的共识"。如果我们不过度地纠缠于宪法的世界历史起源以及试图在中国古语以及政治法律制度中找寻宪法的"中国基因",仅就立宪意义⑨或现代意义⑩的宪法而言可形成的基本共识是:宪法是规范和约束国家权力、保障公民基本权利的根本法或"高级法"。或者如德国学者所言,规范性或规定性意义上的宪法是指"以政治统治的建立和行使为规范对象的一

---

① 蔡定剑:《关于什么是宪法》,《中外法学》2002年第1期。

② 参见胡锦光、秦奥蕾:《论违宪主体》,《河南省政法管理干部学院学报》2004年第1期。另可参见马克敏:《关于违宪与违宪审查制度的法理思考》,《社会科学家》2008年第5期。

③ 参见韩大元:《"什么是宪法"这个命题也许是没有答案的》,《山东社会科学》2006年第8期。

④ 童之伟:《宪法是分配法权并且规范其运用行为的根本法》,《山东社会科学》2006年第8期。

⑤ 林峰:《宪法是一个章程》,《山东社会科学》2006年第8期。

⑥ 刘茂林:《宪法就是组织共同体的规则》,《山东社会科学》2006年第8期。

⑦ 吕泰峰:《究竟什么是宪法》,《法商研究》1999年第6期。

⑧ 张千帆:《论宪法的选择适用》,《中外法学》2012年第5期。

⑨ 参见林来梵:《宪法就是做答式解释》,《山东社会科学》2006年第8期。

⑩ 参见龚祥瑞:《比较宪法与行政法》,法律出版社2003年版,第15页。该书亦介绍了一些外国学者对"宪法"的经典定义,参见该书第22—24页。

部法律。"①这种共识形成的客观基础在于宪法的"实质上的特性"即宪法的规范内容。通观当代世界各国的成文宪法典,个人的基本权利规范和国家最重要机关的组织职权及其相互关系的规范是宪法规范的两项基本类型。②正如德国学者阿列克西(Robert Alexy)所言:"现代民主宪法是由两类规范构成的。第一类包含了构成和组织立法、司法和行政的规范。这类规范的核心主题是授权。第二类包含了限制和指导公共权力的规范。其中最为突出的是授予宪法权利的规范。"③正是宪法权力规范和宪法权利规范及其相互之间的历史、逻辑关系决定了宪法的基本功能与精神在于规范、约束国家权力以保障公民宪法基本权利。④

正是基于限权(力)和保权(利)的宪法精神和功能,有些论者从"权利视角"对我国宪法所规定的公民基本义务条款的规范内涵作了不同于传统的、"公民负担"意义上的学理解释:"假使宪法文本中有必要列举公民的义务,那么这种思路应该是为了避免政府(国家)没完没了、任意科处公民的义务而设置的。"⑤"只有从保障人权的意义上,才能够理解宪法纳税义务规范,否则,国家大可不必在宪法中写进'公民有依照法律纳税的义务'以设置一个'依照法律'的前置条件以自我设限,因为只有保持随时剥夺臣民财产的权力才能够最大限度地满足专制政府的财政嗜好。"⑥"基于

---

① [德]迪特儿·格林:《现代宪法的诞生、运作和前景》,刘刚译,法律出版社2010年版,第1页。

② 参见王世杰、钱端升:《比较宪法》,中国政法大学出版社1997年版,第3—4页。

③ [德] Robert Alexy. *Constitutional Rights, Balancing, and Rationality*, Ratio Juris, Vol.16 No.2 June 2003. p.131.

④ "法律对政府的限制"是宪法政治最古老、最坚固和最持久的本质。参见[美]C.H.麦基文:《宪政古今》,翟小波译,贵州人民出版社2004年版,第16页。

⑤ 沈寿文:《中国宪法文本规定公民(人民)义务的原因探析》,《云南社会科学》2009年第4期。

⑥ 朱孔武:《基本义务的宪法学议题》,《广东社会科学》2008年第1期。我国台湾地区"司法院"在释字第210号解释理由书中对台湾"宪法"第19条从"法律保留"的角度阐释了"依法律纳税之义务"的宪法涵义(控制国家的征税权):"按人民有依法律纳税之义务,为'宪法'第十九条所明定,所谓依法律纳税,兼指纳税及免税之范围,均应依法律之明文。至主管机关订定之施行细则,仅能就实施母法有关事项而为规定,如涉及纳税及免税之范围,仍当依法律之规定,方符上开'宪法'所示租税法律主义之本旨。"参见翁岳生编:《行政法》(上册),中国法制出版社2002年版,第190页。

现代宪法的基本价值,对我国宪法诸多义务条款给予一种权利理解是可行的。""只有赋予宪法义务一种权利视角,义务条款才可能具备同基本权利相同的控权功能,也不枉其宪法地位。"①假设"权利视角"的解释可以成立,我们则可以此为理由否定包括《宪法》第49条第3款在内的宪法基本义务条款的证立公民是违宪主体之一的规范依据资格。②这是因为,根据"权利视角"的解释,《宪法》第49条第3款的规范目的并不在于为父母或成年子女设定抚养教育或赡养扶助的宪法义务,而是设定了立法者在制定家庭法时的立法权界,即立法者不得违背宪法文义或制宪者原意恣意扩张或限缩抚养教育与赡养扶助义务主体的范围,同时对"抚养教育"与"赡养扶助"义务的具体内容亦应在把握宪法原意的前提下予以细化、具体化。

然而,无论是"绝对肯定论""相对肯定论"还是"绝对否定论",三类观点的持有者对"规范、约束国家权力以保障公民宪法基本权利"的宪法基本功能及精神均持肯定见解。如属于"相对肯定论"阵营的唐忠民先生认为:"宪法的基本功能是规范国家权力和保障公民权利。"③而肯定公民是宪法义务主体的刘广登先生亦主张:"从宪法的历史来看,宪法一出现,其'矛头'就对着权力即制约权力,制约权力的最终目的是为了保障权利,如果没有制约权力、保障权利的理念也就不成其

---

① 姜峰:《宪法公民义务条款的理论基础问题:一个反思的视角》,《中外法学》2013年第2期。从"权利视角"解读公民宪法基本义务条款固然值得称道,但却并非是唯一的视角。我们还可以以公民宪法基本义务条款为准据,结合其他宪法条款,推论出宪法并未明确规定的规则或原则。如在1990年11月29日,苏联宪法监督委员会便以"公民有遵守法律的义务",并结合"公民在法律面前一律平等""公民有控告非法行为的权利"等宪法条款,首次确认了"凡涉及公民权利、自由、义务、责任的规范性文件,未经正式公布,达到家喻户晓,不得适用"的重要原则。参见刘向文、韩冰、王圭宇:《俄罗斯联邦宪法司法制度研究》,法律出版社2012年版,第39页。

② 张君劢先生早在20世纪40年代就以"权利视角"解读征兵与租税两项基本义务。如关于租税,"国家向人民拿钱",人民有权知道"你拿钱的数目如何,拿了钱作什么用。"参见张君劢:《中华民国民主宪法十讲》,商务印书馆2014年版,第8页。

③ 唐忠民:《公民能否成为违宪主体辨析》,《西南民族大学学报》(人文社科版)2004年第6期。

为宪政意义上的宪法。"①由此可见,以"限制国家权力保障公民基本权利"的宪法基本功能和宪法精神为由否定公民的违宪主体资格虽然是一项重要的理由,但却并不具有决定性。从逻辑的角度来看,该理由仅是否定公民违宪主体资格的必要条件,而非充分条件更非充要条件。

其实,仅以"限制国家权力保障公民基本权利"作为否定公民可成为违宪主体的理由之所以不充分的根源仍然在于"宪法"本身。考察世界各国的成文宪法典我们可知,虽然宪法权力规范和宪法权利规范是构成宪法的两类基本规范,但宪法规范却不仅限于此两类规范,尚包括其他与一国之"根本制度与根本任务"相关联的国家政策、国家标志等规范。以1987年的《大韩民国宪法》为例,该宪法除了规定国民的权利和义务(第2章)和国家权力的纵横向组织与权限分配及其相互关系(第3—8章)之外,还包括序言、第1章总纲(主要涉及国民主权、领土、文化的继承和发展等内容)、第9章经济(主要涉及国土的利用和限制、消费者保护、发展外贸等内容)、第10章宪法修改以及附则。正如德国宪法学家黑塞所言:"宪法是共同体的基本法秩序。它确立了政治统一体应如何构建以及国家任务应如何得以完成的指导原则。它规定了如何解决统一体内部矛盾冲突及其程序。它约束着构成政治统一体与国家行动的机关及程序。它创立了法秩序的基础与根本特征。总而言之,它是一张最基本的、包含着各种具有特定意义之原则的、关于共同体法之塑造形成的结构图。""作为共同体的基本法秩序,宪法并非被局限为只是一种国家生活的秩序。它的内容涵括了对于许多方面的保障——尤其鲜明地体现在对婚姻家庭,财产权利、教育权利与社团发挥其作用影响或者是艺术与学术研究的自由——这样一些非国家生活秩序的基础内容的保障之中。"②

---

① 刘广登:《宪法责任研究》,苏州大学博士学位论文,2005年4月,第12页。
② [德]康拉德·黑塞:《联邦德国宪法纲要》,李辉译,商务印书馆2007年版,第18—19页。

正是由于随时代变化、发展而引致的宪法所欲实现之任务的多元化以及与之相伴而生的功能多元化,为以上虽然在宪法基本功能和宪法精神上达成共识但却在公民是否可成为违宪主体上意见不一的"理论乱象"作了较好的注解,而以下将要分析的另一理由即"基本权利的第三人效力"亦是宪法(尤其是宪法基本权利)功能多元化的一种重要表征。

(四) 宪法基本权利的 "第三人效力"

在论证公民具有违宪主体资格时,有论者以德国宪法学说和宪法法院审判实践中逐渐确立的"宪法基本权利的第三人效力"理论为依据,主张:宪法基本权利的第三人效力理论"事实性地认定了宪法对私人之间的法律关系具有直接的约束力,从而确立了私人性个体的违宪主体资格。"[1]但有论者认为宪法基本权利的第三人效力是宪法在私法领域内的间接效力而非直接效力,"因此,在这种情况下,不具有公共权力的公民不可能成为违宪行为的主体。"[2]蔡定剑先生亦认为宪法适用于私法领域调整私人之间的法律关系并不意味着具体的私人成为违宪主体:"即使承认宪法适用于私权领域的保护,这种宪法裁决也不是宣布公民或社会组织违宪,而是宣布处理某项公民权利的裁决本身不合宪。因为对公民基本权利受侵害的救济,都必须建立在其他救济手段之后,宪法裁决是对不公正的法律本身或者不公正的裁决的纠正。"[3]那么,上述对"宪法基本权利的第三人效力"理论的理解孰对孰错,或者说该理论能否成为论证公民具有违宪主体资格的重要理由呢?

---

[1] 胡锦光、秦奥蕾:《论违宪主体》,《河南省政法管理干部学院学报》2004年第1期。

[2] 欧爱民:《违宪行为的法理分析》,《求索》2005年第4期。相似主张亦可参见翟国强:《宪法判断的方法》,法律出版社2009年版,第85页。

[3] 蔡定剑:《关于什么是宪法》,《中外法学》2002年第1期。另可参见马克敏:《关于违宪与违宪审查制度的法理思考》,《社会科学家》2008年第5期。

毋庸置疑的是,立宪主义意义上的宪法或者说近代宪法的产生历史及其基本规范构成决定了宪法的初始功能在于规范、分配国家权力及保障公民基本权利以防御国家权力的侵害,至于民事法律关系中可能发生的私人之间的纠纷或侵权则留给秉持"意思自治""契约自由""诚实信用"等法律理念或原则的民(私)法进行调整或规制。然而,主要基于如下三项重要原因,即(1)随着因社会发展所逐渐产生的社会阶层结构的变化及由此导致的社会"优势力量(阶层或团体甚至个人)"与社会、经济上的"弱者"之间"契约能力"的极端不平等,使得民法在调整私人之间权利冲突(尤其是民法权利与宪法权利之间的冲突)时"不敷适用""难当此任",(2)国家任务因应社会变化及民众需求的增长逐渐从"秩序维持"过渡到"秩序维持"与"福利供给"并重,国家相对于公民所应承担的义务亦从"消极不干涉"过渡到"消极不干涉""积极供给"及"有效保护"三者相结合,及由此导致的国家不断委托私人(团体)完成公共职能,以及(3)宪法基本权利规范的功能从"主观权利"嬗变到"主观权利"与"客观价值秩序"的有机统一,宪法(当然主要指的是宪法基本权利规范)的效力范围或拘束对象发生了一定程度上的变化,即从传统的、以调整国家与公民(或基本权利主体)之间、国家机关(含中央与地方之间)相互之间的关系为宗旨,发展为以传统调整领域为主、且以一定方式适用于私人与私人之间关系为辅。也可以说,宪法的效力从传统的公法领域逐渐"渗透"至私法领域。①

---

① 有关"宪法基本权利的第三人效力"理论和实践产生的历史缘由,可参见[日]芦部信喜:《宪法》(第三版),林来梵等译,北京大学出版社2006年版,第96页。亦可参见如下著述:(1)陈道英、秦前红:《对宪法权利规范对第三人效力的再认识——以对宪法性质的分析为视角》,《河南省政法管理干部学院学报》2006年第2期。该文对德、中两国产生宪法对第三人效力问题的原因作了比较性阐释,指出了其中的差异所在。(2)焦洪昌、贾志刚:《基本权利对第三人效力之理论与实践——兼论该理论对我国宪法司法化的指导意义》,《厦门大学法律评论》(第4辑),厦门大学出版社2002年版,第224—225页;(3)刘志刚:《宪法"私法"适用的法理分析》,《法学研究》2004年第2期。

宪法基本权利规范效力范围的这种变化被日本学者渡边洋三先生视为现代宪法区别于近代宪法的一项重要特征:"近代宪法不调节市民社会内部私人与私人之间的关系,而现代宪法的一个特征是:它也适用于调节私人与私人之间的对立。近代宪法认为人权侵犯是个人与国家的关系,而现代宪法认为:社会集团拥有巨大的力量去侵犯人权,所以必须加以干涉。"①

尽管当前的宪法理论和实务并不否认宪法基本权利规范具有对"第三人"的效力,但对该效力的适用范围、方式等却存在诸多的分歧,所谓"直接效力说"和"间接效力说"之间的争论就是其典型表现。②"间接效力说"(在日本、德国乃通说和宪法判例的立场)的基本主张是:"除了从规定的旨趣、目的或法条文字上直接具有私法上之效力的人权规定之外,就其他的人权(自由权与平等权)而言,应通过对法律中的概括性条款,特别是像(日本)《民法》第90条规定违反公序良俗的法律行为无效那样私法的一般性条款,融入宪法的旨趣来加以解释和适用,使之间接地规制私人之间的行为。"而"直接效力说"的基本主张则是:"某些人权规定(自由权与平等权、或制度性保障等)对私人相互间也具有直接的

---

① [日]渡边洋三:《日本国宪法的精神》,魏晓阳译,译林出版社2009年版,第46页。国内学者田飞龙亦有相似之主张,其认为:"公民基本权利效力结构由原来的单一性(即'公法效力'或'直接效力')转换为二元性('公法效力'与'私法效力'或'间接效力')是"近代立宪主义向现代立宪主义课题转换的一个显著标志"。参见田飞龙:《论公民基本权利效力的结构特点——兼辨宪法私法化与宪法司法化》,《江苏警官学院学报》2006年第5期。

② 我国有学者认为:"宪法权利可以发生间接水平效力,已基本在各国学界达成了一种共识,争议的焦点主要在于通过何种路径、在多大程度上发生效力。"参见刘连泰、左迪:《宪法权利间接水平效力的类型》,《厦门大学学报》(哲学社会科学版)2013年第5期。另外,从我国台湾地区学者陈新民先生的相关论述来看,"对第三者效力理论"实指尼帕代等主张的"直接适用说",至于杜立希等主张及为德国联邦宪法法院所采纳的"间接效力说"实乃对"对第三者效力理论"的否定。易言之,"对第三者效力理论"仅指直接效力,不包括所谓的"间接效力"。参见陈新民:《德国公法学基础理论》(增订新版·上卷),法律出版社2010年版,第336页以下。

效力。"①其实,上述两种学说不仅在"宪法基本权利的第三人效力"的实现方式、程度等方面存在分歧,且就证立公民是否具有违宪主体资格而言,两者亦会得出不同的结论。

　　根据"间接效力说"的学理主张及采纳该说的宪法审判实践,宪法基本权利规范并不直接适用于私人之间的关系或纠纷,而是作为一种"客观价值秩序"通过影响法院或法官对私法的一般概括性条款(如公序良俗条款)的解释从而间接适用于"私域"。②因而直接规制私人间关系的规范并不是宪法基本权利规范而是民法规范(尤指其中的概括性条款),只不过法院在对后者进行解释时必须遵循宪法基本权利规范所体现的一国法秩序的基本价值。故此,在"间接效力"的场合下,真正受宪法基本权利规范约束的是作为民法解释者的法院,而不是发生了具体民事权利义务争议的私主体。也就是说,法院负有对民法进行合宪性解释并作出正确的民事裁判的义务;如果其违反了这一义务(国家权

------

　　①[日]芦部信喜:《宪法》(第三版),林来梵等译,北京大学出版社2006年版,第97页。有关"直接效力说"和"间接效力说"的基本主张还可参见如下著述:(1)方立新、徐钢:《论宪法在私法秩序内的意义》,《浙江大学学报》(人文社会科学版)2004年第6期;(2)钱福臣:《德、美两国宪法私法效力之比较》,《求是学刊》2013年第1期。此外,我们还必须对国内学者在论述宪法基本权利效力时在术语使用方面出现的"文字相同但意涵迥异"的现象给予必要的注意。如周永坤先生在《论宪法基本权利的直接效力》一文中所使用的"直接效力"与本书及德、日、我国台湾地区宪法学理中所使用的"直接效力"并不具有完全相同之意涵。前者认为宪法基本权利具有"直接效力"意指宪法基本权利可以直接作为司法判断的依据,而这种意义上的"直接效力"事实上包含了两个层面上的涵义:一是基本权利是可直接拘束立法、行政、司法作用的"法律",无需"法律的具体化"便可直接适用(此为"直接效力"的主要意义,其所引用的外国立宪例可证);二是基本权利可由法院适用于调整私人之间的私法纠纷,从而使基本权利具有了直接的"第三人效力"(此为"直接效力"的次要意义,其所引用的学者分析的事例及中国最高法院的司法判决可证)。参见周永坤:《论宪法基本权利的直接效力》,《中国法学》1997年第1期。而本书所言的"直接效力"如正文所述,仅限于该文所言之第二种涵义。另外,在张千帆先生的相关论述中,所谓的"直接效力"实指上述的第一层涵义,即"只是对于国家机构侵犯公民宪法权利或其他机构宪法权力的情形,宪法才具备直接效力;私人和私人之间的关系主要由普通立法加以调整,宪法对此则仅具备间接效力,即影响有关私法条款的解释。"参见张千帆:《论宪法效力的界定及其对私法的影响》,《比较法研究》2004年第2期。在第一层涵义上使用"直接效力"的文献还有曾祥华:《法律优先与法律保留》,《政治与法律》2005年第4期。

　　② 有关"间接效力说"对宪法基本权利规范适用于"私法领域"所要求的技术,参见林来梵:《从宪法规范到规范宪法:规范宪法学的一种前言》,法律出版社2001年版,第102页。

力相对于公民基本权利所承担的"保护义务")作出了违背宪法意旨的民法解释和民事裁判从而侵害了民事争议当事人的宪法基本权利,则当事人可以以此为理由提起宪法诉愿,要求宪法法院对这一错误裁判进行合宪性审查并予以纠正。

德国联邦宪法法院在1958年的"联合抵制电影案"(即"吕特"案)中对法院所承担的这种在民事案件中进行合宪性解释以保障公民宪法基本权利的义务作了详细的阐释:"宪法要求法官去决定基本权利是否……影响了私法的实体规则。[如果这类影响存在],那么法官就必须解释与运用这些条款,并考虑它们对私法所产生的修正。这项结论来自《基本法》第1章第3节;它要求立法、司法和执法机构使基本权利作为'直接适用的法律'而获得实施。如果法官未能运用这些标准,并忽视了宪法对私法规则的影响,那么他就误解了基本权利作为客观规范之内涵,因而侵犯了客观宪法价值;作为公共官员,他还侵犯了公民可基于宪法而要求法院遵从的基本权利。除了私法可提供的解救之外,[公民]还可通过宪政申诉,把这类司法决定提交到联邦宪政法院。"[①]对于"间接效力"场合下宪法基本权利规范拘束对象为法院而非民事争议中的当事人,德国学者亦作了肯定的回答:"所谓基本权利规定的间接效力'不能被理解为私人间接地成为基本权相对人,此不涉及基本权之接受者问题,而是涉及作用方式、基本权作用。基本法在此所说的是法官受拘束,而非私人受拘束'。"[②]于此情形下,由于法院而非私主体是宪法

---

① 张千帆:《西方宪政体系》(下册·欧洲宪法),中国政法大学出版社2001年版,第415—416页。德国《基本法》第1条第3款规定:"下列基本权利作为可直接实施的法律,使立法、行政和司法机构承担义务。"从德国联邦宪法法院就涉及宪法基本权利"第三人效力"的案件所作的裁判主文来看,裁判主文采用的如下表达方式更可证明裁判法院才是此类宪法诉愿案件中的侵权主体或违宪主体:"××法院××判决侵害(宪法)诉愿人依基本法××条所应享有之基本权"。参见台湾地区"司法院大法官书记处"编辑:《德国联邦宪法法院裁判选辑(六)》(宪法与民法),1996年2月出版,第32、52页等。

② [德]Hans D. Jarass:《基本权作为防御权及客观原则规范》,《月旦法学杂志》2003年第7期。转引自方立新、徐钢:《论宪法在私法秩序内的意义》,《浙江大学学报》(人文社会科学版)2004年第6期。对此,国内学者刘志刚先生持不同意见,他认为:"法官在处理私事争端的时候,应考虑到宪法中的相关权利规定,但并不是直接依据宪法权利去处理案件。也就是说,在处理'私法'案件的时候,宪法权利对法官并没有直接的拘束力。"参见刘志刚:《宪法"私法"适用的法理分析》,《法学研究》2004年第2期。

义务(即保护义务)的承担者,故"宪法基本权利第三人效力"理论中的"间接效力说"并不能够有效证立公民具有违宪主体资格。

然在"直接效力"的场合,由于宪法基本权利的"直接效力"意指"宪法权利条款要求私人像政府一样负有宪法上的义务,宪法也调整私主体之间的关系,私主体可以就他人违反宪法义务提起诉讼",[1]故而私主体由于承担了宪法义务而具备了成为违宪主体的可能性。这种可能性不仅有宪法规范为依据,尚有宪法判例为佐证。

在"间接效力说"成为通说的德国、日本,持"间接效力说"的学者并不否认特定的宪法条款基于其"旨趣、目的或法条文字"而具有对"私域"的直接适用性。如德国《基本法》的第9条第3款以及各州宪法中的明文规定,[2]《日本国宪法》第15条第4款、第18条、第28条,[3]我国《宪法》第36条(宗教信仰自由条款)、第40条(通信自由条款),[4]均为通说

---

[1] 刘连泰、左迪:《宪法权利间接水平效力的类型》,《厦门大学学报》(哲学社会科学版)2013年第5期。该文将"直接效力"与"间接效力"分别称为"直接水平效力"与"间接水平效力"。然德国学者认为"水平效力"一语不应使用,其理由是:与"水平效力"所反映的私主体间的平等关系相对应的是"国家与公民之间的垂直的上下位关系",但这种"垂直的上下位关系"与德国基本法人民主权理念严重冲突。参见张巍:《德国基本权第三人效力问题》,《浙江社会科学》2007年第1期。

[2] 参见陈新民:《德国公法学基础理论》(增订新版·上卷),法律出版社2010年版,第337、384页。另可参见郭百顺:《论德国宪法"第三人效力"的正当性》,《德国研究》2004年第4期。德国《基本法》第9条第3款:任何人,任何营业、职业和专业为保护和改进工作条件和经济条件而结社的权利,应得到保障。限制或企图损害这种权利的协定都是无效的;为此目的而采取的措施都是非法的。……

[3] 参见[日]芦部信喜:《宪法》(第三版),林来梵等译,北京大学出版社2006年版,第98、211、241页。《日本国宪法》第15条第4款:在一切选举中,投票秘密不得侵犯。对于选举人所作的选择,无论在公私方面,都不得追究责任。第18条:任何人不受任何奴隶性质的拘束。除因犯罪受处罚外,对任何人不得违反本人意志使其服苦役。第28条:保障劳动者的团结权、集体交涉权及其他集体行动的权利。

[4] 参见焦洪昌、贾志刚:《基本权利对第三人效力之理论与实践——兼论该理论对我国宪法司法化的指导意义》,《厦门大学法律评论》(第4辑),厦门大学出版社2002年版,第244页。该文主张基本权利对第三人具有直接效力,同时亦不否认基本权利对第三人尚具有间接效力,参见该文第243—245页。然而,张翔先生却认为,在中国"采基本权利对私人关系的'直接效力说',由司法机关对宪法规范进行解释后再适用到民事案件中去也(就)是不可能的。"参见张翔:《基本权利在私法上效力的展开——以当代中国为背景》,《中外法学》2003年第5期。另外,张巍先生以我国《宪法》第36条和第40条(原文为第41条,疑为印刷错误)的规定为据,认为这两条规定"明确表明我国基本权拘束对象不仅仅是国家而且还有个人,而不是'扩散到个人'。在这种情况下,第三人效力问题讨论没有价值,因为第三人效力讨论前提是'基本权是公民针对国家的权利'。"参见张巍:《德国基本权第三人效力问题》,《浙江社会科学》2007年第1期。

（就德国而言）或有关学者视为具有"直接效力"的宪法条款。而德国联邦宪法法院在1975年的"拒绝重雇理事案"中指出："罢工和关闭厂房皆属于压力与反压力手段的合法行使，它们同属现代结社自由权的基本层面。但宪法保障工人为改善工作和经济条件而结社的权利；根据这项保障，工理会成员不得受到解雇，因此本案的雇主决定被判决违宪。"①于此，宪法个别条款的"直接效力"成为公民在特定情形下具有违宪主体资格的有力证据，这也是前引欧爱民先生认为公民可成为违宪主体的例外情形之一。②

　　鉴于前述，我们不能笼统地说宪法基本权利的第三人效力理论是肯定或否定公民具有违宪主体资格的理由之一，而必须区分"直接效力"和"间接效力"这两种不同的场合，更为精确地界定不同场合下公民的违宪主体资格。此外，值得一提的是，美国法院及宪法理论为了应对德、日所面临的相同或类似情势时并未采用所谓的"第三人效力"或"私人间效力"，也未形成和发展出类似于"直接效力"和"间接效力"的分歧与争议，而是逐渐确立了"政府行为"（state action）的理论和规则。但是，从"政府行为"理论和规则来看，无论采用何种标准（"共生关系标准""公共职能标准""国家强制标准""纠缠标准"）将"私人行为"视为"政府行为"，③受宪法基本权利规范拘束的并不是真正意义上的"纯粹私主体"，而是与国家权力有着"千*丝*万缕"联系的"准国家权力主体"。易言之，"纯粹私主体"与"准国家权力主体"指向的是同一组织体，但却是该主体在不同情形下所具有的不同法律身份。故此，因侵犯他人宪法基本权利而被法院认定实施了违宪行为从而成为违宪主体的仅是"准国家权力主体"意义上的"私人"，而非"纯粹私主体"意义上的"私

---

　　① 张千帆：《西方宪政体系》（下册·欧洲宪法），中国政法大学出版社2001年版，第350—351页。

　　② 参见欧爱民：《违宪行为的法理分析》，《求索》2005年第4期。

　　③ 有关"政府行为"的检验或判断标准的具体内容，参见钱福臣：《德、美两国宪法私法效力之比较》，《求是学刊》2013年第1期。

人"。也就是说,根据"政府行为"理论和规则,普通公民不能成为违宪主体,具有违宪主体资格的是公权力主体(包括"准国家权力主体")。

由于在"直接效力"的场合下,公民等私主体承担了一定的宪法义务(主要为不得侵害他人宪法基本权利的义务),这是否就意味着公民等私主体因违背了这些宪法义务就能成为违宪主体呢? 其后的关于公民之宪法责任能力的分析将对此作出解答。

（五）公民的宪法责任能力

公民是否具有宪法责任能力,①也是一项用以论证公民是否具有违宪主体资格的重要理由。对这一理由,学者们作出了不同的阐释:

1. 否定论。该论主张公民并不具有宪法责任能力,故此也不可能成为违宪主体。如有论者认为:"认定某一行为违宪的根本目的在于为基本权利遭到侵害的当事人提供宪法救济,而追究违宪者的宪法责任是实现宪法救济的基本途径。因此,具备宪法责任能力是享有违宪主体资格的基本条件。""公民个人则不具有这种能力。即使对某一公民行为做'违宪'的判定并令其承担宪法责任,以个人的能力是无法承担这些责任的。如果侵权公民不能承担宪法责任,被侵权方的权利得不到救济,违宪的审查结果就没有实际的意义。"②

---

① 对于宪法责任的内涵与外延,我国宪法学者也作了不同的界说。主要存在两种主张: (1)宪法责任即"违宪责任",如有论者主张:"所谓宪法责任是指国家机关、社会组织、以及依宪法和宪法性法律产生并行使宪法权力的个人不履行宪法义务或不当履行宪法义务所应承担的否定性后果。"参见刘广登:《宪法责任研究》,苏州大学博士学位论文,2005年4月,第15页。相同主张亦可参见汪全胜、李亮:《宪法文本中宪法责任条款的设置论析——以宪法制裁的实现为视角》,《云南师范大学学报》(哲学社会科学版)2012年第4期。(2)宪法责任区别于违宪责任,前者与后者之间是"种属关系"。如有论者认为:"一般来说,宪法责任的内容较为广泛,它既包括积极的宪法责任,也涵盖了违宪责任。违宪责任只是宪法责任的一部分,两者是属概念与种概念的关系。"参见肖北庚:《违宪责任论略》,《湖南公安高等专科学校学报》2001年第4期。相同主张也可参见宋婧博:《宪法责任初探》,中国政法大学硕士学位论文,2004年5月,第7页。

② 胡锦光、秦奥蕾:《论违宪主体》,《河南省政法管理干部学院学报》2004年第1期。另可参见马克敏:《关于违宪与违宪审查制度的法理思考》,《社会科学家》2008年第5期。

　　但在此论之下尚存在一种较为新奇的表述,即有的学者在肯定公民可成为违宪主体的前提下,却否定公民具有宪法责任能力:"公民的宪法义务的规定不是为了追究公民的宪法责任。这不仅在于如果基于公民的宪法义务而追究公民的违宪责任是与宪法的基本价值相违背,还在于即使专门规定了公民宪法义务的宪法文本里也没有关于制裁公民违宪的机制和公民宪法责任的形式。也就是说,当公民违宪时,是以承担法律责任而非宪法责任的形式来接受制裁的。"[①]

　　2.肯定论。该论主张者通过肯定公民是宪法责任主体从而间接地承认了公民具备宪法责任能力。如有学者认为:"通过对其他国家的宪法文本的考察,也可以发现无论是成文法国家还是不成文法国家,在其宪法或宪法性法律文本中都比较明确地规定宪法责任的主体问题,即国家机关、国家主要领导人员、政党及其他社会团体、公民等都是宪法责任的主体。"[②]上引王世涛先生的观点亦是此论的代表性主张,只不过他强调了"作为违宪的公民必须具备完全的行为能力和责任能力,年满18周岁精神正常的公民才能成为违宪的主体。"[③]

　　从上述主张的分歧来看,以公民是否具备宪法责任能力为由来论证公民的违宪主体资格时,必须对以下三个问题作出正确的解答:(1)何谓宪法责任能力?(2)宪法责任能力具备与否与宪法责任形式有何关联?(3)公民的宪法责任能力是否是其可成为违宪主体的必要条件? 其实,从下文的论述来看,后两个问题的解答均取决于第一个问题的答案。

　　尽管上引著述的学者以宪法责任能力之有无作为证立公民是否为违宪主体的重要理由,但却并未对宪法责任能力的内涵作进一步的阐释。有鉴于此,笔者曾以刑法学中的刑事责任能力、民法学中的民事责任能力以及法理学中的责任能力为参照,对宪法责任能力的内涵作了初

---

①　刘广登:《宪法责任研究》,苏州大学博士学位论文,2005年4月,第14页。

②　汪全胜、李亮:《宪法文本中宪法责任条款的设置论析——以宪法制裁的实现为视角》,《云南师范大学学报》(哲学社会科学版)2012年第4期。

③　王世涛:《违宪构成初论》,《法学家》2005年第5期。

步的阐释:宪法责任能力是指"认知或理解宪法规范之禁止、命令并以此为基础控制自己宪法行为的判断能力。"[①]根据这种界定,结合上述具有"直接效力"的宪法条款(如我国《宪法》第36条、第40条)以及《宪法》第34条的规定,年满18周岁的公民(自然人)当然具有宪法责任能力。

　　然而,上述对宪法责任能力的界定是否完满呢? 或者说,在界定宪法责任能力时是否需像刑事责任能力本质论中的"刑罚适应能力说"那样考虑"宪法责任形式"呢? 依"刑罚适应能力说"之观点,"所谓责任能力,就是能够通过科以刑罚实现刑罚之目的的能力。即,责任能力是刑罚能力。我认为,还可以把它称为刑罚适应性。"[②]或者如日本学者木村龟二先生所言:"所谓刑罚能力,不外乎是指,在作为针对犯罪的法的效果的保安处分和刑罚的关系中,不是适于科以保安处分而是适于科以刑罚这种针对社会的普通人的制裁的能力。"[③]

　　依据我国刑法学通说对犯罪基本特征的概括,应受刑罚惩罚性是犯罪的基本特征之一。[④]我国行政法学通说在界定行政处罚概念时又以"行政相对人违反行政法律规范尚未构成犯罪"作为其定义项之一。[⑤]此外,我国《刑法》第17条、第18条在否定未满16周岁的未成年人刑事责任能力(未满14周岁为无刑事责任能力,已满14周岁未满16周岁为限制刑事责任能力)、不能辨认或不能控制自己行为时的精神病人的刑事责任能力的基础上,[⑥]亦规定对前者在必要时可"依法进行专

---

①　参见拙著:《违宪构成研究》,同济大学出版社2019年版,第54—61页。

②　日本学者牧野英一的观点,转引自冯军:《刑事责任论》,法律出版社1996年版,第113页。

③　转引自冯军:《刑事责任论》,法律出版社1996年版,第114页。

④　参见高铭暄、马克昌主编:《刑法学》,北京大学出版社、高等教育出版社2000年版,第49页。

⑤　参见姜明安主编:《行政法与行政诉讼法》(第五版),北京大学出版社、高等教育出版社2011年版,第271页。

⑥　根据2020年12月26日通过的《刑法修正案(十一)》第1条的规定,"已满十二周岁不满十四周岁的人,犯故意杀人、故意伤害罪,致人死亡或者以特别残忍手段致人重伤造成严重残疾,情节恶劣,经最高人民检察院核准追诉的,应当负刑事责任。"

门矫治教育"、对后者在必要时由政府强制医疗。无论是"专门矫治教育"还是强制医疗,均是一种基于社会防卫的立场对未成年人、精神病人所采取的行政强制措施,类似于日本学者所言之"保安处分"。以上足以说明,我国的法学理论和立法均肯定犯罪与其他违法行为的区别之一在于犯罪是一种应受刑罚制裁的行为,不应受刑罚制裁的行为不能被称为犯罪行为。因此,在判断行为人是否具有刑事责任能力时考量其行为时是否具有刑罚适应性是妥当的、合理的。

有鉴于此,在判断公民是否具有宪法责任能力时,不仅应考量其所具有的辨认和控制能力,还必须考量其是否可适应各种宪法责任形式。一般认为,宪法责任形式主要有弹劾、罢免、宣告法律文件无效、拒绝适用或撤销法律法规。[①]而我国《宪法》则规定了"改变或撤销""撤销"以及"罢免"等宪法责任形式。[②]从这些宪法责任形式来看,并无一项可适用于普通公民。然有些学者提出:"针对非政治性的社会团体和公民个人而言,各国所采用的宪法责任形式各不相同,但总体上是以普通法律形式追究宪法责任。"[③]"美国宪法文本中责任形式条款并没有规定,其宪法责任形式主要转化为具体的民事、刑事、行政法律责任形式来实现。"[④]但是,法律责任形式可作为宪法责任形式吗? 我国法理学者对此作了否定性回答:"对违反这类宪法规范的行为,是不能通过追究刑事

---

① 参见郭殊:《论宪法责任》,《华东政法学院学报》2005年第5期。另可参见:(1)肖北庚:《违宪责任论略》,《湖南公安高等专科学校学报》2001年第4期;(2)陈党:《宪法实施中的违宪责任追究问题探讨》,《浙江工商大学学报》2012年第6期(该文增加了"宣布政党或其他组织违宪"的责任形式);(3)刘广登:《宪法责任研究》,苏州大学博士学位论文,2005年4月,第56页以下;(4)欧爱民、刘谦:《违宪行为的新探索》,《常德师范学院学报》(社会科学版)2003年第4期。

② 有学者认为,我国宪法规定的违宪制裁措施(宪法责任形式)主要包括撤销与宪法相冲突的法律和地方性法规,撤销有关机关的违宪决定;不批准宪法案;罢免违宪责任者的职务。参见蒋碧昆主编:《宪法学》(修订本),中国政法大学出版社2002年版,第63—64页。

③ 郭殊:《论宪法责任》,《华东政法学院学报》2005年第5期。

④ 汪全胜、李亮:《宪法文本中宪法责任条款的设置论析——以宪法制裁的实现为视角》,《云南师范大学学报》(哲学社会科学版)2012年第4期。

责任、民事责任或行政责任来预防和制止的。"①奥地利学者凯尔森在阐释"不法行为"时亦认为:"一定行为之所以是不法行为,就因为法律秩序对这一作为条件的行为,赋予作为后果的制裁。如果行为具有刑事制裁的后果,它便是一个刑事不法行为;如果具有民事制裁的后果,则便是民事不法行为。"②其实,从法学常识来看,将法律责任形式作为宪法责任形式是一种显而易见的谬误。如果该主张可成立,违宪与违法、违宪与犯罪还有何区分?从表面上来看,以刑罚、行政处罚等法律责任形式实现对所有人的违宪行为予以"无遗漏"的制裁维护了宪法的权威,但实质上却损害了宪法的权威和地位,使之从"最高法"降格为等同于民法、刑法等无宪法性的"一般法律"。

不过,尚有一点值得指出的是,德国《基本法》第18条规定:"任何人为反对自由民主的基本秩序而滥用表达观点的自由,特别是出版自由(第5条第1款),教学自由(第5条第3款),集会自由(第8条),结社自由(第9条),邮政和电信秘密(第10条),财产(第14条),或避难权(第16条第2款),将丧失这些基本权利。丧失和丧失的程度由联邦宪法法院宣告。"我国学者依据该条之规定,认为剥夺基本权利为宪法责任形式之一。③即使我们可将剥夺基本权利视为宪法责任形式之一,但是,(1)在德国,"迄今为止,该程序(指基本权利丧失程序,引者注)没有任何实际意义。有过两个申请都因为没有充足的理由而被联邦宪法法院驳回。"④(2)剥夺基本权利为德国宪法所特有,我国宪法并未规定此种宪法责任形式,至于剥夺政治权利乃是我国刑法规定的附加刑之一

---

① 沈宗灵主编:《法理学》,北京大学出版社2001年版,第356页。也有宪法学者表达了与之相似的观点,参见董和平、韩大元、李树忠:《宪法学》,法律出版社2000年版,第154页。

② [奥]凯尔森:《法与国家的一般理论》,沈宗灵译,中国大百科全书出版社1996年版,第56页。

③ 参见王世涛:《违宪构成初论》,《法学家》2005年第5期。另可参见欧爱民:《违宪行为的法理分析》,《求索》2005年第4期。

④ [德]克劳斯·施莱希、斯特凡·科里奥特:《德国联邦宪法法院:地位、程序与裁判》,刘飞译,法律出版社2007年版,第335页。

而非宪法责任形式。

　　综上,在考量了宪法责任能力之本原及其与宪法责任形式的关系之后,我们可得出公民或自然人(尤指18周岁以上成年人)并不具备宪法责任能力的结论。并且,从刑事责任能力和民事责任能力的本原来看,其是一种过错能力,是"有责性"或"归责"的一项要素。但我国刑法学通说均将刑事责任能力作为自然人犯罪主体的一般条件,[①]而法理学通说亦将责任能力作为违法主体的一般条件。[②]因而,宪法责任能力亦是公民违宪主体的一般条件。但由于公民缺失宪法责任能力,故其并不能成为违宪主体。

(六) 否定或肯定公民违宪主体资格的弊害

　　在论证公民是否为违宪主体时,学者们尚提出如下一点理由,即否定或肯定公民违宪主体资格将会导致哪些弊害。有的学者认为,如果将公民排除在违宪主体范围之外,将"有碍于维护宪法的权威和尊严,有碍于宪法的保障和实施,就可能甚至必然导致人们认为宪法与公民的关系不大,使宪法成为对绝大多数人来说实际并无任何法律约束力的一纸空文。"[③]另有学者主张:"如果将公民的违宪行为排斥于违宪之外,对公民违宪行为仅追究普通法律责任,而不作根本法意义上的价值判断,必将有损国家根本大法的尊严,也无助于对公民宪法意识的培养,甚至会纵容公民恣意践踏宪法的行为。"[④]

　　与上述观点相异的是,蔡定剑先生则认为:"以公民作为违宪的主体,不但不利于提高宪法的权威和培养公民的宪法意识,反而有损于宪法的权威和公民正确宪法意识的培养。……假如把公民违反宪法义务

---

　　① 参见齐文远主编:《刑法学》(第二版),北京大学出版社2011年版,第101页。另可参见高铭暄、马克昌主编:《刑法学》,北京大学出版社、高等教育出版社2000年版,第88页。

　　② 参见沈宗灵主编:《法理学》(第二版),高等教育出版社2004年版,第408页。另可参见公丕祥主编:《法理学》(第二版),复旦大学出版社2008年版,第347页。

　　③ 孙卫东:《论违宪与违宪制裁》,《吉林大学社会科学学报》1995年第2期。

　　④ 王世涛:《违宪构成初论》,《法学家》2005年第5期。

的行为指责为违宪,如公民偷漏税行为,公民超生超育行为等说成是违宪,那么违宪行为就比比皆是,违宪行为就会变得非常可笑,而缺乏严肃性。"[①]另有论者认为:"要树立宪法的权威,最重要的任务应当是加强法制宣传,提高公民的法制观念和宪法意识,而不是靠主张并实行违宪人人有份,对没有遵守宪法的一切人都施以'违宪制裁'。"[②]

如上"针尖对麦芒"似的学理主张,究竟哪方观点更为合理呢?首先,通过前文的论证分析,本书已经基本否定了公民的违宪主体资格(至少在中国法语境下)。否定的主要两项理由分别是宪法的基本精神和功能与公民宪法责任能力的缺失。[③]其次,否定公民违宪主体资格会带来"损害宪法权威、妨碍宪法实施、无助于宪法意识的培养"等弊害吗?我国《宪法》第5条第4款将遵守宪法的主体依次列举为国家机关和武装力量、各政党和各社会团体、各企业事业组织。这种排列顺序并非是制宪者随意而为,而是在信奉"限制国家权力、保障公民基本权利"的宪法精神下所作出的有意选择。由此,宪法权威的维护、宪法的有效实施之关键和重点在于监督、约束、制裁国家机关等权力主体的违宪行为,而非对公民违反宪法基本义务却只能追究其法律责任的行为作出宪法意义上的否定性评价。同时,正如学者所言,承认公民的违宪主体资格,"在理论上必然造成违宪与违法概念的交叉,给国家机关在实际工作中区别违法行为和违宪行为造成混乱,而且,违宪与违法概念的混淆或等同,实际上降低了违宪的严肃性。"[④]

至于否定公民违宪主体资格会导致"纵容公民肆意践踏宪法""损

---

① 蔡定剑:《关于什么是宪法》,《中外法学》2002年第1期。

② 林广华:《违宪审查制度比较研究》,社会科学文献出版社2004年版,第12—13页。非常有意思的是,唐忠民先生在肯定公民于特定情形下可成为违宪主体的同时,也持有与林广华先生相类似的主张。参见唐忠民:《公民能否成为违宪主体辨析》,《西南民族大学学报》(人文社科版)2004年第6期。

③ 从下文有关违宪主体范围的界定标准来看,我国公民不能成为违宪主体的第三项重要理由便是其并不处于全国人大及其常委会的违宪审查管辖权之下。

④ 肖金泉、徐秀义:《略论违宪》,《法学杂志》1984年第4期。

害宪法尊严"的主张更是"杞人忧天"。因为,在中国特色社会主义法律体系已经形成的时代背景下,公民之行为已经处于"恢恢法网"之下,宪法所规定之公民基本义务业已为法律、法规所具体化,再对公民之行为作否定性的宪法评价又有何意义呢? 当然,否定公民违宪主体资格并非是要否定培养公民的宪法意识,但这种宪法意识并非是消极地遵守宪法的意识,而是积极地行使宪法所赋予的基本权利、监督国家机关依宪依法行使国家权力的宪法意识。非常显明的是,这种宪法意识是不可能通过承认公民的违宪主体资格、制裁公民违宪行为的方式来培养的。也许,承认、保障公民的行宪主体地位才是培养公民宪法意识的"不二法门"。①

在公民是否可成为违宪主体的问题上,也许我们应牢记德国学者的如下断言:"宪法的法律拘束力指向的是国家权力。私人并非宪法法律拘束力的对象,而是宪法规则的受益人。"②或者中国学者的如下警醒:将公民作为违宪主体,实质上"将宪法中的'人'的完整性剥离了。"③

第二节　违宪主体范围的界定标准
——兼对我国宪法监督体制的再认识

事实上,我国学者不仅对公民的违宪主体资格存在广泛的争议,即使对其他宪法关系主体如"国家工作人员"的违宪主体资格问题亦莫衷

---

① 参见张千帆:《宪法实施靠谁? ——论公民行宪的主体地位》,《比较法研究》2014年第4期。《中共中央关于全面推进依法治国若干重大问题的决定》(2014年10月23日)所确定的"将每年十二月四日定为国家宪法日。在全社会普遍开展宪法教育,弘扬宪法精神。"亦是公民宪法意识培养的重要途径或方式。

② [德]迪特儿·格林:《现代宪法的诞生、运作和前景》,刘刚译,法律出版社2010年版,第38页。

③ 刘茂林、石绍斌:《宪法是法律世界中的世界观和方法论——兼对"宪法是公法"的质疑》,《法商研究》2006年第1期。

一是(详见后文所论)。且如前文所述,对违宪主体范围的不同解说,导致了我国宪法学理论上广义违宪论、中义违宪论和狭义违宪论三种不同学说的产生。此三种主张之间的根本性差异就表现在:广义违宪论主张"任何主体,包括公权力机关、政治组织、社会团体及公民,都可以作为违宪的主体"。[1]而狭义违宪论则认为我国的违宪主体仅包括制定法律、行政法规、决定、命令、地方性法规和决议的国家机关和重要的国家机关领导人。[2]中义违宪论不同于广义违宪论之处在于其认为公民不能成为违宪主体,而与狭义违宪论的区别则在于:"首先,违宪主体不应只包括国家机关,还应包括非国家机关,如政党、企事业组织、社会团体等;其次,作为领导人个人违宪,不应只限制在'国家领导人'的范围,还应包括中央及地方各级党的领导人,社会团体、企事业组织的领导人。"[3]

我国宪法学者之所以对违宪主体范围或者说宪法关系主体的违宪主体资格持有不同的见解,根本的原因在于众人对违宪主体范围的界定标准没有达成共识,在某种意义上也可以说尚未展开深入地探讨。如果认定违宪主体的标准是统一、一致的,则上述争论可以逐渐减少直至消弭。如此,关键的问题便是如何确定违宪主体范围的界定标准?这种标准是唯一的抑或多元、综合的?根据前文对公民违宪主体资格的探讨结论,借鉴其他论者的真知灼见,我们认为,在确定违宪主体资格要件的问题上,既需借鉴一般违法主体资格要件的理论又必须兼顾宪法的特质,以及一国独特的宪法监督体制。详言之,违宪主体范围的界定标准是多元的、综合的,主要有:宪法责任能力、宪法文本、宪法的基本精神和功能、宪法监督体制(或者说违宪审查体制)等四项。[4]

---

[1] 林来梵:《宪法学讲义》(第二版),法律出版社2015年版,第414页。

[2] 参见肖金泉、徐秀义:《略论违宪》,《法学杂志》1984年第4期。

[3] 马岭:《关于违宪的几个理论问题的探讨》,《当代法学》1988年第3期。

[4] 本书是在同一意义上使用宪法监督和违宪审查概念的,尽管这两个概念存在一定的差异,但这并不会影响本书的论证和结论。

一、违宪主体范围的界定标准

(一) 宪法责任能力标准

根据我国法理学者的界说,违法构成要件包括违法客体、违法的客观方面、违法的主体和违法的主观方面。其中,违法的主体"必须是具有法定责任能力的主体","如果行为者没有法定责任能力,就不能成为违法主体。"[①]而在主流刑法学理论看来,作为犯罪构成要件之一的犯罪主体,也必须具备刑事责任能力,"没有刑事责任能力,就不能成为犯罪主体,更不能追究行为者的刑事责任。"[②]依此类推,宪法责任能力是相关机构或个人成为违宪主体的必要条件。正如有论者在谈及公民是否具备违宪主体资格时所言:"具备宪法责任能力是享有违宪主体资格的基本条件"。[③]

有鉴于笔者在他处已对宪法责任能力作了较为详细的解说,[④]于此就不再赘论,仅明确如下两点:第一,法律意义上的责任能力的本质是一种主观上的过错能力,是行为人认知或理解自己行为意义、性质以及在此基础上控制自己行为的能力,其包括辨认能力和控制能力。据此,在辨认和控制能力的意义上,我们可以将宪法责任能力表述为认知或理解宪法规范之禁止、命令并以此为基础控制自己宪法行为的判断能力。也正是在这一意义上,我们可以说,宪法关系主体中的组织体和年满18周岁的自然人都具备宪法责任能力,也相应地具备了成为违宪主体的可能性。第二,责任能力不仅仅包含辨认能力和控制能力的意义,其还与责任形式紧密关联。正如刑法学中有关刑事责任能力本质的

① 孙国华、朱景文主编:《法理学》,中国人民大学出版社1999年版,第385页。
② 刘宪权主编:《刑法学(上)》(第三版),上海人民出版社2012年版,第120页。
③ 胡锦光、秦奥蕾:《论违宪主体》,《河南省政法管理干部学院学报》2004年第1期。
④ 参见拙著:《违宪构成研究》,同济大学出版社2019年版,第54页以下。

"刑罚适应能力说"所主张的那样:"所谓责任能力,就是能够通过科以刑罚实现刑法之目的的能力,即责任能力是刑罚能力。"[①]易言之,如以非刑罚(如保安处分等其他责任形式)作为危害社会行为的否定法效果,该危害社会行为便不能称为犯罪行为。因此,在与责任形式的关联意义上,刑事责任能力还意味着刑罚适应性。由此我们可知,在确定宪法责任能力的内涵和外延时,还应考虑宪法责任形式。这就意味着不能适应宪法责任形式的行为不是违宪行为,行为主体也不能被称为违宪主体。从前文讨论可知,普通公民正是因为无法适用改变或撤销、罢免等宪法责任形式,才导致其因不具备宪法责任能力而不能成为违宪主体。

（二）宪法文本标准

在规范法学意义上,一国具体的法秩序是思考、研究法律问题的基本出发点,同时亦构成寻找问题答案的有效界限。对违宪主体范围的界定,同样必须以一国的宪法文本为基础和界限。宪法文本作为违宪主体范围的界定标准具有以下三层蕴含:

第一,他国宪法及在此基础上形成的宪法理论,仅具借鉴意义,但不具有决定意义。如在公民违宪问题上,根据前文所引德国《基本法》第18条的规定,德国联邦宪法法院可以宣告剥夺"反对自由民主的基本秩序而滥用表达观点的自由"的任何人之出版自由等基本权利。但我国宪法并不存在剥夺基本权利这一宪法责任形式,故在此意义上我国公民并不具有违宪主体资格。

第二,一国宪法文本是有机统一体,宪法个别条款的规定难以成为认识和解决宪法问题的最终决定性依据。如前所述,以公民的违宪主体资格为例,有些论者以我国《宪法》序言第13自然段、第5条为

[①] 日本学者牧野英一的观点,转引自冯军:《刑事责任论》,法律出版社1996年版,第113页。

准据,①认为:"由此可见,一切宪法关系的主体都必须是毫无例外地遵守宪法和法律。违宪不但指国家的法律、法规、命令、行政措施等同宪法的原则、精神和具体规定相抵触,而且指一切国家机关和武装力量,各政党和各社会团体,各企事业组织,以及一切公民的行为与宪法的原则、精神和具体规定相抵触。"②但是,我国宪法并未规定公民违宪的宪法责任形式,也未确定公民行为合宪性的审查机关。事实上,上述条款和公民基本义务条款一样,其宣传意义远远超过了规范意义:"这些规定只具有宣传意义,不具有实际的法律强制性。"③因此,仅凭宪法若干条款就欲证立公民的违宪主体资格,着实是"困难重重"。

第三,宪法文本内容繁多,所用语句千姿百态。既有以回顾制宪史、确认政权合法性且以事实性表述为主的宪法序言,也包括规定公民基本权利和国家最重要机关的组织职权及其相互关系且以规范性表达为主的宪法规范体系。当然,在我国宪法尤其是在总纲中,还容纳了诸多的宣示性条款、政策性条款等被张千帆先生认定为不可直接适用的宪法条款。④有鉴于此,根据后文第三章所阐释和提出的观点,无论是文件违宪还是行为违宪,⑤具有规范性的宪法条款(无论是确认性条款、宣示性条款抑或政策性条款)都可以作为合宪性审查的宪法依据,相应文件的制定主体或行为主体也会因其所制定的文件内容抵触宪法或行

① 我国《宪法》序言第13自然段:"……全国各族人民、一切国家机关和武装力量、各政党和各社会团体、各企业事业组织,都必须以宪法为根本的活动准则,并且负有维护宪法尊严、保证宪法实施的职责。"第5条第4、5款规定:"一切国家机关和武装力量、各政党和各社会团体、各企业事业组织都必须遵守宪法和法律。一切违反宪法和法律的行为,必须予以追究。任何组织或者个人都不得有超越宪法和法律的特权。"

② 郭春涛:《论违宪》,《徐州师范大学学报》(哲学社会科学版)1997年第1期。

③ 唐忠民:《公民能否成为违宪主体辨析》,《西南民族大学学报》(人文社科版)2004年第6期。

④ 参见张千帆:《论宪法的选择适用》,《中外法学》2012年第5期。

⑤ 文件违宪和行为违宪这一违宪分类,参见程湘清:《关于宪法监督的几个有争议的问题》,《法学研究》1992年第4期。

为违背宪法而成为违宪主体。至于宪法中的事实性内容,由于其不具有行为准则和判断准则的意义,无法成为合宪性判断依据,故此,相关主体也不会因违背这些内容而成为违宪主体。

(三) 宪法的基本精神和功能标准

对于宪法是什么这个问题,古今中外学者作出了不同的诠释。一国之根本法、治国安邦的总章程、公法、母法等词汇,均为宪法概念发展过程中逐渐形成的且为人们所熟知的对宪法的称谓。当然,基于宪法的产生历史和立宪主义的要求,且根据当今世界各国宪法主要由国家机构组织规范和公民基本权利规范所构成,对于宪法的基本精神和功能即规范、约束国家权力保障公民基本权利,各学者之间业已形成基本的共识。正是基于"控权(力)保权(利)"的宪法精神特质,我们可以将普通公民排除在违宪主体范围之外。因为,此种宪法精神要求宪法义务的承担者是国家及其代表(即国家机构),而普通公民则是宪法权利的享有者而非宪法义务的承担者。诚如德国学者所言:"宪法的法律拘束力指向的是国家权力。私人并非宪法法律拘束力的对象,而是宪法规则的受益人。"[1]违宪是违反宪法义务的行为。如果相关主体并不承担宪法义务,则其根本不可能实施违宪行为,当然亦不可能成为违宪主体。

不过,"控权、保权"仅是宪法的基本精神和功能,这并不排斥宪法在发展过程中根据经济、社会的发展以及与之相适应的意识形态变化,形成和发展出其他精神与功能。如我国学者在阐述宪法的特征或本质时,均依据我国《宪法》序言规定,认为宪法规定了国家的根本任务和根本制度。事实上,世界各国的宪法文本亦为我们提供了相应的佐证。如前引1987年的韩国《宪法》,除规定了国民的权利和义务(第2章)和国家权力的纵横向组织与权限分配及其相互关系(第3—8章)之外,还

---

[1] [德]迪特儿·格林:《现代宪法的诞生、运作和前景》,刘刚译,法律出版社2010年版,第38页。

规定了国土的利用和限制、消费者保护、发展外贸（第9章）等经济内容。因此，在违宪主体范围的界定上，宪法的基本精神和功能仅是其中一项标准，其还得同其他标准相结合以形成相互之间无内在矛盾的综合性标准体系。

（四）宪法监督体制标准

可以说，以上所述的三项标准，在前文对公民违宪主体资格的讨论中已经涉及并作了较为详尽的论证。除了这三项标准之外，是否还须考虑其他标准呢？笔者认为，在一国具体的宪法秩序之内，违宪主体范围的界定还应考虑该国独特的且为宪法明文规定或宪法惯例所确认的宪法监督体制。对于这一点，有些学者已有所表述，但并未引起学界的注意。如徐秀义先生等认为："由于各国审查违宪的机关和权力有别，各国违宪主体的范围也不一样。"且其还论及："在由最高司法机关行使违宪审查权的国家里"，"违宪的主体主要是立法机关和行政机关及政府首脑。"而在瑞士，由于负责审查违宪的法院无权决定议会法律的合宪性，因此只有国家行政机关（即政府）的行为才能构成违宪。至于在实行最高权力机关监督体制的我国，"只有全国人大常委会有权决定某种行为是否构成违宪，也只有经全国人大常委会审理的案件才是违宪的案件。"[①]据此，一国实行怎样的宪法监督体制，是决定该国违宪主体范围的一项重要的决定性因素。

其实，对宪法监督体制与违宪主体范围之间所应存在的紧密关联性，我国其他学者亦有所认识。如蔡定剑先生即认为："监督机构设置与国家政权组织形式有关，也与宪法监督对象和范围相联系。"[②]不过，二者之间的紧密关联性在有些论者的表述中却是以"违宪主体范围决

---

① 肖金泉、徐秀义：《略论违宪》，《法学杂志》1984年第4期。罗耀培先生亦表达了"全国人大和全国人大常委会管辖的案件"才是"违宪案件"的观点，参见罗耀培：《论宪法的实施保障问题》，《法学研究》1986年第2期。

② 蔡定剑：《我国宪法监督制度探讨》，《法学研究》1989年第3期。

定宪法监督体制"这一"面目"出现的。如有论者认为："何种主体的何种行为能够成为宪法监督的对象,决定了宪法监督制度的主体模式和基本程序设计。"①而刘松山先生在论述我国宪法监督制度的健全时亦提出："实践中,违宪的主体却远不止国家机关及其组成人员,中国共产党的组织及其领导人、民主党派的组织及其领导人、政治协商会议这一统一战线组织以及其他重要的社会团体、事业单位等,都可能成为违宪的主体。一旦这些主体违宪了,全国人大及其常委会对他们进行宪法监督,实际是缺乏宪法和法律依据的。"②这些观点表明:违宪主体的多元决定了宪法监督机关的多元,由此,我国违宪主体的广泛性决定了现行的、由全国人大及其常委会负责宪法监督的体制必须改革或完善。

于此,笔者并无意在"违宪主体范围决定宪法监督体制"及"宪法监督体制决定违宪主体范围"这两个命题之间作出抉择,仅在承认两个命题均正确的前提下提出如下见解供方家参考和争辩:各国制宪者在设计本国的宪法监督体制时是经过深思熟虑的,而宪法监督机关的职权范围亦是在考量一国政治体制、政治文化传统等各种因素的基础上所划定的。宪法监督对象(违宪主体的另一面)的多寡并不是完全取决于实践中谁可能违宪,而是制宪者认为哪些主体实施的行为违背宪法需要由宪法监督机关适用宪法责任形式去给予否定性评价。在制宪者看来,宪法所要调整的社会关系区别于一般法律所要调整的内容,"宪法的归宪法,法律的归法律"。在某一行为抵触宪法同时又违背法律(我国宪法学者一般称为"间接违宪")时并不需要给予宪法制裁,而即使在法律缺位时抵触宪法的行为(如普通公民的行为)也并不一定需要给予宪法意义上的评价,因为这种行为尚未危及到一国的根本制度,此时宪法所要做的是"催促"立法机关制定相应的法律去弥补此一"漏洞"。因

① 刘茂林、陈明辉:《宪法监督的逻辑与制度构想》,《当代法学》2015年第1期。肖北庚先生亦有相类似的主张:"违宪责任承担主体的多重性决定了做出违宪制裁措施的机关及其程序具有多元性。"参见肖北庚:《违宪责任论略》,《福建政法管理干部学院学报》2001年第3期。

② 刘松山:《健全宪法监督制度之若干设想》,《法学》2015年第4期。

此,我们可以基于可能违宪的主体宽泛等缘由而要求改革和完善现行的宪法监督体制,但在修宪之前,在现行的宪法秩序下我们必须依凭当下的宪法监督体制来界定违宪主体的范围。否则,在所谓的"广义违宪、狭义违宪"抑或"直接违宪、间接违宪"的理论覆盖下,违宪主体的范围会变得模糊不清,而这在某种程度上也会影响宪法监督机关解决其应管辖宪法案件的积极性。

二、对我国宪法监督体制的再认识:以地方国家权力机关是否享有合宪性审查权为主要讨论对象

既然宪法监督体制或者说合宪性审查体制是界定违宪主体范围的一项重要标准,那么,明确了我国的合宪性审查体制或者说确定了哪些机关享有合宪性审查权,根据其权力行使的对象,我们便可知晓哪些宪法关系主体具有违宪主体资格,其所实施的行为就具备了成为违宪行为的可能性。

尽管学界同仁一直在借鉴他国经验和评析本国现状的基础上,为改革或完善我国合宪性审查体制"殚精竭虑",但是对哪些国家机关享有合宪性审查权,论者间并未形成共识。宪法学界主流观点认为,合宪性审查职权是由全国人大及其常委会享有并行使的,[①]且该职权是二者的"特有职权"。[②]由全国人大及其常委会负责监督宪法的实施,不仅是"符合我国的体制"的,[③]且体现了"我们的宪法监督制度比西方国家的

---

① 参见孙谦、胡永革:《宪法监督制度的比较研究》,《天津社会科学》1984年第6期;吴撷英:《各国宪法监督与宪法诉讼制度的比较研究》,《复旦学报》(社会科学版)1986年第5期;骆伟建:《加强最高国家权力机关对宪法实施的监督》,《河北法学》1986年第1期;陈云生:《体制改革与宪法监督》,《法学研究》1988年第5期;马岭:《违宪审查——实现法治的必由之路》,《法学》1997年第12期;何华辉:《简论坚持和完善人民代表大会制度》,载何华辉:《何华辉文集》,武汉大学出版社2006年版,第179页;胡锦光:《合宪性审查》,江苏人民出版社2018年版,第26页。

② 参见孙谦:《法律监督与宪法监督的关系》,《法学》1987年第9期。

③ 参见何华辉:《论宪法监督》,《武汉大学学报》(社会科学版)1982年第1期。

宪法监督制度优越"。①据此,由于"只有全国人大及其常委会才有权监督宪法的实施,对违反宪法的行为予以监督和纠正",②地方国家权力机关乃至其他国家机关及组织、个人当然不享有合宪性审查权。③这一主流观点亦得到实践部门同志的赞同。如曾任全国人大常委会法制工作委员会法规备案审查室主任梁鹰即认为:"根据宪法规定,全国人大及其常委会是我国合宪性审查的唯一主体。"④

然而,对上述主流观点,有些学者提出了质疑。其中,刘松山先生不仅专门撰文阐释了地方国家权力机关在保证宪法实施中的地位和作用,主张其具有违宪审查权或者宪法监督的职权,⑤且提出了"在统一的宪法监督制度建立之前,地方人大及其常委会可以先制定地方性法规,对本行政区域宪法监督的职权划分与操作程序做出具体规定"的理论主张。⑥值得注意的是,这一主张并非个例,其他学者亦有相同之见解。如有的论者认为我国宪法对地方国家权力机关"保证宪法实施和违宪监督职权作了原则规定";⑦有的学者则主张我国宪法虽然"没有明确地规定"地方国家权力机关被赋予了宪法监督的职权,但"事实上"是享有的。⑧甚至有的论者提出地方国家权力机关是宪法监督主体之一是"不应有异议的",⑨是"很清楚的",也"是我国宪法实施保障的一大特色",⑩将地方国家权力机关"排除在宪法监督权之外"是不利于宪法监督实施的。⑪其

---

① 参见许崇德、何华辉:《三权分立与议行合一的比较研究》,载何华辉:《何华辉文集》,武汉大学出版社2006年版,第160页。

② 韩大元:《宪法学基础理论》,中国政法大学出版社2008年版,第397页。

③ 参见许崇德:《地方人大常委会的设立及其变迁》,《政法论坛》2004年第6期。

④ 梁鹰:《推进合宪性审查的原则和方式》,《学习时报》2018年12月24日第003版。

⑤ 参见刘松山:《地方人大及其常委会保证宪法实施的地位和作用》,《法学论坛》2009年第3期。

⑥ 参见刘松山:《健全宪法监督制度之若干设想》,《法学》2015年第4期。

⑦ 参见杨泉明:《关于加强我国宪法监督的几个问题》,《政治学研究》1988年第6期。

⑧ 参见陈云生:《宪法监督司法化》,北京大学出版社2004年版,第457页。

⑨ 参见王宗非:《宪法监督面面观》,《当代法学》1989年第1期。

⑩ 参见杨泉明:《宪法保障论》,四川大学出版社1990年版,第77页。

⑪ 参见陈军:《地方人大及其常委会在宪法实施和监督中的作用探析》,《长春理工大学学报》(社会科学版)2015年第12期。

实,在1995年的全国宪法学年会上,学者们就对地方国家权力机关是否享有宪法监督职权展开了争论,并提出了"宪法赋予了地方各级国家权力机关暗含的宪法监督权""宪法明确赋予了地方人大宪法监督权""地方人大及其常委会享有间接的部分的宪法监督权"以及"宪法没有赋予也不应该赋予地方人大及其常委会以宪法监督权"等学说主张。①

此外,还有学者主张除了全国人大及其常委会、地方国家权力机关之外,其他国家机关也享有不同程度或不同范围的合宪性审查权力。如有学者认为:"国务院、地方各级人民代表大会、县级以上的各级人民政府都有不同程度的宪法监督和违宪审查权。"②另有论者在肯定全国人大及其常委会、国务院、地方国家权力机关、县级以上地方各级人民政府均具有违宪审查权的基础上,认为我国的违宪审查或宪法监督体制"是一种以国家权力机关为主体的行政层级关系审查模式",③或者主张我国的宪法监督主体是"多元和多层的结构"。④

地方国家权力机关乃至其他除全国人大及其常委会以外的国家机

① 参见张华:《人民代表大会制度理论研讨会暨1995年中国宪法学年会综述》,《高校社科信息》1996年第2期。有论者还认为,部分学者提出的地方国家权力机关不享有合宪性审查权的观点及其两个论据是"经不起推敲的",地方人大及其常委会"享有在辖区内的违宪审查权"。参见翟翌:《通过审查"行政惯例"启动中国违宪审查制度——一条渐进的路径》,《西南政法大学学报》2010年第1期。

② 包万超:《设立宪法委员会和最高法院违宪审查庭并行的复合审查制——完善我国违宪审查制度的另一种思路》,《法学》1998年第4期。另可参见施嵩:《关于启动违宪审查程序废除劳动教养制度的若干问题》,《山东社会科学》2009年第1期。曾任全国人大常委会副委员长的王汉斌同志在谈到1982年宪法对"保障和监督宪法实施"的规定时指出,相较于前三部宪法,1982年宪法"解决了对违宪的法律、法规的处理问题。规定……国务院有权改变或撤销各部、各委员会发布的不适当的命令、指示和规章,改变或者撤销地方各级国家行政机关的不适当的决定和命令,等等。这些规定都为纠正违宪的规范性文件提供了根据。"这段表述似乎不仅意味着"不适当"包括"违宪"之义,且暗含着国务院享有违宪审查权的意义,并将可能违宪的对象主要限定在"规范性文件"。参见王汉斌:《王汉斌访谈录——亲历新时期社会主义民主法制建设》,中国民主法制出版社2012年版,第124页。

③ 朱福惠:《我国违宪审查机制中存在的问题及解决的途径》,《常德师范学院学报》(社会科学版)1999年第4期。

④ 刘嗣元:《宪政秩序的维护:宪法监督的理论与实践》,武汉出版社2001年版,第302页。

关、组织是否享有合宪性审查权,不仅关系到违宪主体范围的确定,而且是我们在讨论改革与完善我国合宪性审查体制时必须解决的前提性问题,同时也是评价我国合宪性审查制度成效的基础性事实,甚至还关系着中央与地方之间权力的配置、政治体制改革、法制统一乃至国家统一等重大问题。有鉴于此,我们将以地方国家权力机关是否享有合宪性审查职权为主要讨论对象,通过考察相关正反主张及其理由,对我国的宪法监督体制予以重新检视。

（一）"保证宪法的遵守和执行"是否涵括"监督宪法的实施"

根据《宪法》第99条第1款第一分句的规定,地方各级人民代表大会在本行政区域内,保证宪法、法律、行政法规的遵守和执行。而《地方各级人民代表大会和地方各级人民政府组织法》（以下简称《地方组织法》,2022年第六次修正）第11条第（一）项和第12条第（一）项重申了宪法的上述规定,要求县级以上地方各级人大和乡镇人大在本行政区域内保证宪法的遵守和执行。同时,《地方组织法》第50条第（一）项还在宪法规定的基础上,赋予了县级以上地方各级人大常委会"在本行政区域内,保证宪法、法律、行政法规和上级人民代表大会及其常务委员会决议的遵守和执行"的职权。

以上宪法和法律赋予地方国家权力机关在本行政区域内"保证宪法的遵守和执行"职权的规定,是学者们肯定其享有监督宪法实施的职权的重要依据。[①]而其主要理由在于如下两点:一是"保证宪法的遵守和执行"（的职权）包含了"监督宪法的实施"的含义（的责任）。如有论

---

① 相关文献主要有:陈云生:《宪法监督司法化》,北京大学出版社2004年版,第456页;董成美、胡锦光:《我国违宪审查的组织机构初探》,《中国人民大学学报》1987年第1期;王宗非:《宪法监督面面观》,《当代法学》1989年第1期等等。鉴于《宪法》未明确规定地方国家权力机关享有宪法监督权,但又赋予其"保证宪法的遵守和执行"的职权,有论者就将地方国家权力机关纳入"监督网络"（一个不得已的用法）,而非监督主体。参见馨元:《依宪立法的思考》,《华东政法学院学报》2002年第3期。

者认为,保证宪法实施的含义相较于监督宪法实施的含义更为广泛,后者是前者的应有之义。①另有学者主张,保证宪法的遵守和执行的职权"自然也包括了宪法监督的责任"。②二是为了保证宪法的遵守和执行,地方国家权力机关必须享有违宪审查权,否则,"保证"无从谈起。如有的学者提出,既然宪法规定地方国家权力机关要保证宪法在本行政区域内贯彻实施,"就必须拥有一定的违宪审查权。否则,要保证宪法的实施会流于形式,成为空话。"③"监督宪法实施、纠正和制裁违宪行为,显然是'保证'的重要手段;没有'监督',怎么去'保证'呢?"④

对于上述主张,胡锦光先生予以了间接的否定。他认为我国的宪法监督可分为法律意义上的宪法监督和政治意义上的宪法监督,而只有前者与合宪性审查的涵义是相同的,至于后者则与合宪性审查完全不同。地方国家权力机关保证宪法的遵守和执行恰恰是属于政治意义上的宪法监督而非合宪性审查。⑤如此论述其实就否定了"保证宪法的实施"包括违宪审查或必须拥有违宪审查权的观点。

笔者认为,欲从"保证宪法的遵守和执行(或曰实施)"的规定中推导出地方国家权力机关享有违宪审查权是值得认真推敲的。

首先,根据《现代汉语词典》的释义,"保证"作为动词有两个含义:一是担保、担保做到;二是确保既定的要求和标准,不打折扣。⑥刘松山先生即根据"保证"的上述第二种含义,认为地方国家权力机关要"确保

---

① 刘松山:《地方人大及其常委会保证宪法实施的地位和作用》,《法学论坛》2009年第3期。

② 陈云生:《宪法监督司法化》,北京大学出版社2004年版,第456页。

③ 徐秀义、胡永革:《谈谈宪法监督制度》,《学习与研究》1985年第8期。另可参见王显举:《我国宪法监督制度的中国特色》,《法学季刊》1985年第2期。有论者在建议扩大地方国家权力机关的职权、赋予其违宪审查权时,所持的一个重要论据便是:"要保证宪法的遵守和执行,就必须同时享有违宪审查权。"参见王世茹:《我国违宪审查制度初探》,《山西大学学报》(哲学社会科学版)1991年第4期。

④ 苗连营、郑磊等:《宪法实施问题研究》,郑州大学出版社2016年版,第43页。

⑤ 胡锦光:《合宪性审查》,江苏人民出版社2018年版,第26页。

⑥ 《现代汉语词典》(第六版),商务印书馆2012年版,第47页。

宪法的要求和标准在本行政区域得到遵守和执行"。①确保宪法的要求和标准得到遵守和执行是否就必然蕴含着监督宪法的实施的含义呢？未必。根据《现代汉语词典》对"监督"的解释，其作为动词乃"察看并督促"之义。②而在《辞海》中，"监督"强调的是监督者具有高于被监督者的权威，拥有监督他人的职权，并且可以作为监督参照物的代表。③

依据这些释义，以乡镇人民代表大会为例，如果其具有监督宪法实施的职权，就必然意味着：第一，乡镇人大具有高于被监督者的权威，拥有监督他人的职权；并且被监督者具有实施违宪行为的可能性，而乡镇人大也有撤销或改变违宪行为的权力。在乡镇一级的国家机关体系中，只有乡镇人民政府才能成为"被监督者"或"他人"。因此，乡镇人大具有违宪审查权，就意味着乡镇政府具有实施违宪行为的可能性或现实性，而乡镇人大也有权改变或撤销乡镇政府实施的违宪行为。一般而言，乡镇政府作为基层行政机关，其实施违法行为的概率远超违宪行为。当然，在缺失法律、行政法规、地方性法规和规章等上位法的情况下，我们也难以否认乡镇政府作出的决定或决议直接违背宪法的可能。不过值得注意的是，根据《地方组织法》第12条第(十)项的规定，乡镇人大有权"撤销乡、民族乡、镇的人民政府的不适当的决定和命令"，而根据后文所述，有些论者正是以"不适当"为据推论出有关享有改变或撤销权的机关拥有违宪审查权。如果这种推论可以成立，则《地方组织法》第12条第(一)项关于"保证宪法的遵守和执行"的规定与第(十)项关于"不适当"的规定都蕴含了乡镇人大具有监督宪法实施的权力。作为《地方组织法》的制定者、修改者，全国人大及其常委会会这样设计法律条文吗？会在具体列举乡镇人大的职权时使

---

① 刘松山：《地方人大及其常委会保证宪法实施的地位和作用》，《法学论坛》2009年第3期。

②《现代汉语词典》(第六版)，商务印书馆2012年版，第629页。

③ 转引自刘松山：《地方人大及其常委会保证宪法实施的地位和作用》，《法学论坛》2009年第3期。

两项条文同时包含着相同的意义吗？我们的答案是否定的。因此，为了避免这种可能的重复以及肯定乡镇人大具有违宪审查权，我们就必须在第12条第（一）项和第（十）项之间进行选择，使其之一具有监督宪法实施的涵义。然而，令人遗憾的是，在肯定地方国家权力机关享有合宪性审查权的学者看来，"保证"规定和"不适当"的规定均是重要而不可或缺的论据。[①]

第二，依据前述《辞海》的释义，监督意味着监督者可以作为监督参照物的代表。如此，乡镇人大具有宪法监督的权力就意味着乡镇人大可以作为监督参照物即宪法的代表。假设这种推论成立的话，后果是十分可怕的。虽然我们说宪法所反映的人民意志中包括了乡镇区域内人民的意志，但是宪法所反映的人民意志是经过过滤、集中的人民意志，其所反映的是一国全体人民的意志。这种全体人民的意志是不能进行还原的，"公意"是不可分割、不可转让、不可代表的（除非得到"公意"明确的授权）。如果允许一定范围（一省、一县、一乡）内的人民充当宪法即全体人民意志的代表，那么，这部分人民完全可以以"全体人民"的代表为依凭主张自己行为的合宪性，也可以以此否定其他地域人民行为的合宪性。如此，社会主义法制的统一性将无法得到保障，以法制统一为主要基础的国家统一亦将遭到致命威胁，甚至内战也不可避免。从这点来看，地方国家权力机关拥有违宪审查权，不仅不能"保证宪法的遵守和执行"，反而会破坏宪法的贯彻实施。

其次，我国《宪法》序言最后一自然段规定："全国各族人民、一切国家机关和武装力量、各政党和各社会团体、各企业事业组织，都必须以宪法为根本的活动准则，并且负有维护宪法尊严、保证宪法实施的职责。"如果我们不否认宪法序言的法律效力，并按照上述学者的推理路径，似乎这一段有关"保证宪法实施的职责"的规定可以作为论证该自

---

① 参见刘松山：《地方人大及其常委会保证宪法实施的地位和作用》，《法学论坛》2009年第3期。

然段所提到的所有主体都具有"监督宪法实施的责任"。我们坚信,这种推理结论是荒诞的、不合逻辑、不符合现实的。但是,我们在肯定地方国家权力机关享有违宪审查权的相关论述中,并未发现相关学者提及宪法序言这一段规定究竟意味着什么？ 其与《宪法》第99条第1款的规定在宪法解释上究竟有何差异？ 其实,从美国、日本等国家的宪法判例及相关的宪法理论以及我国学者的论述来看,虽然宪法序言具有法律效力获得了肯定,但可从宪法序言中推导出具体权力和权利的可能性却均遭否定。[1]因此,尽管该自然段规定的是"宪法监督保障的原则",[2]但我们无法据此推导出任何组织或个人因为具有"保证宪法实施的职责"便享有监督宪法的实施这一具体权力。

再次,为了"保证宪法的遵守和执行"就必须享有违宪审查权吗？如果持肯定的见解,则我们同样可以推论说为了"保证法律、行政法规的遵守和执行"就必须享有违反法律、违反行政法规的审查权。于此,我们试以人民法院为例来类比论证这一问题。不过首先须明确的一点是,无论是违宪审查权抑或违法审查权,其均意味着享有此类权力的主体对违宪、违法的文件或具体行为享有制裁、纠正权,否则,这类权力就是不完整的、没有权威的。

在人民法院的行政审判活动中,根据《行政诉讼法》(2017年第二次修正)及《最高人民法院关于适用〈中华人民共和国行政诉讼法〉的解释》(法释〔2018〕1号)的相关规定,虽然人民法院有权对规章以下的规范性文件的合法性进行审查,但对经审查认为不合法的规范性文件,其亦只能在具体个案中"不作为认定行政行为合法的依据",而不能直接撤销或废止,只可向制定机关提出处理建议或司法建议。由此看来,人民法院的规范性文件合法性审查权是不完整的。然而,对于规章以上的法规性文件,人民法院连这种不完整的合法性审查权都不

---

[1] 参见下文第三章有关宪法序言法功能的分析。

[2] 全国人大常委会办公厅研究室政治组编:《中国宪法精释》,中国民主法制出版社1996年版,第90页。

享有。①但是,我们能够说不享有合法性审查权,人民法院就无需承担"保证法律的实施"的职责吗?显然不能。

尽管有学者否定宪法、行政法规、地方性法规、司法解释等是人民法院的审判依据,但其承认法律及与法律具有同等地位、同等性质或同等效力的法的规范是人民法院的审判依据。而审判依据的内涵是"人民法院审理案件时必须服从的,反映国家主权、维护法制统一、具有先定权威和不得妨碍审判独立的规范或者依据。"②《宪法》第5条第4款规定:"一切国家机关和武装力量、各政党和各社会团体、各企业事业组织都必须遵守宪法和法律。"第131条规定:"人民法院依照法律规定独立行使审判权,不受行政机关、社会团体和个人的干涉。"《人民法院组织法》(2018年修订)及三大诉讼法均要求人民法院审理案件应遵循"以事实为根据,以法律为准绳"的基本原则。这些宪法和法律规定,其实就是要求人民法院在具体个案中必须以法律为审判依据,保证法律得到遵守和执行,其与全国人大及其常委会、人民检察院共同承担了在法律的层面上维护法制统一的职责。③据此,人民法院不享有对规章以上的法规性文件的合法性审查权,并不代表其无需履行保证法律的遵守和执行的职责。那么,人民法院又是通过何种途径、采取何种手段来履行这一职责呢?

根据最高人民法院发布的《关于审理行政案件适用法律规范问题的座谈会纪要》(法[2004]96号)的规定,人民法院在审理行政案件时,如果经判断认为下位法与上位法相抵触的,应当依据上位法来认定被诉行政行为的合法性。但这仅是一般情况下对法律规范的选择适用,该纪要同时强调:如果冲突规范所涉及的事项比较重大、有关机关对是

---

① 从《立法法》(2023年第二次修正)第108条的规定来看,人民法院也不享有改变或撤销规章以上法规性文件的权力。

② 参见刘松山:《人民法院的审判依据》,《政法论坛》2006年第4期。

③ 参见刘松山:《人民法院的审判依据为什么不能是宪法——兼论我国宪法适用的特点和前景》,《法学》2009年第2期。

否存在冲突有不同意见、应当优先适用的法律规范的合法有效性尚有疑问或者按照法律适用规则不能确定如何适用时,人民法院应依据立法法规定的程序逐级送请有权机关裁决。而《立法法》(2023年第二次修正)第105条、第106条则规定了对法律规范冲突需要裁决的具体情形和裁决机关。有鉴于此,结合《立法法》第110条的规定,人民法院是通过在具体个案中选择适用上位法(当下位法与其冲突时)、送请有权机关裁决、提出合法性审查要求(最高人民法院)或合法性审查建议(其他人民法院)来保证法律的贯彻实施的,并以此来维护社会主义法制的统一。

由此,享有"保证法律的遵守和执行"的职权或承担相应职责,并不意味着就必须享有违法审查权,二者并不具有必然的关联。同理,地方国家权力机关具有"保证宪法的遵守和执行"的职权也并不要求其必须享有违宪审查权,没有违宪审查权也可以通过其他途径或措施来保证宪法在本行政区域内的遵守和执行(详见下文所述)。

最后,从比较法上来看,法国《宪法》第5条第1款规定:"共和国总统监督遵守宪法。他通过自己的仲裁,保证公共权力机构的正常活动和国家的持续性。"美国《宪法》第2条第1款规定的总统宣誓词是:"我庄严宣誓(或宣言)我一定忠实执行合众国总统职务,竭尽全力维护、保护和捍卫合众国宪法。"然国内绝大多数宪法学教材、著述在讨论法国、美国的违宪审查体制时,并不认为负有"监督遵守宪法"职责的法国总统、"维护、保护和捍卫合众国宪法"的美国总统是宪法监督或违宪审查机关。

此外,根据《日本国宪法》第99条的规定,天皇或摄政以及国务大臣、国会议员、法官以及其他公务员均负有尊重和拥护宪法的义务。但是否能以上述主体负有"尊重和拥护宪法"的义务为凭,推断其具有违宪审查权呢? 答案显然是否定的。日本最高法院仅在判例中根据《日本国宪法》第81条及其法院体制,以"宪法具有最高法律效力,法官负有尊重义务"为由,认定了下级法院法官在裁判具体案件时具有法令审查权。①

因此,要从"保证宪法实施"的规定中推论出地方国家权力机关享有宪法监督职权是存在宪法解释障碍的。

(二)"不适当"是否包含"违宪"

《宪法》第99条第2款第二分句规定,县级以上地方各级人大"有权改变或者撤销本级人民代表大会常务委员会不适当的决定";第104条第三、四分句规定,县级以上地方各级人大常委会有权"撤销本级人民政府的不适当的决定和命令;撤销下一级人民代表大会的不适当的决议"。而《地方组织法》第11条第(十)项、第50条第(十一)、第(十二)项重申了上述宪法的规定,并增加了县级以上地方人大有权"撤销本级人民政府的不适当的决定和命令"(《地方组织法》第11条第(十一)项)和乡镇人大有权"撤销乡、民族乡、镇的人民政府的不适当的决定和命令"等内容。

根据以上宪法、法律规定,有些学者认为"不适当"包含了"违宪""不合宪"或"与宪法相抵触"的含义,②且是"理所当然"的。③然而,"不适当"当然包括了违宪的涵义,且可成为推论地方国家权力机关享有违宪审查权的重要论据吗? 这同样值得深思。

我国《宪法》第62条第(十二)项规定,全国人大有权"改变或者撤

---

① 参见裘索:《日本违宪审查制度——兼对中国的启示》,商务印书馆2008年版,第31页。

② 相关主张可参见吴家麟:《论新宪法实施的保障》,《河北法学》1983年第1期;王显举:《我国宪法监督制度的中国特色》,《法学季刊》1985年第2期;董成美、胡锦光:《我国违宪审查的组织机构初探》,《中国人民大学学报》1987年第1期;王世茹:《我国违宪审查制度初探》,《山西大学学报》(哲学社会科学版)1991年第4期;杨泉明:《宪法保障论》,四川大学出版社1990年版,第78页;王振民:《中国违宪审查制度》,中国政法大学出版社2004年版,第115页;等等。

③ 参见孙煜华、童之伟:《让中国合宪性审查制形成特色并行之有效》,《法律科学》2018年第2期。

销全国人民代表大会常务委员会不适当的决定"。有的宪法释义书在解释该规定的涵义时认为："全国人大常委会制定的法律、人事任免、对条约的批准和废除等作出的一切决定,全国人大只要认为'不适当',而不管是否违反宪法和法律,都可以改变或撤销。"①由此,我们可以认为此项中的"不适当"包括了但不限于"违宪、违法"的涵义。但是否据此就可推定其他宪法条款中的"不适当"也依然包括了"违宪"涵义呢? 不尽然。

第一,如果宪法条款中的相同术语应该作相同的解释,"不适当"包括"违宪"之义,那么,国务院、县级以上地方各级人民政府亦享有违宪审查或监督宪法实施的权力。因为,根据《宪法》第89条第(十三)(十四)项、第108条之规定,国务院有权"改变或者撤销各部、各委员会发布的不适当的命令、指示和规章;改变或者撤销地方各级国家行政机关的不适当的决定和命令";县级以上地方各级人民政府"有权改变或者撤销所属各工作部门和下级人民政府的不适当的决定"。诚如前文所引,这种理解或推论在学界不乏支持者。不过,即使主张我国的宪法监督主体是"多元和多层的结构"的学者们也认为,这种体制或模式是存在缺陷的,是不可取的,是"不明确和不合理的形式","不具有正当性"。②而且在"事实上降低了违宪审查机构的权威、必然导致权限划分不清和管辖冲突、对众多不同种类和层次的违宪监督机构难以做到制度约束",③最后会形成一种"人人负责,人人又不负责"的局面。④

---

① 全国人大常委会办公厅研究室政治组编:《中国宪法精释》,中国民主法制出版社1996年版,第201页。

② 刘嗣元:《宪政秩序的维护:宪法监督的理论与实践》,武汉出版社2001年版,第302页。

③ 包万超:《设立宪法委员会和最高法院违宪审查庭并行的复合审查制——完善我国违宪审查制度的另一种思路》,《法学》1998年第4期。

④ 参见王振民:《中国违宪审查制度》,中国政法大学出版社2004年版,第373页。另可参见祁建平:《论意大利违宪审查制度》,《甘肃政法学院学报》2003年第4期;施嵩:《关于启动违宪审查程序废除劳动教养制度的若干问题》,《山东社会科学》2009年第1期。

但是,以"不适当"规定作为论证地方国家权力机关享有合宪性审查权的学者,在其著述中并未以相同之规定论证其他诸如国务院等国家机关同样具有这种权力,这种"厚此薄彼"的做法颇令人费解和诧异。也许,他们认为与国务院等国家行政机关有关的"不适当"规定不包括"违宪"之义,而与地方国家权力机关相关的"不适当"规定却暗含"与宪法相抵触"的涵义,但是,这种解释结论违背了同一解释规则,除非其符合相较于同一解释规则更为合理、效力更强的其他宪法解释规则,否则,这种解释就是恣意的。

第二,在宪法解释中,尽管同一解释(即相同术语应作相同解释)规则很重要,但是该规则并非"金科玉律"。如曾任美国联邦最高法院首席大法官的马歇尔即认为:"也许可以说,对于宪法中不同部分的同一文字一定要赋予同样的含义。但毋容置疑它们的含义受制于上下文。简言之,同一文字有不同的和多样的含义,须根据上下文来确定句中文字准确的含义。"①可见,相较于同一解释规则来说,根据解释对象所处的上下文进行体系或系统解释更能体现制宪者原意。因此,在不对"不适当"作同一解释的情况下,宪法、法律不同条款中所蕴含的"不适当"应作何解呢?

有的学者在对《宪法》第89条规定的国务院"对各部门和各地方行政机关的监督权"进行解释时认为,国务院的监督"既包括对违法违纪行为的监督,也包括对不适当行为的监督。"②从这种措辞来看,其并不认为《宪法》第89条第(十三)(十四)项规定中的"不适当"蕴含了"违宪"之义,甚至"违法违纪"的涵义也在"不适当"之外。如果这种释义只能作为一种间接证据证明《宪法》第89条中的"不适当"不包括"与宪法相抵触"的涵义,那么,《规章制定程序条例》(2017年修订)第35条、《法

①[美]詹姆斯·安修:《美国宪法解释与判例》,黎建飞译,中国政法大学出版社1999年版,第21页。

②许安标、刘松山:《中华人民共和国宪法通释》,中国法制出版社2003年版,第244页。

规规章备案条例》(2001年)第9条的规定则可直接证明《宪法》第89条中的"不适当"并不包含"违宪"的含义。

《规章制定程序条例》第35条第1款规定,国家机关、社会团体、企业事业组织、公民认为规章同法律、行政法规相抵触的,可以向国务院书面提出审查的建议。而《法规规章备案条例》第9条亦作了与其相同的规定。由此规定内容可见,如果《宪法》第89条第(十三)(十四)项规定中的"不适当"包含抵触宪法的意义,那么,《规章制定程序条例》《法规规章备案条例》在设计相关的条款时就应该表述为"同宪法、法律、行政法规相抵触的",但二者并没有采取这样的表达方式。据此可得这样的结论,即至少国务院并不认为自己享有对规章的违宪审查权,其只有权改变或撤销"违法"的规章。

全国人大常委会于2006年制定颁布的《各级人民代表大会常务委员会监督法》(以下简称《监督法》)第30条的规定则可用来证明全国人大常委会并不认为《宪法》第104条中的"不适当"包含"违宪"的意义。因为,全国人大常委会既是国家立法机关,又享有宪法解释权,故此,其所制定的法律可以视为"宪法解释"的一种特殊形式。

《监督法》第30条规定,县级以上地方各级人大常委会如认为下一级国家权力机关与本级政府作出的决议、决定、命令有以下"不适当"情形的,有权予以撤销:(一)超越法定权限,限制或者剥夺公民、法人和其他组织的合法权利,或者增加公民、法人和其他组织的义务的;(二)同法律、法规规定相抵触的;(三)有其他不适当的情形,应当予以撤销的。从该条所列的"不适当"情形来看,"同法律、法规规定相抵触"即违反上位法是"不适当"的一种情形。但值得注意的是,其在表述上位法的范围时并未将"宪法"涵括在内。如全国人大常委会认为《宪法》第104条规定的"不适当"包含了"抵触宪法、法律、法规等上位法"的意义,其就应采取类似于《宪法》第67条第(七)(八)项或者《立法法》第108条第

(二)项的表述方式，^①但它并没有这样做。很显然，全国人大常委会并不认为县级以上地方各级人大常委会享有监督宪法实施的权力，县级以上地方各级人大常委会不能以"违宪"为由撤销下级国家权力机关及本级人民政府的决定、决议和命令。

综上所述，尽管《宪法》第62条第(十二)项中的"不适当"可能蕴含了"违宪"之义，但第89条、第104条中的"不适当"并不涵括"与宪法相抵触"的意义："宪法关于法源正当性的评价，在对法律以下法源使用'违宪'标准的同时，又独立使用'不适当'标准，这表明，'不适当'和'违宪'是不同的。"^②因此，欲从"不适当"规定中推论地方国家权力机关享有违宪审查或宪法监督权是不适当的。

（三）宪法解释权与违宪审查权：不可分离抑或可分离

在反对地方国家权力机关享有宪法监督权的学者们的论述中，一项重要的理由便是《宪法》只赋予了全国人大常委会享有宪法解释权，而地方国家权力机关不具备此项职权，且"监督宪法的实施是和解释宪法分不开的"，^③因此，地方国家权力机关就不能行使违宪审查的权力。^④即使是认为"'不适当'的各种规范性文件当然包括违宪的规范性文件"的学者，也主张地方国家权力机关等国家机关不享有宪法解释

① 《宪法》第67条第(七)(八)项规定，全国人大常委会有权"撤销国务院制定的同宪法、法律相抵触的行政法规、决定和命令；撤销省、自治区、直辖市国家权力机关制定的同宪法、法律和行政法规相抵触的地方性法规和决议"。《立法法》第108条第(二)项规定：全国人民代表大会常务委员会有权撤销同宪法和法律相抵触的行政法规，有权撤销同宪法、法律和行政法规相抵触的地方性法规，有权撤销省、自治区、直辖市的人民代表大会常务委员会批准的违背宪法和本法第八十五条第二款规定的自治条例和单行条例。
② 翟小波：《论我国宪法的实施制度》，中国法制出版社2009年版，第59页。
③ 王叔文：《我国宪法实施中的几个认识问题》，《中国社会科学院研究生院学报》1988年第5期。王汉斌同志也认为："宪法解释与宪法监督是密切相关的，对保证宪法的实施有很重要的作用。"参见王汉斌：《王汉斌访谈录——亲历新时期社会主义民主法制建设》，中国民主法制出版社2012年版，第133页。
④ 相关文献可参见王叔文：《我国宪法实施中的几个认识问题》，《中国社会科学院研究生院学报》1988年第5期；罗豪培：《论宪法的实施保障问题》，《法学研究》1986年第2期；程湘清：《关于宪法监督的几个有争议的问题》，《法学研究》1992年第4期。

权,而"宪法解释权是违宪审查权的前提,没有宪法解释权就无法审查规范性文件是否与宪法相抵触",故此,其认为《宪法》的这种规定"实际上使我国行使违宪审查权的机关变得十分宽泛乃至含混不清"。①

可以说,只有享有宪法解释权,才能行使合宪性审查权;或者说,具有合宪性审查权便享有宪法解释权,两权的享有主体是同一的,这种观点在学界颇有"市场"。②当然,有的学者对此也提出了不同的意见,其认为"宪法解释和违宪审查是两种不同的权限",而"理论和实践都表明,我国的宪法解释不包括违宪审查。"③

就论证地方国家权力机关是否享有合宪性审查权的角度而言,关于宪法解释权和违宪审查权的关系,我们须着重讨论以下两个问题:一是"享有宪法解释权就可实施合宪性审查吗?"二是全国人大常委会享有的宪法解释权是唯一的还是最终的?

1. 享有宪法解释权不代表具有合宪性审查权

一般而言,违宪审查机关在对审查对象作出合宪性判断时,不仅须对审查依据即宪法条款本身进行解释,④在审查对象是法律等规范性文件的情况下,还必须对审查对象进行解释。⑤极端地说,基于宪法规范的原则性、开放性和政治性,每一个违宪审查案件都涉及宪法解释。因此,享有合宪性审查权就必须享有宪法解释权,⑥否则,违宪审查无法进

---

① 参见祁建平:《论意大利违宪审查制度》,《甘肃政法学院学报》2003年第4期。

② 相关文献可参阅胡锦光:《合宪性审查》,江苏人民出版社2018年版,第200页;李树忠:《加强宪法监督实施　推进合宪性审查工作》,《人民政协报》2018年2月27日第012版;李忠:《宪法监督论》(第二版),社会科学文献出版社2002年版,第3页。

③ 甘臧春:《论宪法解释》,《西北政法学院学报》1988年第4期。另有学者认为,在中国目前的宪法和法制架构下,宪法解释权是一项独立的权力,其并不与违宪审查权必然地联系在一起。参见王振民:《中国违宪审查制度》,中国政法大学出版社2004年版,第301—302页。

④ 有学者认为,违宪审查权的行使中不一定必然涉及宪法解释问题。参见韩大元:《宪法学基础理论》,中国政法大学出版社2008年版,第431页。

⑤ 参见[德]齐佩利乌斯:《法学方法论》,金振豹译,法律出版社2009年版,第58页。

⑥ 参见韩大元、张翔等:《宪法解释程序研究》,中国人民大学出版社2016年版,第1页。另有学者在论证全国人大亦享有宪法解释权时,所持的一项重要论据便是全国人大有权监督宪法的实施,而"享有监督宪法实施权力本身,必然同时具有解释宪法的权力"。参见徐秀义:《关于我国宪法解释问题的若干思考》,《当代法学》1988年第3期。

行。但是,能否反过来说享有宪法解释权就享有合宪性审查权呢?

首先,宪法解释不仅仅包括违宪解释,其还包括补充解释,即"宪法解释机关为保证宪法内容和原则在社会生活中得到实施,而对宪法规范作出的必要说明和补充。"①而这种补充解释又可称为立宪解释,宪法渊源意义上的宪法解释就主要是指立宪解释。②可见,宪法解释的作出并不以发生违宪审查个案为前提。以此看来,"宪法解释机构实质上为解决违宪问题的机构"的论断则显得过于片面。③

事实上,从《立法法》第48条对全国人大常委会的"法律解释"规定来看,全国人大常委会的法律解释并非是个案意义上的法律适用解释,而是抽象的、"明确具体含义"或"明确适用法律依据"的立法解释。而法律适用中的个案法律解释已经通过《全国人民代表大会常务委员会关于加强法律解释工作的决议》(1981年)、《人民法院组织法》(2018年修正)第18条、《人民检察院组织法》(2018年修正)第23条等规定赋予了最高人民法院、最高人民检察院以及国务院及主管部门。因此,结合当前的我国宪法、法律实践,并同该项并列规定的"监督宪法的实施"相比照,我们可以认为,《宪法》第67条第(一)项规定的全国人大常委会有权解释宪法是立宪解释而非违宪解释。由此,享有宪法解释权不一定就享有违宪审查权,具有宪法解释权的机关要享有违宪审查权还应由宪法作出明确的规定。

其次,《宪法》第131条规定"人民法院依照法律规定独立行使审判权",而根据《人民法院组织法》第18条的规定,最高人民法院可以"对属于审判工作中具体应用法律的问题进行解释"。也就是说,人民法院至少是最高人民法院是具有具体适用(个案)意义上的法律解释权的。但是,根据前文所论,在行政审判实践中,人民法院对规章以下的规范

---

① 韩大元:《宪法学基础理论》,中国政法大学出版社2008年版,第437页。

② 参见周叶中主编:《宪法》(第二版),高等教育出版社、北京大学出版社2005年版,第117页。

③ 参见王磊:《试论我国的宪法解释机构》,《中外法学》1993年第6期。

性文件只能享有不完整的合法性审查权,而对规章、法规则不享有合法性审查权。据此,对人民法院尤其是对最高人民法院来说,其虽具备法律解释权,但却不能行使对法规、规章的合法律审查权。就人民法院而言,法律解释权与违法审查权是分离的。以此类推,宪法解释与违宪审查并非是不可分离的两种权力,从宪法解释权中无法直接推论出违宪审查权。

最后,美国联邦最高法院第四任首席大法官马歇尔通过1803年的马伯里诉麦迪逊一案实现了"伟大的篡权",①将宪法未明确规定的宣布国会立法违宪无效的违宪审查权牢牢地掌控在了联邦法院系统手中。马歇尔法官在论证法院享有违宪审查权时,所持的一项重要理由便是"阐明何为法律是司法部门的职权与责任"。而在阐述与解释法律时,"如果两个法律相互冲突,法院必须决定每个法律的运作。""如果一项法律违背了宪法,如果法律与宪法都被应用于一个特殊案件,因而法院必须或者不顾宪法,顺从法律决定案件;或者不顾法律,顺从宪法。""如果将由法院来考虑宪法,并且宪法高于任何普通的立法法案,那么宪法——而非普通法律——必须支配两者都适用的案件。"②正是基于法院在解释法律时有责任亦有权力解决宪法与法律冲突问题以及其他理由,马歇尔法官认为法院拥有确认违宪的法律无效的权力。当然,马歇尔的这种推理路径早就为美国制宪先贤之一的汉密尔顿在《联邦党人文集》第78篇中所采用:"解释法律乃是法院的正当与特有的职责。而宪法事实上是,亦应被法官看作根本大法。所以对宪法以及立法机关制定的任何法律的解释权应属于法院。如果二者间出现不可调和的分歧,自以效力及作用较大之法为准。"③

---

① 王振民:《中国违宪审查制度》,中国政法大学出版社2004年版,第48页。

② 张千帆:《西方宪政体系》(上册·美国宪法),中国政法大学出版社2000年版,第43—44页。

③ [美]汉密尔顿、杰伊、麦迪逊:《联邦党人文集》,程逢如、在汉、舒逊译,商务印书馆1980年版(2015年印刷),第455页。

　　然而,这种典型的"美式法理"能否适用于其他国家甚至是中国呢?在德国、意大利等实行宪法法院违宪审查模式的国家,虽然普通法官有权在审理具体的民事、行政等案件时对涉案的法律、法规提出合宪性质疑,但并不享有合宪性审查权,其只能裁定中止正在审理的案件,向宪法法院提出合宪性审查请求。[①]也就是说,如果我们可以将普通法官对法律、法规的合宪性质疑视为一种宪法适用意义上的宪法解释的话,也不能就此推论出普通法院或专门法院就享有违宪审查权,因为该权是宪法法院专属的权力,不能与他者共享或分享。同理,我国最高人民法院及其他人民法院在审理具体案件时,固然可以对涉案的法规、自治条例、单行条例等提出合宪性质疑,但却也只能依据《立法法》第110条的规定向全国人大常委会提出合宪性审查要求或建议,而不能行使合宪性审查的权力。且如前所论,尽管人民法院可在审理案件时对法律、法规进行解释甚至在发生法律冲突时选择适用,也不意味着其具有合法性审查乃至合宪性审查的权力。

　　至此,我们可以说,享有宪法解释权不一定就享有违宪审查权;而具有违宪审查权便必然得拥有宪法解释权(违宪解释意义上的)。

　2. 全国人大常委会宪法解释权的排他性

　　有些学者认为,《宪法》赋予全国人大常委会以宪法解释权,并不意味着其他国家机关便不享有解释宪法的权力。因为前者不是唯一的、仅仅是最高的。"常识表明,第67条只是赋予全国人大常委会解释宪法的最高权力,而非带有排他性的独有权力。"[②]颇耐人寻味的是,这些学者之所以持这种主张,乃在于为"宪法司法化"即法院也应具有宪法解释权从而可进行合宪性审查提供宪法依据。但肯定地方国家权力机关具有违宪审查权的刘松山先生,却否定人民法院可依宪法审判、享有违

---

　　① 参见李修琼:《意大利宪法审判制度研究》,北京大学出版社2013年版,第61页以下。

　　② 张千帆:《宪法实施的概念与路径》,《清华法学》2012年第6期。蔡定剑先生亦持有这种观点,参见唐俊、张千帆、蔡定剑:《司法化是宪法实施的必然路径》,《浙江人大》2006年第1期。

宪审查权,其所持的一项重要理由便是"人民法院没有具体应用宪法的解释权",且"这已是一个常识性问题"。①

上述两种"常识",哪一种才是真的"常识"呢?

首先,国家机关在行使国家权力的过程中,对宪法的理解乃至所谓的"解释"并非真正的"宪法解释"。对法院是否具有宪法解释权持肯定见解的学者认为,《宪法》第67条并不禁止其他公权力部门理解、解释与适用宪法,而且理解、解释与适用宪法还是这些公权力部门的一种义务而非仅仅是一种权力,甚至是"依宪治国"的必然要求。②我们必须承认,根据《宪法》序言以及第5条的规定,任何机关、组织与个人都应遵守宪法,尤其是国家机关在行使国家权力过程中必须确保宪法在各自的管辖范围内得到遵守和执行。而为了有效地遵守宪法,并保证权力的运行符合宪法的规定,国家机关自然须对相关宪法条款进行理解与解释。正如美国联邦最高法院伯格首席大法官在1974年的"合众国诉尼克松"一案中所陈述的法院意见所言:"在履行宪法规定的职责时,政府的每个部门首先必须解释宪法,任何部门对其权力的解释都应得到其他部门的极大尊重。"③但这种"理解和解释"并非是真正意义上的"宪法解释",充其量只是不具有法律效力的"宪法解释"。真正的"宪法解释"是指享有宪法解释权的国家机关对宪法规范的含义所作的阐释与说明。④

其次,如果认为全国人大常委会的宪法解释并非排他性的,而仅仅是最终的、最高的,那么,当地方国家权力机关根据各自的理解"各取所

---

① 参见刘松山:《人民法院的审判依据为什么不能是宪法——兼论我国宪法适用的特点和前景》,《法学》2009年第2期。

② 参见张千帆:《宪法实施的概念与路径》,《清华法学》2012年第6期。

③ [美]斯坦利·I.库特勒编著:《最高法院与宪法——美国宪法史上重要判例选读》,朱曾汶、林铮译,商务印书馆2006年版,第670页。

④ 韩大元主编:《比较宪法学》,高等教育出版社2003年版,第117页。有学者将国家机关在行使国家权力过程中对宪法的理解和解释称为"派生性宪法解释"。参见韩大元、张翔等:《宪法解释程序研究》,中国人民大学出版社2016年版,第41—42页。

需"式地对宪法作出了具有法律效力的解释,则根据公权力法律行为所具有的"推定合法有效"的公定力原理,在全国人大常委会撤销该解释之前,其就能一直有效地支配着相关当事人、调整着一定领域的社会关系。又假设基于某种原因(如当事人未申诉等),[①]有关主体并未就该解释"上诉"到全国人大常委会,而全国人大常委会也未及时地发现该解释存在的问题并予以撤销,那么,该解释将会一直存在并有效地保持下去。如果出现这种局面,将出现众多的、互不一致的、带有明显地方特色的"宪法解释",如此,以宪法为顶端的"社会主义法制"将失去统一的基础,而以法制统一为重要表征的国家统一亦将受到严重的侵蚀。[②]

最后,解释宪法并非仅仅是一种弥补成文宪法缺陷、使宪法适应社会发展变化的技术,也非仅仅是在违宪审查过程中为解决审查对象的合宪性问题所必须做的一项工作,其还是一个关涉国家政权体制乃至政治体制的大问题。前已述及,宪法是一国全体人民意志的体现,维护的是一国全体人民的利益。而地方国家权力机关虽然都"属于统一国家的机关,行使国家的职能",但其"又具有地方的属性,代表、执行地方人民的意志和利益,管理地方的事务"。[③]因此,允许地方国家权力机关解释宪法,就是允许某一地方人民的意志"代表"全体人民的

---

①　事实上,从目前宪法、法律的规定来看,我们也无从发现当涉案当事人不服地方国家权力机关作出的宪法解释乃至宪法裁判结论时,其应依循何种程序"上诉"到全国人大常委会。有学者认为,如果将宪法监督权在全国人大及其常委会与地方国家权力机关之间进行分工,前者享有最后的裁判权,如此,地方国家权力机关享有的宪法监督权就不再是独立的宪法监督权了,其也就不是一个独立的宪法监督机构。参见刘志刚:《宪法实施监督机构研究》,复旦大学出版社2019年版,第157页。

②　在此,重温一下美国最高法院大法官斯托里在马丁诉亨特的承租人一案中陈述的下列法院意见将有助于我们对地方国家权力机关有权解释宪法的后果的理解:"不同州的具有同样学识和正直人格的法官,可能会对合众国的一条法律或一项条约,或甚至宪法本身作出不同的解释。如果没有修正权来控制这些不一致的判决,使它们一致,合众国的法律、条约和宪法在不同的州里就会各不相同,并且在任何两个州里也许永远不会有完全相同的解释、约束力或效力。"参见[美]斯坦利·I.库特勒编著:《最高法院与宪法——美国宪法史上重要判例选读》,朱曾汶、林铮译,商务印书馆2006年版,第39页。

③　刘松山:《征收农民房屋和土地的宪法法律问题》,《政治与法律》2012年第1期。

意志,就是将某一地方人民的利益"等同于"全体人民的根本利益。很显然,无论是在单一制国家还是联邦制国家,这种情形是绝对不允许发生的。否则,地方割据、国家分裂将不可避免。而如果允许国务院、县级以上地方各级人民政府也享有宪法解释权,那就是允许行政意志"代表"人民意志,行政机关就会以"宪法解释"为名正当而合宪地侵犯公民宪法权利,如此,宪法的"规范、控制"行政权、保障公民宪法权利的功能又何以实现? 允许行政机关解释宪法,是"有背法律一般原理的"。①

其实,从比较宪法上看,即使是实行议会制的国家(如日本),只要其承认宪法效力的最高性,且对议会持不信任态度从而实行违宪审查制度,那么,在国家权力体系中处于相对优越地位的议会也不享有宪法解释权(遑论地方代议制机关),而只有宪法明确授权(通过宪法惯例来确定宪法解释机关的"微乎其微",如美国)的机关才享有宪法解释的权力。因此,无论是宪法解释的真义,还是宪法的"全体人民性",以及宪法解释权分配不当将导致的严重危害后果,都决定了我国《宪法》第67条赋予全国人大常委会的宪法解释权(立宪解释意义上的)是唯一的、排他的,但并非是最终的(违宪解释意义上的),因为全国人大享有的监督宪法实施的权力包含了宪法解释权且其地位亦高于全国人大常委会,只有前者的宪法解释才是最终的。

综合上论,地方国家权力机关并不具有也不应该享有宪法解释权。退一步而言,即使认为其具有非最终的宪法解释权,但由于宪法解释权并不必然包含违宪审查权,因此,其也不享有合宪性审查权。

(四) 合宪性审查权可否共享或分享

虽然以"保证宪法的遵守和执行"包括监督宪法的实施、"不适当"

---

① 胡弘弘:《试论宪法解释》,《现代法学》1995年第5期。

包含了"违宪"之义、全国人大常委会的宪法解释并非唯一而是最终等为理由来论证地方国家权力机关享有合宪性审查的权力并不能成立，但是我们还是得进一步地寻找更为坚实的理由来说明我国的合宪性审查权不能共享或分享。①

　　首先，宪法监督的权威性决定了只能由全国人大及其常委会掌管违宪审查权。所谓宪法监督，"就是由最有权威的国家机关，对国家的根本性活动进行是否符合宪法的审查判断，并对违宪行为给予纠正和必要的制裁。"②权威性是严格法律意义上的宪法监督的特点之一，而这种权威性主要"体现在特定机关本身具有最高的或权威的法律地位，它们的宪法监督活动与它们在国家和社会生活中的最高决策活动或者专职活动是一致的。"③由此可见，宪法监督的权威性决定了宪法监督机关必须具有权威性，宪法监督一般是由"统一的、具有高度权威的专门机构"来实施的。④而在中国的国家机构体系中，只有全国人大及其常委会才是"最有权威的国家机关"。我们很难想象地方国家权力机关尤其是乡镇人大具有这样权威的地位。违宪审查这种关乎一国具有最高法律地位、法律效力、法律权威的宪法命运的事业是地方国家权力机关"生命中无法承受之重"。

────────

　　① 如果我们将香港、澳门两个地区的《基本法》视为"小宪法"，并将违反《基本法》的审查也视为一种"违宪审查"的话，那么，港澳终审法院与全国人大常委会就分享了港澳地区的"违宪审查权"。具体的分析详见王振民：《中国违宪审查制度》，中国政法大学出版社2004年版，第339页以下。此外，根据相关学者的研析，法国的(最高)行政法院也行使着对政府条例及行政行为(行政行为)的违宪审查权(宪法监督权)。如该观点成立，则法国宪法委员会与(最高)行政法院也分享了违宪审查权(有着各自特定的管辖范围)。参见王玉明：《试论违宪审查机构及其程序》，《中外法学》1990年第2期；李忠：《论宪法监督的司法化》，《政法论坛》2003年第2期。

　　② 全国人大常委会办公厅研究室政治组编：《中国宪法精释》，中国民主法制出版社1996年版，第196页。

　　③ 陈云生：《谈宪法监督》，《法学杂志》1988年第2期。

　　④ 蔡定剑：《我国宪法监督制度探讨》，《法学研究》1989年第3期。有关宪法监督机构或违宪审查机构权威性的论述还可参见王振民：《中国违宪审查制度》，中国政法大学出版社2004年版，第393—394页。

其次,违宪审查权只能由全国人大及其常委会行使才能保证二者是最高的、最有权威的国家机关。"宪法是固定不变的;它包含人民的永久性意愿,是国家的最高法。"①反映全体人民意志且具有最高法律效力的宪法是国家法制统一乃至国家统一的基础和保障,因此,监督宪法的实施是"事关全体人民当家作主、事关法制统一和国家统一的十分重大的权力"。②此项权力只能由宪法明确规定的、可以代表全体人民意志的国家机关来行使,而这类机关在我国只能是全国人大及其常委会。

宪法的最高性决定了监督宪法实施的权力在权力体系中的最高性,任何宪法规定的其他国家权力都不能高于宪法监督权,否则,就会出现不受宪法"管束"的甚至是超越宪法的权力。既然我国宪法规定全国人大是最高国家权力机关,全国人大常委会是最高国家权力机关的常设机关,为了确保全国人大及其常委会的这种"最高性",两者就必须享有违宪审查权,"确立全国人大及其常委会监督宪法实施的权力,……,是保证国家的最高权力始终掌握在全国人大及其常委会这一代表全体人民意志的最高权力机关的重要手段。"③如果允许地方国家权力机关分享或共享宪法监督权,那么,全国人大及其常委会就不是最高的国家权力机关了,其就失去了一项保障自己最高性的重要手段。

宪法的最高性和宪法监督权力的最高性决定了宪法监督权的专属性。如果允许其他国家机关分享宪法监督权,那么就是允许其他国家机关分享全国人大及其常委会的最高性,就是使其可以与全国人大及其常委会"平起平坐,分庭抗礼"。④这在现行的人民代表大会制度体制

---

①[美]斯坦利·I. 库特勒编著:《最高法院与宪法——美国宪法史上重要判例选读》,朱曾汶、林铮译,商务印书馆2006年版,第9页。

②刘松山:《违宪审查热的冷思考》,《法学》2004年第1期。

③韩大元:《宪法学基础理论》,中国政法大学出版社2008年版,第397页。

④刘松山:《违宪审查热的冷思考》,《法学》2004年第1期。

内是不可能的,也是不存在讨论余地的,除非修改宪法改革现行的人大体制。

再次,在一些实行普通法院负责违宪审查的国家(如美国、日本等),不仅最高法院享有违宪审查权,设置于各地的下级法院也能够行使违宪审查权。依此类推,在我国,全国人大及其常委会行使的违宪审查权是最终的而非唯一的,宪法并未明确排除地方国家权力机关行使违宪审查权的可能性。然而,这种推理并不能成立,缘由如下:

美国等联邦制国家的联邦法院执行的是联邦宪法和法律,各州的法院执行的是州宪法和法律,因此,无论是联邦最高法院还是国会设立的下级法院都是"联邦"的法院,其所执行的宪法和法律反映的均是联邦的意志,维护的是联邦法制的统一。而在日本等实行普通法院负责违宪审查的单一制国家,无论是最高法院还是下级法院,均是"国家"的法院,而非"地方"的法院,因此都能够代表"国家"进行审判,以此维护国家利益和法制统一。

然而,如前所论,我国地方国家权力机关具有"地方性",其在制定法规、作出决定时须反映地方人民的意志,维护本区域内全体人民的利益。事实上,从《宪法》第100条的规定来看,地方国家权力机关制定的地方性法规只要"不抵触"宪法、法律等上位法即可,并不要求其所制定的地方性法规都必须有明确的上位法依据。这种"不抵触"要求已经预示着地方国家权力机关并不是中央国家权力机关的下属或分支,其具有独立的法律地位,可在上位法确定的范围内或当上位法缺失时,自主调整地方性事务。并且,诚如美国制宪先贤麦迪逊所言:"在各邦议会里,很难盛行国家精神。""各邦议会的议员,不大可能热衷于全国性的目标"。[1]可以说,我国地方国家权力机关的"地方性"使

---

① [美]亚历山大·汉密尔顿、詹姆斯·麦迪逊、约翰·杰伊:《联邦论:美国宪法述评》,尹宣译,译林出版社2016年版,第317页。

其无法承受违宪审查这一关涉法制统一甚至是国家统一的法治治理事业。

再者，地方要享有违宪审查权，其前提是必须存在一部地方性的宪法如美国各州宪法，而我国却缺失这一前提。①同时，即便存在地方性宪法，地方国家权力机关也不当然享有违宪审查权，因为基于自然正义原则，由地方普通法院或宪法法院行使违宪审查权更为恰当，美国、德国便是如此。

此外还值得注意的是，上诉程序的存在、判例法的传统等均为整个法院系统承担合宪性审查职责提供了有效的管道和有力的制度保障。反观我国，如何在违宪审查的个案上打通地方国家权力机关与全国人大及其常委会之间的联系，宪法、法律未置一词，相关的学术讨论亦极为鲜见。相关配套制度的缺失使得地方国家权力机关行使违宪审查权的可能性更是微乎其微。

最后，全国人大及其常委会专属管辖违宪案件，并不会导致发生在各地的违宪案件得不到及时的处理。有些学者在论证地方国家权力机关也享有或也应赋予违宪审查权时，所持的一项重要理由便是：基于我国幅员辽阔的国情，如果只由全国人大及其常委会来处理违宪案件，是"不现实的"，②"势必延宕时日，流于形式，会使广大群众失去信心。"③我国的违宪案件真的多到全国人大及其常委会"忙不过来的"情境吗？也许，这在社会主义法律体系尚未建成的、法制建设刚

---

① 有学者提出："我国是单一制国家，只有一部统一的宪法，地方层面没有、也不可能有宪法，因此，地方人大及其常委会不可能拥有宪法监督权。否则，将造成对我国单一制国家结构形式的根本性冲击。"参见刘志刚：《宪法实施监督机构研究》，复旦大学出版社2019年版，第157页。

② 徐秀义、胡永革：《谈谈宪法监督制度》，《学习与研究》1985年第8期。

③ 王显举：《我国宪法监督制度的中国特色》，《法学季刊》1985年第2期。相似主张、观点可参见董成美、胡锦光：《我国违宪审查的组织机构初探》，《中国人民大学学报》1987年第1期；屈建龙：《我国违宪问题初探》，《山西大学学报》1988年第3期；陈军：《地方人大及其常委会在宪法实施和监督中的作用探析》，《长春理工大学学报》（社会科学版）2015年第12期。

刚起步的20世纪八十年代、九十年代初才可能存在。①而在1999年宪法确立"依法治国"的战略后,尤其是在中国特色社会主义法律体系已经形成的当下,我国法制领域中更多发生的是违法现象而非违宪行为,违法问题而非违宪问题才是当前我国法制建设中的主要矛盾。②即便因缺失法律、法规、规章会在一些地方出现直接违背宪法的公权力行为,但全国人大及其常委会在全国人大宪法和法律委员会及其他专门委员会、全国人大常委会法制工作委员会的协助下,也能完全而及时地处理这些违宪案件。现在的关键问题并不是让地方国家权力机关行使违宪审查权去纠正、制裁地方上发生的违宪行为,而是如何启动《立法法》规定的合宪性审查程序,使全国人大常委会积极而又稳妥地行使监督宪法实施的权力,以追究和纠正违宪行为。在全国人大及其常委会都未积极行使违宪审查权的情况下,我们寄

---

① 事实上,根据程湘清先生的研判,"在一个行政区域内发生的违宪现象,通常表现为违反有关法律。如任免和选举工作中的一些错误做法,与其说违宪,不如说违反了选举法和地方组织法。"参见程湘清:《关于宪法监督的几个有争议的问题》,《法学研究》1992年第4期。

② 参见刘松山:《违宪审查热的冷思考》,《法学》2004年第1期。不过,有的学者基于《宪法》和《立法法》的修改授权,设区市地方性法规数量激增带来的违宪风险加大,且省级人大常委会又不能进行合宪性审查,从而认为"将激增的所有地方规范性文件的合宪性审查全部交由我国最高权力机关进行无疑是不现实的"。这"不仅会导致全国人大及其常委会不堪重负,使合宪性审查工作久拖不决",还有"浪费立法资源之嫌"。但在之后的论述中,该文又通过解释《宪法》第99、104条和《立法法》第72、97、99等条款的规范内涵,认为省级人大常委会有权对地方规范性文件进行合宪性审查。参见魏增产、邓翔宇:《省级人大常委会参与合宪性审查的空间和机制》,《政法学刊》2021年第1期。根据《立法法》第81条第1款的规定,设区市地方性法规只有在通过了省级人大常委会的合法性审查之后才会得到后者的批准。经过如此过滤的设区市地方性法规,如果还有大面积的需要全国人大及其常委会纠正的"违宪之处",那只能说明省级人大常委会在事前批准阶段怠于履行职责。在此种情形下,还能赋予其合宪性审查权力吗?另外,该文还认为,省级人大常委会依据《立法法》第99条(现第110条)享有合宪性审查要求权,而"如果不进行地方规范性文件的合宪性审查,审查要求权也就无从谈起",由此推断,第99条"从审查要求权的实现路径中体现出省级人大常委会有权对地方规范性文件进行合宪性审查这一规范内涵。"如果此种推理可以成立,有权提出合宪性审查建议的其他国家机关乃至公民个人在提出建议前也需要作出是否合宪的判断,这是否就意味着这些主体也享有合宪性审查权呢?笔者不得不说,上述推理是十分不当的。

希望于地方国家权力机关行使这种权力,去直接而公开地否定党委、政府、法院、检察院、监察委等党和国家机关行为的合宪性,无异于"强人所难",也是"南辕北辙"之举。

　　法国学者曾言:"违宪审查不能分而行之:或者可以分散于一个统一的法院系统内——倘若整个体系都在某个单一最高法院的终局权威之下的话,或者必须使其着落于专门宪法法院。"[1]而以上几点理由决定了我国的违宪审查权也不能被分割或分享,其专属于全国人大及其常委会,地方国家权力机关无权置喙。至于国务院等其他国家机关,更不能也不需要分享违宪审查权。

　　(五)　余论:地方国家权力机关在合宪性审查中"大有可为"

　　地方国家权力机关不享有、也不应享有违宪审查权,但其在合宪性审查中,在实现依宪治国和依宪执政的宪法治理事业中还是"大有可为"的。[2]根据宪法和法律的规定,地方国家权力机关在合宪性审查中至少可以作出如下三点贡献:

　　第一,严格遵循宪法、法律的规定,在法定权限内依据法定程序制

---

　　[1] [法]路易·法沃勒:《欧洲的违宪审查》,载[美]路易斯·亨金、阿尔伯特·J·罗森塔尔编:《宪政与权利:美国宪法的域外影响》,郑戈等译,生活·读书·新知三联书店1996年版,第37页。

　　[2] 肖蔚云先生在否定地方国家权力机关享有违宪审查权的同时,亦认为其对违宪行为,可以采取以下三种做法:"一是就被认为是违宪或者是否为违宪的问题及时向全国人大常委会报告;二是可以受理本行政区域内组织或公民提出的有关违宪的申诉和意见;三是通过行使宪法和有关法律规定的职权,对有关组织或公民违反组织法及有关法律的行为予以纠正。"参见肖蔚云、蒋朝阳:《关于全国人大和地方人大维护宪法实施的不同职责》,载于《人大工作通讯》1995年第17期。转引自裴索:《日本违宪审查制度:兼对中国的启示》,商务印书馆2008年版,第172—173页。刘志刚先生在否定地方国家权力机关享有宪法监督权的基础上,认为地方人大及其常委会行使"保证宪法的遵守和执行的权力"可以采取积极行为和消极行为两种方式。详细论述参见刘志刚:《宪法实施监督机构研究》,复旦大学出版社2019年版,第160页。谢蒲定先生在主张宪法监督权不宜赋予地方人大的基础上,也提出其"并非无所作为",可以通过行使合法性审查权等五项措施来保证宪法在本行政区域内得到遵守和执行。参见谢蒲定:《关于宪法监督几个问题的简单梳理》,《人大研究》2016年第7期。

定"与宪法等上位法不相抵触"的地方性法规、决定或决议。一言蔽之，就是地方国家权力机关首先得保证自己不违宪。

第二，积极履行宪法、法律赋予的职责，对"一府一委两院"的权力行为依法进行监督，追究和纠正业已产生的各种违法行政行为、监察行为、审判和检察行为，为实现依宪治国、依法治国的目标而"消肿"。只要违法行为减少了，尤其是那些貌似违宪实质违法的行为减少了，那么，如此"过滤"之后的违宪案件才是真正的需要全国人大及其常委会"出手"管辖的违宪案件。如果法制建设领域中充斥了诸多得不到纠正和制裁的违法行为，那么，寄希望于违宪审查"毕其功于一役"，实现依宪治国、依法治国的伟大目标，无异于"缘木求鱼"。

第三，根据《立法法》第110条的规定，各省、自治区、直辖市人大常委会认为行政法规、地方性法规、自治条例和单行条例同宪法或者法律相抵触的，可以向全国人大常委会书面提出进行审查的要求，而其他地方国家权力机关则可向全国人大常委会书面提出进行审查的建议。因此，地方国家权力机关可以选择适当的时机，积极、理性且务实地向全国人大常委会提出书面的合宪性审查要求或建议，[①]以启动国人期盼已久的合宪性审查程序。

第三节　其他宪法关系主体的违宪主体资格略释

本节以前文所述四项违宪主体范围的界定标准为准据，在全国人大及其常委会负责宪法监督的体制下，根据《宪法》第5条第4款规定的宪法关系主体顺序，对我国各类组织与个体的违宪主体资格作一粗略

---

① 从全国人民代表大会常务委员会法制工作委员会关于2020、2021年备案审查工作情况的报告来看，法工委并未收到"有关国家机关提出的审查要求"。由此可见，在省级人大常委会怠于提出合宪性审查要求的情况下，主张或建议其行使合宪性审查权，无异于"强人所难"，与现实相违背。

地说明。

一、国家机关

根据我国《宪法》第三章的规定,我国的国家机关在纵向上可以划分为中央国家机关和地方国家机关,在横向上则大致可分为权力机关、行政机关、监察机关、审判机关和检察机关。从《宪法》第5条第4款的规定和宪法序言最后一段规定上来看,一切国家机关都可能违宪,也就是说,一切国家机关都具有违宪主体资格。但根据违宪主体范围界定的四项标准,我们可发现,并非一切国家机关都能成为违宪主体。

(一) 全国人民代表大会

全国人民代表大会是我国的最高国家权力机关,行使国家立法权,可对国家和社会中的重大问题作出决定、决议,并享有修改宪法和监督宪法实施的权力。据此,尽管对全国人大而言,其符合宪法责任能力、宪法文本和宪法的基本精神和功能等三项标准,但由于全国人大是监督宪法实施的机关,且在其之上不存在其他地位更高的权力机关,所以,仅从宪法监督体制上来看,虽然宪法强调一切法律不得与宪法相抵触、全国人大仅有权修改宪法但无权制定宪法,[1]然而全国人大是不可能违宪的,或者说,即使全国人大违宪也不存在追究其宪法责任的国家机关。[2]诚

---

[1] 有学者认为:"尽管在我国宪法条文中没有具体规定制宪机关,但从宪政原理与实践中可以认定全国人大是我国的制宪机关。"参见韩大元编著:《1954年宪法与中国宪政》(第二版),武汉大学出版社2008年版,第30页。

[2] 有学者认为全国人大在通过香港、澳门《基本法》时,同时通过的肯定香港、澳门《基本法》是根据《宪法》并按照香港、澳门的具体情况制定的、是符合宪法的《决定》是全国人大进行违宪审查的实例。参见王振民:《中国违宪审查的主体和程序》,《中国法律》2006年第1期。但全国人大的这种自我审查很难说是真正意义上的违宪审查。即使我们可以将其视为一种特殊的违宪审查,也很难得出全国人民代表大会成为违宪主体的结论,因为我们很难相信全国人大会宣布自己通过的法律违宪;即使法律有可能抵触宪法,全国人大完全有可能在修改宪法之后再通过相应法律,以避免法律违宪。

如郭道晖先生所言:"这种体制有其高效的优越性,但人大自身在国家制度范围内却没有或不受任何其他权力的制约或监督。"①

不过有学者认为:"全国人大作为最高国家权力机关,它在宪法上的任何作为都不能理解为违宪。但是,全国人大在制定法律、行使其他法定权力时,则存在着违宪的可能。"②在林来梵先生看来,全国人大具有一种既彼此联系又相互区别的"双重主体地位",即其既是最高国家权力机关,又是行使"国家立法权"的国家立法机关。③由此,前引学者的观点可以表述为作为国家立法机关的全国人大具有违宪主体资格,而作为最高国家权力机关的全国人大不可能违宪。如果此种论断可成立,那么又由谁来审查作为国家立法机关的全国人大所制定法律的合宪性呢? 在现行的宪法监督体制内,且依据"任何人不得在自己案件中充任法官"的正当程序规则,全国人大作为宪法监督机关是不合适的。④那么,全国人大常委会是否可行使对全国人大的宪法监督权呢?其实,全国人大常委会也具有"双重主体地位",即其既是宪法监督机关,也是国家立法机关。作为宪法监督机关的全国人大常委会是否可监督作为国家立法机关的全国人大呢? 笔者相信,熟知中国人大制度的人士是不可能得出肯定结论的,因为全国人大常委会是由全国人大选举产生,且全国人大决定的正当性远超全国人大常委会决定的正当性(如即使某部全国人大制定的法律是以半数通过,其近1500张赞成票的正当性也远远超过全国人大常委会全体组成人员均对法律的违宪

---

① 郭道晖:《树立宪法权威必须追究违宪行为》,《炎黄春秋》2013年第9期。

② 田芝健、曹峰旗:《当代中国违宪的可能性及其防治研究》,《南京工业大学学报》(社会科学版)2003年第2期。

③ 参见林来梵:《从宪法规范到规范宪法——规范宪法学的一种前言》,法律出版社2001年版,第341页。

④ 有学者依据全国人大于1990年和1993年分别通过的关于《中华人民共和国香港特别行政区基本法》的决定和关于《中华人民共和国澳门特别行政区基本法》的决定中有关"港澳基本法是根据《中华人民共和国宪法》并按照港澳地区的具体情况制定的,是符合宪法的"内容,认为这是全国人大对自己制定法律的自我违宪审查,且已形成了一种不成文的宪法惯例。参见王振民:《中国违宪审查制度》,中国政法大学出版社2004年版,第111、140页。

性投赞成票的正当性。)①因此,"在人民代表大会制度的体制下,全国人大既修改宪法又解释宪法,所以,一个重要的制度假设是,它不存在违宪问题。"②"如果认为全国人大也会违宪的话,那就等于不相信全体人民,就陷入了不可知论了。"③

(二)全国人民代表大会常务委员会

全国人大常委会是全国人大的常设机关,是最高国家权力机关的组成部分,行使国家立法权、宪法和法律解释权及监督宪法实施的权力等重要国家权力,但其地位仍然低于全国人大。根据《宪法》第62条第(十二)项的规定,全国人大有权"改变或者撤销全国人民代表大会常务委员会不适当的决定"。此处的"不适当"包含了"违宪或抵触宪法"的涵义,而"决定"则包括所有全国人大常委会制定的规范性文件或作出的具体决定。因此,"如果常委会自己制定了违宪的法律,或者对法律作了违宪的解释,全国人大可以纠正。"④正如彭真同志在1982年12月3日的主席团会议上所说:"人大常委如果行使不对,全国人民代表大会可以撤销,也可以变动,还可以撤换全国人大常委的组成人员。"⑤鉴此,我们可以说,全国人大常委会符合以上所述违宪主体范围界定的四项

---

① 须注意的是,我国实行的是代表机关审查制,因此,在宪法决定的正当性方面必须考虑"少数服从多数的原则"。

② 刘松山:《宪法监督与司法改革》,知识产权出版社2015年版,第167页。

③ 刘松山:《宪法监督与司法改革》,知识产权出版社2015年版,第263页。如果全国人大违宪该如何处理呢? 也许,我们可从毛泽东同志在1954年3月初修改审定的《宪法草案初稿说明》中获得些许启示:"如果全国人民代表大会出了毛病,那毫无办法,只好等四年再说。"参见韩大元编著:《1954年宪法与中国宪政》(第二版),武汉大学出版社2008年版,第91页。此外,彭真同志也着重从代表与选举单位的关系上提出了解决"全国人大违宪"这一问题的方案:"全国人大代表由选举单位监督。""我们国家主席受人大监督,人大代表又受他们选举单位的监督。如果搞得不好,法律不能容许,原选举单位也可以撤换他。"转引自刘松山:《宪法监督与司法改革》,知识产权出版社2015年版,第66—67页。然而,无论是换届选举抑或撤换人大代表,很难说是一种法律监督意义上的宪法监督举措。

④ 张友渔:《进一步研究新宪法,实施新宪法》,《中国法学》1984年第1期。

⑤ 转引自刘松山:《宪法监督与司法改革》,知识产权出版社2015年版,第66页。

标准,具有违宪主体资格。不过,基于全国人大会期短、任务重的政治实际及宪法监督程序的不完善,欲追究全国人大常委会宪法责任的实践可能性可谓微乎其微。[①]

（三）国家主席、国务院、中央军事委员会和国家监察委员会

根据《宪法》第80条、第81条的规定,国家机关意义上的"国家主席"只能根据全国人大和(或)全国人大常委会的决定,实施公布法律、宣布进入紧急状态等国家行为。因此,在这种意义上,由于国家主席是虚位国家元首,并不享有实质性的决定权力,故此其不具有违宪主体资格,真正可能违宪的是全国人大常委会。

《宪法》第89条第(一)项规定,国务院有权根据宪法和法律,规定行政措施,制定行政法规,发布决定和命令。第67条第(七)项规定全国人大常委会有权"撤销国务院制定的同宪法、法律相抵触的行政法规、决定和命令"。结合《立法法》第108条第(二)项、第110条的规定,我们可以得出国务院具有违宪主体资格的结论。

根据《宪法》第93条的规定,中央军事委员会是领导全国武装力量的国家机关。据学者解释,中央军事委员享有决定军事战略和武装力

[①] 在翟小波先生看来,"纯粹从法秩序的逻辑来说,在中国宪法上,全国人大及其常委会不可能违宪。"参见翟小波:《论我国宪法的实施制度》,中国法制出版社2009年版,第63页。有学者认为,对于法律(狭义)的违宪审查,我国宪法直接规定在修改法律的立法活动过程之中。参见强世功:《中国的二元违宪审查体制》,《中国法律》2003年第5期。全国人大及其常委会修改法律是否可视为其进行违宪审查的一种方式,是一个值得斟酌和思考的问题。同时,正文所引我国《宪法》第62条第(十二)项的规定通过什么形式和程序、在何种活动中展开尽管在文本和实践两个层面尚不明确,但"修改法律"不应该是唯一的方式。莫纪宏先生认为,鉴于我国的政治制度和人大制度的特征,法律的合宪性审查只能依靠全国人大及其常委会自身的内部立法监督机制来实现。而当法律与宪法"不一致"时,可以通过释宪、释法、修宪和修法等方式来处理。这些方式是"最佳的法律处理方式"。参见莫纪宏:《论法律的合宪性审查机制》,《法学评论》2018年第6期。陈斯喜先生亦认为全国人大及其常委会可以在法律与宪法不一致时通过修改宪法来使二者保持一致。参见陈斯喜:《序:宪法的生命力在于实施》,载翟小波:《论我国宪法的实施制度》,中国法制出版社2009年版,序第4页。刘志刚先生认为,从实证的角度看,法律不是宪法监督的对象;但从应然角度看,法律应该纳入宪法监督的范围。参见刘志刚:《宪法实施监督机构研究》,复旦大学出版社2019年版,第117—119页。

量的作战方针、制定军事法规、发布决定和命令等十一项职权。①我国《立法法》第117条第1款亦规定："中央军事委员会根据宪法和法律,制定军事法规。"②因此,我国《宪法》第67条第(六)项有关全国人大常委会"监督国务院、中央军事委员会、国家监察委员会、最高人民法院和最高人民检察院的工作"的规定就内在蕴含了全国人大常委会作为宪法实施的监督机关有权撤销中央军事委员会制定的与宪法相抵触的军事法规以及作出的其他决定、命令。因此,中央军事委员会也具有违宪主体资格。

从《中华人民共和国监察法》对国家监察委员会的职权规定(尤其是第11条)来看,其履行的是与职务违法和职务犯罪有关的"监督、调查、处置职责"。而与下文所述法院相类似的是,为了保证国家监察委员会独立行使监察权,全国人大及其常委会亦不能在个案意义上撤销或改变国家监察委员会所作出的监督、调查和处置行为。故此,在个案监督意义上,国家监察委员会并非违宪主体。但2021年修正的《全国人大组织法》第37条第(八)项规定,全国人大各专门委员会有权审议:全国人民代表大会常务委员会交付的被认为同宪法、法律相抵触的国家监察委员会的监察法规。2023年第二次修正的《立法法》第118条亦规定:"国家监察委员会根据宪法和法律、全国人民代表大会常务委员会的有关决定,制定监察法规,报全国人民代表大会常务委员会备案。"可以认为,《全国人大组织法》《立法法》在《宪法》第123—127条和《监察法》的基础上,又赋予了国家监察委员会制定监察法规的权力。同时,为了保证监察法规的合宪性与合法性,结合《宪法》第67条第(六)项全国人大常委会有权监督国家监察委员会的工作之规定,全国人大常委会当然有权撤销违宪的监察法规。有鉴于此,国家监察委员会将会因制定违宪的监察法规而成为违宪主体。

---

① 参见许崇德主编:《中国宪法》(第三版),中国人民大学出版社2006年版,第177页。

② 有学者曾认为,中央军事委员会制定军事法规是我国的一项宪法惯例。参见周伟:《论宪法的渊源》,《西南民族学院学报》(哲学社会科学版)1997年第1期。

（四）地方各级人大、县级以上地方各级人大常委会和地方各级人民政府

《宪法》第67条第（八）项规定，全国人大常委会有权"撤销省、自治区、直辖市国家权力机关制定的同宪法、法律和行政法规相抵触的地方性法规和决议"，因此，省级人大及其常委会具有违宪主体资格应是无疑义的。同时，根据《立法法》第81条第1款的规定，设区市人大及其常委会有权"根据本市的具体情况和实际需要，在不同宪法、法律、行政法规和本省、自治区的地方性法规相抵触的前提下，可以对城乡建设与管理、生态文明建设、历史文化保护、基层治理等方面的事项制定地方性法规"，但须"报省、自治区的人民代表大会常务委员会批准后施行"。因此，尽管《宪法》67条第（八）项仅规定了全国人大常委会有权撤销省级国家权力机关制定的与宪法相抵触的地方性法规和决议，但基于设区市人大及其常委会制定的地方性法规须经省级人大常委会批准，且根据《立法法》第108条第（二）项有关"全国人民代表大会常务委员会有权撤销同宪法和法律相抵触的行政法规，有权撤销同宪法、法律和行政法规相抵触的地方性法规"的规定（此处地方性法规包括省级和设区市地方性法规），设区市人大及其常委会亦可能因制定了与宪法相抵触的地方性法规而成为违宪主体。①

至于县级人大及其常委会、乡镇人大，根据《宪法》第99条第2款、《地方组织法》第11条第（十）项、第50条第（十一）项的规定，对其决定进行监督的主体是上一级人大常委会、本级人大而非全国人大及其常委会。因此，尽管这些机关符合违宪主体范围界定的宪法责任能力和宪法的基本精神与功能标准，但在现行的宪法监督体制内，县级人大及

_____

① 在这种情形中，省级人大常委会（批准者）和设区市人大及其常委会（制定者）是共同的违宪主体，需承担较为特殊的连带性宪法责任。设区市人大及其常委会制定的地方性法规要接受全国人大常委会的合宪性与合法性审查，这一点在2021年修正的《全国人大组织法》第37条第（八）项中得到明确的规定。

其常委会、乡镇人大并非宪法监督对象,也不具有违宪主体资格。

同理,对于享有规章制定权的国务院部门、地方人民政府和不享有规章制定权的其他行政机关来说,由于《宪法》《地方组织法》《立法法》等法律确定的监督主体并非全国人大及其常委会,而是国务院、本级人大及其常委会、上级行政机关,因此,这些国家机关亦很难成为违宪主体。①即使其作出的行为与宪法相抵触,全国人大及其常委会亦只能通过监督国务院、省级国家权力机关等主体来间接达到追究和纠正此类主体实施的违宪行为的目的。

（五）民族自治地方的自治机关

根据《宪法》第112条规定,民族自治地方的自治机关是自治区、自治州、自治县的人民代表大会和人民政府。由此,以上对"地方各级人大、县级以上地方各级人大常委会和地方各级人民政府"违宪主体资格的论述基本上可适用于民族自治地方的自治机关。不过,必须提及的一点是,《宪法》第116条授权自治区、自治州、自治县的人民代表大会"依照当地民族的政治、经济和文化的特点,制定自治条例和单行条例。"根据该条及《立法法》第108条第（一）项和第（二）项的规定,全国人大有权撤销"全国人民代表大会常务委员会批准的违背宪法和本法第八十五条第二款规定的自治条例和单行条例",全国人大常委会有权撤销"省、自治区、直辖市的人民代表大会常务委员会批准的违背宪法

---

① 部门规章和地方政府规章不属于违宪审查对象的观点可参阅林来梵:《宪法学讲义》(第二版),法律出版社2015年版,第431页。不过,值得注意的是,我国《全国人民代表大会组织法》第37条在规定全国人大各专门委员会的工作时规定,各专门委员会可审议全国人大常委会交付的被认为同宪法、法律相抵触的国务院各部门的命令、指示和规章,以及省、自治区、直辖市和设区的市、自治州的人民政府的决定、命令和规章。这是否意味着全国人大常委会享有对部门规章和地方政府规章的撤销权(宪法监督权)?但《立法法》第108条在规定改变、撤销的权限时并未规定全国人大常委会有权撤销部门规章和地方政府规章,而是将撤销权授予给了国务院及相应级别的地方国家权力机关。因此,部门规章和政府规章甚至是一定级别的行政机关制定的规范性文件能否因违宪而被全国人大常委会撤销,尚待实践的回答。如果答案是肯定的,那么这些行政机关成为违宪主体应该是毋庸置疑的。

和本法第八十五条第二款规定的自治条例和单行条例"。故此,与上述设区市地方性法规的制定主体类似,自治条例和单行条例的制定者即民族自治地方的人民代表大会可因自治条例和单行条例抵触宪法而成为违宪主体。

（六）法院和检察院

对于司法机关(尤指法院)是否可以成为违宪主体,学者间的认识并不一致。有的学者认为:"司法机关在一般情况下是不能够成为违宪主体的,否定司法机关违宪主体资格与其作为公民基本权利保障者的宪法定位是一致的,否则就将陷入逻辑上的困境:如果在宪政体制框架内一方面将司法机关界定为保障公民基本权利的机关,另一方面司法机关本身又有可能反过来侵犯这些权利,这就有必要另外设置一个机关来保障司法机关行为的合宪性。这在逻辑上是矛盾的,并将使国家机关体系陷入无穷尽的正当性和道德意义上的拷问。""司法独立原则也决定了司法机关难以成为违宪主体。"但颇为吊诡的是,其在之后的论述中,又有限地肯定了司法机关的违宪主体资格:"法院在某些特殊情况下仍有可能承担违宪责任。……在宪法法院体制下普通法院系统中的最高法院可能因其违宪判决而成为违宪主体……在美国式的司法审查体制下,下级法院亦有可能因其违宪判决承担违宪责任。"[1]另有论者在主张司法机关"虽有违宪的可能,但违宪的可能性最小"的基础上,认为:"就宪法监督的对象而言,无论司法机关是行使违宪审查权,还是不行使违宪审查权,都可以作为宪法监督的对象。司法机关的功能主要是裁决案件纠纷,但其行为的方式和结果仍有可能违反宪法,因为法官对宪法的理解有可能与宪法的本意相矛盾。"[2]

---

[1] 姚国建:《违宪责任论》,知识产权出版社2006年版,第156、157页。

[2] 刘嗣元:《宪政秩序的维护:宪法监督的理论与实践》,武汉出版社2001年版,第208页。

我们认为,对于司法机关尤其是法院的违宪主体资格认定而言,一国的宪法监督体制及相应的司法机关与宪法监督机关之间的关系具有决定性意义。如在德国,《基本法》第1条第3款规定:"下列基本权利作为可直接实施的法律,使立法、行政和司法机构承担义务。"德国联邦宪法法院依据此条款及其他宪法条款的规定,在一系列涉及基本权利"第三人效力"的案件中裁决:"××法院××判决侵害(宪法)诉愿人依基本法××条所应享有之基本权"。①据此,在基本权利"第三人效力"案件中,真正实施侵犯宪法诉愿人的基本权利此类违宪行为的主体并非是一般民事侵权主体而是作出民事判决的法院。在这种意义上,法院就成了违宪主体。此外,根据德国学者的阐释,德国联邦宪法法院基于其"并非超级复审法院"的宪法定位从事实、判决内容、法院权限及程序等四个方面对其他法院裁判的合宪性进行审查。②这说明,在实行宪法法院审查制的德国,所谓的司法独立原则并不能成为法院具有违宪主体资格的障碍。③

事实上,在由普通法院承担违宪审查职责的国家,除负责终审的最高法院外,下级法院即使享有违宪审查权,也会因作出违宪的判决或决定而具备了成为违宪主体的可能性,司法独立原则也不能阻却法院成为违宪主体。如在日本,根据《刑事诉讼法》第405条第(一)项的规定,下级法院判决"违反宪法、对宪法的解释有错误"的,当事人可以向最高法院提起上告;而根据该法第433条的规定,对于下级法院的决定或命令"违反宪法、对宪法的解释有错误"的,当事人可以向最高法院提起特

---

① 参见台湾地区"司法院大法官书记处"编辑:《德国联邦宪法法院裁判选辑(六)》,1996年2月出版,第32、52页等。

② 参见[德]克劳斯·施莱希、斯特凡·科里奥特:《德国联邦宪法法院:地位、程序与裁判》,刘飞译,法律出版社2007年版,第291页以下。

③ 在我国台湾地区,"司法院大法官会议"认为台湾"最高法院"和"行政法院"所制成之判例同法令一样,具有违宪之可能性,人民得依"司法院大法官审理案件法"的相关规定声请释"宪"。参见吴庚:《行政法之理论与实用》(增订八版),中国人民大学出版社2005年版,第37页。

别抗告。此外,《民事诉讼法》第312条、第327条、第330条、第336条关于上告、特别上告、再抗告及特别抗告的规定,亦以判决、裁定、命令等具有"宪法解释错误或有其他违反宪法事项"的情形为当事人提起相关程序的唯一事由。①这些条款说明了日本的下级普通法院是可以成为违宪主体的。

但是,在实行立法机关(或最高权力机关)审查制的国家,司法独立原则却可阻却立法机关对法院判决进行合宪性审查。如在20世纪90年代剧变前的罗马尼亚,作为宪法监督机关的大国民议会在对最高法院行使监督权时所具有的唯一方法是听取最高法院的报告,但并不能撤销最高法院的判决,这主要是因为:"考虑到审判工作所作出的判决具有既判力。在这种情况下,对审判工作的监督不能导致大国民议会有撤销权,否则会动摇司法判决所独具的稳定性。"②

反观我国,尽管《宪法》第3条第3款规定"一府一委两院"都由人民代表大会产生,对它负责,受它监督,以及《宪法》第67条第(六)项规定全国人大常委会有权监督最高法院和最高检察院的工作,但根据《宪法》第131条和第136条规定的"审判独立"和"检察独立"的原则,全国人大及其常委会不能实行所谓的"个案监督",行使撤销与宪法相抵触的法院裁判和检察院决定的权力。此外,鉴于我国最高人民法院不享有违宪审查权,最高人民检察院亦仅有法律监督权,因此,地方各级人民法院和人民检察院事实上也不可能具有违宪主体资格,其行为只能接受合法性评价,无需进行合宪性审查。

虽然根据我国宪法监督体制和宪法文本规定,法院和检察院在作出具体判决和决定时不会成为违宪主体,但依据有关法律规定,最高人民法院和最高人民检察院享有作出具体应用法律解释的权力。我国

---

① 参见裘索:《日本违宪审查制度——兼对中国的启示》,商务印书馆2008年版,第29—30页。

② [罗马尼亚]图多尔·特拉卡努:《罗马尼亚社会主义共和国大国民议会对宪法实施的监督》,王名扬译,《法学译丛》1979年第2期。

《立法法》第119条和《监督法》第33条规定,最高人民法院和最高人民检察院作出的具体应用法律的解释要自公布之日起30日内报全国人大常委会备案,结合《宪法》第67条第(六)项和《全国人大组织法》第37条第(八)项的规定,全国人大常委会有权撤销与宪法相抵触(如未对相关法律作合宪性解释)的审判解释和检察解释。[1]此外,最高人民法院和最高人民检察院在法律实践中还会发布非法律解释性的批复、决定,如《地方各级人民法院及专门人民法院院长、副院长引咎辞职规定(试行)》(2001年)、《最高人民法院关于军事法院试行审理军内民事案件问题的复函》(2001年)等,这些非法律解释性的文件亦可能与宪法的规定、原则和精神相抵触。[2]故此,最高人民法院和最高人民检察院可能因制定了违宪的司法解释、批复、决定等而成为违宪主体。

二、武装力量、社会团体、企事业组织

在对我国各级、各类国家机关的违宪主体资格作出说明之后,我们就应对其他非国家机关的组织的违宪主体资格作一诠释。

(一)武装力量

根据有关释义,我国《宪法》中的"武装力量"是指"各种武装组织和装备设置的统称。武装组织由中国人民解放军、中国人民武装警察部队和民兵组成。装备设施包括用于装备部队的各种武器、装备和军事设置。"[3]很显然,"装备设施"是一种物,谈不上是否可能违宪问题。那

---

[1] 有论者主张,由于司法解释是以法律的存在为前提的,司法解释的性质属于对法律的司法适用,因而全国人大常委会对司法解释的监督只涉及合法性审查,司法解释并不是宪法监督的对象,参见刘茂林、陈明辉:《宪法监督的逻辑与制度构想》,《当代法学》2015年第1期。

[2] 参见张泽涛:《最高院"法官枉法、院长辞职"的规定违宪》,《法学》2001年第12期;陈斯喜、刘松山:《军事法院试办军内民事案件的批复违宪违法》,《法学》2001年第11期。

[3] 全国人大常委会办公厅研究室政治组编:《中国宪法精释》,中国民主法制出版社1996年版,第138页。

么,"武装组织"是否具有违宪主体资格呢? 从《宪法》第5条第4款的规定来看,答案似乎是肯定的。但鉴于"武装力量"的军事性和其行为的军事性,要对其行为进行合宪性审查几乎是不可能的。[①]即使进行合宪性审查,审查机关一般亦会采取合宪性推定技术。如在1944年的是松诉合众国一案中,美国联邦最高法院大法官布莱克主笔的法庭意见虽然确定"所有涉及到剥夺某个种族民权的限制"应"置于最严格的审查之下",但其还是基于如下理由承认了驱逐所有日本后裔之驱逐令的合宪性:"Korematsu(是松)之所以被驱逐并非因为对他或他的种族的敌意。他被驱逐是因为我们正在同日本帝国进行生死之搏,是因为专门建立起来的军事当局担心对西海岸的入侵,从而被迫采取正当的安全措施,是因为他们决定当时军事上的紧迫形势需要把日本后裔的公民暂时同西海岸隔离开来;最后,是因为国会在战时对我们的军事将领所寄予的信心——这是必然的——决定他们应该有权做这件事。"[②]

而且,我们还可以注意到的是,与军事行动相关的诸如进入紧急状态(含戒严)、总动员等行为都需要经过全国人大常委会的批准和决定。根据《宪法》第62条第(十五)项规定,全国人大有权决定战争和和平问题,根据《宪法》第67条第(十九)(二十)(二十一)项规定,全国人大常委会在全国人大闭会期间有权决定战争状态的宣布、有权决定全国总动员或者局部动员、有权决定全国或者个别省、自治区、直辖市进入紧急状态。因此,我们完全可以认为,与军事行动相关的诸如总动员等行为都经过了全国人大或其常委会的合宪性审查。"武装力量"作为具体的实施机关即使作出了侵害公民基本权利的行为,也主要是违法而非违宪。

---

① 美国联邦最高法院从不介入外交和军事领域是其坚持自我约束的基本原则的表现之一。参见刘嗣元:《宪政秩序的维护:宪法监督的理论与实践》,武汉出版社2001年版,第235页。

② [美]保罗·布莱斯特、桑福·列文森、杰克·巴尔金、阿基尔·阿玛编著:《宪法决策的过程:案例与材料》(第四版·下册),陆符嘉等译,中国政法大学出版社2002年版,第782、783页。

(二) 社会团体、企事业组织

至于社会团体、企事业组织是否可成为违宪主体,有论者作出了否定的回答:利益集团、公司、企业、传媒机构、各种社会团体等社会组织在"难以成为国家权力的行使主体时,它们仍然是公民个人的延伸,其宪法地位与公民不存在质的区别,与公民间的关系仍然是平等主体间的关系,与支配型的宪法关系不同","社会组织难以成为违宪主体。"①而有的论者则认为社会组织在"代表国家承担社会管理、调控职能,行使公共权力的行为"时具有违宪主体之资格。②从理论上讲,社会团体、企事业组织在行使法律授予的国家权力时是可能成为违宪主体的,但在我国现行的宪法监督体制下,其能否由全国人大及其常委会加以监督"确实是值得深加研究的"。③故此,此类组织体很难说完全符合上文所言的违宪主体范围界定的四项标准,且就政治实际来看,其违宪主体资格的承认,实际上意义不大。

也许对于非由全国人大及其常委会产生的社会团体、企事业单位而言,我们可以通过区别人大监督和宪法监督来解决其监督机关问题。在人大监督层面上,人大及其常委会只能监督由它选举或决定产生的机关、人员;而在宪法监督层面上,全国人大及其常委会已不是一般的代议机关,其可以监督任何可能违宪的主体,撤销后者所作出的任何行为。这一点,可以在《宪法》第67条第(八)项的规定中找到相应的佐证。④根据该项规定,全国人大常委会有权撤销省、自治区、直

---

① 姚国建:《违宪责任论》,知识产权出版社2006年版,第166页。

② 参见胡锦光、秦奥蕾:《论违宪主体》,《河南省政法管理干部学院学报》2004年第1期。刘嗣元先生亦认为利益集团、新闻媒体等社会组织具有违宪主体资格,参见刘嗣元:《宪政秩序的维护:宪法监督的理论与实践》,武汉出版社2001年版,第219页以下。

③ 刘松山:《彭真与宪法监督》,《华东政法大学学报》2011年第5期。

④ 《全国人大组织法》第37条第(八)项的规定是另一佐证。根据该项条文规定,全国人大常委会有权对行政法规、监察法规、司法解释、部门规章和地方政府规章、一定级别的行政规范性文件等进行合宪性和合法性审查。

辖市国家权力机关制定的同宪法、法律和行政法规相抵触的地方性法规和决议。而我们深知,省级国家权力机关并非是由全国人大及其常委会选举产生,也无需向后者负责并报告工作;相反,全国人大代表却是主要由省级国家权力机关选举产生的,并有权罢免。因此,作为宪法监督机关的全国人大常委会,是有权对非由其产生的国家机关或其他组织实施宪法监督的。然而,正如上述,基于宪法本身未明确规定和我国的政治现实,社会团体和企事业组织原则上是不具备违宪主体资格的。

三、国家工作人员

从学者的论述来看,在"国家工作人员"是否具有违宪主体资格的问题上亦是歧见纷呈。[1]持肯定见解的学者认为,由于重要的国家领导人的职务上的权利义务在宪法或宪法性文件中有明确规定,则其没有按照宪法或宪法性文件规定作为或不作为的则属于违宪。[2]与之相反的是,否定论者认为:"按照我国公法的一般原理,国家机关工作人员只是接受委托履行职务,其不具有公法上的权利能力和主体资格,相应地,也不会具有公法上的责任能力和责任主体资格。即使国家主席也不是以国家机关工作人员而是以国家机关的身份成为违宪主体,因此,

---

[1] 对本书此处所言之"国家工作人员",学者们用了不同的称谓,如"国家机关工作人员""国家机关负责人""国家机关领导人""重要的国家领导人"。分别参见王世涛:《违宪构成初论》,《法学家》2005年第5期;唐忠民:《公民能否成为违宪主体辨析》,《西南民族大学学报》(人文社科版)2004年第6期;胡锦光、秦奥蕾:《宪法实践中的违宪形态研究》,《河北学刊》2006年第5期;肖金泉、徐秀义:《略论违宪》,《法学杂志》1984年第4期。

[2] 参见肖金泉、徐秀义:《略论违宪》,《法学杂志》1984年第4期。持肯定见解的文献还有:孙卫东:《论违宪与违宪制裁》,《吉林大学社会科学学报》1995年第2期;唐忠民:《公民能否成为违宪主体辨析》,《西南民族大学学报》(人文社科版)2004年第6期;刘旺洪、唐宏强:《社会变迁与宪法的至上性——兼论良性违宪问题》,载南京师范大学法制现代化研究中心编:《法制现代化研究》(第三卷),南京师范大学出版社1997年版,第504页(该文指出,对掌握公权力的个人违宪,必须赋予宪法以直接效力,加大执宪力度,并给予必要的处罚)。

国家机关工作人员不能成为违宪主体。"①

　　颇值玩味的是,不但学者之间对"国家工作人员"的违宪主体资格存在争论,即使同一学者在不同时期对此问题的认识亦并不一致。如有的学者早先否定了国家机关领导人的违宪主体资格:"领导人的职务行为可能构成违宪,但应视为机关或组织行为而非个人行为,违宪的主体仍是国家机关或特定组织而非领导者个人。"②但之后却又对国家机关领导人的违宪主体资格持肯定见解:"由于领导人手中这些庞大而集中的权力在领导者个人意志的影响下,在实践中呈示出自我膨胀的发展趋势,因此,规范和控制国家机关领导人在宪法的约束下行使国家权力,亦是宪法重要目标之一。"③

　　笔者认为,否定论者所持的理由是错误的,其误解了公法学理论(尤其是行政法学理论)中的"职务委托"理论。依据我国《行政处罚法》《行政诉讼法》等法律之规定及我国行政法学通说,尽管行政行为是通过行政机关工作人员所实施的,但在外部行政法律关系中,与行政相对人对应的法律关系主体并非是行政机关工作人员而是行政机关,行政机关工作人员具体实施行政权的行为视为是接受行政机关委托所实施的。依"职务委托"理论,行政行为的法律后果应由委托者(即行政机关)而非受委托者(即行政机关工作人员)向行政相对人承担,能成为行政复议中的被申请人、行政诉讼中的被告的也只能是行政法律关系中的行政机关而非行政机关工作人员。

　　但须注意的是,"职务委托"理论所要解决的是由谁向行政相对人承担法律责任的问题,其并未否定行政机关工作人员承担行政法律责任的可能性,只不过行政机关工作人员是向以行政机关为代表的国家而非行政相对人承担法律责任,且这种法律责任也是一种内部行政法

　　① 王世涛:《违宪构成初论》,《法学家》2005年第5期。另可参见马克敏:《关于违宪与违宪审查制度的法理思考》,《社会科学家》2008年第5期。
　　② 胡锦光、秦奥蕾:《论违宪主体》,《河南省政法管理干部学院学报》2004年第1期。
　　③ 胡锦光、秦奥蕾:《宪法实践中的违宪形态研究》,《河北学刊》2006年第5期。

律责任。如《国家赔偿法》第16条第1款规定："赔偿义务机关赔偿损失后,应当责令有故意或者重大过失的工作人员或者受委托的组织或者个人承担部分或者全部赔偿费用。"再如《行政强制法》第61条至第66条规定了须依法给予"直接负责的主管人员和其他直接责任人员"以处分的情形。无论是赔偿费用的承担抑或处分均为行政机关工作人员因违反职务上之义务而向国家承担法律责任的表现形式。

此外,如前所述,"罢免"是一种重要的宪法责任形式,如否定"国家工作人员"的违宪主体资格,那么又由谁来承受"罢免"的法律后果呢? 因此,认为国家工作人员不具有责任能力和责任主体资格、以职务行为是机关行为而非个人行为为由否定"国家工作人员"的违宪主体资格是不能成立的。

尽管我们可以肯定"国家工作人员"的违宪主体资格,但在当前的宪法秩序下,其具体范围又应如何界定呢? 笔者认为,有以下几种解释方案可供选择:

第一,"国家工作人员"仅指由全国人大及其常委会负责罢免的人员。理由是:根据我国《宪法》第62条、第67条之规定,只有全国人大及其常委会才享有"监督宪法的实施"的职权,故而只有由全国人大及其常委会予以罢免的人员才具备违宪主体资格。

第二,"国家工作人员"指由全国人大及其常委会、县级以上人大及其常委会、乡镇人大负责罢免的人员。如果承认地方各级人大、县级以上地方各级人大常委会在本行政区域内也具有宪法监督的职权,那么,享有宪法监督职权的地方各级人大、各级人大常委会负责罢免的人员当然有可能因违背宪法义务实施违宪行为而成为违宪主体。

第三,"国家工作人员"包括所有"党政机关、军事机关中从事公务的人员"。依据《刑法》第97条的规定,《刑法》规定中的"国家工作人员"包括国家机关中从事公务的人员、国有公司、企业、事业单位、人民团体中从事公务的人员和国家机关、国有公司、企业、事业单位委派到非国有公司、企业、事业单位、社会团体从事公务的人员,以及其他依照法律从事公务的人员。而根据《公务员法》第2条、公务员法草案说明及全国人大法律委员会关于公务员法草案审议结果的报告,公务员的范围主要是以下七类机关中的工作人员:中国共产党机关的工作人员、人大机关的工作人员、行政机关的工作人员、政协机关的工作人员、审判机关的工作人员、检察机关的工作人员、民主党派机关的工作人员。①根据《刑法》和《公务员法》的上述规定,结合《宪法》序言第13自然段和《宪法》第93条的规定,我们可以把"国家工作人员"的范围界定为"党政机关、军事机关中从事公务的人员"。

基于我国实行的是最高权力机关监督审查体制,故此,在违宪主体意义上,本书选择第一种解释方案,即具备违宪主体资格的国家工作人员仅指"由全国人大及其常委会负责罢免的国家工作人员"。②

另外,根据《中共中央关于全面推进依法治国若干重大问题的决定》的规定,"经人大及其常委会选举或者决定任命的国家工作人员"在正式就职时须公开向宪法宣誓。但是,向宪法宣誓也不是经人大及其常委会(除全国人大及其常委会之外)选举或者决定任命的国家工作人员成为违宪主体的充分理由,因为宪法宣誓仅是一种"政治原则的检验"。正如美国宾夕法尼亚州最高法院法官吉布森在1825年的伊金诉罗布案中提出的如下异议所言:"维护宪法的宣誓并不专属于法官,政府的每一个官员都毫无二致地进行过宣誓,这种宣誓与其说是约束他行使职权,还不如说是检验他的政治原则,因为否则就难以确定宣誓行为对例如一个契据登记员所起的作

---

① 参见杨景宇、李飞主编:《中华人民共和国公务员法释义》,法律出版社2005年版,第7—8页。

② 至于可能违宪的其他主体(如未担任国家机关职务的党的领导人)只能由其他监督机关进行处理。彭真同志曾经指出:"党和国家的各个部门都有自己的监督系统。""全国人大如果发现了属于党风党纪的问题,可以主动向中央反映情况,发现了属于政纪方面的问题,可以提醒政府注意。全国人大常委会不可能,也不应该越俎代庖直接处理这方面的问题。"参见彭真:《论新时期的社会主义民主与法制建设》,中央文献出版社1989年版,第296页。

用:他的职权行使与宪法毫无关系。"①据此,我们很难将地方各级人大、各级人大常委会负责罢免的人员列入具有违宪主体资格的"国家工作人员"之列。

至此,我们可以说,在全国人大及其常委会负责宪法监督或合宪性审查的体制下,依据我国宪法文本规定,受制于宪法的控权(力)和保权(利)精神,具有违宪主体资格的组织及个人可归纳为:全国人大常委会、国务院、中央军事委员会、国家监察委员会、省级国家权力机关、设区市人大及其常委会、民族自治地方的人民代表大会、最高人民法院和最高人民检察院、由全国人大及其常委会负责罢免的国家工作人员。②

---

① 北京大学法学院司法研究中心编:《宪法的精神:美国联邦最高法院200年经典判例选读》,中国方正出版社2003年版,第24页。

② 翟小波先生以中国独特的宪法观、行宪史等为依据,认为我国的违宪审查对象只能是"法规"(包括行政法规和地方性法规),并发表了以下言辞颇为"激烈"的论断:"唯独对我国法秩序逻辑全然不了解、思维极其混乱的人,唯独只运用庸俗的常识思维的人,才会把法律、法规、规章甚至各种抽象或具体的行政行为一锅煮,都列为违宪审查的对象。"参见翟小波:《论我国宪法的实施制度》,中国法制出版社2009年版,第54页。希望本章对违宪主体(即违宪审查对象的实施者)的分析不会被归入"极其混乱""庸俗"的行列。此外,本章未就政党的违宪主体资格问题展开论述。缘由在于笔者对此问题尚未形成成熟的观点,并且对此前的一些思考也不满意。有兴趣的读者权可参阅拙文:《对我国违宪主体范围的再认识》,《西部法学评论》2018年第5期。

第三章 违宪之"宪":以违宪审查依据为"名"

在违宪概念的定义中,除了违宪主体的范围之外,违宪行为的侵害对象即违宪之"宪"的范围在学者间也尚未达成共识。如有学者认为:"违宪是与宪法的具体规定相抵触。这里的'宪法'一词,应从广义上来理解,它不仅指宪法典,也包括宪法修正案、宪法性法律、宪法惯例等一切所有的宪法性文件。"[①]另有论者提出:"违宪行为是特定的宪法关系主体不履行宪法上的义务或不当履行宪法上的义务的行为。"而"这里的'宪法'是广义的,它不仅指宪法典,还应包括宪法惯例、宪法原则和宪法精神。"[②]其实,在前文所引用的有关违宪概念定义的学术主张中,我们亦可发现如下问题:违反所谓的"上位法规范"是否也是违宪?[③]违宪之宪是否仅限于"我国的宪法或宪法性法律中可以追究违宪者宪法责任的规定"?

从合宪性审查的视角来看,违宪之"宪"与有的学者所言之合宪性

---

① 郭春涛:《论违宪》,《徐州师范大学学报》(哲学社会科学版)1997年第1期。

② 刘广登:《宪法责任何以免除——对一部地方性法规的宪法学思考》,《学术论坛》2007年第6期。

③ 在有关合宪性审查概念的表述中,我们也能发现学者们在合宪性审查依据界定上的分歧:有学者认为我国的合宪性审查是指有关权力机关依据"宪法和相关法律的规定"进行的审查;而另有论者提出合宪性审查是由宪法授权的国家机关依据"宪法"进行的审查判断。分别参见任进:《为什么要推进合宪性审查工作》,《人民论坛》2018年第17期;朱征夫:《合宪性审查是宪法实施的关键》,《同舟共进》2017年第12期。

审查中的"宪"乃具相同之意涵。至于合宪性审查中的"宪",该论者主张包括宪法典、宪法原则、宪法精神与宪法解释,在有的国家还包括宪法惯例与批准的公约。①

此外,如果从违宪构成的视角审视,②违宪之宪还涉及违宪构成的"住所"之所在问题。与犯罪构成的"住所"仅限于刑法(尤指分则)不同,③违宪构成的"住所"即宪法却呈现出多样性,这主要归因于刑法和宪法的渊源或表现形式不同:前者往往限于成文刑法(典)(当然也包括刑法修正案、单行刑法及附属刑法);④而后者,根据我国主流的宪法渊源理论学说,宪法典、宪法修正案、宪法性法律、宪法惯例、宪法解释、宪法判例等均可为宪法的表现形式。而对于中国宪法的渊源形式,"大多数学者都认为包括成文宪法典、宪法性法律、宪法惯例、宪法解释、国际条约等。"⑤

这就向我们提出了如下须予解决的难题:上述宪法形式都是违宪

---

① 参见韩大元:《关于推进合宪性审查工作的几点思考》,《法律科学》2018年第2期。

② 有关违宪构成的问题及其论证,权可参阅拙著:《违宪构成研究》,同济大学出版社2019年版。

③ 苏联刑法学家A·H·特拉伊宁曾将刑法典中的"罪状"喻为每个犯罪构成的"住所"。参见[苏联]A·H·特拉伊宁:《犯罪构成的一般学说》,薛秉忠等译,中国人民大学出版社1958年版,第218页。

④ 陈兴良先生认为:"在我国刑法中,自1997年刑法修订以后,不再采用单行刑法与附属刑法的立法方式,只是通过颁布刑法修正案的方式对刑法进行修订。"参见陈兴良:《刑法的明确性问题:以〈刑法〉第225条第4项为例的分析》,《中国法学》2011年第4期。值得一提的是,根据我国《刑法》第96条的规定,作为"国家规定"组成部分之一的"国务院制定的行政法规、规定的行政措施、发布的决定和命令"亦是确定犯罪构成要件内容的法定依据。但这并不意味着国务院制定的行政法规等文件可成为刑法的法源,因为根据《立法法》第11条的规定,只有法律才能规范"犯罪和刑罚",因此,国务院制定的行政法规等文件仅起明确法律所规定的构成要件(即含有"违反国家规定"的刑法条文)内容的作用。

⑤ 韩大元主编:《比较宪法学》,高等教育出版社2003年版,第76页。对中国宪法的渊源,有些论者提出了不同的见解。如有学者认为中国宪法的形式渊源还包括普通法律、行政法规和地方性法规等,参见陶涛:《论宪法渊源》,《社会科学研究》2002年第2期。另有论者提出中国宪法渊源包括宪法典、宪法修正案、宪法性法律、宪法性文件、宪法惯例、宪法解释、条约和协议等七种,参见周伟:《论宪法的渊源》,《西南民族学院学报》(哲学社会科学版)1997年第1期。还有论者主张中国宪法渊源只包括宪法典、宪法修正案及全国人大常委会的宪法解释,参见刘明超:《宪法渊源、宪法典结构与宪法规范》,《新东方》2004年第3期。

构成的"住所"吗? 所有宪法渊源形式都属于违宪概念定义中的"违宪之宪"吗? 此外,学界关于宪法序言法律效力的争议使我们也不得不考虑:作为成文宪法典一部分的宪法序言是否应该被排除在违宪之"宪"之外呢? 有鉴于此,本章将以"违宪审查依据"这一概念来解释和回答上述问题,[①]从而为违宪概念的定义寻找到更为合理的、能够揭示违宪概念实质的定义项。

第一节 违宪审查依据的内涵与特点

一、违宪审查依据的内涵和特点

违宪审查依据的确定对于违宪审查活动的有效开展及宪法判断的正确性而言具有重要意义,对此,已有学者作了简要的陈述。[②]如有的学者将审查的法律依据同实施审查的机构、受到审查的对象列为公法领域中"(司法)审查"所要解决的三个主要问题。[③]而有的论者则更明确地将违宪审查依据的确定视为违宪审查所要解决的前提问题:"违宪审查首先要解决的前提问题是'违宪审查'中的'宪'是指什么,也就是相关机构实施违宪审查的依据。"[④]尽管违宪审查依据已进入部分学者

[①] 如下文所论,从违宪行为实施者的视角来看,违宪行为的侵害对象即为违宪之"宪";而从违宪行为审查者的视角来看,违宪之宪乃是违宪审查机关作出宪法判断的依据(即本书所言之"违宪审查依据")。

[②] 在法国,违宪审查依据范围的宽窄还在某种意义上决定着法国宪法委员会在整个宪法政权体制中的地位和功能的发挥。法国政界、学界对法国宪法委员会民主正当性质疑的一个重要依据便是法国宪法委员会通过1971年结社法案的裁决扩充了宪法审查的依据,从而也使其自身具有了更广泛的自由裁量权。参见方建中:《超越主权理论的宪法审查:以法国为中心的考察》,法律出版社2010年版,第108—111页。

[③] 参见张千帆、包万超、王卫明:《司法审查制度比较研究》,译林出版社2012年版,第7页。

[④] 童建华:《英国违宪审查》,中国政法大学出版社2011年版,第29页。

的视野,但却鲜有论著对违宪审查依据的内涵、外延作深入的分析和探讨。

笔者认为,要对违宪审查依据这一概念作出合理界定,必须以深刻把握违宪审查功能乃至宪法功能、宪法与法律之价值区分为基础。另外,还应考虑不同违宪审查模式及受审查对象的类型对违宪审查依据界定的影响。综观世界主要宪治国家的违宪审查制度及实践,结合我国现行宪法所确立的违宪审查制度及在我国法院审判实践中曾出现的所谓"宪法司法化"个案,我们可以将违宪审查依据界定为:违宪审查机构运用违宪审查权对受审查之规范性文件或特定公权力主体所实施的其他行为作出是否合宪判断时所必须服从的、具有最高法律效力的根本规范。①理解这一界定,我们必须注意如下四点:

第一,违宪审查依据的运用主体是享有违宪审查权的违宪审查机构。

从世界主要宪治国家的违宪审查制度规定和实践来看,就审查模式而言,既存在以美国为代表的由普通法院负责实施的附带型违宪审查模式,也存在以德国为代表的由宪法法院负责实施的抽象型与附带型并存的违宪审查模式。至于法国宪法委员会和中国最高国家权力机关负责违宪审查亦具有标本性意义。②当然,即使是属于同一模式,各国的违宪审查制度规定和实践也未必完全一致。但无论哪一种模式,

---

① 林来梵先生在界定"宪法审查"这一概念时,对于宪法审查的"根据"即宪法规范,括号式地诠释为"通过宪法解释,就相关的宪法条文的内在意涵进行进一步的阐明所形成的解释命题。"参见林来梵主编:《宪法审查的原理与技术》,法律出版社2009年版,序言部分第1页。就违宪审查之个案而言,违宪审查机构作出宪法判断首先必须形成判断理由,而判断理由之实质在于判断主体"目光往返于规范与事实"之后所形成的裁判规范,此裁判规范已不同于"宏观"意义上的"违宪审查依据",前者是后者在遭遇个案时由判断主体经过理解、诠释所为的具体化,是针对个案的"法规范"。依此,林先生所言之"解释命题"类同于"裁判规范",与笔者此处所论述的"违宪审查依据"并不是同一概念,尽管二者之间具有密切关联。

② 张千帆先生对世界范围内实施司法审查(违宪审查)制度的国家所采取的司法审查模式细分为普通分散、普通集中、普通混合、特殊法院、委员会、欧美混合等六种。参见张千帆、包万超、王卫明:《司法审查制度比较研究》,译林出版社2012年版,第103页以下。

违宪审查依据的运用主体必然是享有违宪审查权的违宪审查机构,无论这种职权是宪法明文规定的还是基于宪法判例或宪法惯例所确定的。这一点也就意味着：

(1) 在宪法诉讼或宪法诉愿中,申请人要求违宪审查机构进行违宪审查以及在违宪审查过程中当事人主张受审查对象合宪或违宪的理由或依据不是违宪审查依据。申请人或当事人所持的依据固然会对违宪审查机构所运用的依据及其解释产生影响,但其不具有最终的法律效力意义上的、判断受审查对象是否合宪的意义。

(2) 根据宪法规定或基于宪治的本质要求,不具有违宪审查权的其他国家机关在实施宪法或法律所赋予的职权时,也必须遵守宪法,将宪法作为其职权行为的准据。如我国《宪法》序言规定,"全国各族人民、一切国家机关和武装力量、各政党和各社会团体、各企业事业组织,都必须以宪法为根本的活动准则,并且负有维护宪法尊严、保证宪法实施的职责。"据此,立法机关、行政机关、审判机关和检察机关等国家机关在行使各自相应的职权时必须以宪法为根本准则。在我国的立法例中,有不少的基本法律或其他法律都在第一条有关立法目的和立法根据的规定中写明"根据宪法,制定本法"。但这种意义上的准据并不是违宪审查依据,因为其是各国家机关为表明自身职权行为的合宪性所作的"自我申明",更像是一种"表态式"宣告。[1]至于其制定的规范性文件或实施的职权行为是否合宪还需要违宪审查机构加以最终的判断。

另外,在一些人民法院的审判实践中出现以宪法作为审判民事、行政、刑事案件的法律依据的案例。而从这些援引宪法条款并作出裁判的案件来看,[2]引用宪法条款所起的作用主要是增强判决之说理、弥补

---

[1] 有论者将立法机关、审判机关等国家机关在各自的职权活动中以宪法为依据作出的行使职权和履行职责行为称为宪法适用。参见莫纪宏主编：《违宪审查的理论与实践》,法律出版社2006年版,第429页。另可参见费善诚：《论宪法的适用性》,《法学家》1996年第3期。

[2] 王禹先生编著的一本书中辑录了33个这样的案件,有关案件的案情、法院的裁判及学理分析可参见王禹编著：《中国宪法司法化：案例评析》,北京大学出版社2005年版。

具体法律规定之不足,而非判断所适用之规范是否合宪。可以说,法院在必要时援用宪法进行说理,与合宪性审查工作无关。[1]这主要归因于我国宪法并未赋予包括最高人民法院在内的所有类型法院的违宪审查权,[2]因而这种为法院所适用的依据即使是宪法也不是违宪审查依据。[3]

　　第二,违宪审查依据是违宪审查机构对受审查对象作出是否合宪判断时应遵循的准则。

　　违宪审查机构的主要职权当然是以宪法为据实施违宪审查。但是,无论是普通法院型、专门机关型还是最高权力机关或立法机关型的违宪审查模式,各国违宪审查机构的职权范围是广泛的,并不仅仅限于违宪审查这一项。如根据德国《基本法》和《联邦宪法法院法》相关条款的规定,德国联邦宪法法院的职权既包括抽象法律法规和具体法律法规的审查权,还包括审理和裁决政党是否违宪、对联邦总统和联邦、州法官的弹劾以及国家、地方机关之间纵横向权限争议等近14项职权。[4]在这14项职权行使过程中,联邦宪法法院既有可能通过解释《基本法》进行违宪审查,也有可能不需要违宪审查即可以解决相关争议。而根据我国《宪法》第62条、第67条的规定,作为宪定违宪审查机构的全国人大及其常委会各自享有包括"监督宪法实施"在内的16项、22项

---

　　[1] 参见邢斌文:《论法院在合宪性审查工作中的角色定位》,《人大研究》2021年第2期。

　　[2] 有学者认为我国宪法规定人民法院享有的审判权"已经假定人民法院在具体个案中可以对违宪的法律法规进行选择适用",而这种"法律选择权"已经隐含了人民法院在具体个案中的违宪审查权。参见强世功:《中国的二元违宪审查体制》,《中国法律》2003年第5期。

　　[3] 有论者将宪法诉讼分为作为司法判断的宪法诉讼和作为违宪审查的宪法诉讼,而在前者这种司法活动中,宪法规范被"直接作为判断或处理当事人之间权利义务纠纷的法律依据"。参见谢维雁:《宪法诉讼的中国探索》,山东人民出版社2012年版,第74页。正如正文所论,在作为司法判断的宪法诉讼中为司法机关所引用的宪法规范并不是违宪审查依据。

　　[4] 有关德国联邦宪法法院职权的具体论述,可参见胡锦光主编:《违宪审查比较研究》,中国人民大学出版社2006年版,第159—160页;刘志刚:《宪法实施监督机构研究》,复旦大学出版社2019年版,第58—61页。

职权,而这些职权的行使并不必然涉及违宪审查。故此,违宪审查机构在行使违宪审查职权之外的其他职权时所遵循的准则不能称为"违宪审查依据"。

违宪审查机构负责对规范性文件及特定公权力主体实施的其他行为进行合宪性判断,其所作出的决定或裁判具有最高乃至终极的效力,任何国家机关都受其约束。[①]如法国1958年《宪法》第62条规定:"被宣告为违反宪法的规定,不得予以公布,亦不得施行。对宪法委员会的裁决,不得进行任何上告。此项裁决对公共权力机构、一切行政机关和司法机关都有拘束力。"但这并不意味着违宪审查机构本身拥有超越宪法的特权。其在行使违宪审查权时,不仅应根据宪法并将其适用于受审查对象以作出是否合宪的判断,而且其行使违宪审查权的行为还必须遵循宪法及国家立法机关制定的有关违宪审查法律的规定,尤其是其中的程序性规定。也就是说,违宪审查机构行使违宪审查权必须遵循宪定、法定的程序,且不得逾越职权范围并不得滥用违宪审查权。但是这些有关违宪审查机构职权的实体性和程序性规定并不是违宪审查依据,其主要的功能在于规范违宪审查机构的违宪审查活动,保证违宪审查机构能在公正程序的保障下作出正义的裁判或决定。而违宪审查依据仅仅是指违宪审查机构对受审查对象进行审查并据以作出是否合宪判断的准则。诚如学者所言:"这些法律(指《宪法法院法》《解释法》等宪法性法律,引者注)往往是违宪审查主体及其相关人员在违宪审查中必须遵循的程序,而不是违宪审查的依据。"[②]

第三,违宪审查依据原则上仅限于具有最高法律效力的宪法。

违宪审查的功能及宪法的性质与法律效力决定了违宪审查的依

[①] 在附带型违宪审查模式下,违宪审查机构作出的裁判具有个别效力还是一般效力,学界对此颇有争议。如在日本法学界就存在"一般效力说"和"个别效力说"的分歧。参见裘索:《日本违宪审查制度:兼对中国的启示》,商务印书馆2008年版,第41页。笔者认为,即使是在附带型违宪审查模式之下,基于三权分立与制衡原则与各机关相互尊重之政治原理,其他国家机关对于法院(违宪审查机构)的裁判亦应表示尊重和服从。

[②] 马岭:《宪法原理解读》,山东人民出版社2007年版,第379页。

据原则上只能是具有最高法律效力的宪法,尤其是在奉行成文宪法的国家。如《日本国宪法》(1946年)第98条第1款即确定了法院展开违宪审查之依据就是"自身":"本宪法为国家最高法规,凡与本宪法条款相违反的法律、命令、诏敕以及有关国务的其他行为之全部或一部,一律无效。"而《美利坚合众国宪法》(1787年)第6条第2款之"最高法律条款"亦将"自身"确定为联邦法院进行违宪审查的"最高依据"(尽管法院的违宪审查权是通过宪法惯例确立的):"本宪法和依本宪法所制定的合众国法律,以及根据合众国的权力已缔结或将缔结的一切条约,都是全国的最高法律;每个州的法官都应受其约束,即使州的宪法和法律中有与之相抵触的内容。"《俄罗斯联邦宪法》(1993年)第15条第1款亦规定:"俄罗斯联邦宪法具有最高的法律效力和直接的作用,适用于俄罗斯联邦全境。在俄罗斯联邦通过的法律及其他法规不得与俄罗斯联邦宪法相抵触。"我国《宪法》序言关于"宪法最高法律效力的规定"及《宪法》第5条第3款的规定("一切法律、行政法规和地方性法规都不得同宪法相抵触。")和第62条、第67条有关全国人大及其常委会监督宪法实施职权的规定,都将"全国人大及其常委会进行违宪审查的依据"限定在"本宪法"(即1982年宪法)。

但有原则必有例外。从主要宪治国家的违宪审查实践来看,由于受审查对象的不同,违宪审查依据也呈现多样的形态,普通法律等其他规范形式亦被作为违宪审查依据看待。如在法国,"依受审查规范是组织法与普通法律、国际规范或议会规则的不同,具体违宪审查参照的标准也有所不同。""宪法委员会在审查法律的合宪性时,不仅依据1958年宪法正文,而且参考1789年《人权宣言》、1946年宪法序言提及的'共和国法律承认的基本原则'及'当代特别需要的原则'。在某些特殊情况下,组织法也被纳入到法律合宪性审查规范集合中。""在以议会规则为审查对象时,合宪性审查依据规范不仅限于上文所述的广义宪法规范,还包括组织法甚至是普通法律。"①在泰国,"宪法法院依据宪法和法律判断,在没有相关法律的时候,依照民主实践的惯例来裁判。"②根据德国《基本法》(1945年)第93条第1款第(二)项之规定,联邦宪法法院在抽象法律法规审查程序中审查州法时的依据除了基本法之外还包括联邦法。

然而,从违宪审查的法理分析,违宪审查依据事实上只能是具有最高法律效力的宪法,而不能是其他法律规范,这是由宪法的最高法律效力及违宪审查的内在机理所决定的。因为,违宪审查制度成立的前提之一就在于宪法的"高级法"属性。如果不承认宪法是一国法律体系的"基本规范",则所谓的"违宪审查"亦无从谈起。③各国宪法制度和实践的发展历史(即从"议会至上"步入"宪法至上")就证明了这一点。事实上,在法国,组织法能否成为"宪法规范体系"的组成部分,学界是有争议的,而法国宪法委员会在裁决中也是"非常谨慎地引用组织法作为裁决依据"。④根据法国1958年《宪法》第61条第1款之规定,组织法在公布以前,必须送请宪法委员会审查,对其合宪性予以宣告。因此,即使将组织法纳入"宪法规范体系",也是以组织法的合宪性为前提的。在德国,根据德国学者的观点,虽然"对州法的审查标准为基本法以及'其他联邦法律'",但"对联邦法律进行审查的唯一标准是基本法。"⑤此外,在没有成文宪法典而实行不成文宪法的以色列,其最高法院能展开司法审查(违宪审查)也是以承认议会所制定的"基本法"(Basic Laws)具有高于其他普通法律的效力为前提的。⑥

① 莫纪宏主编:《违宪审查的理论与实践》,法律出版社2006年版,第216—217、221页。

② 莫纪宏主编:《违宪审查的理论与实践》,法律出版社2006年版,第379页。

③ 有学者认为,合宪性审查制度的建立必须具备两项条件,即宪法的效力高于法律和明确合宪性审查主体。参见胡锦光:《论我国合宪性审查机制中不同主体的职能定位》,《法学家》2020年第5期。

④ 参见吴天昊:《法国违宪审查制度》,中国政法大学出版社2011年版,第236页。

⑤ [德]克劳斯·施莱希、斯特凡·科里奥特:《德国联邦宪法法院:地位、程序与裁判》,刘飞译,法律出版社2007年版,第145页。

⑥ 参见张千帆、包万超、王卫明:《司法审查制度比较研究》,译林出版社2012年版,第51页以下。

虽然我们可以将违宪审查依据限定在具有最高法律效力的宪法，但基于各国的法律文化传统、政治体制等方面的差异，即使是对"宪法"本身，亦存在不同的理解。成文宪法与不成文宪法国家所言之"宪法"的范围是有差异的；成文宪法国家对宪法之存在形式即宪法渊源亦有不同的理解。如学界通常所称之宪法惯例、宪法判例、宪法性法律等宪法渊源是否同成文宪法典一样可以成为违宪审查之依据，是值得讨论的。即使是对成文宪法典而言，由于成文宪法典的一般结构包括序言、正文和附则等三个部分，这三个不同的结构部分是否都能成为违宪审查依据，学界亦存在不同的看法，尤其是对于宪法序言而言。这诸多的疑问均是在讨论违宪审查依据时不能回避的。对此，下文将予以详述。

第四，违宪审查依据对违宪审查机构具有绝对拘束力，其非合宪性审查的对象。

宪法的"最高法律效力"意味着违宪审查机构本身亦受宪法之拘束，其并无超越宪法之特权。[1]因为违宪审查机构是根据宪法成立的，是宪法所确立的宪法机关之一。宪法是人民意志的集中体现，违宪审查机构充其量也就是代表人民"捍卫宪法"，充任"宪法守护人"之角色。因而，汉密尔顿就人民与人民代表之间关系的论证也适用于违宪审查机构："违宪的立法自然不能使之生效。如否认此理，则无异于说，代表的地位反高于所代表的主体，仆役反高于主人，人民的代表反高于人民本身。"[2]日本东京地方法院的一份判决否定了法院能审查宪法之效力，亦从消极角度证明了违宪审查机构受宪法拘束，违宪审查依据具有绝对拘束力："在现行日本国宪法之下，法官仅受宪法和基于本宪法所制定的《法院法》的拘束，依本宪法受任命；法院依本宪法及基于本宪法制

---

① 德国学者谓："毫无疑问，要把宪法审判机构束缚于宪法是特别困难的。"参见[德]克劳斯·施莱希、斯特凡·科里奥特：《德国联邦宪法法院：地位、程序与裁判》，刘飞译，法律出版社2007年版，第20页。尽管"特别困难"，但并不代表违宪审查机构不受宪法束缚。

② [美]汉密尔顿、杰伊、麦迪逊：《联邦党人文集》，程逢如、在汉、舒逊译，商务印书馆1980年版（2015年印刷），第454页。

定的《法院法》而组成。因此，法院仅在规定其行使司法权的宪法下得以存在，将法院存在的根本规范在诉讼上认定为无效，无异于自我否定，故《日本国宪法》第81条不承认法院对宪法的审查权，这是理所当然的事情。"①

诚如论者所言："所谓以什么规则为依据，本身就意味着对被称之为依据的该项规则的服从。"②"服从"本身意味着所服从的对象对"己身"具有绝对拘束力，不允许后者对前者的"合法性"或"正当性"有审查的权力。其实，在对《行政诉讼法》(2014年修正前)第52条、第53条有关"依据"(法律、行政法规、地方性法规、自治条例和单行条例)和"参照"(规章)的对比解释中，亦可得出作为"依据"的规则具有绝对拘束力的结论："'参照依据'与'适用依据'的最大区别在于：人民法院对于'参照依据'，只有在这些依据与法律、法规没有抵触的前提下方可适用，所以有赖于人民法院对它的'合法性审查'；人民法院对于'适用依据'，只能无条件地服从，没有'合法性审查'的权力。"③这种学理解释观点既有立法机关的说明"为证"，也为最高人民法院的相关司法解释所采纳。④

当然，我们还应注意到的一点是：违宪审查依据的绝对拘束力仅仅意味着违宪审查机构不能"突破"依据进行审查或者说必须"根据"依据审查；其并不意味着违宪审查机构不享有解释宪法的"裁量权"，也并不

① 转引自裘索：《日本违宪审查制度：兼对中国的启示》，商务印书馆2008年版，第73—74页。

② 刘松山：《人民法院的审判依据》，《政法论坛》2006年第4期。

③ 胡建淼：《行政法学》(第二版)，法律出版社2003年版，第379—380页。

④ 时任全国人大常委会副委员长、法制工作委员会主任的王汉斌同志在其所作的《关于〈中华人民共和国行政诉讼法(草案)〉的说明》中对"参照"规章的解释是：对符合法律、行政法规规定的规章，法院要参照审理，对不符合或不完全符合法律、行政法规原则精神的规章，法院可以有灵活处理的余地。"符合法律、行政法规规定"与"灵活处理"都预示着法院对规章享有合法性审查的权力。《最高人民法院关于执行〈中华人民共和国行政诉讼法〉若干问题的解释》(法释[2000]8号)第62条第2款(该款为2018年的行政诉讼法解释即法释[2018]1号第100条第2款所沿袭)规定：人民法院审理行政案件，可以在裁判文书中引用合法有效的规章及其他规范性文件。此处的"合法有效"同样预示着法院享有对规章及其他规范性文件的合法性审查权。

意味着违宪审查机构不能根据现时的需要在宪法文字的"文义射程之内"改变宪法文字的既有涵义。美国宪法学者考克斯教授有关最高法院大法官在宪法裁决中应受法律约束的真知灼见对于我们正确理解违宪审查依据的绝对拘束力颇有裨益:"最高法院能够、确实、也应该在宪法裁决中制订法律,证明这一点并不等于证明了大法官们丝毫不受法律的约束。联邦宪法的文本规定有时无法提供确定的指引,但根据这一点却无法推演出大法官们可以自由地在宪法中加入他们所希望的内容。与此类似,即便法律中存在选择的空间,法官还是能够感觉并因此受到法律的约束。"①

综上,我们可将违宪审查依据的特点归纳为:(1)违宪审查依据的功能是作为违宪审查机构对规范性法律文件及特定公权力主体所实施的其他行为进行是否合宪判断的根本准则;(2)违宪审查依据的表现形式原则上为具有最高法律效力的宪法或者如其他论者所谓"违宪审查的直接依据仍然应当来源于成文宪法或者是具有成文宪法效力的法律文件"。②(3)在法律效力上,违宪审查依据具有绝对的拘束力,违宪审查机构不能突破"依据"进行违宪审查。③

二、违宪审查依据与相关概念的区别

为更好地理解和把握以上所述之违宪审查依据的内涵和特点,将

---

① [美]阿奇博尔德·考克斯:《法院与宪法》,田雷译,北京大学出版社2006年版,第400页。

② 莫纪宏:《论"违宪审查的基准"及其学术价值》,《南阳师范学院学报》(社会科学版)2007年第11期。

③ 必须注意的是,违宪审查依据不同于违宪审查对象,前者即为一国法律体系中具有最高法律效力的宪法,而后者恰是宪法之下所有规范性法律文件或其他受违宪审查机关管辖的具体公权力行为。但在我国学者的论述中,却出现过"混同"二者的表述。如"资产阶级宪法的虚伪性决定它只能以宪法中的局部条文作为宪法监督的对象,社会主义国家宪法的真实性决定它必然以宪法的全部条文作为宪法监督的对象。"参见何华辉:《论宪法监督》,《武汉大学学报》(社会科学版)1982年第1期。

其与易混淆之概念进行比较并区分是必须的。在宪法学尤其是违宪审查理论中,违宪审查基准、宪法渊源这两个概念与违宪审查依据之间存在着千丝万缕的联系,但亦具有不得不察之差异。

（一）违宪审查依据与违宪审查基准

违宪审查基准,也被有些学者称为"司法审查标准"[①]"司法审查的实质性标准"[②]等。当然,基于语言方面的差异,违宪审查基准在不同国家或地区亦有不同的称谓。"违宪审查基准概念起源于美国,从美语'the level of judicial scrutiny'（司法检查的层级）、'standards of judicial review'（司法审查标准）转译过来,是舶来品。德国宪法学上谓'Kontrolledichte'（审查密度）,日本用汉字词'违宪审查的基准',我国台湾地区叫'违宪审查的基准或标准'。"[③]

自美国联邦最高法院斯通大法官在1938年的United States v. Carolene Products Company 一案中所撰写的脚注4提出"双重审查标准"以来,[④]有关违宪审查基准的法律实践（主要是宪法判例）逐渐增多,相应的理论研究亦相当深入和系统（主要是在美、日、德及其所影响的国家和地区）。本章之主旨并不在于讨论违宪审查基准的历史起源及发展、类型与适用等具体内容,而仅在同"违宪审查依据"相比较的限度内对其稍加阐释。

---

① 屠振宇:《从堕胎案件看美国司法审查标准》,《南阳师范学院学报》(社会科学版)2007年第11期。另可参见张千帆、包万超、王卫明:《司法审查制度比较研究》,译林出版社2012年版,第71页。

② 范进学:《论美国司法审查的实质性标准》,《河南省政法管理干部学院学报》2011年第2期。严格说来,违宪审查与"司法审查"之所指并不完全一致,但部分学者在使用司法审查概念(尤其是在研究美、日两国违宪审查制度时),将其与违宪审查相等同。限于本书主旨,无特别说明时,在论述中并不严格区分这两个概念。

③ 朴飞、许元宪:《美国违宪审查基准研究》,《延边大学学报》(社会科学版)2010年第3期。

④ 有关"卡罗琳产品公司案"的详情及脚注4的具体内容,参见杜强强:《基本权利保护:"脚注4"与双重审查标准》,《南阳师范学院学报》(社会科学版)2007年第7期。

关于"违宪审查基准"与"违宪审查依据"这两个概念之间的逻辑关系,学界主要存在两种不同的意见。一种意见将二者相等同,并不加以区分:"当法律或命令受指责违宪或违法时,法令的规定内容成为审查对象,而法令的上位规范则成为用以审查这一对象的标准,也称为审查基准。"[①]另一种意见则认为:"从宪法学理论上来看,'违宪审查的基准'不能简单地代替'违宪审查的依据'、'违宪审查的原则'等实质性审查标准。"[②]虽然违宪审查依据和违宪审查基准都服务于违宪审查机构所实施之宪法判断,且都具有制约违宪审查职权、保障公民宪法权利以及维护宪法权威之功能。但是,若加以仔细甄别,二者在产生背景、具体内容、作用领域、性质、法律效力与变化等方面均有明显差异。

1. 产生背景方面

可以说,违宪审查依据是伴随着违宪审查制度的建立同时产生的。正如前文所述,违宪审查制度的前提之一就在于确认宪法的"最高法律地位"(宪法优先),任何国家机关所制定的规范性文件及其所实施的公权力行为都不得同宪法相抵触。故此,违宪审查之本质就在于依据"最高法"之宪法对受审查对象进行合宪性审查。在确立美国司法审查制度的1803年 Marbury v. Madison 一案中,马歇尔大法官论证法院能对议会立法进行合宪性审查的论据之一便是宪法的"高级法"属性:"或者

---

① 吴庚:《宪法的解释与适用》,三民书局2004年版,第399页。转引自王贵松:《违宪审查标准的体系化:一个美丽的神话——以日本经济规制立法的违宪审查为中心》,《南阳师范学院学报》(社会科学版)2007年第7期。日本学者工藤达朗区分了两种意义上的"审查标准",即"宪法审查标准"和"证明立法事实存在与否及其程度的标准",并将前者与违宪审查的依据相等同:审查标准首先是"宪法",还包括与宪法典有同等效力的规范。"宪法审查标准"是指从宪法规范引伸出来的与宪法典有同等效力的具体的准则。参见[日]工藤达朗:《经济自由的违宪审查标准——关于财产权和职业自由》,童牧之译,《中外法学》1994年第3期。秦前红先生亦认为,对行政法规进行合宪性(合法性)审查的审查基准就是宪法、法律,而审查密度或审查程度则属于审查方法。参见秦前红:《宪法原则论》,武汉大学出版社2012年版,第296、299页。

② 莫纪宏:《论"违宪审查的基准"及其学术价值》,《南阳师范学院学报》(社会科学版)2007年第11期。

宪法是至上与首要的法律,不可被通常手段所改变;或者它和普通立法法案处于同一水平,并和其他法律一样,可在立法机构高兴之时被更改。如果前一种选择是正确的,那么和宪法矛盾的立法法案就不是法律;如果后者是正确的,那么成文宪章就成了人民的荒谬企图,去限制那些本质上不可限制的权力"。①

然而,违宪审查基准的产生却有其特殊的历史背景。基于保守主义的政治哲学和司法能动主义的司法态度,美国联邦最高法院在20世纪30年代的一系列案件中以违宪为理由不断否定、推翻罗斯福总统主导的"新政"立法。为了使美国摆脱严重的经济危机,顺利推行政治机关所制定的经济、社会政策,罗斯福总统不得不通过所谓的"法院填塞计划"(court-packing plan)给联邦最高法院施加政治压力。面对这种政治压力,也为了适应时代的要求,最高法院决定放弃之前的能动主义之司法哲学,转而采取司法克制主义。但是,最高法院亦不愿轻易放弃其"宪法守护人""人权捍卫者"之角色,故而采取了所谓的"双重审查标准"这一司法策略,②既不过度干预政治机构所采取的经济、社会政策,也紧守个人权利保护的"大门"。事实上,在三权分立、相互制衡的权力配置体制下,法院作为违宪审查机构必须清楚地意识到自身在一国政治体制中的地位,对立法机关、行政机关的职权行为应表示最大程度的尊重。否则,轻率、任意地以违宪为由否定后者制定的政策、法律或其他行为,势必会将自身带入"政治漩涡",不仅损害司法独立和司法权威性,而且也将影响一国宪法秩序的稳定。诚如学者所言:"从违宪审查的基准概念设置的目的来看,主要是为了解决违宪审查机构与被审查

---

① 张千帆:《西方宪政体系》(上册·美国宪法),中国政法大学出版社2000年版,第43页。

② "双重审查标准"的基本含义是:把宪法规定的基本人权分成两大部分,对表现自由等精神自由所加的限制,在受法院审查时很少被推定为合宪,相反,对财产权等经济自由的限制,则被推定为合宪的机会较大;再者,影响民主体制基础的政治程序的法律,应受更严格的司法审查,而影响经济程序的法律则否;另外,宗教上或人种上少数派的权利,可享有特殊的司法保护。参见朱应平:《两重审查基准在政治权利和经济权利中的运用——美澳比较及启示》,《法学》2006年第3期。

机构之间的权力关系。"[1]

2. 具体内容和作用领域方面

前文已述,违宪审查依据一般只限于具有最高法律效力的成文宪法或具有成文宪法效力的法律文件。就违宪审查基准而言,宪法并没有作出明确规定,而是违宪审查机构在宪法审查实践中逐步发展起来的。对于其具体内容,学者们基于不同之视角,作出了"同中存异"的归纳、概括。有的学者认为,美国司法审查的实质性标准包括合理性标准、中立原则标准、司法克制标准、实质程序或严格审查标准。[2]另有论者基于"合宪性推定原则"等审查原则亦"涉及违宪审查机构与被审查机构之间的权力关系",故将"合宪性推定原则""立法自由裁量原则""明白性原则"等审查原则和"合理性基准""严格的合理性基准""严格的审查基准"和"LRA基准"等审查标准都"纳入统一的违宪审查基准"之中。[3]有的学者则在区别"宪法判断方法"与"违宪审查基准"的基础上,将日本法院采纳的违宪审查基准分为最小合理性审查基准、中间合理性审查基准和严格的审查基准三种类型。[4]从违宪审查基准产生的历史背景和设置目的来看,上述第二种概括更为妥当。即使不赞同这种概括,将违宪审查基准主要限定在"合理性基准""严格的合理性基准""严格的审查基准"三种类型之上则为学界所共认。

违宪审查依据之功能在于为违宪审查机构对规范性法律文件及特定公权力主体实施的其他行为进行宪法判断提供根本准则。这就决定了违宪审查依据将"覆盖"所有类型的违宪审查案件,无论是公权力之

---

① 莫纪宏:《论"违宪审查的基准"及其学术价值》,《南阳师范学院学报》(社会科学版)2007年第11期。亦有论者认为:"违宪审查基准产生的直接原因是宪法权利的重点保护,根本原因是对违宪审查权的控制。"参见朴飞、许元宪:《美国违宪审查基准研究》,《延边大学学报》(社会科学版)2010年第3期。

② 范进学:《论美国司法审查的实质性标准》,《河南省政法管理干部学院学报》2011年第2期。

③ 莫纪宏:《论"违宪审查的基准"及其学术价值》,《南阳师范学院学报》(社会科学版)2007年第11期。

④ 裘索:《日本违宪审查制度:兼对中国的启示》,商务印书馆2008年版,第103页以下。

间的权限争议还是公权力侵犯公民基本权利案件。但从"双重审查基准"及其衍生即上述三种类型的违宪审查基准的适用领域来看,违宪审查基准主要适用于公权力行为尤其是立法机关制定的法律规范性文件限制公民宪法权利的案件;在其他类型的违宪审查案件中,违宪审查基准的适用则较为鲜见。

3. 性质、法律效力及变化方面

既然违宪审查依据的表现形式是宪法,那么宪法所具有之属性(如"政治法""高级法")亦能适用于违宪审查依据。正是基于这一点,违宪审查依据的一般变化途径为制宪和修宪。虽然违宪审查机构在行使违宪审查职权时有权解释宪法(释宪权和违宪审查权这两项权力相互依存、不可分割),也可以通过这种解释在没有改变宪法文字规定的前提下使宪法规范内涵发生变迁。但基于违宪审查机构的宪法地位——接受宪法授权行使违宪审查权,其在解释宪法时不能超越"宪法文字的可能含义"或"违背宪法原则与精神"而"踏入"修宪权乃至制宪权的作用范围。[①]因而,释宪不能成为违宪审查依据变化之途径。诚如博登海默所言:"即使一部宪法的颁布可以被确当地解释为是对该宪法的未来解释者的一种授权,亦即他们可以把它当做一种旨在应对日后各种不同情形的活文献,但是这种授权命令却不能被认为可以扩大适用于那些完全破坏该宪法精神的解释,也不可以将宪法中的规定变成同它们原始含义相对立的东西。……要对一部宪法做真正的根本性的变更,必须通过对它的修正而不能通过对它的解释来达到这个目的。"[②]

有关违宪审查基准的性质,学界有一种观点认为:"违宪审查基准是宪法解释,是用来解决宪法规范与现实、价值与事实、主观和客观之间的冲突的,是宪法规范的一部分。"[③]另一种观点则主张,违宪审查基

---

① 参见韩大元主编:《比较宪法学》,高等教育出版社2003年版,第409页。

② [美]E·博登海默:《法理学:法律哲学与法律方法》,邓正来译,中国政法大学出版社2004年修订版,第540—541、542页。

③ 朴飞、许元宪:《美国违宪审查基准研究》,《延边大学学报》(社会科学版)2010年第3期。

准是"一种司法审查的方式方法"，[①]是"如何适用宪法进行违宪审查的'专门技术标准'"。[②]从违宪审查基准的产生背景和适用实践来看，违宪审查基准是违宪审查机构在违宪审查实践中为了达到既保障公民基本权利又不过度"涉猎"政治机关之职权范围的目标，采取的一种既反映时代的要求与任务，又体现法院的意识形态乃至法官个人的司法哲学的司法策略或技术标准。[③]也正是源于时代要求和任务、法院意识形态及法官个人司法哲学的变化，违宪审查基准的内容及作用领域亦会随之发生变动。如美国联邦最高法院在审理"堕胎"案件中从起初采取"严格审查基准"到近来采取"过分负担标准"。[④]日本最高法院在对经济自由规制的审查实践中，从"对精神自由规制适用'严格的审查标准'、对基于实现消除或缓和威胁公共秩序因素之目的实施的消极规制适用'严格的合理性标准'、对基于实现社会经济政策之积极目的实施的积极规制适用'宽松的审查标准'（即明白性原则）"到最后放弃积极规制与消极规制二分论审查标准体系，而采用了一种必要性·合理性的审查标准。[⑤]以上违宪审查的实践已经充分说明：违宪审查基准"并非一套僵化的标准体系，而是保持有充分的灵活性与开放

[①] 杜强强：《基本权利保护："脚注4"与双重审查标准》，《南阳师范学院学报》（社会科学版）2007年第7期。

[②] 莫纪宏：《论"违宪审查的基准"及其学术价值》，《南阳师范学院学报》（社会科学版）2007年第11期。何永红先生也认为，宪法审查的基准是宪治发达的国家在审查宪法案件时，为了确定审查对象是否合宪，通过案件累积而发展出的技术规范。参见林来梵主编：《宪法审查的原理与技术》，法律出版社2009年版，第234页。另有学者主张，宪法审查基准并非"价值中立的一般方法和技术"，而是具有"技术含量"的特殊宪法规范。通过审查基准可以保护"解释命题"（自宪法文本导出的、通过宪法解释形成的具体化宪法规范）。参见翟国强：《宪法判断的方法》，法律出版社2009年版，第120、132页以下。

[③] 参见范进学：《论美国司法审查的实质性标准》，《河南省政法管理干部学院学报》2011年第2期。

[④] 美国联邦最高法院在有关"堕胎"的一系列案件中所采取的审查基准的历史变迁之具体情况，可参见屠振宇：《从堕胎案件看美国司法审查标准》，《南阳师范学院学报》（社会科学版）2007年第11期。

[⑤] 参见王贵松：《违宪审查标准的体系化：一个美丽的神话——以日本经济规制立法的违宪审查为中心》，《南阳师范学院学报》（社会科学版）2007年第7期。

性"。①这种"灵活性"与"开放性"的存在亦证明违宪审查基准对于违宪审查机构而言并不具有绝对的拘束力，违宪审查机构在合宪性审查的实践中可以不断地调整、修正乃至放弃。

另外，还有一点需要说明的是，"并不存在一个统一的违宪审查的判断标准问题，一切依国情、违宪审查体制、违宪审查机关的性质，以及违宪审查的方式、方法而定。"②这意味着各国宪法审查实践中发展起来的违宪审查基准不具有普世性，在某种程度上仅具有借鉴意义；但具有最高法律效力的宪法是唯一的违宪审查依据则是（也应该是）一个可以成立的、与特定宪法文化无必然联系的一般性命题。

基于上述三方面的理由，违宪审查基准与违宪审查依据是两个不同的概念，具有不同的内容和功能指向。诚如德国学者Schlaich所言："这种审查密度理论基本上仅是一种根据以往的判决所发展出来的说明性理论；它仅对未来的判决具有某种程度的调控功能，而尚非一组具有规范拘束力的法律原则。"③

（二）违宪审查依据与宪法渊源

宪法渊源是宪法学基础理论中的一个重要范畴。对于宪法渊源的涵义，由于受国内法理学界对法的渊源界定的影响，宪法学通说认为："宪法渊源即宪法的表现形式"。④但亦有学者认为宪法渊源区别于宪法形式，两者不能简单地相等同。宪法形式可以分为宪法外部形式和宪法内部形式，前者是指组成一个国家宪法部门的所有实定法和法现象的表现形式，后者可用来指称"宪法外部形式所共同组成的体系即宪法体系"

---

① 屠振宇：《从堕胎案件看美国司法审查标准》，《南阳师范学院学报》（社会科学版）2007年第11期。

② 陈云生：《违宪审查的原理与体制》，北京师范大学出版社2010年版，第249页。相类似主张尚可参见姚国建：《违宪责任论》，知识产权出版社2006年版，第312页。

③ 转引自林来梵主编：《宪法审查的原理与技术》，法律出版社2009年版，第251页。

④ 许崇德主编：《宪法学：中国部分》（第二版），高等教育出版社2005年版，第61页。相类似观点还可参见杨海坤主编：《宪法学基本论》，中国人事出版社2002年版，第78页。

和"成文宪法典的体例形式和内容结构"两方面意义。宪法渊源则有不同的意义,既可以指其历史渊源、实质渊源、效力渊源,也可指称其形式渊源,只有宪法的形式渊源才与宪法的外部形式相对应和等同。[①]然这种区分宪法渊源和宪法形式的主张同周旺生先生关于法的形式和法的渊源相区分的理论并不一致。他认为,法的渊源是由三项基本要素所构成的综合的概念和事物,即资源(构成法和法律制度的原料)、进路(法和法律制度形成的途径)和动因(法和法律制度形成的动力和原因)。[②]法的形式则是已然的法和正式的法的不同表现形式。法的渊源和法的形式代表着两种不同的事物与价值:法的渊源是未然与可能的法,法的形式是已然、现实的法;法的渊源是多样且多元的,法的形式尽管多样但却是统一的;法的渊源取更浓的文化形态,法的形式则取更多的制度形态。[③]基于论述主旨和语境(即与违宪审查依据概念相比较),本章采以上有关宪法渊源涵义之通说。笔者认为,指称"宪法表现形式"之宪法渊源与违宪审查依据概念在以下两个方面呈现出不同的特质。

1. 功能指向与作用领域方面。毋庸赘言,违宪审查依据是违宪审查机构进行合宪性判断时应遵循的根本准则,其只作用于违宪审查活动(更准确地说是作出实质性宪法判断活动)。而宪法渊源旨在指明一国宪法规范的载体或表现形式,或向公众与国家机关等主体提供寻找宪法规范的路径或场所。据此,宪法渊源的作用领域是广泛的,在一切涉及宪法的活动(如制宪、修宪、释宪、行宪、护宪、守宪等)中都可以找到宪法渊源的"踪影"。正如我国《宪法》序言所规定的,"全国各族人民、一切国家机关和武装力量、各政党和各社会团体、各企业事业组织,都必须以宪法为根本的活动准则,并且负有维护宪法尊严、保证宪法实施的职责。"

2. 具体内容方面。违宪审查依据的上述功能决定了可作为违宪

---

① 参见秦前红等:《比较宪法学》,武汉大学出版社2007年版,第97—98页。

② 参见周旺生:《重新研究法的渊源》,《比较法研究》2005年第4期。

③ 参见周旺生:《法的渊源和法的形式界分》,《法制与社会发展》2005年第4期。

审查依据之法规范应对违宪审查机构具有绝对之拘束力,且其相比较于违宪审查对象而言具有更高之法律效力。故此,违宪审查依据原则上仅限于具有最高法律效力之成文宪法典或与之具有同等效力的其他宪法形式。且如下文所述,基于违宪审查活动之特质,成文宪法典中的事实性而非规范性陈述并不能成为违宪审查依据。然宪法渊源则不同,其既可以包括宪法典及其修正案、宪法惯例、宪法判例、宪法解释,还可以将宪法性法律、国际条约与国际习惯容纳在内。[①]这些种类的宪法渊源虽然与违宪审查均存在不同程度的联系,但由于对违宪审查机构约束力之不同,并不都具备成为违宪审查依据的资格或能力。[②]

值得指出的是,宪法渊源和违宪审查依据在上述两个方面的差异是建立在宪法渊源和违宪审查依据各自特定内涵基础上的,如若对二者作出不同的内涵诠释,则可能会得出不同的结论。如有学者认为:"宪法渊源通常分为学理意义和规范意义的概念。学理意义上的概念包括宪法典、宪法惯例等形式。规范意义上的宪法渊源仅限于作为违宪审查尺度的宪法典,即作为判断合宪和违宪标准的形式。"[③]以这种认识为基础,我们可以说:前文所比较的是学理意义的宪法渊源和违宪审查依据的差异;而在规范意义上,宪法渊源与本书所论述的违宪审查依据具有相同的内涵,实乃同一概念的不同称谓而已(只不过规范意义上的宪法渊源是否只限于宪法典尚值得斟酌罢了)。

---

① 对于宪法渊源的种类,不同学者有不同的归纳和概括,此处引证的是秦前红先生的观点。参见韩大元主编:《比较宪法学》,高等教育出版社2003年版,第70页以下。相类似主张还可参见苗连营主编:《宪法学》(第二版),郑州大学出版社2009年版,第67页以下。

② 有论者以"司法定向"为立场阐释法的渊源时,将法官视野中的法(即法官法源)界定为"由国家权力认可或社会所普遍接受的,能被法官所适用,并且能够约束或影响法官审判的具有不同效力等级的各种规则与原则"。参见舒国滢等:《法学方法论问题研究》,中国政法大学出版社2007年版,第245页。亦即,法官视野中的"法"不仅仅包含对法官具有拘束力的"法",还包含对法官之裁判具有影响力或说服力的"法"。据此,违宪审查依据仅是宪法渊源中具有拘束力(笔者称为"绝对拘束力")的"宪法"(如宪法典、宪法惯例等),而不包括仅具说服力或影响力之"宪法"(如下文所述之宪法判例、宪法解释等)。

③ 韩大元:《宪法学基础理论》,中国政法大学出版社2008年版,第96页脚注[1]。

第二节　各类宪法表现形式的违宪审查依据资格

毋庸置疑,违宪审查依据是具有最高法律效力的宪法。然由于各国宪法表现形式的多样及各人的理解不同,违宪审查依据的范围在某种程度上就呈现出不确定性。以下笔者将结合前述违宪审查依据的内涵与特点,对宪法性法律、宪法惯例、宪法判例、宪法解释等宪法表现形式的违宪审查依据资格作进一步地分析。

一、宪法性法律

一般认为,"宪法性法律有两种不同的含义:一是指不成文宪法国家的立法机关制定的在成文宪法国家一般规定为宪法内容的法律。二是指在成文宪法国家有关宪法内容的普通法律。"①有论者将具有第一种含义之宪法性法律称为"宪法本体法",而将另一种含义上的宪法性法律命名为"宪法关联法"②或将该种含义上的宪法性法律之集合称为"宪法法部门"。③国内不少宪法学教材在阐释宪法渊源(尤其是我国宪法渊源)时均将"宪法关联法"或"宪法法部门"意义上的宪法性法律涵盖在内,并认为其是"宪法典的补充"。④

① 许崇德主编:《宪法学:中国部分》(第二版),高等教育出版社2005年版,第62页。值得注意的是,英国宪法学家詹宁斯爵士在《法与宪法》一书中使用的"宪法性法律"所指称的宪法现象与此处中国学者的理解是不同的。其在两种意义上使用"宪法性法律"概念:一是用宪法性法律指称成文宪法国家的"根本法"即宪法典;二是在英国,宪法性法律有两重含义,即广义上指可以纳入任何一部成文宪法中的那些规则;而有时仅指与宪法有关的立法和判例法。参见[英]W. Ivor.詹宁斯:《法与宪法》,龚祥瑞、侯建译,生活·读书·新知三联书店1997年版,第44、48页。

② 周叶中主编:《宪法》(第二版),高等教育出版社、北京大学出版社2005年版,第116页。

③ 杨海坤、上官丕亮:《论宪法法部门》,《政治与法律》2000年第4期。

④ 参见焦洪昌主编:《宪法》,中国政法大学出版社2007年版,第51页。另可参见殷啸虎、王月明主编:《宪法学》,中国法制出版社2001年版,第30页;韩大元主编:《比较宪法学》,高等教育出版社2003年版,第71、77页。

违反宪法性法律是违法还是违宪?对此,前引有学者主张违宪是"违反了我国的宪法或宪法性法律中可以追究违宪者宪法责任规定的行为及其结果"。[①]另有论者认为:"宪法性法律本来就属于宪法的组成部分,也可称其为宪法法。因此对这些法律的违反,本来就属于宪法的违反,性质上就是违宪,不属于什么违法的问题。"[②]但有的学者在阐释《流浪乞讨人员收容遣送办法》的合宪性时认为,该行政法规即使违反《立法法》,由于《立法法》只是宪法性法律,故也不能说《收容遣送办法》违宪。[③]笔者认为,从宪法性法律的效力来看,宪法性法律是法律而非宪法,其不具有违宪审查依据资格;因此,违反宪法性法律是违法而非违宪。具体理由如下:

"宪法关联法"意义上之宪法性法律并不是宪法规范的表现形式,因为其并不具备"作为宪法规范的载体的能力"。[④]在内容上,宪法性法律不同于其他法律的特点在于其主要调整政治生活领域中的社会关系,是"'宪法'法,是'国家'法,是'权力'法和'权利'法。"[⑤]但在法律效力上,宪法性法律同其他法律如《刑法》《行政强制法》等一样,均是国家立法机关依据一般立法程序所制定的"法律",具有相同之法律效力(即都低于根本法意义上之宪法的效力)。[⑥]因而,"宪法关联法"意义上之宪法性法律并不是宪法规范的表现形式,甚至其本身就是"一个天生内

---

① 王世涛:《违宪构成初论》,《法学家》2005年第5期。

② 刘广登:《宪法责任研究》,苏州大学博士学位论文,2005年4月,第45页。

③ 参见蒋德海:《违宪还是违法》,《法学》2003年第7期。

④ 许崇德主编:《宪法》(21世纪法学系列教材),中国人民大学出版社1999年版,第21页。

⑤ 马岭:《宪法性法律的性质界定》,《法律科学》2005年第1期。

⑥ 认为宪法性法律的效力低于宪法的文献可参见:陶涛:《论宪法渊源》,《社会科学研究》2002年第2期;马岭:《宪法性法律的性质界定》,《法律科学》2005年第1期;刘茂林:《香港基本法是宪法性法律》,《法学家》2007年第3期。当然,如果法律可以突破宪法而不修改宪法文本,且这种突破导致相应宪法条款失去效力,在这种情形下,我们可以说该法律与宪法具有同等效力。但这已经违背了宪法至上的宪法原理,亦使违宪审查失去了存在的文本和价值基础。相关论述可参阅[德]克里斯托夫·默勒斯:《德国基本法:历史与内容》,赵真译,中国法制出版社2014年版,第63页。

含矛盾的概念"。①相应地,此种意义上之宪法性法律就不应该成为违宪审查的依据,而恰恰是宪法审查之对象。②

在不成文宪法国家,"宪法本体法"意义上之宪法性法律是该国宪法规范的表现形式之一。③传统学说认为,由于不成文宪法国家(如英国)因奉行"议会主权"而不存在严格意义上的违宪审查制度,且该种意义上的"宪法性法律"同议会所制定的其他法律一样具有相同之法律效力,故其并不能成为违宪审查的依据。在 Vanhorne's Lessee v. Dorrance(2 Dallas 304 [1795])一案中,大法官帕特森(Patterson)在对陪审团的指示中就指出:在英国,"通常的立场认为司法部门不能质疑议会法令的有效性;对议会的法令不能争议而必须服从。议会的权力是绝对的、超凡的,在政治的等级制度中,它是无所不能的。而且,在英国,没有成文的宪法、根本性法律,没有任何可见的、真实的、确定的标准用以检验法规的有效性。"④但相关国家的宪法实践正在逐步否定这一传统观点。在英国,1998年《人权法》第3、4条"赋予了法院审查基本立法与次级立法是否与《欧洲人权公约》所保护的权利不兼容的权力。"⑤这

---

① 姚岳绒:《关于中国宪法渊源的再认识》,《法学》2010年第9期。该文作者认为:"宪法性法律,本就是一个天生内含矛盾的概念。宪法性法律的形式是法律,但又具有宪法性,那它的效力是宪法还是法律?"张震先生基于"宪法性法律"的提法没有宪法文本的依据、易造成法律效力的混乱、国外或其他地区的宪法学上大多不用"宪法性法律"的概念、国内的一些宪法学教材或专著也有意无意地没有使用"宪法性法律"的术语等四点理由主张不用或慎用"宪法性法律"的概念,并以基本法律这一术语代替之。参见张震:《基本法律抑或宪法性法律——〈村民委员会组织法〉的宪法考量》,《内蒙古社会科学》(汉文版)2007年第5期。

② 有学者认为宪法性法律不能够单独地成为违宪审查机关进行违宪审查的依据。参见姚国建:《违宪责任论》,知识产权出版社2006年版,第260页。

③ 胡锦光先生认为:"作为宪法的表现形式,宪法性法律应当是指不成文宪法国家规定宪法内容作为宪法组成部分的一系列普通法律。"参见许崇德主编:《宪法学:中国部分》(第二版),高等教育出版社2005年版,第62页。

④ 北京大学法学院司法研究中心编:《宪法的精神:美国联邦最高法院200年经典判例选读》,中国方正出版社2003年版,第9页。

⑤ 童建华:《英国违宪审查》,中国政法大学出版社2011年版,第52—53页。1998年英国《人权法》第3条第(1)款规定:"如有可能,基本立法和次级立法必须以一种与公约权利相一致的方式被解释并赋予效力。"第4条第(1)款规定:"分款(2)适用于法院在任何诉讼中决定基本立法的一个规定是否与公约权利相一致。"第(2)款规定:"如果法院确定该规定与公约权利不兼容,它可以作出不兼容的宣告。"

就使得英国法院依据《人权法》和《欧洲人权公约》这些宪法性法律对议会制定的普通法律进行违宪审查成为可能。[①]因此,具有特殊地位和法律效力的宪法性法律即可成为违宪审查的依据。

二、宪法惯例

对于宪法惯例能否成为违宪审查依据,违反宪法惯例是否属于"违宪",国内学者作出了不同的回答:

第一,否定论。该论点主张由于宪法惯例不具有强制性的法律效力,不能为法院等机关所强制适用,所以不能成为违宪审查的依据。如有学者在将宪法惯例分为立法中的宪法惯例、行政方面的宪法惯例和司法中的宪法惯例的基础上主张:(1)在不成文宪法国家,表现为宪法原则的宪法惯例具有"指导"立法之效用,但这种"指导"或约束只是一种"软约束",靠立法者"自觉"遵守,如果立法者违背并不会引起法律制裁;而表现为具体规则的宪法惯例只具有"补充"而不是"指导"立法的作用。在成文宪法国家,只有宪法文本才能指导和约束立法,而宪法惯例则不能。这些惯例不构成对立法者的强制性约束,立法者如果违背不会受到违宪审查。(2)行政方面的宪法惯例"有一定的约束力,但这种约束力一般不具有宪法或法律上的效力,而是一种道义上的、政治上的约束力。"(3)司法中的宪法惯例"从理论上说应该不可以"作为法院违宪审查的依据。理由是:"在不成文宪法国家,由于没有统一的宪法典,所以并不存在真正意义上的违宪审查。在成文宪法国家,违宪审查是依据宪法对法律或有关行为进行的审查,这个被依据的宪法应该是宪

---

① 值得注意的是,即使在成文宪法国家,也存在宪法性法律可作为违宪审查依据之一的实例,只不过其前提是宪法性法律本身必须符合宪法。如在意大利,区别于普通法律的宪法性法律、宪法以及由此推演出的原则共同构成意大利宪法法院进行合宪性对照的标准;但宪法性法律也应遵守宪法对它的形式和实质性限定。参见李修琼:《意大利宪法审判制度研究》,北京大学出版社2013年版,第53—54页。

法文件(包括宪法文本、宪法修正案等)而不是宪法惯例。"①对此,龚祥瑞先生亦曾指出:"宪法惯例既非正式法律,也不是由法院或任何强制机关所执行,然而近世政界人物却很少违反……。这些都是没有明文规定的宪法惯例,如果违反,法院是没有根据宣判其违反宪法的。"②不过,尚有学者提出,虽然宪法惯例不能作为宪法监督(违宪审查)的依据,但却"可以作为一种参考,特别是当某种行为明显地与宪法不相一致时,对违宪行为的裁判参照宪法惯例可以作出富有历史性的和理性的说明。"③

第二,肯定论。该论点的主张者虽然并未从正面直接肯定宪法惯例是违宪审查依据,但其关于"宪法惯例具有宪法规范性和约束力"的观点则间接肯定了宪法惯例可作为违宪审查的依据。并且该论点还主张违反宪法惯例的行为是实质上的违宪。如有的学者提出:"宪法惯例之为惯例,就是因为它具有宪法文本般的规范性和约束力,而不仅仅是一种实然状态的描述。"④另有论者则断言:"有些宪法惯例无疑是具有直接的强制性效力的"。⑤此外,还有学者指出:"宪法惯例的效力要求国家机关不得作违背宪法惯例内容的作为或不作为,否则,便以违宪论处。""违反宪法惯例的行为视为实质上的违宪,视为无效。"⑥

第三,折中论。该论点通过回答不同情况下违反宪法惯例是否需要承担法律责任而间接地部分肯定同时亦部分否定了宪法惯例是违宪

---

① 参见马岭:《宪法原理解读》,山东人民出版社2007年版,第346—350页。持"违反宪法惯例并不构成违宪,也就不可能引起违宪审查"之论点的还可参见许崇德主编:《宪法学:中国部分》(第二版),高等教育出版社2005年版,第63页。

② 龚祥瑞:《比较宪法与行政法》(第三版),法律出版社2012年版,第96页。相类似主张还可参见李明:《略论宪法惯例》,《法律学习与研究》1992年第5期。

③ 刘嗣元:《宪政秩序的维护:宪法监督的理论与实践》,武汉出版社2001年版,第137—138页。

④ 何永红:《中国宪法惯例问题辨析》,《现代法学》2013年第1期。

⑤ 梁忠前:《论宪法惯例》,《法律科学》1994年第2期。但梁先生于文中并未明确指出具有强制性效力的宪法惯例的具体内容。

⑥ 郭春涛:《试论宪法惯例的效力》,《法律科学》2000年第3期。

审查依据。"对违反宪法惯例的处理,应作以下初步区分:首先,在不成文宪法国家,由于宪法惯例具有与宪法性法律同等的效力,因而一旦违反,一般需要承担法律责任。其次,就成文宪法国家而言,是否需要承担法律责任应视该项惯例自身的内容而定:如果某项宪法惯例的内容牵涉到国家权力的分工及其制约或者涉及公民基本权利的保障,则一旦违反应承担法律责任;反之,如果仅涉及具体权力的行使,则只需承担一定的政治责任。"[①]

仔细研析上述不同主张及其各自理由,我们可以发现,上述主张的分歧之处在于对以下两个问题持有不同的见解:(1)宪法惯例是不是"法律"?(2)宪法惯例是否与宪法典(在不成文宪法国家是宪法性法律)具有同等法律效力?

（一）宪法惯例是不是"法律"

如对宪法惯例是否为法律得出否定的回答,则宪法惯例的违宪审查依据资格将无存在之前提。归纳学界之观点,否定宪法惯例是"法律"的意见主要是以如下两点作为论据的:(1)宪法惯例不具有国家强制力;(2)宪法惯例不能为法院所适用。以下我们将围绕这两项论据展开评析,以论证"宪法惯例是法律"这一命题。

论据(1):宪法惯例不具有国家强制力,所以其不是法律。

宪法惯例不具有国家强制力,其实施是以社会舆论为后盾,依靠的是国家与人民的"自觉"遵行。这一点为多数学者所认同。如徐秀义先生认为,宪法惯例"不具有具体的法律形式",其"在社会生活和国家生活中的实施,主要依靠社会公众舆论为后盾","它本身不具有国家的强制力。"[②]亦有论者主张:"由于宪法惯例没有被立宪机关所确认,不具有法律强制的特性,这是宪法惯例区别于法律的本质属性,因此,宪法惯

---

① 章志远:《宪法惯例的理论及其实践》,《江苏社会科学》2000年第5期。
② 徐秀义:《关于宪法惯例若干问题的思考》,《学术交流》1993年第6期。

例在社会生活和国家生活中实施时,就不是以国家强制力来保证的,而是依靠政治领袖们个人的良心以及社会公众的舆论为后盾的。"[①]

假设宪法惯例不具有国家强制力的命题可以成立,则在实在法意义上(不考虑自然法、"活的法律"等意义)宪法惯例不是法律的命题亦可成立。因为,实在法意义上的法律的基本特征之一就在于"以国家强制力保证实施",这一点也正是法律区别于道德规范等其他社会规范的重要因素。[②]但是,有关"宪法惯例不具有国家强制力,区别于法律"的主张同以下事实或理论相矛盾:

其一,在现有的有关宪法渊源的学说理论中,无论是在成文宪法国家还是不成文宪法国家,宪法惯例均是宪法渊源之一,而"通说意义上的宪法渊源是指宪法的表现形式或者说构成宪法的材料和形式"。[③]也就是说,宪法惯例同成文宪法典、不成文宪法国家的宪法性法律一样均是一国宪法规范的表现形式。即如此,在逻辑上主张"宪法惯例不具有国家强制力"岂不同主张"成文宪法典不具有国家强制力"一样,这既不符合宪法的法属性——最高的法律效力,也势必同中国宪法学界一直在努力强调"宪法也是法律"这一趋势相背离。[④]另外,若宪法惯例不具有国家强制力的命题可以成立,那么其只能归属于政治道德或戒律范畴,不能置于宪法渊源范畴之内。

其二,前述主张"宪法惯例不是法律,不具有国家强制力"的学者在

---

① 王德志、梁亚男:《关于宪法惯例若干问题的思考》,载谢晖、陈金钊主编:《民间法》(第八卷),山东人民出版社2009年版,第35页。相类似观点还可参见殷啸虎、王月明主编:《宪法学》,中国法制出版社2001年版,第31页;杨临宏:《关于中国宪法惯例问题的思考》,《思想战线》1997年第4期。

② 我国诸多的法理学教材均将"国家强制性或国家强制力保证实施"列为法律的基本特征之一。参见公丕祥主编:《法理学》(第二版),复旦大学出版社2008年版,第42页;张文显主编:《法理学》(第二版),高等教育出版社2003年版,第64—65页;沈宗灵主编:《法理学》(第二版),高等教育出版社2004年版,第41—42页。

③ 韩大元主编:《比较宪法学》,高等教育出版社2003年版,第70页。

④ 有关宪法也是法律,具有法律性的分析权可参阅李忠:《宪法监督论》(第二版),社会科学文献出版社2002年版,第8页以下。

否定宪法惯例的法律效力的同时,其又主张宪法惯例"具有一定约束力",①或"具有确定的宪法拘束力",②甚至"与宪法具有同等效力"。③那么,这种所谓的"拘束力"或"约束力"是否仅仅意味着是一种"政治道德和传统习惯"的效力? 其效力来源于何方? 是否仅来自于政治领袖的良心、社会的舆论或大众的自觉遵守? 有论者认为:"宪法惯例具有约束力,它的真正本质的原因在于它为统治阶级的统治提供了方便。"④另有学者主张:"法律、社会舆论和阶级力量的对比属于宪法惯例具有效力的浅层次原因",而宪法惯例"凝结着具有真理性的知识和经验"才是其"效力的本原"。⑤

笔者认为,宪法惯例的约束力既不来自于"为统治阶级的统治提供了方便",也不来自于其反映了"真理性的知识和经验",而是来自于国家权威机关的认可或承认。一般法学理论认为,"国家创立法的方式主要有两种:一是制定,即国家机关通过立法活动创制出新的规范。二是认可,即国家机关赋予某些既存的社会规范以法律效力,或者赋予先前的判决所确认的规范以法律效力。"⑥而不少学者在界定宪法惯例的内涵或描述其特征时,均认为宪法惯例是"为国家认可,由公众普遍承认"⑦或"由国家和人民共同承认并自觉遵行"⑧的行为规则或习惯和传统的总和。既然宪法惯例已经获得国家的认可或承认,那么其就已经具备了法律的一般特征即"国家强制性"。⑨我国台湾地区学者亦认为,

① 徐秀义:《关于宪法惯例若干问题的思考》,《学术交流》1993年第6期。
② 张义清:《宪法惯例的理性思考》,《社会主义研究》2012年第4期。
③ 许崇德主编:《宪法学:中国部分》(第二版),高等教育出版社2005年版,第62页。
④ 徐秀义:《关于宪法惯例若干问题的思考》,《学术交流》1993年第6期。
⑤ 郭春涛:《试论宪法惯例的效力》,《法律科学》2000年第3期。
⑥ 张文显主编:《法理学》(第二版),高等教育出版社2003年版,第63页。
⑦ 徐秀义:《关于宪法惯例若干问题的思考》,《学术交流》1993年第6期。
⑧ 郭春涛:《宪法惯例界说》,《社会科学战线》2000年第2期。
⑨ 有论者一方面承认"产生宪法惯例的是由宪法明文赋予权力的宪法机关",另一方面却谓宪法惯例"难以说是得到国家强制力的保障的"。参见陈道英:《宪法惯例:法律与政治的结合——兼谈对中国宪法学研究方法的反思》,《法学评论》2011年第1期。

习惯、格言等能够成为宪法惯例的条件之一便是"需要经过国家认可，并由国家强制力保证其实施。"①

宪法惯例不是一般的政治习惯，不是"未然的法"；而是具有法律约束力的政治习惯法，是"已然的法"。②"习惯是以人们的惯常行为方式表现出来的社会规范。习惯法是以习惯形式表现出来的法律。"习惯取得法律效力的途径主要有两条，一是"国家认可"，二是"社会公认"。③根据学界对宪法惯例的一般界定，宪法惯例是在长期的政治实践中所形成的，是国家所认可或默认的，也是为国家机关和社会所普遍承认与遵循的。因此，无论是采"国家认可说"还是"社会公认说"，我们都可以得出"宪法惯例是具有国家强制力的政治习惯法"这一结论。④

其三，宪法惯例的实施主要靠社会舆论为后盾或社会的普遍承认与遵循并不能否定宪法惯例的"国家强制性"，这就如同法律是否具有实效不能否定法律的效力一样。在法学理论中，虽然学者们都倾向于认为法律具有国家强制力，但亦不约而同地指出："人们遵守法律规范，当然不单纯是出于对国家制裁的惧怕，而有种种原因。"⑤"法依靠国家强制力保证实施，这是从终极意义上讲的，即从国家强制力是法的最后一道防线的意义上讲的，而非意味着法的每一个实施过程，每一个法律

---

① 法治斌、董保成：《宪法新论》，三民书局2003年版，第69页。转引自秦前红等：《比较宪法学》，武汉大学出版社2007年版，第101页。

② 周旺生先生将作为资源性法渊源之一的习惯称为"未然的法"，而将作为法的形式之一的习惯法称为"已然的法"。参见周旺生：《法的渊源与法的形式界分》，《法制与社会发展》2005年第4期。有论者主张"宪法惯例实际上就是政治习惯"，参见杨海坤主编：《宪法学基本论》，中国人事出版社2002年版，第93页。

③ 参见周永坤：《法理学：全球视野》，法律出版社2000年版，第42页。

④ 哈特认为，判断"一项规则能否归属于该法体系，取决于其是否能够符合承认规则提供的判准"，而"承认规则的存在是事实问题"，是可以通过检视这种规则是否"被政府官员实在地接受，作为衡量官员行动的共同的、公共标准的"实践活动来加以确认的。参见[英]H.L.A.哈特：《法律的概念》（第二版），许家馨、李冠宜译，法律出版社2006年版，第103、104、110页。承认规则的运用事实上隐含着"国家认可"（通过官员的行动）的要素在内，故此，宪法惯例根据"承认规则"亦可归属于一国的法体系。

⑤ 蒋晓伟主编：《法理学》，同济大学出版社1999年版，第116页。

规范的实施都要借助于国家的系统化的暴力。"①这些论述足以说明,法律实效的获得主要依赖的也是国家机关和普通民众的自觉遵守或在某种程度上倚靠社会舆论的谴责,而国家强制力则是"备而不用",即法律的实施在受到违法行为的阻碍且不能通过非法律制裁的途径予以排除时,国家强制力才"一显身手"。因此,国家强制力的"备而不用"并不能否定"国家强制力保证实施"确实是法律(无论是制定法还是习惯法)区别于其他社会规范的必要条件之一。

论据(2):宪法惯例不能为法院所适用,所以其不是法律。

国内诸多学者在表述宪法惯例的涵义时,都将"不为法院所适用"作为其基本特征之一,②并以此特征为理由否定宪法惯例的法律效力,认为宪法惯例不是法律。虽然没有明确的证据表明这些学者的表述直接"套用"了英国学者的阐释,但前者受后者的影响应该是可以成立的。英国学者在阐释英国的宪法惯例时认为,宪法惯例(conventions of the constitution)区别于宪法法律(law of the constitution)的典型特征之一便是"不为法院所适用"。戴雪将宪法惯例定性为"宪章所有道德(或名政治的伦理)",认为宪法惯例或"宪德"是"政治家的行动所依据,徒以不受施行于法院之故,遂不能被视为法律。"③惠尔在讨论宪法的意义时认为,(广义上的)宪法是"确立和规范或治理政府的规则的集合体",而这些规则"部分不是法律或处于法律之外,主要形式有习惯、风俗、默契或惯例,法院并不承认它们是法律"。④而日本宪法学家芦部信喜先生亦认为,"(宪法)惯例虽然对国会、内阁有政治上的拘束力,但却不能拘

---

① 沈宗灵主编:《法理学》(第二版),高等教育出版社2004年版,第42页。

② 表述宪法惯例"不为法院所适用"的文献有不少,较有代表性者可参见徐秀义:《关于宪法惯例若干问题的思考》,《学术交流》1993年第6期;杨临安:《关于中国宪法惯例问题的思考》,《思想战线》1997年第4期;郭春涛:《宪法惯例界说》,《社会科学战线》2000年第2期;张义清:《宪法惯例的理性思考》,《社会主义研究》2012年第4期。

③ [英]戴雪:《英宪精义》,雷宾南译,中国法制出版社2001年版,第421、425页。

④ [英]K.C.惠尔:《现代宪法》,翟小波译,法律出版社2006年版,第1页。惠尔先生本人并未使用"广义宪法"的称谓,但却将法律规则意义上的宪法称为"狭义的宪法",参见该书第2页。

束法院,从而既不能变更法律,也不能构成法律之一部分。"①

对于宪法惯例的"司法适用性"问题,我们可以从如下两个角度加以具体分析:

首先,是否一国的全部法律都能为法院所适用? 英国在1998年《人权法》出台之前并不允许普通法院审查议会立法的合宪性,这是由英国"议会主权"这一基本原则所决定的。因此,英国法院所能够审理的案件只能是一般的刑事、民事和行政案件(司法审查)。在审理这些案件中,即使是作为英国宪法构成部分之一的宪法性法律,也并不是全部为法院所适用。"尽管如此,我们仍无法否认,认为宪法仅包括可在法院实施的普通法或制定法,也许的确不能涵括一些边缘情形(比如涉及议会内部程序,或议会特权,或下议院议长责任的规则),这些规则至少有一部分来自制定法,但它们实际上却不能在法院实施。"②

在我国,囿于人民法院审判管辖权范围,诸如《全国人民代表大会议事规则》之类的调整权力机关内部运行的法律在法院审判实践中亦无适用之空间。另外,人民法院并不享有违宪审查权和宪法解释权,所以其无法适用宪法(典)以判断立法的合宪性,但这并不能否认宪法的法律性。

其次,惯例是否不能为法院所适用? 有论者认为:"从世界各国的情况来看,法院并非绝对地不能适用惯例。相反,法院有时候可以把惯例转变成法律,尤其是在那些实行司法审查体制和践行判例法传统的国家。"③其实,惠尔先生在《现代宪法》一书中的论述也并未完全否定惯

---

① [日]芦部信喜:《宪法》(第三版),林来梵、凌维慈、龙绚丽译,北京大学出版社2006年版,第29—30页。

② [英]杰弗里·马歇尔:《宪法理论》,刘刚译,法律出版社2006年版,第10页。事实上,詹宁斯爵士也曾指出,大部分法律是由行政机关而非法院执行或"实施"的,且议会两院根据立法或惯例也同样执行或实施着"与议会有关的法律"。参见[英]W.Ivor.詹宁斯:《法与宪法》,龚祥瑞、侯建译,生活·读书·新知三联书店1997年版,第71、78页。

③ 张义清:《宪法惯例的理性思考》,《社会主义研究》2012年第4期。张千帆先生认为,宪法惯例亦具有法律约束力,只是法院不轻易适用它们而已。参见张千帆主编、肖泽晟副主编:《宪法学》,法律出版社2004年版,第12页。不轻易适用不代表"绝对不适用",因此,宪法惯例仍具有为法院适用的可能性。

例在法院适用的可能性,他说:"惯例也可因为法院的承认而变成法律。在国家的通常的法律中,法院在特定的条件下通常有权把惯例来承认为法律的一部分。这种事情在宪法中也是可能的。"①

此外,我们还可以看到,有些国家或地区的司法性违宪审查机关适用了宪法惯例来判断受审查对象是否违宪。"如韩国在2004年关于迁都特别法的合宪性审查中,宪法法院根据'习惯宪法'作出判决,判定决定迁都的特别法违宪。在我国台湾地区,'司法院'大法官会议的'宪法解释'案中有两宗涉及到这一问题。一是'司法院'释字第419号解释,关于'副总统'能否兼任'行政院长'的诉讼,二是'司法院'释字第499号解释,关于采用无记名投票的方式修改'宪法'是否违反了以前的'修宪'惯例。"②

因此,是否能为法院所适用,并不是一项规则是否为法律的充分必要条件,也不能据此断然否定宪法惯例的法律性。

(二) 宪法惯例是否具有最高法律效力

宪法惯例要成为违宪审查依据,不仅要具备法律性,而且这种法律性必须是最高的,也就是说,它同成文宪法典或宪法性法律必须具有同等效力。

从学界的现有著述来看,对"不成文宪法国家的宪法惯例具有同宪法性法律同等的法效力"并不存在分歧;但对成文宪法国家的宪法惯例是否具有与宪法典同等的法效力却并未取得共识。有的学者认为:"在成文宪法体制之下,宪法典在效力位阶上居于无可质疑的最高地位,因而宪法惯例的效力普遍低于成文宪法典。"③亦有论者主张:"成文宪法下的宪法惯例不能直接构成为宪法典之渊源,其效力和作用也与不成文宪法下的惯例有所不同。"④但与之相反的是,有的学者却肯定宪法惯

---

① [英]K.C.惠尔:《现代宪法》,翟小波译,法律出版社2006年版,第129页。
② 姚国建:《违宪责任论》,知识产权出版社2006年版,第262页。
③ 章志远:《宪法惯例的理论及其实践》,《江苏社会科学》2000年第5期。
④ 梁忠前:《论宪法惯例》,《法律科学》1994年第2期。

例具有与宪法典同等的法效力："在成文法国家,由于宪法惯例规定内容的重要性,也成为宪法的补充,同宪法典跟宪法性法律文件一样,起着宪法的作用。"①

笔者认为,在成文宪法国家,宪法惯例具有同宪法典同等的法效力。理由是:(1)宪法惯例所调整的事项与宪法典是一致的,即"涉及到有关国家制度和社会制度的基本问题"②或"涉及国家制度、社会制度等方面的重大事项",③这也是一项惯例之所以是宪法惯例而非一般习惯法的必要条件。(2)从宪法惯例的功能来看,其不仅具有补充宪法的功能,而且还具有修正宪法的功能。有论者主张:"有些宪法惯例由于适应了现实权力运作的需要,往往使得某些既定宪法条文无法正常地发生作用,从而起到了实际的修正功能。"④英国学者惠尔亦认为,惯例"表现它们的效力的第一种方式是废止宪法的某个条文","使它的使用成为不可能之事",尽管他一再强调惯例"并没有修正和废止法律"。⑤宪法惯例的这种"修正宪法"功能足以表明其效力等同于宪法典,否则,其这种功能的发挥必然属于"违宪"无疑。(3)国内不少学者认为,"合宪性"即"与一国的宪法精神、制宪宗旨和宪法原则相契合"是政治惯例成为宪法惯例的必要条件。"宪法惯例首先必须是合宪的,能成为宪法惯例必定是符合宪法典所确立的基本价值与精神。"⑥"如果达不到这个'合宪法性'的要求,即便有惯例的存在,也只是政治惯例,而非什么宪

---

① 王德志、梁亚男:《关于宪法惯例若干问题的思考》,载谢晖、陈金钊主编:《民间法》(第八卷),山东人民出版社2009年版,第35页。

② 徐秀义:《关于宪法惯例若干问题的思考》,《学术交流》1993年第6期。

③ 张义清:《宪法惯例的理性思考》,《社会主义研究》2012年第4期。

④ 章志远:《宪法惯例的理论及其实践》,《江苏社会科学》2000年第5期。

⑤ [英]K.C.惠尔:《现代宪法》,翟小波译,法律出版社2006年版,第118页。

⑥ 姚岳绒:《关于中国宪法渊源的再认识》,《法学》2010年第9期。喻中先生通过研究"党的十七大报告"及全国人大常委会、最高法院、最高检察院的工作报告(2009年)描述了我国政治生活中的诸多政治惯例。但这些政治惯例并未接受"合宪性"的检视,其事实上的存在并不能推论出其是我国"宪法惯例"的结论。当然,这与喻中先生并未明确区分政治惯例与宪法惯例有关,他认为:"政治习惯法既可以理解为官方习惯法,也可以理解为宪法惯例或政治惯例。"参见喻中:《政治惯例:成文宪法之外的政治习惯法》,《政治与法律》2009年第11期。

法惯例。"①正是宪法惯例的"合宪性"使其获得了作为一国宪法规范的资格或能力,具备了宪法规范的属性。②

当然,并不是所有的宪法惯例都具备宪法规范性,如同宪法典中的条款并不都具有宪法规范性一样,那些涉及"政治目标、政府权源和目的之宣告"的规定"虽然多少与宪法问题的研究有关,但毕竟不被化约成且经常不能化约为法律规则。"③即,只有具有规范性内容之宪法惯例才可能适用于宪法审查实践。④并且,还有一点值得注意的是,由于宪法惯例的存在是其具备违宪审查依据资格的前提,故此,如果一国宪法秩序不承认宪法惯例的存在,则宪法惯例的违宪审查依据资格的探讨就成为"无源之水、无本之木"。此种情形,根据学者的意见,在德国就存在:"[除了其自身之外],《基本法》不允许存在任何具有法律效力的宪法规范。因此,《基本法》同时排斥了具有约束力的宪法惯例和不成文的宪政习惯法。联邦德国的宪法受到《基本法》的惟一定义。"⑤

综上所论,在宪法惯例受到承认的国家,具有宪法规范属性的宪

---

① 何永红:《中国宪法惯例问题辨析》,《现代法学》2013年第1期。至于"合宪性"的具体内容,学者之间的表述略有差异。如章志远先生认为,宪法惯例的"合宪性具体表现为:成文宪法无类似的禁止性规定;不与成文宪法的已有规定相冲突;合乎该国的宪政理念、精神。"参见章志远:《宪法惯例的理论及其实践》,《江苏社会科学》2000年第5期。梁忠前先生则认为:"宪法惯例的确立必须具有合宪性,其合宪性取决于下列几方面:(1)必须符合制宪宗旨;(2)不得与既存宪法规范相抵触;(3)从特定宪法原则性规范和宪法宗旨中可以推知此行为被宪法默示具有合宪性质;(4)如果一个惯例的合宪性发生公共争议,应由有权解释宪法、监督宪法实施的专门国家机关作出宪法裁决。"参见梁忠前:《论宪法惯例》,《法律科学》1994年第2期。

② 与宪法惯例的"合宪性"主张相类似的是,姚国建先生认为,在以宪法惯例作为违宪审查的依据时,必须遵循两个原则:第一,只有在宪法典中没有明确的规范或宪法原则可以适用时才可援引宪法惯例;第二,违宪审查机关据以裁决的宪法惯例应是在国家中得到普遍认同的政治惯例。参见姚国建:《违宪责任论》,知识产权出版社2006年版,第262—263页。

③ [英]K.C.惠尔:《现代宪法》,翟小波译,法律出版社2006年版,第31页。

④ 如何判断宪法惯例内容的规范性,也许哈特有关法律的规范性术语论述可以为我们提供些许启示。哈特认为,规范性术语一般采用"应当""必须""应该""对的""错的"之类的独特表达。参见[英]H.L.A.哈特:《法律的概念》(第二版),许家馨、李冠宜译,法律出版社2006年版,第55页。

⑤ 转引自张千帆:《西方宪政体系》(下册·欧洲宪法),中国政法大学出版社2001年版,第189页。

法惯例——无论是在成文宪法国家还是不成文宪法国家——是违宪审查依据之一;而违反具有宪法规范属性的宪法惯例的行为也是违宪行为,而非一般的违法行为。也正是在这种意义上,我们才可以说:"成文宪法不是解释和适用宪法的特定机关赖以作出裁决的唯一渊源。"①

三、宪法判例

关于宪法判例能否成为违宪审查依据,我国学界有一种观点认为,德国、奥地利等国"宪法法院通过公布的宪法审判判例,逐步形成一些重要的宪法审判原则与制度,成为宪法法院审查违宪等法律和裁判违宪案件援引的依据。"该观点甚至认为,我国"最高人民法院公报发布的有关宪法基本权利方面的案例,事实上具有普通法国家与民法法系国家宪法判例的作用,也可成为宪法的渊源,即成为各级人民法院裁判类似案件援引的法律依据。"②而其他大多数学者尽管并未直接肯定宪法判例是违宪审查依据,但其关于宪法判例性质、地位或效力的论述——尤其是宪法判例的宪法渊源地位——事实上亦间接肯定了这一命题。如有论者主张:"由于宪法判例包含有对已有宪法立法内容或宪政操作规则的发展,因而也被认为是宪法规范的补充性表现形式之一。"③宪法判例的效力既包括既判力和约束力,也包含宪法判例的法律效力,即"从理论上讲,宪法判例不是严格意义上的法律,但宪法判例类似于法律,英美法系国家遵从先例原则,保证'判例法律'能够发挥法律的作用。"④日本学者工藤达朗亦认为,能够成为违宪审查标准的除了称为"日本国宪法"的宪法典之外,还包括与宪法典具有同等效力的规

---

① 李忠:《宪法监督论》(第二版),社会科学文献出版社2002年版,第25页。

② 周伟主编:《宪法学》,四川大学出版社2002年版,第20页。

③ 董和平主编:《中国宪法学》,中国政法大学出版社2002年版,第94页。

④ 杨海坤主编:《宪法学基本论》,中国人事出版社2002年版,第93页。

范——法院创制的裁判标准,即宪法判例。①

在判例法是其法律渊源之一的国家,宪法判例虽然具有拘束力,但这种"弱拘束力"(相对拘束力)无法使其成为违宪审查的依据,仅是对违宪审查机构在作出宪法判断时具有"影响力"的资料。具体理由如下:

第一,判例法之所以能成为英、美等普通法系国家法律渊源的重要组成部分,主要归功于法院在长期审判实践中对"遵循先例"(stare decisis)原则的贯彻或"信赖判例"这一历史传统。"作为一种传统,它一直没有写下来成为一条成文规则,也未见于宪法、制定法或者就职的誓约。"②但"遵循先例"原则的内涵及其施加于法院的义务在长期的历史演变过程中逐渐从"严格"过渡到"宽松"。"20世纪上半叶,'严格观'盛行于英国,认为所有法院都有义务遵循自己先前作出的判决,下级法院也有义务遵循上级法院的判决。……直至20世纪流行于英国并目前盛行于美国的'宽松观'则认为,终审法院不受遵循自己先前的判决的约束,尽管大多数情况下,它们在实践中都会遵循先例。下级法院则有义务遵循上级法院的判决,但其规避先例束缚的自由度也是相当大的。"③

而在宪法领域,宪法判例的约束力相较于其他法律领域则显得更为"孱弱"。正如伦奎斯特(Rehnquist)大法官在1989年的Webster v. Reproductive Health Services一案中代表法院撰写的多数意见指出:"遵循先例固然是我们法律制度的基石,但是,在宪法领域,先例的约束力低于其他领域,除了宪法修正案之外,最高法院是唯一可以进行变更的机构。当先例被证明在'原理上不可靠,在实践中不可行'的时候,最

---

① 参见[日]工藤达朗:《经济自由的违宪审查标准——关于财产权和职业自由》,童牧之译,《中外法学》1994年第3期。

② [美]E·阿伦·法恩斯沃思:《美国的判例法》,陶正华译,《法学译丛》1985年第6期。

③ [美]P.S.阿蒂亚、R.S.萨默斯:《英美法中的形式与实质——法律推理、法律理论和法律制度的比较研究》,金敏等译,中国政法大学出版社2005年版,第98—99页。

高法院从来没有约束自己重审先例。"①大法官斯通对宪法领域中遵循先例原则的"宽松"程度亦有相类似之论述:"不论遵循先例原则有时是多么适当甚或是多么必要,它在宪法领域中却只有有限的适用性。"②

　　第二,基于判例尤其是宪法判例的"弱拘束力",法官在审理同类案件时并不会拘泥于先前的判例,而是根据法官所处时代的价值观的变化及对社会形势的考量对同一宪法条文的含义进行重新诠释(即"共时解释"或"客观解释"),并作出与原先判例不同的判决结论。如美国联邦最高法院在"堕胎"案件中所适用的违宪审查基准和日本最高法院在经济自由规制的宪法审查实践中适用的违宪审查基准的变化就是这一事实的典型例证。诚如德国法学家拉伦茨所言:"判决先例是否为'现行法'的渊源,'法官法'是否具有如同制定法那样的地位,对这些问题不能轻易加以肯定。依吾人的法律见解,即使是法院,其所受判决先例之'拘束',无疑绝不同于其所受法律之拘束。有拘束力的不是判例本身,而是在其中被正确理解或具体化的规范。至于判例中的法解释、规范具体化或法的续造,其是否适切,则应由面对——重新发生的——同一法律问题的法官,依认真形成的确信来决断。"③而德国法学家考夫曼更是直言:"司法惯例……绝非法源;……经过长时间确立为习惯法的司法判决,则具有法源性质,但不得违背科学(因为若有违背,则将缺乏一致的法律效力意志、法律见解)。"④言下之意,法院的判例只有经过

――――――

　　① 转引自屠振宇:《从堕胎案件看美国司法审查标准》,《南阳师范学院学报》(社会科学版)2007年第11期。

　　② 转引自[美]E·博登海默:《法理学:法律哲学与法律方法》,邓正来译,中国政法大学出版社2004年修订版,第568页。在1944年的史密斯诉奥尔赖特一案中,里德法官陈述的法院意见认为:"当本院认识到过去所犯错误时,从来不认为非勉强遵照先例不可。在宪法问题上,如果纠正错判要依靠修正案而不依靠立法,本院有史以来一直毫无保留地行使对其宪法裁决的根据进行复查的权力。"而鲍威尔法官在阿克伦市诉阿克伦生殖健康中心公司一案(1983年)中所陈述的法院意见亦认为遵循先例原则在宪法问题上也许从未有充分说服力。参见[美]斯坦利·I.库特勒编著:《最高法院与宪法——美国宪法史上重要判例选读》,朱曾汶、林铮译,商务印书馆2006年版,第547、606页。

　　③ [德]卡尔·拉伦茨:《法学方法论》,陈爱娥译,商务印书馆2003年版,第301页。

　　④ [德]考夫曼:《法律哲学》,刘幸义等译,法律出版社2004年版,第156页。

"共同体的法律效力意志长期且稳定地遵守"成为习惯法之后才能成为法源的形式之一。

第三,宪法判例是宪法审查机构在具体的个案中通过诠释宪法规则或宪法原则及个案事实以形成判决理由,并根据"遵循先例"原则所形成的。其本质上反映的仍然是宪法审查机构乃至宪法审查者自身的意志及其价值倾向而非"人民的意志"或"宪法的意志",尽管其可以宣称采用了"原旨主义解释方法"或"客观解释方法",解释的结果依然是立宪者的原意或宪法本身的真义。因此,宪法判例并不是宪法本身,其效力低于宪法。"遵循先例原则是以一种相当宽松的方式被坚持的,先例不具有甚至在名义上也不具有绝对的拘束力。"①

至于前文所引述的我国"最高人民法院公报发布的有关宪法基本权利方面的案例,事实上具有宪法判例的作用,可成为宪法的渊源,即成为各级人民法院裁判类似案件援引的法律依据"的观点更是一种谬见,其错误之处在于:(1)根据我国《宪法》第62、67、131条的规定,享有违宪审查权和宪法解释权的只能是全国人大及其常委会,最高人民法院只能"依照法律规定独立行使审判权",其不享有对法律的违宪审查权。有鉴于此,最高人民法院公报公布的有关宪法基本权利方面的案例,不是宪法判例,不具有成为宪法渊源的资格。(2)根据学界通说,我国的法传统是制定法而非判例法,最高人民法院的判决(尤其是判决理由)不具有类似于英美法或大陆法系国家的"判例法"的地位,充其量仅仅是一种"指导性案例",各级人民法院在审判中既可以遵循也可以不遵循,其并不具有同法律一样的强制性法律效力。(3)即使最高人民法院享有违宪审查权和宪法解释权,可以形成所谓的"宪法判例"。但如前所述,即使是在承认判例法的国家,宪法判例的"弱拘束力"也无法使

---

① 米健等:《当今与未来世界法律体系》,法律出版社2010年版,第127页。我国有学者提出,无论是宪法原则还是宪法正文,都是立宪者加于违宪审查机关的拘束,因而违宪审查机关必须接受其约束,而宪法判例是违宪审查机关自我施加的约束。参见姚国建:《违宪责任论》,知识产权出版社2006年版,第266页。

其成为违宪审查依据。

四、宪法解释

宪法解释欲具有违宪审查依据之资格，必须具备两项基本的要件，即宪法解释具有规范属性且具备与宪法（宪法典和不成文宪法国家的宪法性法律）同等的效力。当然，宪法解释的规范性是更为前提的要件，如不具备，与宪法具有同等效力这一要件则没有必要再予以论证了。

关于宪法解释是否具有规范属性，我国学者有不同的主张：

其一，规范说。这一学说为主流学说，其是从对宪法、宪法解释、法律的效力的比较角度直接或间接肯定宪法解释的规范属性。"宪法解释一旦作出后便成为宪法的组成部分，与宪法条文一样产生普遍的拘束力"。[1]"宪法解释效力应处于特殊位阶，是一种综合性的效力体系，其效力低于宪法典，高于普通法律。"[2]"全国人民代表大会常务委员会的宪法解释同法律具有同等的效力。"[3]宪法、法律均具有规范属性，将宪法解释的效力与宪法、法律的效力相比较，无论得出怎样的结论，事实上均可视为将宪法解释纳入了一国法律规范体系之内，从而肯定了宪法解释的规范属性。并且，学者们将宪法解释作为宪法渊源之一来予以阐释的做法同样可作为支持"规范说"的"证据"。[4]另外，

---

[1] 周叶中主编：《宪法》（第二版），高等教育出版社、北京大学出版社 2005 年版，第 398 页。相类似主张亦可参见许崇德主编：《宪法学：中国部分》（第二版），高等教育出版社 2005 年版，第 85 页。

[2] 韩大元：《试论宪法解释的效力》，《山东社会科学》2005 年第 6 期；韩大元、张翔等：《宪法解释程序研究》，中国人民大学出版社 2016 年版，第 104 页。然在其他论著中，韩大元先生却主张宪法解释同宪法规范具有同等的效力。参见韩大元：《宪法学基础理论》，中国政法大学出版社 2008 年版，第 437 页。

[3] 范进学：《认真对待宪法解释》，山东人民出版社 2007 年版，第 30 页。

[4] 参见杨海坤主编：《跨入新世纪的中国宪法学》（上），中国人事出版社 2001 年版，第 138 页以下。

《立法法》第53条关于"全国人民代表大会常务委员会的法律解释同法律具有同等效力"的规定亦可作为论证宪法解释具有规范属性的另一间接论据。

其二,裁判理由说。该说否定宪法解释具有规范属性,仅是一种裁判理由。其认为,依附于违宪审查或宪法监督的宪法解释,其实是"宪法裁判理由中的重要内容";即使是宪法解释机关非针对个案作出的抽象解释,"亦应与宪法规范相结合方才具有意义与效力,并不具有独立性。""宪法解释并不可具有与法律同等或者比法律更高的规范效力。"①

一般认为,"宪法解释是指法定解释机关依照一定的程序对宪法规范的内容、含义所作的阐释和说明。"②据此,如果宪法规范的涵义是明确的,则无需解释;若宪法规范的涵义是模糊的或者对其涵义的理解出现了分歧,解释才是必要的。③而发现宪法规范的模糊或分歧的产生只会出现在宪法适用的场合。"通常是为了将之'适用'到具体的案件事实,才对法规范为解释。"④因为,只有在将宪法规范适用于具体事件或个案并进行相应的"涵摄"时,宪法规范涵义的模糊或歧义才会产生。"那种抽象的、并不以实施为目的的对宪法的解说,不应该也无必要归入宪法解释概念的外延。"⑤因此,宪法解释机关所作出的宪法解释具有特定的针对性或者具体性,其拘束力不具有一般性和抽象性。同时,宪法解释"与宪法规范的关系是一般与特殊的关系。它本身不能成为独

---

① 陈运生:《论宪法解释的效力:一个反思性研讨》,《浙江社会科学》2008年第9期。此文论者所言之裁判理由,与前引林来梵先生所言之解释性命题具有相同之功能指向,即宪法解释仅是针对个案(尤其是宪法审查个案)所形成的裁判规范或解释性命题。

② 杨海坤主编:《宪法学基本论》,中国人事出版社2002年版,第347页。

③ 法律本身的空缺(openness)是法律解释的前提,这种空缺包括"法律条文用语的歧义、模糊、评价性、笼统等,以及法律在体系上的不连贯、不完整或缺漏、陈旧过时等"。参见张志铭:《法律解释操作分析》,中国政法大学出版社1998年版,第62页。

④ [德]卡尔·拉伦茨:《法学方法论》,陈爱娥译,商务印书馆2003年版,第91页。

⑤ 徐秀义、韩大元主编:《现代宪法学基本原理》,中国人民公安大学出版社2001年版,第256页。

立的宪法规范,只能与它所说明和解释的宪法规范结合在一起共同构成一个在逻辑上内涵和外延完整的宪法规范。"①因此,宪法解释本身并不具有规范属性,这也决定了其无法成为违宪审查依据。

当然,基于宪法相较于一般法律而言其语词所具有的更大的概括性、模糊性和不确定性,释宪者在宪法解释中进行"创造"以形成宪法所未明确规定的"规则"并适用于当下的个案也是可能的。尤其是在有着判例法传统的国家,违宪审查机构在宪法审查实践中针对个案形成的、出现在判决理由中的宪法解释根据"遵循先例"的原则极可能成为一项判例法规则。②但即使如此,根据前文所述,宪法判例并不是违宪审查依据,作为判例法规则的宪法解释当然亦不可能成为违宪审查依据。另外,在我国,由全国人大常委会所作的宪法解释,尽管是一种区别于宪法适用过程中所形成的司法性宪法解释之立法性宪法解释,③但基于全国人大常委会之宪法地位和职权——非制宪和修宪主体而为国家立法机关,也不像宪法修正案一样是宪法的组成部分。因而,全国人大常

---

① 莫纪宏主编:《宪法学》,社会科学文献出版社2004年版,第124页。在法国的合宪性审查实践中,根据法国宪法学家法沃勒(Favoreu)的见解,"宪法委员会针对一个条款或一个宪法原则做出的解释本身并不是法律,但该解释是具有强制力的,而且其强制力附属于其所解释的法律,这就是解释效力。"参见王芳蕾:《论法国的违宪审查程序》,《财经法学》2017年第4期。有论者认为:"作为宪法渊源形式之一的宪法解释,主要指立宪解释。立宪解释也可以称为补充解释,其特点是以宪法文件为依据,围绕宪法条文的内涵和外延进行释义和补充,与被解释的宪法条文具有同等效力。"参见周叶中主编:《宪法》(第二版),高等教育出版社、北京大学出版社2005年版,第117页。严格而言,立宪解释并不是宪法适用意义上的宪法解释或者说不能归属于宪法解释。即使承认立宪解释的宪法解释属性,则只有其中的随件解释(本身就是宪法的一部分)才能成为违宪审查依据,至于另件解释与特件解释,因其效力低于宪法,故不能成为违宪审查依据。有关"随件解释、另件解释、特件解释"的具体含义可参见莫纪宏主编:《宪法学》,社会科学文献出版社2004年版,第124—126页。

② 在判例法国家,先例构成法律的一部分。但只有先例中的判决根据或判决理由(ratio decidenti)才具有拘束力,附论(obiter dicta)则不具有拘束力。参见梁治平:《英国判例法》,《法律科学》1991年第1期。另可参见王名扬:《美国行政法》(上册),中国法制出版社2005年第二版,第17—18页。

③ 有学者认为,根据"功能适当"原则,全国人大常委会的宪法解释只能是"抽象解释"(即不结合具体个案而对宪法的含义作出一般性的说明),而不可以是"具体解释"(即在具体个案审判中对宪法的解释)。参见韩大元、张翔等:《宪法解释程序研究》,中国人民大学出版社2016年版,第49、62页。

委会所作的宪法解释不具有宪法效力,只具有法律效力,这也决定了宪法解释无法成为违宪审查依据。[①]

五、宪法修正案

宪法修正案是享有修宪权的机关依照宪定或法定的修宪程序对成文宪法典所作的局部或部分增补、更正或删减,并通常列于宪法典之后,是宪法典的有机组成部分。根据宪法修正案所规定的内容、与宪法典之间的关系及其通过、颁布的程序,学界一般认为宪法修正案具有同宪法典同等的法律效力,是一重要的宪法渊源。[②]据此,宪法修正案具有违宪审查依据之资格一般是没有疑问的。然而,鉴于世界各国或地区的宪法修正案所采取的不同表现形式,以及对宪法修正界限的不同态度和宪法实践的多样性,宪法修正案的违宪审查依据资格并不具有普世性,需要根据不同国家的宪法文本形态和实践做法作出具体的分析和界定。[③]

[①] 根据《俄罗斯联邦宪法法院法》第79条、第106条的规定,俄罗斯联邦宪法法院所作决定在法律效力上具有终局性和普遍性。在涉及《俄罗斯联邦宪法》第125条等裁定案件中,俄罗斯联邦宪法法院作出的裁定"在内容方面暗含了俄罗斯联邦宪法法院的宪法解释具有与俄罗斯联邦宪法相同的效力和地位"。"相关法律条款是否符合宪法法院作出的宪法解释内容",可以通过合宪性审查程序进行审查,而不可以通过宪法解释程序予以解决。从这些内容来看,违反俄罗斯联邦宪法法院所作的宪法解释也是违宪行为,宪法解释是俄罗斯联邦宪法法院的违宪审查依据之一。参见刘向文、韩冰、王圭宇:《俄罗斯联邦宪法司法制度研究》,法律出版社2012年版,第300页以下。

[②] 参见张庆福主编:《宪法学基本理论》(上册),社会科学文献出版社1999年版,第107页。也有一种观点将宪法修正案同宪法典之间的关系视为特别规定与一般规定之间的关系,当前者与后者不一致时,依照特别规定优于一般规定的原则,宪法修正案的效力优于宪法典中被修改的条文的效力。参见韩大元主编:《比较宪法学》,高等教育出版社2003年版,第71页。另可参见周伟:《论宪法的渊源》,《西南民族学院学报》(哲学社会科学版)1997年第1期。

[③] 刘嗣元先生主张:"宪法修正案具有法律效力,同宪法一样成为宪法监督的依据。"但其亦承认:"宪法存在着可以修改的地方和不能修改的地方,将不能修改的地方予以修改,就违背了宪法以及宪政的基本原则和精神。"参见刘嗣元:《宪政秩序的维护:宪法监督的理论与实践》,武汉出版社2001年版,第123—124页。

首先,宪法修正案的违宪审查依据资格取决于其是否为独立存在的宪法渊源。如若宪法原文已经根据宪法修正案进行了修订并以新的文本形式予以公布,即使将宪法修正案附于宪法典之后,也已使其丧失了作为独立宪法渊源的意义,因为此时发挥宪法规范效力的是修正后重新公布的宪法典,而不是有机组合在一起的宪法典及其修正案。在这种境况下,宪法修正案的内容和效力已经被吸收到了新的宪法典文本之中,违宪审查机关在作出宪法裁判时无需援引宪法修正案,仅需适用新的宪法典即可。例如巴基斯坦采用的"宪法修正案",虽然作为一个部分添附于宪法文本之后,但宪法文本已经根据宪法修正案修改过来了,宪法修正案已经不具有独立的法的渊源的价值,只是作为一种历史资料被附加在宪法文本之后而已。①

其次,宪法修正案的违宪审查依据资格尚取决于其是否具有同宪法典同等的法律效力。如果宪法修正案并不具有最高的法律效力,则其就无法成为违宪审查依据,反而是违宪审查的对象。基于学说上对修宪权限制之主张以及一些国家、地区宪法中对宪法修改界限的或明或暗的规定,②宪法修正案并不享有完全的"违宪审查豁免"之资格,宪法修正案亦会因抵触"修宪界限"而违宪。在德国,"对基本法规定做出修正的法律应以基本法第79条第3款为标准进行审查。联邦宪法法院也认为,'违宪的宪法'至少在理论上是可能存在的。"③在印度,"在1963年的判例中,最高法院判决宪法修正案削弱了第三部分所包含的基本权利,因而构成违宪。在1973年的判例中,最高法院判决宪法修正案合宪的条件是保留宪法的基本结构。"④同样,在法国,"对于全民公决通过的宪法修正案,宪法委员会无权进行审查;对于由议会两院通过的宪

① 参见韩大元:《宪法学基础理论》,中国政法大学出版社2008年版,第167—168页。
② 有关宪法修改界限的理论争议和一些国家宪法的规定可参见韩大元主编:《宪法学》,高等教育出版社2006年版,第112页以下。
③ [德]克劳斯·施莱希、斯特凡·科里奥特:《德国联邦宪法法院:地位、程序与裁判》,刘飞译,法律出版社2007年版,第140页。
④ 张千帆、包万超、王卫明:《司法审查制度比较研究》,译林出版社2012年版,第151页。

法性法律,则可以进行审查,以确认这些法律是否符合修宪程序、是否违反修宪内容的禁止性规定等。"①而在我国台湾地区,所谓的"国民大会"于1999年通过"宪法"增修条文分别延长第三届"国民大会"代表任期2年又42天及第四届立法委员任期5个月。对此,"司法院大法官"指出:"按照国民主权原则,民意代表之权限,应直接源自国民之授权,是以代议民主之正当性,在于民意代表行使选民赋予之职权须遵守于选民之约定,任期届满,除有不能改选之正当理由外应即改选,乃约定之首要者,否则将失去其代表性。"基于上述理由,"大法官"们判定:"系争修宪条文与宪法中具有本质重要性而为规范秩序赖以存在之基础,产生规范冲突,为民主宪政秩序所不许……应自本解释公布之日起失去效力。"②

由此可见,在上述国家、地区的违宪审查实践中,宪法修正案并不必然具有与宪法典同等的法律效力,其自身亦必须接受违宪审查机构的合宪性审查。③不过,需指出的是,按照美国学者Tribe的观点,修宪的实质界限只能由修宪机关决定,而不能由违宪审查机关加以解决。且在1939年的Coleman v. Miller案中,美国联邦最高法院也认为宪法修改属于"政治问题",没有司法审查的任何立足之地,因为"从修宪案的提出到生效的整个修宪程序都具有政治性,不受制于司法机关的任何指导、控制以及干涉"。④

我国《宪法》仅以第62条、第64条对修宪权的主体及修宪的程序(提议与通过)作了非常粗略的规定,至于修宪的实体性界限则未置一词,可以说,《宪法》中的任何内容皆可成为全国人民代表大会

---

① 吴天昊:《法国违宪审查制度》,中国政法大学出版社2011年版,第164页。

② 欧爱民:《宪法实践的技术路径研究——以违宪审查为中心》,法律出版社2007年版,第50—51页。

③ 关于违宪的宪法修正案之颇有启发性的阐述,可参阅[美]马克·图什内特:《比较宪法:高阶导论》,郑海平译,中国政法大学出版社2017年版,第37—42页。

④ 参见欧爱民:《宪法实践的技术路径研究——以违宪审查为中心》,法律出版社2007年版,第48页。

修宪的对象。尽管有学者主张全国人大的修宪应遵循一定的实体限制，[①]但如前所述，修宪权的限制理论及规定并不足以否定宪法修正案违宪审查依据之资格。当然，基于当前我国宪法文本的规定，宪法修正案是全国人大及其常委会实施违宪审查的依据之一更无疑问。

综上所述，在我国，能够成为违宪审查依据的宪法表现形式是成文宪法典、作为成文宪法典有机组成部分的宪法修正案以及与宪法典具有同等效力的宪法惯例；相应地，违反成文宪法典及其修正案、宪法惯例的行为是为"违宪行为"。而宪法性法律、宪法判例和宪法解释不是违宪审查依据，违反这些宪法表现形式的行为也不能被称为"违宪行为"。

第三节　宪法序言的法功能

违反宪法序言的行为是否是违宪行为？或者说，宪法序言具有违宪审查依据资格吗？在既有的有关宪法序言的研究中，诸多论著的主要论证焦点集中于宪法序言的法效力之有无，而对宪法序言法效力之表现形式即宪法序言的法功能缺乏深入、全面地研究。我们认为，宪法序言的法功能之一即其可成为违宪审查依据，另两项功能则分别为"解释宪法的指南"和非"赋予权利或授予权力"之依据。

---

① 如韩大元先生认为："根据修宪权的理论和我国的宪政体制，全国人大的修宪权是存在一定界限的，宪法规定的根本制度不能成为修宪的对象，如共和国的政体、人民民主专政制度、国家结构、宪法基本原则等。"参见韩大元：《试论宪法修改权的性质与界限》，《法学家》2003年第5期。再如贺日开先生主张，我国宪法应"增加对修宪权的内容加以必要限制的条款，如规定'修宪权的行使必须以防止权力滥用、保障公民权利为宗旨，不得与宪法的基本原则相抵触'，等等。"参见贺日开：《修宪权规制之刍议》，《江苏社会科学》2006年第1期。笔者以为，从制宪权、修宪权和宪法所创制的权力相区别的理论而言，全国人民代表大会的修宪权应具有一定的界限，如不能修改制宪的指导思想——"四项基本原则"；否则，全国人大的形式上的修宪将会导致实质上的"制宪"。

一、宪法序言是"解释宪法的指南"

国内学界曾对宪法序言是否具有法律效力问题，进行过激烈的、针锋相对的讨论，并提出了无效力说、有效力说、部分效力说、模糊效力说等理论主张。①但近年来的趋势是学界对于"宪法序言是宪法的组成部分，具有法律效力"这一命题已基本达成了共识。②但是，各学者基于不同的立场、方法，对宪法序言法律效力的实现方式提出了不同的主张，而且，这种争议或分歧同样发生于国外学界有关宪法序言的论述及宪法诉讼实践中。然在相异的主张或观点中，学界对宪法序言的如下法功能却已形成基本的共识：宪法序言是"解释宪法的指南"，其制约着宪法正文各条款的解释。

对于美国宪法序言，尽管有学者如柯温否定其是宪法的一部分，只是"走在宪法的前面"的东西。③但美国宪法序言具有制约宪法条款解释的功能却获得其他学者的肯定及宪法审判实践的承认。如美国学者

---

① 对各学说主张的简要梳理，可参见殷啸虎、李莉：《宪法序言的功能与效力研究》，《上海交通大学学报》(哲学社会科学版)2004年第6期。张庆福先生曾认为我国宪法序言不具有一般的法律效力，参见张庆福：《进一步研究新宪法，实施新宪法》，《中国法学》1984年第1期。

② 主张"宪法序言是宪法的组成部分，具有法律效力"的文献可参阅周鲠昌：《宪法序言是具有法律效力的》，《法学》1983年第4期；吴杰：《论宪法序言是宪法的重要组成部分》，《法学杂志》1990年第2期；黄惟勤：《论我国宪法序言的法律效力》，《法学杂志》2010年第2期。有学者更是认为，宪法序言法律效力的肯定说是合理的理论，符合宪法发展的一般特点。参见韩大元：《宪法学基础理论》，中国政法大学出版社2008年版，第177页。曾任全国人大常委会副委员长的王汉斌同志也认为宪法序言是有法律效力的。参见王汉斌：《王汉斌访谈录——亲历新时期社会主义民主法制建设》，中国民主法制出版社2012年版，第67页。

③ 参见浦增元：《美国宪法序言初探》，《上海社会科学院学术季刊》1991年第1期。浦增元先生根据柯温的观点，作出了如下推论：不认为序言是美国宪法的一部分，就意味着美国最高法院和其他法院在作出判决时都不能引用它。即美国宪法的序言不是法的渊源，没有法律效力。另，英国学者惠尔先生亦认为："宪法序言本身不是宪法的一部分，也不是法律的一部分。"但与其他观点不同的是，其还认为："把权利宣言直接放置于序言之中，这种做法不仅被允许，甚至很可取。""理想的宪法应该少规定甚或不规定权利宣言，尽管理想的法制会确定和保障很多权利。"参见[英]K.C.惠尔：《现代宪法》，翟小波译，法律出版社2006年版，第46页。

詹姆斯·安修认为:"美国宪法的序言阐明制宪者的目的,因此,可作为解释的指南。"①威尔逊法官1793年在"奇泽姆诉乔治亚案"中写道:参阅序言中的这些文字,法院"从所宣告的目的和美国宪法的基本精神中推断出"制宪者们赞同各州在联邦法院有起诉权的结论。②

在日本,学界对于"日本国宪法序言是构成宪法法典的一个组成部分,具有同正文同等的法律效力和法律性质"这一命题并无争议,且尽管对于宪法序言"是否具有直接作为裁判规范的效力"或者说"法院能否直接适用序言"这样一个问题存在否定论与肯定论的分歧,但无论是否定论还是肯定论,对序言的"作为对各条款进行解释的指导方针予以引用"功能却均持肯定见解。③

由于我国的宪法审查机制当前尚未正式地启动,故此,有关宪法序言的法律效力及其实现方式的探讨尚只局限于学术论争。不过从相关学者的论述来看,宪法序言作为"解释宪法指南"的功能获得绝大多数学者的赞同。如有学者认为:"宪法序言往往是作为制宪的根据和目的而存在的,故常常能对宪法的政治意图和背景提供重要指南,特别是对宪法条款应当怎样解释能够起到指导作用。"④对此观点,亦有论者表示赞同:"宪法序言成为宪法解释的判断标准应无疑义"。⑤而王叔文先生早在20世纪80年代就撰文指出,宪法序言"规定的基本原则是解释宪法条文的基本依据",且宪法序言"是进行日常立法的基础,因而也是解释一切法律的基本依据"。⑥

从以上所引中外学者的主张来看,宪法序言法律效力的最主要表

---

① [美]詹姆斯·安修:《美国宪法解释与判例》,黎建飞译,中国政法大学出版社1999年版,第36—37页。

② 转引自[美]詹姆斯·安修:《美国宪法解释与判例》,黎建飞译,中国政法大学出版社1999年版,第36—37页。

③ 参见[日]佐藤功:《日本宪法序言的法律效力》,于敏译,《法学译丛》1983年第3期。

④ 胡锦光、韩大元:《中国宪法》(第二版),法律出版社2007年版,第108页。

⑤ 钱宁峰:《论宪法序言的裁判规范性》,《金陵法律评论》2008年秋季卷,第70页。

⑥ 王叔文:《我国宪法实施中的几个认识问题》,《中国社会科学院研究生院学报》1988年第5期。

现形式便是其是解释宪法的指南或指针,尤其是宪法序言所承载的宪法原则或其体现的制宪目的或宪法精神更为释宪者解释宪法提供了"价值取向"方面的具有约束力的指令。

二、宪法序言不是赋权(利)或授权(力)的依据

尽管宪法序言具有制约宪法正文各条款解释的功能,但基于宪法序言所载内容的特殊性,即其大都规定的是"国家的斗争历史和通过斗争取得的胜利成果、建国的宗旨、国家奋斗的目标、国家活动的指导原则以及制宪的根据和目的等",[①]其并不赋予公民等权利主体以具体的宪法权利或授予各国家机关特定的职权,因而宪法序言并不能成为权利主体向国家尤其是法院主张其权利诉求或国家机关行使职权的凭据。

虽然博登海默先生表达了如下意见,即美国宪法序言规定的"为了组成'一个较为完美的联邦'这一美国宪法目的",为美国总统设定了一项义务,即他必须保护和巩固美国联邦,而不得削弱它或缩小其范围。[②]但美国主流宪法理论及法院审判实践却接受了宪法序言并不设定具体的权利或权力的观点。美国联邦最高法院大法官约翰·海伦在1905年的雅各布森诉马萨诸塞州案中对于宪法序言的功能与效力表达了如下意见:"虽然序言阐明了制宪者们的总意图,但从未被看作是授予美国政府或其各部……实体权利的渊源。"[③]学者詹姆斯·安修亦认为,宪法序言"不得用来作为授予权力和权利的解释"。[④]

---

① 胡锦光、韩大元:《中国宪法》(第二版),法律出版社2007年版,第107页。

② 参见[美]E·博登海默:《法理学:法律哲学与法律方法》,邓正来译,中国政法大学出版社2004年修订版,第449页。

③ [美]詹姆斯·安修:《美国宪法解释与判例》,黎建飞译,中国政法大学出版社1999年版,第36—37页。

④ [美]詹姆斯·安修:《美国宪法解释与判例》,黎建飞译,中国政法大学出版社1999年版,第36—37页。

在日本,有关宪法序言是否设定具体的权利或权力的讨论是以"宪法序言能否成为裁判规范"为等值命题而展开的。何谓"裁判规范"?芦部信喜先生认为:"所谓裁判规范,在广义上是指法院审理具体的争诉时,作为判断基准而使用的法规范,而在狭义上,则指该规定可以作为直接根据而向法院寻求救济的法规范,即依据法院的判决而可以执行的法规范。"①佐藤功先生则认为,"裁判规范"是指可以通过裁判进行强制或保证实施的规范。②据此,日本学者在讨论宪法序言的裁判规范资格问题时使用的"裁判规范"具有两层蕴含:一是作为可由法院强制执行或保证实施的权利或权力规范;二是判断法令或处分等公权力行为是否合宪的依据。而日本学界及审判实践中有关宪法序言裁判规范资格之争议主要是围绕"裁判规范"的第一层意义展开的。

日本学界对日本国宪法序言"是否具有直接作为裁判规范的效力"或者说"法院能否直接适用序言"这样一个问题存在否定论与肯定论的分歧。肯定论认为法院可以直接适用宪法序言,序言能作为直接的裁判规范;而占据通说地位并为审判实践所承认的否定论则主张"序言不能成为直接的裁判规范","序言只限于作为对各条款进行解释的指导方针予以引用"。③在日本法院的宪法审查实践中,"在最高法院的判例中,是采用否定论还是肯定论,在表现上虽然不一定很明确,但可以理解为采用了否定论的理论。"④又如在长沼尼基(NIKE)基地诉讼中,一审判决基于日本国宪法序言推论出日本国民享有"和平生存权",但二审判决却予以否定:"以和平生存权为理由主张法律上的利益,不予承

---

①［日］芦部信喜:《宪法》(第三版),林来梵等译,北京大学出版社2006年版,第33页。

②［日］佐藤功:《日本宪法序言的法律效力》,于敏译,《法学译丛》1983年第3期。

③ 佐藤功先生支持否定论,但其认为否定论与肯定论之间"未必能说是完全对立的"。参见［日］佐藤功:《日本宪法序言的法律效力》,于敏译,《法学译丛》1983年第3期。芦部信喜先生亦持否定论主张,他认为:"一般而言,宪法前言的规定被理解为仅仅止于对抽象原理的宣示,至少并未具有狭义上的裁判规范之性质,尚不能要求法院执行前言的规定。"参见［日］芦部信喜:《宪法》(第三版),林来梵等译,北京大学出版社2006年版,第33页。

④［日］佐藤功:《日本宪法序言的法律效力》,于敏译,《法学译丛》1983年第3期。

认。序言中规定的'在和平中生存的权利'也作为审判规范，并没有将任何有现实的、具体的内容的事物具体化。"①据此以观，日本理论与实践中主流观点和做法与美国基本一致，即只认为宪法序言具有指导、制约宪法正文各条款解释的作用，但无法成为权力机关或权利人主张权力或权利的依据。当然，宪法序言也不是法院的直接裁判规范。

从我国学者有关宪法序言法律效力实现方式的论述来看，对于"宪法序言并不设定具体的权力与权利规范，且是否具有司法适用性即成为法院裁判规范并非宪法序言是否具有法律效力的判断标准，其起到的作用一般仅限于充当宪法解释的指南"这一命题学界业已达成基本共识。如有论者主张："宪法序言的法律性具有特殊性，即宪法序言并非宪法规范构成，也不能从中产生出具体的权利义务关系。"其还认为："判断宪法序言是否具有法律效力的标准，不是看宪法序言是（能）否在法院适用即具有司法适用性，而是在更广义的层面上看宪法序言是否得到普遍而有效的贯彻或遵守。"②也有论者对宪法序言法律效力的判断标准不是司法适用性表示了赞同："对宪法序言的效力分析，也就不能按照普通法律效力的标准来进行评价，尤其不能完全以是否具有司法适用性为前提（尽管这是判断宪法效力的一个方面）。宪法序言的效力很大一部分不具有司法适用性，但具有政治机关（制宪机关也是其中一种）适用性。"③另有学者提出："基于我国宪法序言的结构内容，不能如法国宪法那样成为解决相应违宪争讼的依据，因为国外经验表明，一般来说，不能直接从宪法序言中推导出权力或权利。"④

当然，由于各国宪法文化传统的差异，宪法序言所载的内容亦不完全相同，极少数国家宪法序言设定公民基本权利的现象也不是不存在，

---

① [日]三浦隆：《实践宪法学》，李力、白云海译，中国人民公安大学出版社2002年版，第29页。

② 谢维雁：《论宪法序言》，《社会科学研究》2004年第5期。

③ 殷啸虎、李莉：《宪法序言的功能与效力研究》，《上海交通大学学报》（哲学社会科学版）2004年第6期。

④ 钱宁峰：《论宪法序言的裁判规范性》，《金陵法律评论》2008年秋季卷，第70页。

法国宪法序言就是其中之著例。在法国,由于1958年法兰西第五共和国宪法序言的特殊结构与内容,①尤其是法国宪法委员会在1971年"结社法决定"案件中"适当考虑了宪法——尤其是其前言、1958年规定的宪政院组织法……",承认并适用了"受到共和国法律之承认和宪法前言之庄严肯定的基本原则",从而使"宪法前言所保障的基本权利具备法律效力"。②据此,法国与上述美国、日本不同,其宪法序言是法国公民基本权利的直接依据,并且,体现基本权利精神并为序言所规定和确认的"共和国法律承认的基本原则"及"当代特别需要的原则"是直接的、可独立运用的违宪审查依据,而不仅仅制约宪法正文条款的解释。

三、宪法序言可作为独立的违宪审查依据

尽管目前国内学界并无有关违宪审查依据的专门论述,但在与违宪审查或宪法序言相关的文献中,亦存在"宪法序言可作为违宪审查依据"的观点。如有论者认为:"在特殊的情形下,宪法的精神、原则及序言的内容也可以作为审查合宪与否的依据。"③董璠舆先生则在首先肯定宪法序言是宪法法规的重要组成部分、具有法规的性质且在宪法的各规定中属最上级的规范,其次将"宪法序言的裁判规范性问题"理解为"宪法序言能否成为违宪性判断的根据"的前提下,指出"一方面承认宪法序言为法规,但同时又不承认其在裁判上具有法律效力",是一种"二律背反",自相矛盾。④另有学者更是基于我国宪法序言的"高级法效力",主张我国进行合宪性审查的"宪"是一个包含现行宪法正文文本和宪法序言的"整体性标准",且宪法序言是一项高于宪法规范的审查

---

① 法国人民庄严宣告,他们热爱1789年的《人和公民的权利宣言》所规定的,并由1946年宪法序言所确认和补充的人权和国家主权的原则。

② 张千帆:《西方宪政体系》(下册·欧洲宪法),中国政法大学出版社2001年版,第79、81页。

③ 胡锦光、秦奥蕾:《论违宪主体》,《河南省政法管理干部学院学报》2004年第1期。

④ 董璠舆:《关于宪法序言及其法律效力》,《政法论坛》1987年第1期。

标准。①

笔者认为,宪法序言同宪法正文一样可作为违宪审查依据,且在一定条件下可作为独立的违宪审查依据。具体理由如下:

第一,宪法序言具有法律效力并不意味其必然是法院的裁判规范。

否定宪法序言的法律效力之观点已逐渐趋于衰微,但肯定宪法序言具有法律效力究竟有何意义?这需首先了解"法律效力"这一概念才能作出比较正确的评价。

国内学界尤其是法理学界对"法律效力"概念及其来源的认识尚未达成共识。②较具代表性的观点有:(1)法律效力乃是由法律的"合法性"所生成,反映全体社会成员对法律的自觉认同,而于法律存续期间以规范压力与规范动力形式积极地指向其规制对象人(自然人与法律拟制人)的作用力。法律效力的来源在于其"合法性",包括实质合法性和形式合法性。③(2)法律效力是指法律所具有的一种作用于其对象的合目的性的力量,法律效力的直接来源是国家的权力,间接来源是一定的社会物质生活条件。④(3)法律效力是内含于法律规范中的对法律调整对象产生作用的能力。法律效力在实体上的逻辑根据是法律规定对主体需要的满足状况和法律规定对对象规定性的对应状况,形式上或技术上的根据是符合形式逻辑的要求、齐一的程序性要求和必要的强制性规定。⑤(4)法律效力是法律在时间、地域、对象、事项四个维度中所具有的国家强制作用力。国家权力是法律效力的形式本原,知识和经验是法律效力的实质本原。⑥

抛开上述诸项主张之间存在的差异,我们可以发现法律效力是法

① 参见杨蓉:《论合宪性审查的整体性标准》,《广东行政学院学报》2018年第4期。
② 此处"法律效力"中之"法律"指作为整体的法律,包含法律规范、法律原则和法律概念等法律要素。
③ 参见姚建宗:《法律效力论纲》,《法商研究》1996年第4期。
④ 杨春福:《论法律效力》,《法律科学》1997年第1期。
⑤ 谢晖:《论法律效力》,《江苏社会科学》2003年第5期。
⑥ 张根大:《论法律效力》,《法学研究》1998年第2期。

律规范所具有的作用于一定时空范围内之对象的国家强制力。据此，肯定"宪法序言具有法律效力"就必须肯定宪法序言对其所调控的国家、社会之根本性政治、经济等事务具有强制作用力，在其调整范围内的各类主体都应接受宪法序言所确定的行为规则或原则的指引，否则将会遭致不利的法律后果。亦即，宪法序言在应然之规范意义上是各类社会关系主体尤其是公权力主体之行为依据。

但是我们无法根据"宪法序言具有法律效力"而必然推论出宪法序言应成为法院的裁判规范，或者相反，不能成为法院的裁判规范宪法序言就不具有法律效力这一结论。首先，基于各国所确立的违宪审查体制不同，并非所有国家的普通法院都如美、日法院一般享有违宪审查权。故此，在不实行普通法院型违宪审查模式的国家，宪法序言同宪法正文一样都无法成为法院的裁判规范。其次，即使是在美、日等实行普通法院审查制的国家，由于宪法序言本身并不设定具体的权利和权力规范，当然其并不能成为权利主体寻求法院救济权利或权力主体主张权力的依据，即不能成为芦部信喜先生所言之"狭义上的裁判规范"。再次，更为重要的是，从法理上讲，"不能认为不具有司法适用效力就没有法律效力。"[①]在一国的法律体系中，基于权力体制的设计及各权力之间的分工、制衡以及某种程度上的立法者决策性选择，并不是所有的法律规范都需由法院来实施，立法机关、行政机关都可以成为实施法律的公权力主体。这一点，在上述宪法惯例部分的论述中已有述及。这就意味着法律效力与司法适用效力并不是同一意义上的概念，两者不能等同。

第二，宪法序言并非赋权或授权依据（即狭义上的裁判规范）并不能否定其违宪审查依据资格。

一般而言，宪法序言所规定的大都是国家的斗争历史等事实性内容与制宪原则等规范性内容，除了上述法国宪法序言具有特殊性之外，

---

① 刘瀚：《法学与法制》，社会科学文献出版社1994年版，第93页。转引自张根大：《论法律效力》，《法学研究》1998年第2期。

鲜有制宪机关在宪法序言中规定公民享有的基本权利及各国家机关应行使的职权。据此，言"宪法序言不设定具体的权利或权力规范"或"不能直接从宪法序言中推导出权利或权力"是一个可在相当广泛范围内成立的经验性命题。

但是，我们无法从以上可成立的经验性命题直接、必然地推论出宪法序言不能成为违宪审查依据之结论。因为：(1)违宪审查之依据并不限于具体的宪法规则，还包含着更为抽象的宪法原则或宪法精神。而一国的宪法原则或宪法精神往往体现在宪法序言之中，"在有序言的情形下，序言相当于宪法精神、宪法原则的文本表达"，[1]如《日本国宪法序言》中所确立的国民主权原则与和平主义原则、我国1982年宪法序言所确立的"四项基本原则""宪法至上原则"等。故此，就宪法序言的内容而言，我们也无法否定宪法序言的违宪审查依据资格。(2)肯定宪法序言具有法律效力，就是肯定宪法序言的行为依据资格。在法治国家，违背具有法定效力的规则或原则必须接受法定机关的裁判或决定，以确定其是否违反及其所应承担的法律责任。故此，违背具有法律效力的宪法序言的行为亦必须接受有权机关的审查及其所确定的法律后果。反之，如违反宪法序言可不受审查或不一定承担相应的责任，则言宪法序言具有法律效力则纯属"无的放矢"。(3)不设定具体的权利或权力的法的原则同样可以成为人们行为的依据乃至法院的裁判准据。如在民法领域，"为了实现法律的强制性，行为规范只有同时作为审判规范才具有法律上的意义而与其他规范相区别，因此，法律上的行为规范与审判规范具有统一性。在民法基本原则作为行为准则被遵循时，它同时是司法机关就民法规范未作具体规定的社会关系发生的争讼进行裁判的审判规则。"[2]同理，宪法序言所确定的不设立具体权利或权力的宪法原则亦可成为违宪审查机关作出宪法判断时所应遵循的根本准

---

[1] 杨蓉：《论合宪性审查的整体性标准》，《广东行政学院学报》2018年第4期。

[2] 徐国栋：《民法基本原则解释：成文法局限性之克服》，中国政法大学出版社1992年版，第17—18页。

则。实际上,尽管芦部信喜先生否定了宪法序言的"狭义上裁判规范"之资格,但却并未完全否定宪法序言作为广义上裁判规范即"法院审理具体的争诉时作为判断基准而使用的法规范"之可能性。

第三,宪法序言的功能不仅仅在于制约宪法正文的解释,亦在于其在一定条件即宪法规则缺位的情况下成为独立的违宪审查依据。

有论者认为:"宪法序言部分通常缺乏宪法规范所应具有的逻辑结构,因此其效力不具有直接性和自足性,而只能通过与其他法律规范的结合才能发挥作用。"[1]宪法同一般法律一样,同样具有成文法所固有的局限性,如滞后性、不完整性、不确定性等等。基于制宪者能力之局限及社会事实发展变迁之恒定,宪法(尤其是宪法规则)具有绝对的滞后性和漏洞是不可避免的。也正是基于这一点,诸多的成文法律(含宪法在内)为了在一定程度和范围内实现"以不变应万变",遂在法律中明确规定此法的基本原则,以便在具体规则缺位时以相应的法定原则进行"补足",为适法者提供可资依凭的判断基准。因此,宪法序言作为一国宪法原则的重要载体,其不仅可以其所规定的宪法原则或其体现的宪法精神以制约对宪法正文条款的解释,亦可在具体宪法规则出现"缺位"时进行有效的"填补",实现对公权力行为的某种意义上的"无漏洞式"规制。亦即,宪法序言可在一定条件下成为独立的违宪审查依据。

从宪法审查实践来看,除了上述法国宪法委员会承认法国宪法序言的违宪审查依据资格之外,[2]其他国家的违宪审查机关亦在作出宪法裁判时将宪法序言作为重要的裁判依据。如韩国宪法法院在1990年9月3日、1991年7月22日、1992年3月13日、1994年7月29日的判决中

---

① 秦前红:《宪法原则论》,武汉大学出版社2012年版,第202页。胡锦光先生亦有相似之论述,参见胡锦光、韩大元:《中国宪法》(第二版),法律出版社2007年版,第110页。

② 法国1946年宪法实际上禁止宪法委员会以宪法序言为基础进行合宪性的判断,而1958年宪法取消了类似的限制性规定,允许以宪法序言中的人权原则为基础,对合宪性问题进行判断。参见韩大元:《宪法学基础理论》,中国政法大学出版社2008年版,第201页脚注[1]。

认定了宪法序言的裁判规范性,明确了宪法序言体现的宪法原理与原则。这些判决体现了"违反宪法序言的法律是无效的法律"的基本精神。①

当然,值得强调的一点是,并不是宪法序言中所有的内容都可成为违宪审查依据,与宪法惯例类似,宪法序言中仅有规范性的内容才可成为违宪审查依据。②也就是说,宪法序言中有关历史事实或其他社会事实的陈述,仅能成为我们理解宪法的一种背景性规定,但却无法成为判断受审查对象是否违宪的规范性依据。③

第四节 宪法是否可以选择适用

如前所述,我国违宪审查依据的范围是:成文宪法典(含宪法序言)、作为成文宪法典有机组成部分的宪法修正案以及与宪法典具有同等效力的宪法惯例。相应的,违反以上宪法形式的行为均是违宪行为。然而,是否这些宪法表现形式中的所有内容或条款都可成为违宪审查依据呢?是否如前文所引述的有的学者所言违宪之"宪"仅限于"我国的宪法或宪法性法律中可以追究违宪者宪法责任的规定"呢?以下,本节将以张千帆先生提出的"选择适用宪法论"为主要商榷对象,对这些问题作一初步的解答。

---

① 参见韩大元:《宪法学基础理论》,中国政法大学出版社2008年版,第177—178页。如在1991年的宪法判决中,韩国宪法法院根据宪法序言明确了依据宪法签订的条约与国内法律具有同等效力,参见该书第178页。

② 陈玉山先生承认我国宪法序言中的规范性部分具有法效力,同时亦认为其不能直接作为司法机关裁判案件的直接依据(即狭义上的裁判规范)。不过,以国家根本任务为代表的我国宪法序言中的规范性陈述语句至少在广义上具有裁判规范的性质。参见陈玉山:《中国宪法序言研究》,清华大学出版社2016年版,第99、137页。

③ 德国学者霍恩认为:"规范,至少在法学语言中即是应然规则。它包括规范和禁止。"这一对规范的认识对于我们区分宪法序言的规范性表达和事实性表达同样具有借鉴意义。参见[德]N·霍恩:《法律科学与法哲学导论》,罗莉译,法律出版社2005年版,第8页。

"选择适用宪法论"主张:"要真正认真地对待和实施宪法,必须选择适用宪法。"也就是说,"承认宪法的法律效力及其法律适用的必要性,显然并不意味着每一条宪法规定都必须得到直接适用。"那么,应如何"选择""适用"呢? 答案是:"根据价值中立的法律原则鉴别可直接适用的宪法条款"。据此,该理论的核心要义主要有二:

(1)"选择适用"中的"适用"是指"直接适用",即"适宜作为法律条款直接适用,或作为判断法律、法规、规章等规范性文件的合宪性标准。"也就是说,该论所主张的"选择适用宪法"的"场域"限定于"违宪审查"(该文称为"宪法诉讼与司法审查")活动。至于在其他的"场域"如立法活动中,为其所认定的不可直接适用的宪法条款"并非不重要",事实上还发挥着"重要的指导作用"。①

(2)选择的标准——价值中立的法律原则,即判断某一宪法条款的可直接适用的标准是价值中立的、借鉴于富勒(Lon L. Fuller)有关法律特征理论的"普适性、明晰性、可实现性与相对稳定性"。易言之,只有符合如上四项标准的宪法条款才具有可直接适用性。由于我国宪法中的宣示性条款不符合法律的明晰性和可实现性、政策性条款不符合明晰性、稳定性与可实现性、公民义务条款不符合明晰性与可实现性、特定主体的权利或义务条款不符合普适性,因而这些条款均为不可直接适用的宪法条款。在去除了这些条款之后,我国现行宪法"总纲中的第2—5条、第9—10条、第13条、第16—17条、第30条的部分条款,第二章中第33—41条、第46—48条的部分条款,以及第三章的全部条款均可直接适用。"②

认真研析"选择适用宪法论"的论据、论点及其论证理路,我们认为以下四点值得探讨。

---

① 根据张千帆先生对"直接适用"的解释,其所言的"直接适用"与本书所言之"违宪审查依据"的根本功能即"判断特定公权力主体行为的合宪性"同义。

② 此处及以下所引用的"选择适用宪法"的理论观点,均参见张千帆:《论宪法的选择适用》,《中外法学》2012年第5期。

一、因"特定"而不具有可直接适用性吗

"选择适用宪法论"认为,我国现行《宪法》(如第12、16、17、50条)所规定的一些特定主体的权利或义务并不符合普适性原则,且这种"区别对待不仅有违第33条表达的平等原则,而且在多数场合下也是没有必要在宪法中特别规定的。""即便有必要区分不同主体的权利,宪法也很难用一两句话将这种区别规定清楚,不如直接诉诸一般立法特别规定之,而问题即转变为宪法平等原则是否可以包容立法上的区别对待。"基于这些理由,该理论主张特定主体的权利或义务条款为不可直接适用的宪法条款,尽管其还特别强调了"这些条款的适用性需要慎重对待"。

对于如上论说,笔者提出如下质疑:

第一,前后论述的不一致。在之后的论述中,该理论又提出了如下观点:"第16条与第17条分别规定国有企业和集体经济组织的经营自主权与民主管理方式。虽然两条规定都相当简略,但经营自主权和民主参与权的含义是比较确切的,并可以通过司法实践进一步具体化,因而符合直接适用的条件。"如此,以第16条与第17条所代表的特定主体权利或义务条款的可直接适用性便处于两可之间,其所言的"普适性标准"在此却成为一项模糊性标准,或者说是"不是标准的标准"。

第二,区别对待的理由不坚实。根据我国宪法第32、48、49条的规定,外国人(针对政治避难权)、妇女(含母亲)、老人(含妇女)和儿童均可视为宪法权利的特定主体,[①]然该理论却认为规定前两种特定主体权利的条款(在"消极权利"意义上)可直接适用,而后两种却不可。其之所以作出此种区别对待的理由是不显明的、甚至可以说是武断的。因

---

① 参见林来梵:《从宪法规范到规范宪法:规范宪法学的一种前言》,法律出版社2001年版,第87—88页。

为,根据该理论所确定的"普适性"标准,"在原则上,宪法不应规定任何特殊人群的特权,除非为了消除历史上的歧视影响而需要特别保护特定人群。即便如此,特别保护法最好也以立法形式出现,作为宪法平等原则所容许的特例,而不是直接在宪法中规定弱势人群的特权。"据此,虽然我们可根据中国历史中的"男尊女卑"的传统将中国"妇女"视为"为了消除历史上的歧视影响而需要特别保护的特定人群",但外国人——根据中国乃"礼仪之邦"的文化传统及外国人的法律地位在中国的历史与现状——却显然无法划归于"普适性"标准的例外之中。同时,对于老人、儿童等弱势人群而言,国家不仅负有积极保护其权益的宪法义务,也承担着对其权益不予侵害的"消极义务"。也就是说,在"消极权利"的意义上,老人、儿童所享有的权利保障与妇女、外国人之间并无实质性的差异。

第三,与世界其他国家宪法的规定不相一致。其实,我国宪法对特定主体的权利和义务加以规定并非"一枝独秀",世界其他国家的宪法也有类似的规定。如《俄罗斯联邦宪法》(1993年)第38条规定:"母亲和儿童、家庭受国家保护。关心和抚养子女是父母同等的权利和义务。年满十八岁的有劳动能力的子女应当关心丧失劳动能力的父母。"《意大利共和国宪法》(1947年)第31条第2款规定:"共和国保护母亲和少年儿童,支持为此目的而设立的各种必要机构。"笔者相信,诸如此类的立宪例还可以找到许多。

此外还值得指出的是,作为特定主体,刑事程序中的犯罪嫌疑人、被告人的权利在许多国家的宪法中均有所规定。如美国1787年《宪法》第6条修正案规定:"在一切刑事诉讼中,被告有权由犯罪行为发生地的州和地区的公正陪审团予以迅速和公开的审判,该地区应事先已由法律确定;得知控告的性质和理由;同原告证人对质;以强制程序取得对其有利的证人;并取得律师帮助为其辩护。"再如《印度宪法》(1949年)第22条第1款规定:"任何被逮捕者,如未速告被逮捕之理由,不得予以拘留监禁,不得剥夺其与本人选定的律师商谈,以及由本人选定的律师进行辩护的权利。"根据"选择适用宪法论"所肯定及否定的可直接适用的宪法条款范围,位于我国《宪法》第三章的第130条规定的"被告人有权获得辩护"属于可直接适用的宪法条款之列。但我们却很难将犯罪嫌疑人、被告人归属于"为了消除历史上的歧视影响而需要特别保护的特定人群"。而且这类特殊群体所享有的宪法权利均为程序性权利,国家对此不仅负有消极不侵害的义务,同时承担的更多的则是建立各种刑事程序制度的积极义务。因为没有刑事诉讼制度、律师制度的建立,如上程序性权利对于犯罪嫌疑人、被告人而言实为"镜花水月"。

故此,因宪法所规定的权利或义务主体是"特定"的而不符合"普适性"标准就断言相应的宪法条款不具有可直接适用性,不但理由不充足且论证前后不一致。尤其是选择可直接适用的宪法条款的"普适性"标准本身就是模糊的,不仅存在一些例外(而这些例外在逻辑上又无法予以完全列举),而且与世界各国宪法文本的规定不相一致。事实上,相较于我国《宪法》第33条有关平等原则的规定而言,按照"选择适用宪法论"所言的明晰性标准,宪法对特定主体的权利或义务作出规定的条款更具有可直接适用性。因为,宪法明确规定特定主体的权利或义务,并非"画蛇添足"之举,而是明确表示制宪者的一种价值选择,即宪法要求立法者在制定法律对相关法律关系主体的权利、义务进行配置时,必须偏重于特定主体权利的保护或特定主体义务的施加;如立法者反其道而行之,改变宪法已明确表示的价值选择的侧重点,就足以作出立法违宪的判断。如我国《刑法》第236条第2款对奸淫不满十四周岁的幼女要求"从重处罚"的规定就体现了宪法特别强调保护儿童权益的价值选择。而《最高人民法院关于行为人不明知是不满十四周岁的幼女双方自愿发生性关系是否构成强奸罪问题的批复》(法释[2003]4号)中的规定——"行为人确实不知对方是不满十四周岁的幼女,双方自愿发生性关系,未造成严重后果,情节显著轻微的,不认为是犯罪。"——之所以为学界所诟病、为社会所质疑，一个根本性的理由便在于其偏离了我国宪法对儿童权益予以特别保护的价值选择。

二、社会权条款不可直接适用吗

"选择适用宪法论"首先从整体上否定了宪法中规定公民"积极权利"（宪法理论上一般称为"社会权"）条款（第42—48条）的可直接适用性，其理由便在于："这些条款只能被认为是国家有义务努力实现的目标，但是并不适合作为严格的法律义务。在国家没有能力兑现义务的情况下，强行要求履行这些义务显然是徒劳的。"然对于个别条款如宪法第46条规定的"受教育权"条款，该理论又认为其是可直接适用的条款，理由是："政府承担基础教育的义务是十分具体明确的，对于培育健全的公民社会也是至关重要的，而且，只要保障一定的财政投入就能有效履行，因而没有理由将受教育权排除于直接适用范围之外。"

对于如上论说，笔者亦持不同意见，理由如下：

首先，不可否认的是，一般而言，基于国家财政能力的限制以及公共资源配置的复杂性，国家在履行相应于社会权的积极促进义务时享有广泛的裁量权，并且公民通过司法途径直接行使社会权的"主观请求权"功能要求国家履行该义务亦不为学理和实践所承认。"社会基本权不能作为一种直接的、能获得司法保障的公民请求权而被证立，这一点对于看待基本法中的基本权是非常重要的。"[1]社会权"不是那种仅以宪法的规定作为根据就能请求法院实现其权利的具体权利。其要成为可以向法院请求救济的具体权利，尚有必要由立法赋予其依据。"[2]但是，就违宪审查而言，社会权的相对于国家积极促进义务的"主观请求权"功能的不被承认，并不意味着其作为宪法所确认的"客观价值秩序"对

---

① [德]康拉德·黑塞：《联邦德国宪法纲要》，李辉译，商务印书馆2007年版，第162—163页。

② [日]芦部信喜：《宪法》（第三版），林来梵等译，北京大学出版社2006年版，第73页。

立法者毫无约束力。社会权作为一类"确立对于当下与未来国家行为的任务与方向具有拘束力的国家目标"的宪法规范,其具有相较于其他政策目标的优先性,就这一意义而言,立法者自由形成的权限便受到了限制。①

同时,以立法机关和行政机关为代表的国家虽然在促进社会权实现方面享有广泛的裁量权,但"广泛"并不意味着"不受约束"。易言之,当裁量空间缩减为"零"时,国家相对于社会权所应承担的积极促进义务可通过司法途径予以实现。这一点可从一些外国宪法判例中得到印证。如日本最高法院于1967年作出的关涉《日本国宪法》第25条第1款所规定的"生存权"之"朝日诉讼"判决,②尽管法院支持了厚生大臣的裁量权从而否定了上告人朝日茂的诉请,但亦未完全否定其裁量权应该受到限制:"何谓健康文化最低限度的生活的认定判断,姑且有赖于厚生大臣合目的的裁量。其判断是否适当的问题,即使可以追究政府的政治责任,也不直接产生违法的问题。但无视现实的生活条件设定显著偏低的基准等违反宪法及《生活保护法》的宗旨、目的,超越法律所赋予的裁量权或滥用裁量权的场合,作为违法行为则免不了要成为司法审查的对象。"而韩国宪法法院在1999年所判决的、涉及《韩国宪法》第34条③的一件宪法诉愿审判案件的判词中亦阐述了与上述日本最高法院所作判决相类似的意旨:"判断国家所进行的生计保护是否实现了《宪法》所要求的客观的、最低限度的标准,主要看国家是否为保障国民生活而采取了必要的措施。'过人一样的生活'是非常抽象和相对的概念,根据不同国家的文化发展、历史、社会、经济条件,其程度是不尽相同的。在具体决定生计保护的标准时应综合考虑国民全体所得水平、

---

① [德]康拉德·黑塞:《联邦德国宪法纲要》,李辉译,商务印书馆2007年版,第163页。

②《日本国宪法》第25条第1款规定:一切国民都享有维持最低限度的健康的和有文化的生活权利。

③《大韩民国宪法》(1987年)第34条:社会保障等 (一)全体国民均享有人所应有的生活权。(二)国家有义务努力扩大社会保障和社会福利。……

生活水平、国家财政规范与政策、国民各阶层相互矛盾的利害关系等复杂而多样化的要素。它实际上是接受立法机关或立法委任的行政机关以裁量权作出规定的事项。因此,当国家是否履行了《宪法》规定的义务成为司法审查对象时,只是在如下两种情况下才有可能存在违反宪法问题,即国家没有进行生计保护方面的立法或立法内容明显不合理地超越《宪法》所允许的裁量范围。"[1]假设真如"选择适用宪法论"所言,因"社会权"条款不符合法律的明晰性和可实现性标准而不具有可直接适用性,则上述两国享有违宪审查权的法院就根本不可以适用《日本国宪法》第25条第1款或《韩国宪法》第34条进行违宪审查,然上引宪法判例却作出了与"选择适用宪法论"不同的选择。

其次,就宪法基本权利的属性而言,社会权作为宪法所规定的、公民所享有的基本权利,同人身自由、表达自由等自由权一样,不仅具有"客观法"属性,亦具有"主观权利"属性。而"主观权利"属性所能导出的基本权利的核心功能即在于"防御权"功能。"可以说,防御权功能乃是社会权必然具有的一项功能,只不过社会权主要强调的是国家对个人的积极义务,因而并不将公民拥有'劳动的自由''休息的自由''谋生的自由''受教育的自由'等在法条中加以明示罢了。"[2]而基本权利的防御权功能对应的恰是国家的消极、不为侵害基本权利的不作为义务。如果像"选择适用宪法论"那样将社会权条款驱除出"合宪性判断标准"之外,那么国家便可为所欲为的侵害"防御权"意义上的社会权而无需承担任何宪法责任了,这种后果恐怕也不是该理论所期望的。

最后,"选择适用宪法论"在总体上否定社会权条款的直接适用性的基础上,却为我国《宪法》第46条第1款规定的"受教育权"条款开了一个"直接适用"的"口子"。这种区别对待是否具有实质性的、可接受的理由?窃以为,该理论所持的区别对待的理由并不坚实。

---

① 有关案情的简要介绍及正文所引日本最高法院、韩国宪法法院的判词,参见韩大元、莫纪宏主编:《外国宪法判例》,中国人民大学出版社2005年版,第314—315、300—301页。

② 张翔:《论基本权利的防御权功能》,《法学家》2005年第2期。

以生存权为例，上引论证"受教育权"条款具有直接适用性的理由更可以适用于生存权：我们完全可以说政府承担保障公民基本生存、维持其最低限度意义上的生活水平的义务是"十分具体明确"的，而且作为社会"稳定器"和"安全阀"的生存权保障对于基本社会秩序的维持而言也是"至关重要"的。①至于财政投入方面，我们亦很难说生存权所需的财政投入远远超过受教育权的保障从而成为政府"难以承受之重"。事实上，相较于受教育权保障而言，中国政府所看重的以及在财政上优先解决的却是公民的生存问题。我国1991年11月所发布的中国第一份人权白皮书即《中国的人权状况》首先突出的就是中国国家与民族、公民的生存权："对于一个国家和民族来说，人权首先是人民的生存权。没有生存权，其他一切人权均无从谈起。这是最简单的道理。……人民的温饱问题基本解决了，人民的生存权问题也就基本解决了。这是中国人民和中国政府在争取和维护人权方面取得的历史性的成就。……在中国，维护人民的生存权利，改善人民的生存条件，至今仍然是一个首要问题。"②

此外，另一事实却证明"政府承担基础教育的义务"并非是十分具体明确的：我国1986年所制定的《义务教育法》第10条规定"国家对接受义务教育的学生免收学费"，但这一规定对于农村义务教育的学生而言过了近20年的时间才得到了真正的落实。因为只有在2006年3月5日在第十届全国人民代表大会第四次会议上温家宝总理代表国务院所作的《政府工作报告》中才明确提出："从今年起用两年时间，全部免除农村义务教育阶段学生学杂费，今年在西部地区实施，明年扩大到中部和东部地区。"③2006年经全国人大常委会修订后的《义务教育法》第2条第3款在承继"免收学费"的基础上增加规定"不收杂费"。至此，义务教育法才

①　参见张千帆主编：《宪法学》，法律出版社2004年版，第226页。

②　https://www.humanrights.cn/html/2014/1_0827/1729.html，2023年5月22日访问。

③　http://www.gov.cn/test/2009—03/16/content_1260216_2.htm，2023年5月22日访问。

算是真正回归了义务教育免费的本质。假设如"选择适用宪法论"所言，政府承担基础教育的义务是具体明确的因而也是可直接适用的，那么我国义务教育免费制度的落实也不需要经历如此长的时间，我国公民尤其是义务教育的受教育者也可直接依据《宪法》第46条第1款的规定要求国家或政府履行免费提供义务教育的义务。但事实却并非如此。

还有一点值得指出的是，根据宪法学界之通说，受教育权是典型的社会权之一，[①]其实现同生存权一样主要依赖于国家的积极作为（如整备教育设施、制定教育制度等），公民也不可直接依据受教育权保障的宪法条款通过司法途径要求国家履行保障国民义务教育的积极义务。故就此点而言，将受教育权条款视为社会权中唯一可直接适用的宪法条款，并不具备坚实的学理基础。[②]

三、宣示性条款、政策性条款与公民义务条款不可直接适用吗

根据"选择适用宪法论"，不仅社会权之类的宣示性条款不具有可直接适用性，其他的诸如"国家推广全国通用的普通话"（《宪法》第19条第5款）等"表达指导国家行动的基本理想和目标"的宣示性条款因不符合法律的明晰性和可实现性而不具有可直接适用性，即不可作为合宪性判断的标准。然其他学者却作出了相反的选择。如有的学者在从宪法角度评析苏州等地出现的"方言学校"事件时，其所运用的宪法条款便是《宪法》第19条第5款。其不仅详细解释了该条款中的"普通话"和"推广"概念，对普通话和方言、民族语言、外语之间的关系进行了

---

① 民国时期出版、至今仍具典范意义的《比较宪法》一书即已承认受教育权的"积极权利"属性。参见王世杰、钱端升：《比较宪法》，中国政法大学出版社1997年版，第127页。

② 在早先的一篇文章中，张千帆先生亦并不认为受教育条款具有可实现性："'公民有受教育的权利和义务'（第46条），受教育权无疑是很重要的，但是如果现在不可能充分实现，或许还不如不规定。"参见张千帆：《宪法不应该规定什么》，《华东政法学院学报》2005年第3期。

厘清,而且阐释了该条款及《宪法》第4条、第35条、第134条(2018年修正后为第139条)可否推导出"语言权"的问题。①

基于宪法中的政策性条款不符合明晰性、稳定性与可实现性标准,"选择适用宪法论"否定了此类条款可直接适用。同样地,不同的选择在国内宪法学界亦不乏其例。如有学者在评析《物权法》(草案)的合宪性认为:"一方面,我国宪法第6条、第7条、第12条规定了公有制是我国经济制度的基础、国有经济的主导地位,公有财产神圣不可侵犯,把不同主体的财产放在不同的宪法地位;另一方面,宪法又肯定了我国实行市场经济。依照第一个方面的宪法条文和精神,不同主体的财产宪法地位不同,自然应区别保护,即对国有财产实行特殊保护;据此,如果实行平等保护就有违宪嫌疑。按第二个方面的宪法条文和有关规律、要求,对不同主体的财产应该实行平等保护,如果反其道而行之,也不大符合宪法肯定的市场经济的发展需要。"②然而,此处适用于评价《物权法》(草案)合宪性的《宪法》第6、7、12条及第15条正是"选择适用宪法论"所要排除的"政策性条款"和"宣示性条款"。

张千帆先生认为,宪法中的公民义务条款不仅因不符合明晰性与可实现性标准而不具有可直接适用性,且"宪法不应该规定公民义务,因为这是普通法律的任务。"③我们暂且不论宪法是否应该规定及如何规定公民义务,在宪法已经规定公民义务的情况下,这些义务条款是否可作为合宪性判断的标准呢?以《宪法》第49条第3款为例,该款规定:"父母有抚养教育未成年子女的义务,成年子女有赡养扶助父母的义务。"而《婚姻法》第15条(2001年修正后为第21条)第1款、第2款规定:

① 参见张震:《"方言学校"事件评析——以我国宪法文本中普通话条款的规范分析为路径》,《山东社会科学》2007年第5期。

② 童之伟:《〈物权法〉(草案)该如何通过宪法之门——评一封公开信引起的违宪与合宪之争》,《法学》2006年第3期。

③ 张千帆:《宪法不应该规定什么》,《华东政法学院学报》2005年第3期。对于"宪法不应该规定公民的基本义务"的观点,王世涛先生提出了异议。参见王世涛:《宪法不应该规定公民的基本义务吗?——与张千帆教授商榷》,《时代法学》2006年第5期。

"父母对子女有抚养教育的义务;子女对父母有赡养扶助的义务。父母不履行抚养义务时,未成年的或不能独立生活的子女,有要求父母付给抚养费的权利。"①有论者基于上述宪法条款与婚姻法条款规定的差异,认为《婚姻法》第15条与《宪法》第49条相抵触,其理由是:"首先它规定'父母对子女有抚养教育的义务',没有限定这里的'子女'必须是'未成年子女',因而与宪法第49条相抵触。其次它规定'父母不履行抚养义务时,未成年的或不能独立生活的子女,有要求父母付给抚养费的权利',也就是说有权要求父母付给抚养费的既可以是未成年的子女,也可以是不能独立生活的子女,后一类包括成年子女,因而又与宪法相抵触。"②暂不论这种合宪性判断是否正确,③至少其说明了宪法中的公民义务条款完全可成为判断规范性文件是否合宪的标准。"宪法典中的公民基本义务虽然原则,但其法律效力却高于普通法律中的公民义务,可以成为审查普通法律义务的合宪性依据。"④

综上,如"选择适用宪法论"是正确的,那么上述三例中论者将宣示性条款、政策性条款或公民义务条款作为宪法判断的"大前提"就是错误的,因为不具有可直接适用性的宪法条款根本不具备成为宪法判断"大前提"的资格。然而,究竟孰对孰错呢?

四、"选择适用宪法论"的根本性错误

我们认为,"选择适用宪法论"在解释、论证宣示性条款、政策性条

---

① 《中华人民共和国民法典》第1067条第1款:父母不履行抚养义务的,未成年子女或者不能独立生活的成年子女,有要求父母给付抚养费的权利。

② 王磊:《宪法的司法化》,中国政法大学出版社2000年版,第39页。

③ 从法律方法论和宪法方法论的角度,我们完全可以采取合宪性解释的方式对《婚姻法》第15条第1款中的"子女"限缩解释为"未成年子女";也可采取目的解释方法对《宪法》第49条中的"未成年子女"进行目的性扩张,从而将"不能独立生活的成年子女"涵括在内。

④ 梁红霞:《公民基本义务原理、规范与应用》,西南政法大学博士学位论文,2010年3月,第13页。

款、公民义务条款等的直接适用性方面之所以存在论证前后不一致、学理基础不坚实、同外国宪法判例相背反等诸多问题，其根源就在于"选择标准的不妥当"。

第一，"选择标准"并非"价值中立"。

"选择适用宪法论"宣称其所运用的、选择适用宪法的标准即普适性、明晰性、可实现性与相对稳定性是"价值中立"的标准。但遗憾的是，这些标准并不是价值中立的，而是具有鲜明价值倾向的。

该理论明确承认，上述四项"选择标准"来源于美国新自然法学的代表人物、著名法理学家朗·富勒(Lon L. Fuller)在《法律的道德性》一书中所阐释的"作为一个真正法律制度的前提的八项法制原则"，即法律的一般性(generality)(即"普适性")、法律的公布、适用于将来的而非溯及既往的(retroactive)法律、法律的明确性(即"明晰性")、避免法律中的矛盾、法律不应要求不可能实现的事情(即"可实现性")、法律的稳定性和官方行动和法律的一致性。[①]然而，包括上述四项"选择标准"在内的这八项法制原则并非是价值中立的，原因在于：此八项法制原则并非是实在法律制度的实证特征，而是富勒对法律制度所提出的应然要求。富勒将八项法制原则称为"法律的内在道德"和"程序的自然法"就已经表明了这种"应然性"。其甚至认为，八项法制原则中任何一项原则的缺失，"并不单纯导致坏的法律制度，而是导致一个根本不宜称为法律制度的东西"。[②]言下之意，现实存在的法律制度如果不符合"程序的自然法"的要求，就根本不配称为"法律制度"，这明显是一种典型的自然法学说意义上的价值判断。

第二，"选择标准"自身含义的模糊、不确定。

就四项"选择标准"的内涵及要求而言，不仅存在诸多例外，而且其本身就是不确定的法律概念，在词义方面存在着哈特所谓的"开放性结

---

① 参见沈宗灵：《现代西方法理学》，北京大学出版社1992年版，第58—61页。

② 转引自沈宗灵：《现代西方法理学》，北京大学出版社1992年版，第75页。

构"(open texture)。①

首先,"普适性"标准。虽然我们可以向法律提出"同等情况同样对待,不同情况不同对待"的平等要求,但法律的制定本身就是对生活事实加以"类型化",也就是说,"类型是那个所有立法及法律形成的前身,立法者的任务是去描述类型。"②"类型化"意味着立法就是一种分类,将具有相同特征的归为一类并进行法律调整,而将不具有该特征的其他情形或其他主体置于该法律的调整范围之外。如此,无论是普适抑或平等,并不反对立法归类,其仅仅反对的是武断的、不合理的归类。因此,普适与平等均是一个(项)相对的、比较性的概念(原则)。

当然,"选择适用宪法论"并不反对对特定人群立法,其所主张的是,根据普适性标准,"宪法原则上不应该规定任何特殊人群的特权或义务"。其实,这种主张是对宪法的一种苛求。以《刑法》为例,我国《刑法》第4条确立了"适用刑法平等原则",即"对任何人犯罪,在适用法律上一律平等。不允许任何人有超越法律的特权。"但这一平等要求,并不排斥刑法规定一些只有具备特殊身份才可构成犯罪的犯罪类型,如贪污贿赂罪、军人违反职责罪等。所以,宪法在已经确立了"法律面前人人平等"的原则基础上,亦可以规定特定人群的权利或义务。至于对人群如何划分、对其配置哪些特权或义务,此乃制宪者的价值判断和选择。另外,更不能因主张宪法不应该规定特殊人群的权利或义务就直接推导出相应的宪法条款不可直接适用,对于此点,上文已有论述,在此不赘。

其次,"明晰性"标准。基于法安定性和可预测性的价值与要求,法律规范在规定禁止、要求、允许等命令时,应尽可能明确;否则,公众无法根据法律安排自己的生活、无法预期可得的利益,社会秩序亦难以形成。但是,法律规范是由语句组成的,而语言又经常是不准确的、变化

---

① 参见 [英]H.L.A.哈特:《法律的概念》(第二版),许家馨、李冠宜译,法律出版社2006年版,第123页。

② [德]考夫曼:《法律哲学》,刘幸义等译,法律出版社2004年版,第192页。

的且常常包含一些可能被误解的因素，①故此，绝对明确的、无需理解和解释的法律规范是"稀少的"甚至是"不存在的"。"全部的法律文字原则上都可以，并且也需要解释。"②即使是在明确性原则支配下所制定的刑法规范，也并非不存在概括性表述、弹性条款和模糊性语词。③而宪法规范相对于法律规范而言，其不明确性则更甚，宽泛性与开放性几乎成为宪法规范特征的"代名词"。④因而，以所谓的"明晰性"作为"选择适用宪法"的标准之一也是不妥当的。

　　我们尚可以以"选择适用宪法论"所划定的可直接适用条款与不可直接适用条款的"明晰性"比较来论证上述结论。依据该理论，"第33条规定了公民资格以及'公民在法律面前一律平等'的权利，可以直接适用。"而第49条第3款（"父母有抚养教育未成年子女的义务，成年子女有赡养扶助父母的义务。"）因"不符合明晰性和可实现性条件"而不可直接适用。将两者加以比较，至少在明晰性方面，第33条第2款规定的平等原则明显不如第49条第3款，虽然两项条款均存在解释空间。

　　事实上，为"选择适用宪法论"所推崇的、被其誉为"具有高度的可操作性"的美国宪法，充斥着内涵与外延都极度模糊的宪法条款，如第一、第五修正案等。这一点，美国学者亦作了肯认："伟大的宪法案件时常涉及到以普遍的语言所表达的尊严理想，它们给予判决只是贫乏的指引：'言论自由''州际贸易''法律的正当程序''法律的平等保护'。"⑤

　　最后，"可实现性"标准。可以肯定的是，法律当然不能强迫公民去实现他们不可能实现的事情，即使规定了不可实现的义务，也可基于"期待可能性"理论将其排除。但是，"可实现性"标准是否亦可适用于

---

①　参见［德］伯恩·魏德士：《法理学》，丁晓春、吴越译，法律出版社2013年版，第46、48页。

②　［德］卡尔·拉伦茨：《法学方法论》，陈爱娥译，商务印书馆2003年版，第85—86页。

③　参见张建军：《论刑法明确性原则的相对性》，《南京大学法律评论》2013年秋季卷，第233页。

④　参见［德］康拉德·黑塞：《联邦德国宪法纲要》，李辉译，商务印书馆2007年版，第19页以下。

⑤　［美］阿奇博尔德·考克斯：《法院与宪法》，田雷译，北京大学出版社2006年版，第60页。

国家义务的设定上？窃以为,公民义务与国家义务的设定并不遵循同一原则,理由在于:

一是公民义务的不履行往往会导致国家法律与强制力的强制或制裁,故此,因公民不能履行实际上根本不可能实现的义务就对其实施法律制裁,这对于公民而言显然是不正义的。然对于国家而言,国家(政府)不履行根据当前的财力等条件无法履行的、积极促进人权的义务或其他"纲领性"义务,并不会导致法律意义上的制裁,至多承担一种政治责任或因人民的不满意而在下次选举中失利。

二是宪法允许国家采取渐进的措施来履行积极促进人权的义务或其他"纲领性义务",也就是说,国家(政府)在履行这些义务方面享有广泛的自由裁量权。《经济、社会和文化权利国际公约》(1966年)对此亦予以明确地肯定:"每一缔约国家承担尽最大能力个别采取步骤或经由国际援助和合作,特别是经济和技术方面的援助和合作,采取步骤,以便用一切适当方法,尤其包括用立法方法,逐渐达到本公约中所承认的权利的充分实现。"然而,对于公民而言,在义务履行方面不拥有选择的自由(权利可以放弃,但义务必须履行);否则,法律所希望达致的社会秩序无法形成。

那么,是否因为这些"纲领性义务"不具有"可实现性"就不能成为合宪性判断的标准呢？对此,上文已作了分析,在此不赘。值得注意的是,有学者立基于德国宪法理论和实践所发展出的基本权利"客观价值秩序"理论,主张对我国宪法中的纲领性条款(包括社会权条款)进行重新阐释:"不把这些条款看作是对国家的概括性授权或者是空泛的国家任务规定,而将其解释为一种科以国家积极作为的'宪法义务'的规定。也就是说,基于这些规定,国家对于基本权利的实现负有以各种方式保障和创造条件的义务。"①根据这种解释方案,因为基本权利的"客观价值秩序"功能虽然不意味着赋予个人主观意义上的请求权,却强调了基本权利对国家权力的规制和约束。而就违宪审查而言,虽然其对于公民基本

---

① 张翔:《基本权利的双重性质》,《法学研究》2005年第3期。

权利的救济而言具有重大价值,[①]但其功能的侧重点却在于对国家权力尤其是立法权的规约,也就是说,公民提起宪法诉讼或宪法诉愿仅仅是违宪审查程序启动的一种方式但并非是唯一方式。在这方面,德国违宪审查程序中的"抽象法规审查"程序和由法院启动的"具体法规审查"程序便是一典型例证,因为这两种违宪审查程序的启动主体并非是公民或其他权利主体,而是特定的公权力主体。[②]根据我国《立法法》第110条的规定,可以向全国人大常委会提出对行政法规、地方性法规、自治条例和单行条例的合法性和合宪性审查要求的是国务院、中央军事委员会、国家监察委员会、最高人民法院、最高人民检察院和各省、自治区、直辖市的人民代表大会常务委员会等国家和地方机关,至于普通公民或其他权利、权力主体则仅可提出审查的建议。所以,我国宪法中的纲领性条款虽然不能作为公民享有通过司法途径直接要求国家(政府)履行积极促进义务的权利依据,但其作为合宪性审查标准却并不存在任何疑问。

此外,尚需补论的是,是否能因政策性和宣示性条款不具有所谓的"可实现性",宪法就不应该规定呢?[③]首先,如前所论,对于社会权,国家不仅要承担积极促进的义务,也须承担消极不侵害的义务。如果去掉社会权条款,公民要求国家消极不侵害这些权利就丧失了基本的宪法依据,法院也将丧失可弥补法律漏洞的裁判规范。"齐玉苓案件"不正说明了受教育权的不可侵犯性特征(尽管在该案中侵权主体主要为私人,但

---

① 有论者认为:"认定某一行为违宪的根本目的在于为基本权利遭到侵害的当事人提供宪法救济。"参见胡锦光、秦奥蕾:《论违宪主体》,《河南省政法管理干部学院学报》2004年第1期。笔者认为,这种观点其实是对违宪审查功能的一种片面理解。如正文所论,违宪审查的根本功能在于通过认定和制裁违宪行为实现对国家权力的宪法规约,至于对于公民基本权利的救济而言,在遵循"穷尽法律救济原则"的前提下,违宪审查仅是一种"查缺补漏",并不占据一国权利救济体系中的"主导、中心地位"。

② 在"抽象法规审查程序"中,享有申请权的主体是联邦政府、州政府或联邦众议院三分之一成员。在"具体法规审查"程序中,有权提出法律解释请求的是任何一级的国家法院,包括最低层级的法院和联邦法院。参见[德]克劳斯·施莱希、斯特凡·科里奥特:《德国联邦宪法法院:地位、程序与裁判》,刘飞译,法律出版社2007年版,第137—138、155页。

③ 参见张千帆:《宪法不应该规定什么》,《华东政法学院学报》2005年第3期。

亦有滕州市教育局这一行政机关);如果宪法中不存在受教育权条款或不具直接适用性,那么该案显然不可能成为所谓的"宪法司法化第一案"。其次,学界通说认为,近代宪法与现代宪法分野的一项重要特征就是"宪法的社会化",这种"社会化"的一项重要表现就是"扩大了公民基本权利的范围,规定了公民经济和文化方面的权利。""将公民权利范围扩及经济文化权利是宪法社会化时代的一大特点。"[①]可见,社会权条款入宪是现代宪法的普遍趋势,如《俄罗斯联邦宪法》(1993年)第37—43条均为典型的社会权规定。总之,诚如英国詹宁斯爵士在评价爱尔兰共和国宪法和美国宪法的差异时所言:"两者的这种差别本身是值得注意的,它表明在一定限度内,一部成文宪法可以包含较多的内容,也可以只规定较少的内容,篇幅不重要,关键是要符合需要。……宪法包括内容的多少,应依宪法起草时的形势以及国家面临的特殊问题而定。"[②]

至于稳定性,本身就是"相对的",而且我们也很难说我国《宪法》第6条所规定的社会主义公有制这一经济体制及第7条规定的国有经济的主导地位这一经济政策条款是不稳定的,因为按照经济基础决定上层建筑的一般原理,我国宪法的社会主义性质很大程度上取决于社会主义公有制及国有经济的主导地位。至于公有制的具体要求与何谓"主导"则是根据时代的变化而进行解释的问题,我们不能因需要解释就否定政策性条款的稳定性,因为几乎所有的法律规范(包括宪法规范在内)都会"遭遇"因应时代变化而进行解释的问题。

五、余论:宪法选择适用的真正标准——规范性

在否定了"选择适用宪法论"所提出的"选择标准"之后,是否意味着成文宪法中的所有内容或条款均可作为合宪性审查的依据呢? 马歇

---

① 董和平、韩大元、李树忠:《宪法学》,法律出版社2000年版,第57—58页。
② [英]W.Ivor.詹宁斯:《法与宪法》,龚祥瑞、侯建译,生活·读书·新知三联书店1997年版,第25页。

尔首席大法官在马伯里诉麦迪逊(Marbury v. Madison, 1 Cranch 137 [1803])一案中曾作出过如下论断："宪法的任何条款都不可能被推定是没有效力的。"①根据这种论断，宪法显然是不可以选择适用的。一般而言，无论是宪法还是普通法律，均是制宪者或立法者根据当时的社会形势并在统合民众的利益需求和执政者统治需要的基础上，针对社会或国家问题所作出的意志宣示、所提供的解决方案。基于民主、法治和权力分工原则，作为宪法或法律适用者的法官或其他权力主体只能遵守宪法或法律的规定，并不能根据某种所谓的"价值中立"的标准对宪法或法律进行选择，否则，制宪者或立法者所期待形成的宪法秩序或法律秩序将在这种没有任何客观约束、充斥着广泛的"裁量空间"的"选择"中被"破坏殆尽"。对此，张千帆先生在早先的一篇文章中已经有所提及："宪法的'选择实施'将授予其解释与实施机构以极大的自由裁量权，而这种自由度是法治国家所不能容许的。因此，作为'没有办法的办法'，选择实施至多只能是权宜之计。"②

但是，由于宪法或法律中部分内容(尤其是序言部分)的特殊性即不具有"规范性"，从而使其无法成为合宪性或合法性的判断标准。根据一般法学理论，法律规范并非是"描述物与事件之间现实存在的一般关系的实然规范"，而是"规定特定行为的应然规范"。③"规范，至少在法学语言中即是应然规则。它包括规范和禁止。"④也就是说，法律规范是表达立法者的意志，意图通过规整人们的行为以实现特定的价值目标或社会理想的当为规范。据此，如果我们承认宪法规范仅是法律规范"家族"中的一个本质相同的特殊类别，那么，宪法规范同样应是一种应然规范、当为规范，表达的是制宪者的价值判断和选择。基于宪法规范的"应然"性和"当为"性，在成文宪法中，仅有规范性内容(或规范性

---

① 北京大学法学院司法研究中心编：《宪法的精神：美国联邦最高法院200年经典判例选读》，中国方正出版社2003年版，第19页。

② 张千帆：《宪法不应该规定什么》，《华东政法学院学报》2005年第3期。

③ 参见[德]伯恩·魏德士：《法理学》，丁晓春、吴越译，法律出版社2013年版，第46页。

④ [德]N·霍恩：《法律科学与法哲学导论》，罗莉译，法律出版社2005年版，第8页。

语句)才可成为合宪性判断的标准,而事实性内容在理论上虽可证实或证伪但因不具有"规范性"(即无法成为行为的准则)而不能作为合宪性的判断标准。

从约束力的角度来看,只有规范(含法律、宪法规范)才具有约束力,这也就意味着人们可依据具有约束力的规范对他人的行为之对与错、合法与违法作出评价,并依据评价的结果采取某种应对之策。但事实并不具有约束力,也就是说,人们并不能从他人"总是这样行为"的事实命题中推论出他"应该这样行为"的规范命题,也不能根据"事实命题"对其行为的对与错、合法与违法进行具有法效力意义上的评价。美国学者德沃金对此已有明确的论断:"承认一条规则具有约束力和把作什么事当作一条规则是不同的事情。"[1]

由于法律或宪法是由语言构成的,因而,在判断法律或宪法的内容或条款是否具有"规范性"主要是通过分析相应的语句表达方式而进行的。一般而言,法律或宪法主要是通过"规范性术语"来表达立法者或制宪者的命令,而"规范性术语",根据英国法理学家哈特的观点,一般采用"应当""必须""应该""对的""错的"之类的独特表达。[2]但值得特别指出的是,在法律或宪法文本中,存在一种表面上陈述的是一种事实但实质上指向的却是"应然性"要求的"表见理论语句",这种语句采用的是直陈式的表达方式。立法者或制宪者之所以采用这种表达方式,是因为"采用直陈式的法律规范通常对命令内容的表达特别郑重,并且使人印象深刻。"[3]如我国《宪法》第2条第1款规定:"中华人民共和国的

---

① [美]罗纳德·德沃金:《认真对待权利》,信春鹰、吴玉章译,中国大百科全书出版社1998年版,第49页。

② 参见[英]H.L.A.哈特:《法律的概念》(第二版),许家馨、李冠宜译,法律出版社2006年版,第55页。

③ 参见[德]伯恩·魏德士:《法理学》,丁晓春、吴越译,法律出版社2013年版,第56、57页。王汉斌同志在谈到宪法序言的法律效力且予以肯定时说:"宪法'序言'是具有法律效力的,只是宪法'序言'对四项基本原则使用的是叙述性的语言,不是规定性的语言,在适用时就有灵活的余地。"参见王汉斌:《王汉斌访谈录——亲历新时期社会主义民主法制建设》,中国民主法制出版社2012年版,第67页。"叙述性语言"与"表见理论语句"实有异曲同工之妙。

一切权力属于人民。"该条款显然采用的是一种直陈式的表达，对此，我们只能将其解释为一项规范命题即"中华人民共和国的一切权力应当属于人民"，而不可将其解读成被林来梵先生称为"赘语"的事实命题即"中华人民共和国的一切权力事实上属于人民"。①尽管我们并不否认中国国家主权属于人民亦是一种现实、事实，但在规范论的意义上，我们只能对相应的宪法条款作如上的解释，否则，宪法就仅仅成了"确认事实"的"总章程"，而非规制国家、社会领域基本问题的根本法。

综上，依据"规范性"标准审视我国宪法典的内容，仅有宪法序言第1—6自然段和第7、8、9、11、12自然段中的部分内容，因其是对中国历史事实与现状的一种确认或对革命和建设、改革经验的一种总结，所以不是"规范性内容"，不能作为合宪性的判断标准。②同时，我们也可将上述马歇尔法官的论断进行如下的改造以使其更明确、合理："宪法的任何规范性内容都不可能被推定是没有效力的。"

---

① 参见林来梵：《从宪法规范到规范宪法：规范宪法学的一种前言》，法律出版社2001年版，第12页。

② 第7自然段中的"中国新民主主义革命的胜利和社会主义事业的成就，是中国共产党领导中国各族人民，在马克思列宁主义、毛泽东思想的指引下，坚持真理，修正错误，战胜许多艰难险阻而取得的。"第8自然段中的"在我国，剥削阶级作为阶级已经消灭，但是阶级斗争还将在一定范围内长期存在。"第9自然段中的"台湾是中华人民共和国的神圣领土的一部分。"第11自然段中的"中华人民共和国是全国各族人民共同缔造的统一的多民族国家。平等团结互助和谐的社会主义民族关系已经确立，……。"第12自然段中的"中国革命、建设、改革的成就是同世界人民的支持分不开的。中国的前途是同世界的前途紧密地联系在一起的。"陈玉山先生将我国宪法序言的语句构成分成事实性陈述语句和规范性陈述语句（不同类型语句在规范论的意义上具有不同的法律意涵），并以此为据对宪法序言全部内容进行具体且细致地分析。参见陈玉山：《中国宪法序言研究》，清华大学出版社2016年版，第30—47页。

第四章　违宪构成要素简释

——以立法行为的合宪性审查为中心

在明确了我国宪法秩序内的违宪主体范围及违宪之"宪"的范围之后,根据前文所述,合理界定违宪概念还需对违宪的构成要素进行具体、细致和深入地研究。鉴于违宪构成要素问题已在他处作了较为详尽的论证和阐释,①在此本不应再予赘论。但为了使对违宪概念的诠释更为完整,或者说"为了使您看得明白我说得清楚",本章即以立法行为的合宪性审查为中心,对违宪构成要素稍加阐述。

一、引　子

在我国刑法学话语体系中,"四要件"犯罪构成理论一直占据着主流和支配地位,尽管其一直以来面临和应对着各种异议与质疑。不仅如此,"四要件"构成理论还影响着其他部门法学乃至法理学对违法理论的建构与阐释。如在行政法学中,有的学者认为,行政违法行为的构成要件包括行政违法的主体、客体、客观要件和主观要件四个方面。而有的学者根据行政违法的自身特点主张除上述四项要件之外,行政违法构成还包括意思表示真实和行政法律规范两项要件。②我国法理学

---

① 参见拙著:《违宪构成研究》,同济大学出版社2019年版。

② 参见吴雷、赵娟、杨解君编著:《行政违法行为判解》,武汉大学出版社2000年版,第100—101页。

者在解说违法行为的构成要件时同样"移植"了刑法学的"四要件"构成理论:"违法构成有违法的主体、违法的主观方面、违法的客体、违法的客观方面等四个要件。"①

当我们的目光转向宪法学时,尽管就目前的考察来看,未见有宪法学教材阐述违宪构成问题,但已有极少数学者通过论文、著作的形式对违宪构成作了初步的阐释。从这些为数不多的论著来看,对违宪构成要件的阐释依然采用的是"四要件"构成理论的表述方式。如有些学者认为,违宪包括违宪主体、违宪主观方面、违宪客体和违宪客观方面四项构成要件。②而有的学者则主张违宪构成包括违宪的主体、违宪的客体、违宪的客观方面以及违宪的因果关系等四项要件。③如果考虑到刑法学及法理学通说一般都是将因果关系置于客观方面要件内的做法,则这种主张就可被称为"三要件"理论。但是,无论是"四要件"违宪构成还是"三要件"违宪构成,都没有跳出"四要件"犯罪构成理论的思考框架。

其实,尽管由于我国的宪法监督体制尚未真正运转起来从而导致我们无法获知中国的违宪审查者将如何考虑违宪判断问题,但西方宪治发达国家的诸多宪法判例已经为我们提供了与该问题相关的颇有助益的启示。翻阅这些宪法判例,我们可发现,无论是实行普通法院审查制的美国、日本,还是实行宪法法院或宪法委员会制的德国、法国,其违宪审查机关在判断审查对象是否构成违宪时都未明确提出所谓的"违宪构成"问题。当然,没有提出并不代表这些国家的违宪审查机关所作出的宪法判断是在没有任何理论指导下的主观擅断。如果我们坚持使用违宪构成这一概念来命名指导违宪判断的理论模式,那么,通过检视

---

① 公丕祥主编:《法理学》(第二版),复旦大学出版社2008年版,第347—348页。另可参见卓泽渊主编:《法理学》(第四版),法律出版社2004年版,第267—268页。

② 参见马岭:《"违宪构成"浅议》,《理论导刊》1988年第6期;王世涛:《违宪构成初论》,《法学家》2005年第5期。

③ 参见姚国建:《违宪责任论》,知识产权出版社2006年版,第148页以下。

这些国家的宪法判例和考量审查对象的特点,我们可发现,违宪构成要件或要素绝不是"四要件"构成理论所阐释的违宪主体等四项要件。

二、立法行为的特点与违宪构成要素的列示

我国刑法学者冯亚东先生在谈及犯罪构成的功能时曾言,犯罪构成作为理论模型,在运作机理上内含条件列示(即明确提示定罪所须考虑的所有基本要素以保证司法过程检索的无遗漏并能够较方便地重复验证)、语义阐释(即将刑法条文及其内容作适当归类整理、纳入一种逻辑严密、要件相互关照的理论体系中解说)和路径导向(为司法实务提供一种将刑法文本同案件事实连接起来的"定罪路径")等三大功能。[①]据此,违宪构成理论的第一项基础性任务就是列示出所有违宪构成要素,以保证宪法判断的全面且可重复验证。那么,我们又应如何确定违宪构成要素呢?

(一) 立法行为的特点：法律行为和权力行为

审视"四要件"犯罪构成理论,我们可发现,其所主张的犯罪构成要件无论是主体(尤其是刑事责任能力)、主观过错还是客体、客观方面,都可以在刑法典中找到相应的条文作为规范支撑,这是由罪刑法定这一刑法基本原则所决定的。[②]正如有学者所言："作为罪刑法定理念必然产物的犯罪构成本身并非法律规定,但犯罪构成涉及的内容却是法律规定。"[③]但是,立法者通过刑法规定的犯罪构成要件,并非其主观臆想而无任何依凭。笔者认为,其凭据就是犯罪评价对象即自然人等主

① 参见冯亚东:《犯罪构成功能论》,《清华法学》2007年第2期。
② 刑法学通说认为,我国《刑法》第17、18条规定了刑事责任能力(含刑事责任年龄)、第15—16条规定了主观过错、刑法分则有关罪状的描述主要涉及的是犯罪的客观方面、第13条及刑法分则各章章名涉及的是犯罪客体。
③ 孙万怀:《刑法学基本原理的理论拓展》,北京大学出版社2011年版,第169页。

体实施的危害社会行为的特点或特质。在现代文明社会,当人类抛弃了纯粹的客观归罪和主观归罪的定罪原则而选择了主客观相统一的定罪原则之后,在衡量危害社会行为是否构成犯罪时,首先要求的是危害社会行为必须是由人在其主观意志范围内自主选择的、且对他人合法权益或社会秩序造成危害或威胁的行为。考虑到年龄及精神因素对主观过错形成的影响,立法者在考量一国历史与现实等情况后确定了追究自然人刑事责任的年龄和责任能力界限。相应地,立法者就可将主体、主观过错、客观方面(含行为、结果及因果关系)、客体(刑法保护的法益)确定为危害社会行为构成犯罪的基本要件。

其实,“评价对象决定评价规则的制定及相应理论的建构”这一命题还可以得到民事侵权构成理论的验证。我国民法学者一般认为,在适用过错归责原则的情境下,侵权责任的构成要件包括以下四项:损害事实的客观存在、加害行为的违法性、违法行为与损害事实之间的因果关系、行为人的主观过错。[①]而这种理论建构依然有相应的成文法依据,如《民法通则》第106条第2款、《侵权责任法》第6条(《民法典》第1165条)。但侵权责任构成的法律依据仍然是建基于损害行为的特点之上的。同犯罪评价对象即危害社会行为相类似,损害行为一般也是行为人在其主观意志范围内所自主选择的、对他人合法权益造成损害的行为。因此,损害事实、主观过错等才会成为一般侵权行为的构成要件。

据此我们可以说,违宪构成要素的梳理、建构也必须以宪法文本为依据,且以审查对象的特点为最终依凭。然根据有些学者之见,我国“宪法本身未明确规定违宪构成和违宪责任,也没有追究违宪责任的完整、统一的程序规定。”[②]这就决定了下文对违宪构成要素的分析,是以主要的违宪审查对象即立法行为的特点为首要和最终凭据的。

---

① 参见李响、冯恺:《侵权责任法精要》,中国政法大学出版社2013年版,第61页。
② 参见谢维雁:《要让宪法成为真正的法律——为现行宪法颁布20周年而作》,《北京市政法管理干部学院学报》2002年第1期。

区别于危害社会行为和损害行为,立法行为究竟有何特质,且这种特质将影响其违宪构成要素的梳理与建构呢? 于此,笔者欲以法律行为和事实行为、权力行为和权利行为为两对基本概念,对立法行为的特点及其对违宪构成要素所带来的影响作一初步的分析。

1. 立法行为是法律行为,而非事实行为:行为内容要素

在以法律行为和事实行为为基本概念说明立法行为的特点之前,首先需确定法律行为概念之所指,这主要归因于法理学者和民法学者是在不同意义上阐释和使用该概念的。有些法理学者认为:"所谓法律行为,就是人们所实施的、能够发生法律上效力、产生一定法律效果的行为。它包括合法行为与违法行为、(意思)表示行为与非表示行为(事实行为)、积极行为(作为)与消极行为(不作为)。"与法律行为相对立的是"非法律行为","是指那些不具有法律意义的行为,即不受法律调整、不发生法律效力、不产生法律效果的行为。"[①]而在民法学者的解释中,法律行为是指"民事主体基于意思表示,而能产生私法上之效果的法律事实。"[②]与法律行为相对应的不是"非法律行为",而是"事实行为"。"所谓事实行为,是指行为人不具有设立、变更或消灭民事法律关系的意图,但依照法律规定能引起民事法律后果的行为。"[③]法律行为和事实行为最主要的区别在于前者以意思表示为必备要素,而后者则不以意思表示为必备要素。

基于阐释立法行为特点及其对违宪构成要素的影响之需,我们采用民法学者对法律行为和事实行为的界定。不过,值得一提的是,由于立法行为等公权力行为一般受公法规制,而以意思表示为核心要素的法律行为概念来源于私法,因此,有些民法学者并不赞同在公法领域使用法律行为概念。如孙宪忠先生认为:"法律行为的核心是依据当事人的意思表示发生法律效果,所以它的基本原则是'意思自治';而在公法

---

① 张文显主编:《法理学》(第二版),高等教育出版社2003年版,第121、123页。
② 刘凯湘:《民法总论》(第三版),北京大学出版社2011年版,第261—262页。
③ 许中缘、屈茂辉:《民法总则原理》,中国人民大学出版社2012年版,第318—319页。

领域,尤其是在行政法领域,可以说并不存在依据当事人的意思表示发生法律效果的可能,也就是说,不可能在公法领域里实行意思自治原则,所以,公法上不可能存在法律行为。"①

　　但一个可见的事实是,法律行为及事实行为的概念在公法领域并非不存在。如德国学者即认为:"如同私法区分法律行为和事实行为,处分行为只是私人法律行为的一种情况,行政法上也区分事实行为和法律行为,行政行为只是行政法律行为的一种情况。"②并且,公法领域使用法律行为概念并非一定要适用"意思自治"原则,其仅是借用该概念和事实行为概念以为公法规则的制定与适用提供一个可靠、成熟且有效的理论范畴。因为,公法领域的法律行为和事实行为与私法领域的法律行为和事实行为的区别相类似,前者是按照公权力主体的意思而直接产生法律效果的行为,后者则是不发生法律效果或其效果的发生与公权力主体的意思无关的行为。③

　　也许,民法学者的观点及其理由有其合理性,但公法领域是否存在或可否使用法律行为概念并非本书要论涉的主题,因此,在规避该问题的前提下本书直接以法律行为和事实行为概念来说明立法行为的特质及其对违宪构成要素的影响。

　　立法行为是法律行为还是事实行为呢?答案是显而易见的。虽然我们可以强调立法者不是在发现法律而是在表述法律,立法活动受到诸多的诸如经济社会、文化传统等客观条件的制约,但谁也无法否认法律反映了立法者的意志,是"政府机关审慎思考的产物"。④无论是"公民、法人和其他组织的权利与义务"还是"国家机关的权力与责任"(《立

---

① 转引自许中缘、屈茂辉:《民法总则原理》,中国人民大学出版社2012年版,第323页。
② [德]汉斯·沃尔夫、奥托·巴霍夫、罗尔夫·施托贝尔:《行政法》(第二卷),高家伟译,商务印书馆2002年版,第3页。
③ 参见王名扬:《法国行政法》,中国政法大学出版社1988年版,第136页。本书引用时将原文的"行政机关"改为"公权力主体"。
④ [美]E·博登海默:《法理学:法律哲学与法律方法》,邓正来译,中国政法大学出版社1999年版,第416页。

法法》第7条第1款)都是立法者欲通过法律这种形式所设定和追求的、抽象且在具备一定法律事实后才可能发生的法律效果。基于立法行为乃法律行为的特点,我们在对立法行为进行合宪性评价时,当然须对行为内容即其所设定或配置的权利与义务、权力和责任是否与宪法相抵触进行考量。易言之,考量立法者的意志是否与制宪者人民的意志相一致。

由此我们可以得出一个初步结论,即适用于危害社会行为、损害行为等事实行为的评价规则和构成要件理论是无法适用于立法行为等公法领域中的法律行为的合宪(法)性评价的。就此点来看,"四要件"违宪构成理论无疑是在"削足适履"。事实上,我们从民法学者所梳理、归纳的法律行为的基本规则和事实行为的构成规则中,就可推导出法律行为合法与违法和事实行为适法与违法的要件是不同的这一结论:"在民法中,有关法律行为的基本规则必然是围绕意思表示展开的,它主要涉及表意人具有行为能力、意思表示自愿真实、意思表示内容合法、意思表示不违反社会公德和公共秩序、意思表示符合法定形式要求等等,这与事实行为的构成规则是截然不同的。"而"民法对事实行为的要件概括着眼于对法律关系成立有意义的典型事实要素的描述,其构成要件通常包括行为的主观心理状态、行为的客观内容、行为所引起的客观后果、行为与后果间的因果关系等等,这就与法律行为规则中所使用的概念完全不同,两者不能换用。"[①]

同时,正是立法行为的法律行为特质决定了"法律明确性"这一合宪性要求。在民法中,就民事合同而言,合同标的确定、可能、合法和妥当乃是其生效要件之一,而标的确定,是指标的的表达必须达到能够被具体认定的程度,即标的应当确定或者可以确定。[②]与合同标的确定要求相类似的是,立法者所为的意思内容亦必须明确,或者说,明确性是

---

① 董安生:《民事法律行为》,中国人民大学出版社2002年版,第82、83页。

② 参见郑云瑞主编:《合同法学》(第二版),北京大学出版社2012年版,第71页。

法律规范的基本属性之一,法律规范的不明确或"含混"是法律的一种弊端。①"法律准则是一种社会行为规范,必须写得足够精确,使人们能够从中看到确凿无疑的行为导向和禁忌。"②我国《立法法》第7条第2款亦规定:"法律规范应当明确、具体,具有针对性和可执行性。"

从外国宪法判例来看,法国宪法委员会于1977年1月12日作出的有关"车辆搜查法案"是否违宪的决定就以法案条款不符合明确性原则为由宣布该法案不符合宪法:"由于转移给执法官及其工作人员的权力的扩大,而其性质又没有明确界定,因此在权力行使时,很容易导致检查界限不明确,从而损害那些基本原则以及建立在这些原则基础上的对个人自由的保护。由此可见,如此规定是不符合宪法的。"③德国联邦宪法法院在1977年的有关"限制第二学位攻读案"的裁定中亦指出:根据法治国原则和基本法第12条第(一)项之规定,"立法者虽然不必须就各个细节自己为规定,但其所定之法律规定必须要让申请人及作决定之机关能认识到,同时攻读两学位可能会受到多大以及依那些原则受到限制的一些基本要点。"而"本案所指摘之法律规定将对同时攻读两学位的限制完全让由大学裁量决定,且并无对该项裁量权之形式划定界线,或给予任何的依据。该项法律规定之欠缺授权明确性,……。"④而美国联邦最高法院大法官鲍威尔在阿克伦市诉阿克伦生殖健康中心公司一案(1983年)中亦代表法院提出了法律明确性要求:"阿克伦市法令第1870.16节要求医生施行堕胎时要'保证未出生婴儿的遗骸以人道的和清洁卫生的方式得到处理'。上诉法院判定,作为对受到刑事控诉的行为下的定义,'人道的'一词意义极其含糊。法院判决该整个条款无效,拒绝删去'人道的'一词以支持处理婴儿遗骸必须

---

① 参见[意]贝卡里亚:《论犯罪与刑罚》,黄风译,中国方正出版社2004年版,第15页。

②[法]让·里韦罗、让·瓦利纳:《法国行政法》,鲁仁译,商务印书馆2008年版,第331—332页。

③ 韩大元、莫纪宏主编:《外国宪法判例》,中国人民大学出版社2005年版,第127页。

④ 台湾"司法院大法官书记处"编辑:《德国联邦宪法法院裁判选辑》(七),1997年版,第240、241页。

是'清洁卫生的'这一要求。……我们维持这个判决。"①

我们很难想象的是,如立法行为是与损害行为等相似的事实行为,其内容的明确性(即法律明确性)要求又是从何而来？因此,行为内容要素是违宪审查机关对立法行为进行合宪性审查时必须考量的要素。

2. 立法行为是权力行为,而非权利行为:主体权限和行为程序要素

"立法行为是权力行为而非权利行为"这一命题可以说是一项法学常识,故此,本书就无需赘论。也正是基于这一点,同样是法律行为,但立法行为与民事合同行为的合法(合宪)评价规则和理论就不可能也不应该雷同。

一般来说,对于"权力行为"而言,其所遵循的基本法理念是"法无授权即禁止",即公权力主体在未获得宪法、法律授权时原则上不能行为,并且其行为时亦不能超越法定授权范围。而就"权利行为"而言,其所依循的是"法无禁止即自由"的原则,因此,私权利主体不仅可以放弃权利,而且其行为范围也并不以法律授权为前提,只要不违背法律的禁止性规定即可。

美国学者巴内特主张:"如果国会越权,制定了一部宪法未授权的法律,则该法律是无效的,具有独立性的司法权以及联邦法官将宣布其无效。如果州议会越权,制定了一部超越联邦政府权力的法律,该法律是无效的,正直的、独立的法官将同样宣布其无效。"②在诸多的基本权利限制合宪性审查案件中,美国联邦最高法院首先考察的便是国会对相关的事务是否享有管辖权。如在1951年的邓尼斯诉美国一案中,首席大法官文森宣布的法庭意见首先确认:"保护美国政府免受武装叛乱

---

① [美]斯坦利·I.库特勒编著:《最高法院与宪法——美国宪法史上重要判例选读》,朱曾汶、林铮译,商务印书馆2006年版,第611页。在1951年的丹尼斯诉合众国一案中,文森首席法官陈述的法院意见对受审查的1940年《史密斯法》是否符合明确性要求作了肯定的回答:"《史密斯法》的第2节(a)(1)、第2节(a)(3)和第3节在本案中的解释和应用并不因为不明确而违反宪法第一条修正案和《人权法案》其他条款,也不违反宪法第一和第五修正案。"参见该书第395页。

② Randy E. Barnett, *Restoring the Lost Constitution*, Princeton University Press, 2004, p.131.转引自范进学:《美国司法审查制度》,中国政法大学出版社2011年版,第7页。

是属于美国国会权力范围之内的,这一点几乎无须讨论。……没有人会质疑禁止旨在以武力或暴力推翻政府的行为是在国会的权限范围内,在此我们关心的问题不是国会是否有这种权力,而是行使这种权力的方式是否和联邦宪法第一、第五修正案相冲突。"①由此可见,立法者的职权范围是在对立法行为进行合宪性审查时所要考量的要素之一。

与立法行为相异的是,对于合同行为的合法生效来说,与立法者的职权范围相类似的民事主体的行为能力就不具有与其相同的意义或作用。在合同生效要件中,尽管合同当事人的行为能力是一项基本的生效要件,但无行为能力人或限制行为能力人所签订的合同并不一定无效。"无民事行为能力人可以订立纯获利益的合同,而与其年龄、智力、精神健康状况相适应的合同,如购买小额商品的合同,也不应当认定为无效。"②而根据《最高人民法院关于适用〈中华人民共和国合同法〉若干问题的解释(一)》(法释[1999]19号)第10条的规定,当事人超越经营范围(即法人的行为能力)所订立的合同也并不一定无效,除非其违反了国家限制经营、特许经营以及法律、行政法规禁止经营的规定。两相比较,我们很难想象立法者超越职权范围会获得如同私权利主体超越经营范围那样的法院支持。

立法行为的权力行为特点不仅决定了行为主体的权限是合宪性考量的要素之一,其也决定了行为程序也是合宪性审查要素的重要组成部分。不存异议的是,正当法律程序对于规约立法权等公权力而言具有重大意义。而程序合宪亦是立法行为等公权力行为符合形式合宪性的要求之一。"是否违宪的判断需要考虑综合的因素,应从制定过程、通过程序和实施过程进行合理的评价。"③如德国联邦宪法法院在一宪法裁判中,就审查了《武器法》通过时只有三十几名议员出席是否违背了

---

① 北京大学法学院司法研究中心编:《宪法的精神:美国联邦最高法院200年经典判例选读》,中国方正出版社2003年版,第283页。

② 王玉梅:《合同法》,中国政法大学出版社2008年版,第47页。

③ 韩大元:《由〈物权法(草案)〉的争论想到的若干宪法问题》,《法学》2006年第3期。有学者将合宪性审查中的程序审查称为"形式标准的审查"。参见范进学:《美国司法审查制度》,中国政法大学出版社2011年版,第250页。

代议制的民主原则这一程序性问题。[①]又如在1975年7月23日的"废除营业税裁决"中,法国宪法委员会认为:"根据宪法第61条将一项法律提交宪法委员会审查时……宪法委员会不仅可以宣布这些法律条款内容是否符合宪法,而且可以检查该法在制定过程中的立法程序是否符合宪法精神"。[②]

　　然在民事法律行为制度中,行为程序本身对于法律行为的成立和生效而言并不具有重要意义。以合同的订立和成立、生效为例,尽管合同的订立是一个主要包含要约和承诺两个阶段的达成合意的动态过程,但这一过程所内蕴的方式、步骤、时限和顺序对于合同的成立和生效而言并无实质性影响,这从合同的成立和生效要件就可看出。尽管学者之间的表述不尽一致,但订约主体存在双方或多方当事人、合同当事人形成合意(或意思表示一致)是合同成立的基本要件。[③]合同生效的一般要件则包括行为人具有相应的民事行为能力、意思表示真实、不违反法律和社会公共利益等三项。[④]由此可见,行为程序对立法行为和民事法律行为是具有不同法律意义的。这主要归因于民事法律行为遵循的是"意思自治"原则,其强调的是当事人的合意是否一致及合意的内容是否真实、有无损害公共利益或违背法律的禁止性规定。可以说,其只重"结果"而不重"过程"。但立法行为等公权力主体实施的法律行为,尽管是以公共利益的名义作出,但却具有潜在的侵犯权利主体所享有的合法权益以及损害公共利益的可能性,因此,基于"权力制约"的理念、原则,立法行为等公权力行为不仅要受实体上的控制,也要受程序的制约,实体控制和程序制约具有同等的重要性。

　　以上所述充分表明,立法行为不同于危害社会行为、损害行为,也不同于民事法律行为,其法律行为和权力行为的特质决定了违宪审查

① 参见伯阳:《德国公法导论》,北京大学出版社2008年版,第72页。
② 吴天昊:《法国违宪审查制度》,中国政法大学出版社2011年版,第237页。
③ 参见刘景一:《合同法新论》,人民法院出版社1999年版,第84—85页。
④ 参见李光禄主编:《新合同法教程》,吉林人民出版社2000年版,第78页以下。

机关在对其进行合宪性审查时所需考量的是行为内容、行为主体的权限和行为程序等要素,而非"四要件"违宪构成理论所主张的违宪客观方面等四项要件。其实,我们从《立法法》第107条的规定中就能发现权限、内容、程序对于立法行为合法、合宪的重要性:"法律、行政法规、地方性法规、自治条例和单行条例、规章有下列情形之一的,由有关机关依照本法第一百零八条规定的权限予以改变或者撤销:(一)超越权限的;(二)下位法违反上位法规定的;(三)规章之间对同一事项的规定不一致,经裁决应当改变或者撤销一方的规定的;(四)规章的规定被认为不适当,应当予以改变或者撤销的;(五)违背法定程序的。"

(二) 其他违宪构成要素的列示

行为主体的权限、行为内容及行为程序是违宪审查机关在对立法行为进行合宪性评价时必须考量的三项要素。然除此三项要素之外,立法行为的合宪性审查是否还需要考量其他要素呢?

1. 行为目的与手段要素

莫纪宏先生认为:"违宪审查机构在审查违宪行为以及违宪的法律规范时,不可能脱离违宪行为或违宪的法律规范的实施主体或者是制定主体的行为动机和目的、行为依据以及在宪法上的地位来孤立地对行为或法律规范进行审查。"[1]而姚国建先生在未区分动机和目的的前提下也认为:"事实上,立法目的或立法动机的审查对于保障立法不至于侵害公民的权利是非常必要的。"[2]

在立法行为的宪法判断中,立法者的行为动机与目的是否是必须考量的要素呢? 从相关理论学说和外国宪法判例来看,立法行为的违宪判断一般不考虑立法者的动机以及立法者是否具有侵害法益(如公民基本权利)的目的;但立法目的与宪法所规定的立法目的(以下简称

---

[1] 莫纪宏主编:《违宪审查的理论与实践》,法律出版社2006年版,第47页。
[2] 姚国建:《违宪责任论》,知识产权出版社2006年版,第203页。

"宪定目的")的识别与对比却是在对立法行为进行合宪性评价时所必须完成的"作业"。

首先,立法者出于何种原因立法(即立法动机)不属于违宪审查的范围;且立法主体是否具有侵害法益之目的亦不会影响立法行为违宪的成立。对此,我们可以数个美国宪法判例予以说明。[①]在1810年的弗莱切诉贝克一案中,首席大法官马歇尔发表的法庭意见认为:"一项法律的有效性在多大程度上取决于法律制定者的动机,为了订立一项契约而对一州的最高权力机关的成员进行利诱在多大程度上可以在法庭上接受审查,这些都是很值得质疑的。……如果议会中的大多数议员都腐化了,那么司法部门就有权对他们的行为进行监督,这一观点是很值得质疑的。而且,即使在只有少数人行为有不纯洁动机的情况下,指导司法介入的原则也不明确。"[②]而在1904年的麦卡瑞诉合众国一案中,大法官怀特同样阐释了"立法动机不受审查"的原则:"正如已提到的那样,对于另一政府部门受错误的动机或目标所驱使而并未越界的行使权力的情况,如果司法部门没有权力去限制,那么这种滥用的权力可能暂时是具有约束力的。不过,对这种情况的救济并不能依靠司法权力对其自身职能的滥用,而应依靠人民,毕竟在我们的体制下,纠正对合法权力的滥用必须依靠人民。"[③]

此外,在1968年的合众国诉奥布赖恩一案中,首席大法官沃伦发表的法庭意见认为,不正当的立法目的并非是立法违宪的理由:"按照已经确立的原则,国会的目的,和奥布赖恩使用的那个名词一样(即国

---

① 胡肖华先生认为,立法动机不审查原则在世界各国宪法诉讼中,尤其在美国的宪法实践中已成为十分重要的原则。该原则是指宪法审判机关在行使宪法审判权判定法律是否违宪时,不得就立法机关制定法律的动机或政策加以审查,并以此作为判定法律是否违宪的依据。参见胡肖华主编:《宪法学》(第二版),湖南人民出版社、湖南大学出版社2003年版,第357页。

② 北京大学法学院司法研究中心编:《宪法的精神:美国联邦最高法院200年经典判例选读》,中国方正出版社2003年版,第44页。

③ 北京大学法学院司法研究中心编:《宪法的精神:美国联邦最高法院200年经典判例选读》,中国方正出版社2003年版,第190—191页。

会的'目的'是'压制言论自由',引者注),并不是宣布这条立法违宪的一个基础。宪法的一个熟悉的原则是,本院不会因为一条合宪的法令被说成有不正当的立法目的就将这个法令取消。""对国会的动机或目的进行审查是一件担风险的事。"①至于德国传统上对基本权利侵害的认定所要求的"目的性标准"——即"国家对基本权利进行限制出于主观上的故意,也就是其行为目的就是限制基本权利"——业已不再受到强调,只要"基本权利实际上受到了限制和妨碍"就可认为基本权利的侵害成立。②

其次,尽管立法者是否具有侵害法益之目的并不会影响立法行为违宪的成立,但其行为目的(即立法目的)与宪定目的是否相一致却是立法行为合宪与违宪的一道"分水岭"。"任何一个具体的立法,其直接目的应当符合一国的宪法和基本法律的基本目的。"③就此点而言,为宪法学人所熟知的美国式"三重审查基准"与德国式"比例原则"的适用,都离不开对立法目的和宪定目的(尤其是在"加重法律保留"的情形下)的查明和比较。以美国式"三重审查基准"为例,主要适用于种族歧视等案件的"严格审查基准"要求立法目的必须具备紧迫的政府利益,适用于性别歧视等案件的"中度审查基准"要求立法必须是为了实质性的政府利益,而适用于与经济性基本权利相关的平等权案件等的"合理性审查基准"则仅要求立法目的在于追求合理的政府利益。而无论政府利益是紧迫的、实质性的抑或合理的,其都是立法者在立法时所必须追求的,也是违宪审查机关在适用各类基准审查限制宪法基本权利的规范性文件的合宪性时首先必须查明的,以为立法合宪性提供目的正当(合宪)基础。诚如德国学者在评价与美国"三重审查基准"有类似功效的比例原则时所言:"由于该标准(即比例原则,引者注)要求一种手

① [美]斯坦利·I.库特勒编著:《最高法院与宪法——美国宪法史上重要判例选读》,朱曾汶、林铮译,商务印书馆2006年版,第433页。
② 参见张翔:《基本权利限制问题的思考框架》,《法学家》2008年第1期。
③ 孙潮:《立法技术学》,浙江人民出版社1993年版,第45页。

段—目的的比较,因此两个法院(即德国联邦宪法法院和加拿大最高法院,引者注)在进行审查时均是从查明法律的目的开始的。仅有合法的目的才可以证立限制基本权利行为的正当性。"①

另值一提的是,"三重审查基准"和比例原则的适用不仅要求查明法律目的以及将其与宪定目的相比较,而且其还要求审查立法手段的合宪性及其与立法目的之间的关联度。一般认为,德国法中的比例原则是由以下三项要求所构成,即妥当性原则、必要性原则和狭义比例原则,此三项子原则的内涵是:"妥当性原则系指一个法律(或公权力措施)的手段可达到目的之谓也。必要性原则是指在前妥当性原则已获肯定之后,在所有能够达成立法目的之方式中,必须选择予人民之权利最少侵害的方法。也就是说,以不违反或减弱该法律所追求之目的的前提下,立法者应该选择对人民权利侵犯最轻之方法。比例性原则或是狭义比例原则是谓一个措施,虽然是达成目的所必要的,但是,不可以予人民过度之负担。"②然对于法律或其他规范性文件而言,"手段"又是何物呢? 事实上,法学常识已经告诉我们,比例原则和"三重审查基准"中所言之"手段",就法律而言,就是法律所设定的公民等主体所享有的权利和负担的义务,以及国家机关的职权与职责。因为,法律调控社会关系、实现立法目的的基本手段就是设定权利(职权)和义务(职责)。由此可见,作为法律行为的立法行为,其实现立法目的的"手段"就是立法者的意思表示或者说法律的内容。因此,以上所述的"内容要素"与此处的"手段要素"就出现了重合。但鉴于如下原因,我们在构建、表述违宪构成要素时,还是须单独列示手段要素并与目的要素相结合:内容要素和手段要素所要考量的问题是不同的,前者主要考量法律

---

① [德] Dieter Grimm. *Proportionality in Canadian and German Constitutional Jurisprudence*, The University of Toronto Law Journal, Vol.57, No.2, Education, Administration, and Justice: Essays in Honour of Frank Iacobucci (Sping, 2007), p.387.

② 陈新民:《德国公法学基础理论》(增订新版·上卷),法律出版社 2010 年版,第 416、417 页。

内容是否与宪法相一致、法律内容的表述是否明确、在适用上是否平等,后者主要考量的则是法律内容(手段)与法律目的之间的逻辑关联,以及二者各自所代表的价值权衡。

2. 行为情境要素

任何行为都是在一个特定的时空条件下进行的,立法行为亦不例外。法律允许自然人在遭遇紧急危险时实施避险行为且在符合法定条件时无需承担法律责任,与之类似,宪法亦同样授权立法机关等公权力主体在公共利益面临紧急危险时采取应急性的、平时所不能采取的强制性措施且不致违宪。在美国,"在政治辩论中,各种政治讨论都以'战争'的修辞来论证议题的合法性和紧迫性:例如反恐战争、反毒品战争、反贫穷战争;紧急状态被越来越多地用来证明权力运用的合宪性。"[①]紧急状态不仅可阻却立法行为等公权力行为的违宪性,甚至还可为违宪审查机关规避合宪性审查提供"借口":"在紧急状态下,拉丁美洲司法机关监督宪法规范是否得到遵守的作用普遍受到限制。法院不能审查政府行为是否合宪,在它们看来,这种审查和宣布紧急状态的有效性一样都是一个政治问题。"[②]总之,正如美国学者博登海默所言:"在危机、混乱和战争时期,个人自由可能会因国家安全的缘故而遭到重大削弱,而平等也可能要让位于领导职能的行使。在和平繁荣时期,自由和平等则可能会有较好的机会受到政府政策制定者的密切关注。"[③]

当然,我们在外国宪法判例中亦能找到法官们为紧急状态下公民基本权利受更广、更严的限制且不抵触宪法所作的论证。如在1919年的申克诉美国一案中,大法官霍姆斯所传达的法庭意见认为:"我们承认在许多场合,在通常时期被告……具有宪法权利。但是每一项行动

---

① 丁晓东:《法律能规制紧急状态吗?——美国行政权扩张与自由主义法学的病理》,《华东政法大学学报》2014年第3期。

② [美]路易斯·亨金、阿尔伯特·J·罗森塔尔编:《宪政与权利:美国宪法的域外影响》,郑戈、赵晓力、强世功译,生活·读书·新知三联书店1996年版,第239页。

③ [美]E·博登海默:《法理学:法律哲学与法律方法》,邓正来译,中国政法大学出版社1999年版,第298页。

的特征,取决于它在被作出时的情形。对自由言论最严格的保护,也不会保护某人在剧院谎报火灾而造成一场恐慌……每一个案件的问题是言词是否被用于如此场合和具有如此的性质,以致将造成清楚与现存的危险,而这种危险又将带来国会有权禁止的实际危害。……当国家处于战争时期,许多在和平时期可被谈论的事物,都将对战备努力构成如此障碍,以致这类言论不能再被忍受,且法院不得认为它们受到任何宪法权利的保护。"①而在1927年的惠特尼诉美国一案中,布兰代斯大法官所发表的意见亦言道:"只有紧急情况才能为压制[自由言论]提供正当理由。"②

我们从紧急状态可阻却立法行为等公权力行为的违宪性中即可推论出在对立法行为进行合宪性审查时必须考量行为情境要素,即立法行为是在何种条件下实施的,权利和义务的设定是否是为了应对特殊的紧急状况。

3.立法行为的事实根据要素

在行政行为的合法性审查中,根据我国《行政诉讼法》第70条的规定,人民法院必须判断行政行为是否存在"主要证据不足"这种情形。如有此种情形,法院就可作出行政行为违法的判断并予以撤销。正如德国学者毛雷尔所言:"违法性不仅表现为错误理解准据法,错误援引准据法,而且表现为没有查清或错误认定作为决定根据的案件事实。行政机关以与本案无关的事实为根据作出决定,当然会导致违法。"③与此相类似,在立法行为的合宪性审查中,同样须考量立法行为的事实根据。如日本宪法学家芦部信喜认为:"在没有验证立法事实的情况下,仅仅将宪法与法律的条文进行概念性比较,从而决定违宪与合宪的宪

---

①[美]保罗·布莱斯特、桑福·列文森、杰克·巴尔金、阿基尔·阿玛编著:《宪法决策的过程:案例与材料》(第四版·上册),张千帆等译,中国政法大学出版社2002年版,第363页。

②[美]保罗·布莱斯特、桑福·列文森、杰克·巴尔金、阿基尔·阿玛编著:《宪法决策的过程:案例与材料》(第四版·上册),张千帆等译,中国政法大学出版社2002年版,第366页。

③[德]哈特穆特·毛雷尔:《行政法学总论》,高家伟译,法律出版社2000年版,第229页。

法判断方法,则有可能作出与实态不相符合的形式化、观念化、说服力较弱的判决。"①而我国学者在分析美国的合宪性审查时亦提出:"州法或联邦法律是否合宪,这可能取决于某种事实问题,某种对社会或经济背景的评估。"②

事实上,对立法事实要素的考量不仅必要,且在其他要素的考量中亦同样须依凭立法事实要素的考量结果。如在关涉立法目的和手段要素的比例原则的适用中,德国联邦宪法法院"通过带有价值倾向的立法事实的审查论证,巧妙地解决了比例原则运用中所涉及的实质性价值判断标准难题。""自1970年以后,宪法法院就将案件审查的重点转移到如何审查、控制受争议法律规范的'立法事实'的问题上。"③在涉及平等权的案件中,在判断法律是否违反平等原则时,违宪审查机关同样须考虑立法事实及其变化。如在1954年的布朗诉托贝卡教育委员会一案中,美国联邦最高法院就通过审查"公立教育的充分发展及其在全国的人们生活中的现实地位"这一立法事实,以确定"公立学校的种族隔离制度"是否剥夺了公民的法律平等保护以致违反宪法。④

不过,尽管立法事实的考量是必要的,但我们须注意的是立法事实(legislative facts)不同于裁决事实(adjudicative facts),⑤且立法事实不是客观自存、不含任何人为评价的事实。"立法的合法性并不直接来自于客观自存的事实,而来自于我们所理解的事实(观念化、符号化的事实)。"⑥这就决定了立法行为合宪性审查中"立法事实的审查"不仅要判

---

① [日]芦部信喜:《宪法》(第三版),林来梵等译,北京大学出版社2006年版,第335页。

② 范进学:《美国司法审查制度》,中国政法大学出版社2011年版,第83页。

③ 林来梵主编:《宪法审查的原理与技术》,法律出版社2009年版,第240页。

④ 参见北京大学法学院司法研究中心编:《宪法的精神:美国联邦最高法院200年经典判例选读》,中国方正出版社2003年版,第333页以下。

⑤ 立法事实和裁决事实(司法事实)的区分可参见[美]Kenneth L.Karst. *Legislative Facts in Constitutional Litigation*, The Supreme Court Review, Vol.1960(1960), p77以下。当然,作为宪法事实的立法事实和司法事实的区分不是绝对的,"实践中可能会交织在一起"。参见翟国强:《宪法判断的方法》,法律出版社2009年版,第97页。

⑥ 谢晖:《法律的意义追问:诠释学视野中的法哲学》,商务印书馆2003年版,第113页。

断立法事实本身是否存在,更重要的是判断支持立法之事实的"妥当性""合理性"。①

4.侵犯宪法所保护的利益要素

如上所述,在判断立法行为是否合宪时,违宪审查机关必须考虑行为主体的权限、行为程序、行为内容、行为的目的和手段、行为情境以及行为根据(即立法事实根据)等六项要素。但此六项要素都是建基于立法行为本身,并未涉及到立法行为对外界环境的影响。然我们深知,要对立法行为进行合宪性审查,首要的一般程序前提是有关主体向违宪审查机关提出违宪审查的请求。而这种请求的提出,必须导因于立法行为对相关主体所享有的宪法权益的影响,无论这种影响是有利的还是不利的、直接的还是间接的。易言之,如果立法行为所影响到的权益不是宪法所保护的利益,或者其并未影响相关主体的宪法利益,就不存在通过违宪审查以对相关权益进行救济的可能性。

美国联邦宪法修正案第5条和第14条均规定,未经正当的法律程序,不得剥夺任何人的生命、自由和财产。但就正当法律程序所保护的生命、自由和财产的利益范围而言,存在狭义和广义两种理解。传统的正当法律程序理论认为,正当法律程序只保护普通法意义上的权利,而不保护从政府方面所取得的利益即特权(privilege),如社会保障收入和福利津贴、职业执照、特许等。②如此,政府取消特权的行为并不受正当法律程序的规制,易言之,由于特权并不是受"宪法所保护的利益",政府取消特权的行为就不会因为违背(程序性的)正当法律程序而受到法院违宪宣告。

德国联邦宪法法院在1957年的"关于'艾菲尔事件'之判决"中,③

① 参见凌维慈:《宪法诉讼中的立法事实审查——以美国法为例》,《浙江社会科学》2006年第6期。

② 参见王名扬:《美国行政法》(上册),中国法制出版社2005年第二版,第388页以下。

③ 参见台湾地区"司法院秘二科"编辑:《德国联邦宪法法院裁判选辑》(二),1991年版,第2页以下。

在根据宪法诉愿请求审查《护照法》第7条第(一)项a款的合宪性时,首先解决的问题是诉愿人所主张的出境自由是否为宪法所保护及其可落入哪一项宪法基本权利的保障范围。其之所以如此行为,首要的原因是:如果出境自由并无适当之基本权利加以保障,即出境自由并非"宪法所保护的利益",则立法者在规制该自由时并不受宪法拘束,而规制该自由的法律自然也就不存在合宪抑或违宪问题。

以上所论仅涉及利益的"宪法性",但违宪审查程序的启动还要求立法行为"影响"到宪法利益。此种"影响"之所指为何呢?根据德国基本权利教义学概括出的基本权利限制合宪性审查的"三阶模式",基本权利限制的合宪性审查可以分为以下三个步骤,即:(1)存在保护领域。基本自由权利保护特定行为或特定的生活领域。法律只有在涉及受基本权利保护的行为或生活领域时,才有可能与基本权利相抵触。(2)保护领域受到干预。某项法律干预基本权利的保护领域是指,该法律使得基本权利所保护的行为增加难度或不能实现。(3)干预具有宪法上的合理性。[①]据此,我们可以说,在基本权利限制的合宪性审查案件中,上文所言之"影响"即为"三阶模式"中所称之"使基本权利保护的行为增加难度或不能实现"。如需对"影响"一词进行置换的话,参考我国《行政诉讼法》第2条的规定,[②]可将其置换为"侵犯"。不过须注意的是,"侵犯"并非真正的"侵害",或者说,"侵犯"并不要求必须发生实际的损害结果。在行政诉讼中,尽管行政行为"侵犯"行政相对人的合法权益是诉讼启动的必要条件,但对于行政行为的违法性而言,实际的损害结果并非是其构成要件,而是行政赔偿责任的构成要件。同理,在立法行为的合宪性审查中,虽然违宪审查机关必须确定立法行为是否侵犯了宪法所保护的利益,但此处的"侵犯"并非意味着受审查的立法行为必须已经导致事实上的损害。就此点而言,我们从法国违宪审查主要采

---

① 参见伯阳:《德国公法导论》,北京大学出版社2008年版,第89页以下。
②《行政诉讼法》第2条第1款:公民、法人或其他组织认为行政机关和行政机关工作人员的行政行为侵犯其合法权益,有权依照本法向人民法院提起诉讼。

取"事前审查"方式这一点就可看出。法国宪法委员会审查的是尚未生效实施的法案,而"尚未生效实施"就足以证明系争立法行为并未导致个人权益受到实际的损害。

其实,立法行为的法律行为特点就决定了"侵犯"并非"侵害",因为,法律行为对合宪(法)利益的影响是通过其效果意思表示出来的,也就是说,只要法律行为的内容处分(无论是增加、限制、妨碍还是削弱)了相关主体的权利(职权)义务(职责),即可认定"侵犯"成立。至于是否导致事实上的损害,并非是合宪性审查所需要考量的,而是在判断国家是否需承担赔偿责任时所需要考虑的。

三、违宪构成要素的"排列组合":"双层式"分析框架

诚如上文所引,在列示出所有的基本犯罪构成要件之后,犯罪构成理论还需将其"纳入一种逻辑严密、要件相互关照的理论体系中进行解说"。因此,我们在列示出以上所述七项违宪构成要素(即行为内容、行为主体的权限、行为程序、行为的目的和手段、行为情境、行为的事实根据和侵犯宪法所保护的利益)之后,就须考虑建构一种"逻辑严密、要素相互关照"的理论体系。本书将这种理论体系命名为"双层式"违宪构成理论。以下即对命名的缘由及各构成要素在该种体系中的地位及相互间的逻辑关联作一初步的说明。

(一)"双层式"分析框架:积极构成要素和消极构成要素

我国刑法学家陈兴良先生在评价"四要件"犯罪构成理论时曾言:"四要件的犯罪构成并不是犯罪成立的充足条件。因为在具备了四要件的犯罪构成以后,从逻辑上来说还可能因为存在正当行为而被出罪。"[①]

[①] 陈兴良:《四要件犯罪构成的结构性缺失及其颠覆——从正当行为切入的学术史考察》,《现代法学》2009年第6期。

这提醒我们在建构违宪构成时,与犯罪构成既要包括"入罪"要件又要涵括"出罪"事由相似,不能仅仅考虑违宪的要素(后文称为"积极构成要素"),也应考量阻却违宪的事由(后文称为"消极构成要素"),这样的违宪构成才更完备、更具解释力。据此,本书所建构的"双层式"违宪构成是由积极构成要素和消极构成要素这两层要素所组成的。当然,之所以采取这种"双层式"分析框架,不仅仅基于这一点理由,还缘于以下三点考虑:

其一,德国学者拉伦茨曾谓:"只是审查案件事实可否划属于此一适用范围过宽的规范之构成要件下,犹有未足;尚须审查,该事件是否不包含于限制性规范的构成要件中,只有当案件事实可归属于前一规范的构成要件,并且不归属于限制性规范的构成要件下时,前一规范所定的法效果才能发生。"[①]据此,在对立法行为进行合宪性审查时,不仅要考虑其是否可"划属于此一适用范围过宽的规范之构成要件下"(即本书所言之"积极构成要素"),也应考量其"是否不包含于限制性规范的构成要件中"(即本书所言之"消极构成要素")。

其二,根据前文已有所引用的德国"三阶模式"理论,基本权利限制的合宪性审查不仅须考量保护领域的存在和是否受到干预,还须考察这种干预是否具有宪法上的合理性,而这种合理性主要表现为法律的形式合宪性(该法是否遵守了有关立法权限与立法程序的规定)和法律的实质合宪性(法律须符合比例原则、确定性原则、特殊个案禁止、援引要求、重要内容保障等)。[②]而据笔者看来,"三阶模式"的前两个步骤所要解决的问题便是确定受审查的立法行为是否侵犯了宪法所保护的利益(即法律涉及受基本权利保护的行为或生活领域且使该行为不能实现或增加难度),而"干预具有宪法上的合理性"审查则重在解决侵犯宪

---

① [德]卡尔·拉伦茨:《法学方法论》,陈爱娥译,商务印书馆2003年版,第151—152页。
② 参见伯阳:《德国公法导论》,北京大学出版社2008年版,第89页以下。

法所保护的利益的立法行为是否具有合理性即是否存在违宪阻却事由。①由此可见,从功能角度来看,"积极构成要素"与"三阶模式"的前两个步骤所要解决的问题是一致的,即确定立法行为是否侵犯宪法所保护的利益;"消极构成要素"则意在查明立法行为是否具有形式合宪性和实质合宪性。

其三,众所周知,美国的犯罪构成理论既非"四要件",亦不同于德日刑法学中的"递进式",而是由犯罪本体要件(行为和心态)与责任充足条件相结合所形成的"双层模式"。其中,第一层次的犯罪本体要件"侧重体现国家意志,表现为公诉机关的权力,确立行为规范,发挥刑法的维护秩序和保卫社会的功能。"第二层次的责任充足条件"侧重体现公民权利,发挥刑法的保障人权的功能,制约国家权力。"而"在刑事司法中,公诉一方只需证明被告人行为符合犯罪本体要件,即可推定被告人具有刑事责任基础;如果被告人不抗辩,犯罪即告成立。"但"如果被告人能说明自己不具有'责任能力',如未成年、精神病等;或者说明自己的行为正当合法,不具有政策性危害,如正当防卫、紧急避险、执行职务、体育竞技等;或者说明有其他可宽恕的情由,如认识错误、被胁迫、警察圈套;等等,便可不负刑事责任。"②

美国的"双层式"犯罪构成模式所蕴含的这种攻(由公诉方组织)防(由被告人及其辩护人承担)的原理和技术对于立法行为的合宪性审查而言非常具有借鉴价值。本书所建构的积极构成要素与消极构成要素也蕴含了此种"攻防"原理和技术,并对制定违宪审查领域中举证责任的分配规则而言亦颇有助益。如上所论,积极构成要素旨在确定立法行为是否侵犯了宪法所保护的利益,其发挥的是"攻"的作用;而消极构成要素则意在阻却立法行为的违宪性,可以说发挥的乃是"防"的功能。

① 参见张翔:《基本权利限制问题的思考框架》,《法学家》2008年第1期。
② 参见储槐植、江溯:《美国刑法》(第四版),北京大学出版社2012年版,第29、30页。

只不过,不同于美国双层式犯罪构成理论的是,违宪判断中"攻"的主体是公民等基本权利主体或其他国家机关;而"防"的主体乃是立法机关等公权力主体。而在举证责任的分配方面,与行政诉讼中的举证责任分配规则类似的是,[①]"防"的主体承担证明立法行为等公权力行为合宪的说服责任,但亦不排除"攻"的主体需要承担立法行为等公权力行为侵犯宪法利益的推进责任。[②]

综合上论,包含积极构成要素和消极构成要素的"双层式"违宪构成,不仅须考量违宪的事由即确定立法行为是否侵犯宪法所保护的利益,还须审查阻却违宪的事由即确定这种"侵犯"是否具有宪法上的正当化事由或者说是否具备宪法上的合理性。前者由积极构成要素承担,后者则由消极构成要素负责。可以说,前者是一种"违宪"确证而后者却是一种"合宪"证明。

(二) 七项违宪构成要素的归类与相互间的逻辑关联

在确定了"双层式"违宪构成的基本分析框架之后,我们须对以上所梳理出的七项违宪构成要素按其在合宪性审查中的不同功能进行相应的归类、整合。

首先,立法行为的内容或效果意思主要为设定"公民、法人和其他组织的权利与义务、国家机关的权力与责任"。而宪法规范,正如德国学者阿列克西所言,也主要由基本权利规范和国家机关权力规范所构成。[③]由此,我们可以将立法行为的合宪性审查案件大致区分为公民基

---

① 参见姜明安主编:《行政法与行政诉讼法》(第五版),北京大学出版社、高等教育出版社2011年版,第463页以下。

② 当然,此处所言之违宪审查领域中的举证责任分配是"粗线条"式的,至于其具体设计尚须详细论证,但这已超出本书的论述范围。在基本权利限制案件中,不同强度的审查基准有不同的举证责任要求。就此可参阅翟国强:《宪法判断的方法》,法律出版社2009年版,第108页。

③ 参见 [德] Robert Alexy. *Constitutional Rights, Balancing, and Rationality*, Ratio Juris, Vol.16 No.2 June 2003. p131.

本权利限制案件和国家机关权限配置案件。当然,这两类案件并非泾渭分明,国家机关之间权限的配置往往还会涉及到公民基本权利的保障。如在1987年的"审查竞争委员会案件"中,法国宪法委员会不仅从"更好地进行司法活动的目的"审查了系争法律将不服竞争委员会决定的管辖权分配给司法法院而非行政法院的合宪性,且以这种分配剥夺了当事人辩护权为由宣布"将有关竞争委员会的争议提交给司法法院的法律是违宪的"。[①]

不过,我们仍然可以这种大致区分为标准来展开宪法判断。就基本权利限制案件而言,公民等"攻方"首先须证明法律所设定的权利(含享有、行使权利的条件等)或义务侵犯了其所享有的宪法基本权利(宪法所保护的利益之一种)。而就权限配置案件而言,"攻方"所要完成的证明任务是法律所确定的权限分配体制"抵触"了宪法所规定的权限分配秩序(宪法所保护的利益之另一种)。由此我们可以看出,判断立法行为的内容是否违背宪法对"攻方"而言首要且重要的任务乃在于证明其侵犯了"宪法所保护的利益",无论这种利益是宪法基本权利还是宪法确定的权限分配秩序。

其次,对"防御方"即立法机关来说,其承担着证明立法行为合宪的责任。而这种合宪性证明须围绕立法行为的特点展开。根据我国《立法法》第7条第2款、第107条等条款之规定及前文所述,立法行为的合宪要求可以概括为:(1)职权(或职责)合宪;(2)内容普遍(平等)、明确;(3)程序合宪;(4)目的与手段合宪;(5)有"妥当""合理"之立法性事实的"支撑"。同时,立法机关还可以宪法规定的紧急状态为由来证立立法行为的合宪性。

于此,我们可对立法行为的违宪构成要素及相应的宪法要求作如下表格式的梳理:

---

① 参见韩大元、莫纪宏主编:《外国宪法判例》,中国人民大学出版社2005年版,第420、421页。

"双层式"违宪构成	第一层:积极构成要素(违宪证明)	侵犯宪法所保护的利益要素
	第二层:消极构成要素(合宪论证)	(1) 行为主体的权限要素 (2) 行为内容要素:明确性、平等性 (3) 行为程序要素:宪定立法程序 (4) 行为的目的与手段要素:比例原则 (5) 行为的事实根据要素:立法性事实 (6) 行为情境要素:紧急状态

再次,根据我国"四要件"犯罪构成理论,犯罪的成立要求主体要件、主观方面要件、客观方面要件及客体要件齐备,缺乏其中任何一项要件,均会导致危害社会行为不构成犯罪的结论。[1]易言之,危害社会行为只要具备排除犯罪性事由之一便不是犯罪行为。

但就立法行为的违宪成立而言,只要其侵犯了宪法所保护的利益且不符合任何一项"消极构成要素"的宪法要求时,便可得出立法行为违宪的结论。比如,侵犯宪法利益的立法行为超越了立法权限即构成违宪,或者,侵犯宪法利益的立法行为违背了宪定立法程序即构成违宪,等等。

最后,尽管我们可大致将侵犯宪法所保护的利益要素归置于起违宪证明作用的积极构成要素之下,而行为主体的权限等六项要素则可划归于起合宪论证作用的消极构成要素之中,但就各要素之间的逻辑关联而言,各要素尤其是消极构成要素之间并非是"泾渭分明"的、毫无关联的。如前所述,法律所设定的公民权利与义务,其既可以视为是立法机关所为之效果意思,也可视为是一种为达成立法目的所设定的手段,而立法目的本身亦是立法机关意思表示内容的重要组成部分。再如,无论是比例原则和平等原则的适用,还是紧急情形的判断,均须依凭相应事实(立法事实)的考察结果。

---

　　[1] "四要件"违宪构成理论亦持相类似的主张,即违宪的成立须完全具备违宪主体要件、违宪主观方面要件、违宪客体要件、违宪客观方面要件。参见马岭:《"违宪构成"浅议》,《理论导刊》1988年第6期;王世涛:《违宪构成初论》,《法学家》2005年第5期。

四、代结语：作为宪法判断 "路径导向" 的违宪构成

如前所引,犯罪构成具有"定罪路径"的功能。而对于"双层式"违宪构成而言,其对立法行为的合宪性审查亦发挥着某种"路径导向"功能。易言之,违宪审查机关可依凭违宪构成理论,对立法行为的合宪与违宪事由进行综合的考量,以确保宪法判断的全面且无遗漏。并且,违宪构成在一定程度上为宪法诉讼当事人或合宪性审查过程中的其他参与者提供了对违宪审查机关的审查过程与结论进行事中或事后检证的基础,从而使立法行为的合宪性审查具备某种意义上的"理解可能性""讨论可能性"及"批判可能性"。[①]

但是,对于违宪构成的功能或价值而言,我们的期待不能太高。这主要导因于：

(1) 相较于犯罪和一般违法判断而言,立法行为的宪法判断更为复杂,其并非纯粹是一种法律判断,而是法律判断与政治判断的"合一体"。"违宪行为和违宪制裁,实质上是政治问题,不单纯是法律问题。"[②]宪法判断的政治性决定了立法的违宪与合宪之间并非"一清二白",而具体个案中所涉及的利益衡量更使得立法行为的宪法判断错综复杂。不但违宪审查机关的组成人员之间基于不同的立场、视角和解释方法会得出不同的结论,而且随着立法事实的变化,原先合宪的情形亦会发生变动,而处于一种不明确的合宪抑或违宪的状态。如联邦德国宪法法院在1963年的"选区划分第二案"中指出："但1961年的地区划分之违宪性并不清楚,因而当时的划分并非无效。现行的地区划分始于1949年……从1949年起,各州之间的人口发生了绝对和相对的移动。尤其在某些州内,难民重新定居的影响和因经济发展而发生的内部迁

---

① 参见杨仁寿：《法学方法论》,中国政法大学出版社1999年版,第31页。
② 沈宗灵主编：《法理学》(第二版),高等教育出版社2004年版,第411页。

移,[使其人口]变化最大……由于人口变化的趋势连续而又飘忽不定,要决定原来合宪的分区究竟从何时起变成违宪,乃是相当困难的。"①

(2)对于立法行为的合宪性审查而言,其复杂性还表现在违宪审查机关不仅必须解释作为审查对象的法律,还须解释作为审查依据的宪法。对此,德国学者齐佩利乌斯作了精辟的说明:"在审查一项法律是否与宪法一致时,并不只是简单地审查对该项法律的多种解释可能中是否有一种解释与某一已经清楚界定的宪法规范兼容,而是涉及这样的问题,即对该法律的多种解释可能中是否有一种与对相关宪法规范的可允许的解释兼容,因为并不仅仅是该需要用宪法标准加以衡量的法律本身的含义是不确定的。事实上,该宪法标准本身的含义也是不确定的,是可以解释,也是需要加以解释的。也就是说,宪法规定本身也存在一个解释空间,允许对其作不同的解释和具体化。"②我们深知,无论是法律解释还是宪法解释,解释的结果并非是唯一的。在多元的解释结果之间如何进行取舍,往往取决于违宪审查机关的价值判断和政治智慧。

有鉴于此,无论是"四要件"违宪构成还是本书所建构的"双层式"违宪构成,其对于立法行为的合宪性审查而言,仅起着一种"路径导向"的作用,并不能对立法行为是否构成违宪问题"作出终局的解决"。③

---

① 张千帆:《西方宪政体系》(下册·欧洲宪法),中国政法大学出版社2001年版,第279页。

② [德]齐佩利乌斯:《法学方法论》,金振豹译,法律出版社2009年版,第58页。

③ 德国学者在阐释比例适当原则、同等对待原则等一般法律原则的功能时指出,一般法律原则发挥的是"对法律问题进行概念性地探讨的功能:它们使法律问题转化为便于讨论的概念,而无须提供确定的解决办法。""它们在关于正义问题的讨论当中也起着'关键概念'的作用,而并不对其作出终局的解决。"参见[德]齐佩利乌斯:《法学方法论》,金振豹译,法律出版社2009年版,第19、20页。

第五章　违宪概念的定义式界说

在依次阐释了违宪主体的资格要件及其范围、违宪之"宪"(即违宪审查依据)的基本特征与范围以及立法行为等公权力行为的违宪构成要素之后,我们还需对违宪概念的"属概念"作一番分析和选择,并以这些解答为基础,对违宪概念进行定义式的界说。

一、"主体违宪"实为"行为违宪"

如第一章所述,将违宪的"属概念"界定为"行为及其结果"或"行为的状态"是不妥当的。而将违宪的"属概念"确定为"行为或政务活动"(第一章所述之第五种观点)并非不可,因为"行为"与"活动"在本质上并无不同(均可理解为人类有目的的身体之动静),且在国内宪法学的著述中,将"违宪"表述为"违宪行为"或者"违宪活动"亦不乏其例。[1]但从法学的角度而言,"行为"相较于过于通俗化的"活动"一词而言更适于表述法律或宪法规整的对象,第一章所引法理学者对"违法"的界定适用的亦是"行为"这一"属概念"。

在此还需探讨的另一个问题是,以"行为"作为违宪的"属概念"是

---

① 参见林来梵:《从宪法规范到规范宪法:规范宪法学的一种前言》,法律出版社 2001 年版,第 329—330 页。

否存在不尽周延之处？①或者说，除了行为违宪之外，是否还存在其他的非"行为违宪"？

《德意志联邦共和国基本法》(1949年)第21条第2款规定："凡由于政党的宗旨或党员的行为，企图损害或废除自由民主的基本秩序或企图危及德意志联邦共和国的存在的政党，都是违反宪法的。联邦宪法法院对是否违宪的问题作出裁决。"基于该条款之规定，德国联邦宪法法院依据联邦政府之提请分别在1952年的"社会帝国党查禁案"和1956年的"德国共产党案"中确认社会帝国党(SRP)和德国共产党(KPD)违宪并予以解散。②对此，林来梵先生作出了这样的解读："根据德国《基本法》以及其法律的有关规定，要确认某一政党违宪自然需要严格地审查政党的活动乃至党员的具体行为，但最终被统一宣告为违宪的直接对象，并不是某个政党的某次活动或该政党的某个党员的某个具体行为，而是政党本身"。这样，违宪至少还包含了主体违宪这种无法为"违宪行为"所涵盖的、尽管属于"例外、并不多见"的违宪类型。③如果这种解读可以成立的话，那么将违宪的"属概念"确定为"行为"至少从比较宪法学的角度而言就是不周延的。

笔者认为，"政党违宪"应解读为"行为违宪"而非"主体违宪"，主要理由如下：

第一，不可否认，德国联邦宪法法院在有关政党是否违宪的案件中作出的判决结论乃为"某政党违宪"而非"某政党的某规范性文件或某

---

① 任何有关修宪的思想或言论肯定是与现行宪法相抵触的，但这种"违宪"的思想或言论是"宪法得到不断发展和完善不可或缺的重要支柱之一"，因此，必须将"思想和言论排除出违宪的范畴"。参见刘旺洪、唐宏强：《社会变迁与宪法的至上性——兼论良性违宪问题》，载南京师范大学法制现代化研究中心编：《法制现代化研究》(第三卷)，南京师范大学出版社1997年版，第501—502页。

② 参见张千帆：《西方宪政体系》(下册·欧洲宪法)，中国政法大学出版社2001年版，第304页以下。

③ 参见林来梵：《从宪法规范到规范宪法：规范宪法学的一种前言》，法律出版社2001年版，第330页。相似主张还可参见张丽明：《关于完善我国违宪审查制度的思考》，《龙岩师专学报》2004年第5期。

具体行为违宪"。如在1952年的"社会帝国党查禁案"（Socialist Reich Party Case，2 BverfGE 1）中，经过详细的论证，联邦宪法法院最后作出如下判决："社会帝国党在《基本法》第21(2)节意义上违宪……该党必须受到解散。"[1]但联邦宪法法院所要评价的真正对象并非是政党这个组织体，而是组织体所实施的行为，或更具体地说就是确定"某政党的宗旨或党员的行为"是否"企图损害或废除自由民主的基本秩序或企图危及德意志联邦共和国的存在"。政党违宪仅是在评价政党行为违宪的基础上所得出的一个评价结果而已。

如在"社会帝国党查禁案"中，联邦宪法法院不仅考察了社会帝国党成员的来源及其组织结构这些"非行为要素"，更通过认定如下事实从而作出该党违宪的结论：社会帝国党的政纲（目标）意在"推翻自由民主的基本秩序"、其所发表的"大量侮辱、怀疑和诽谤"言论不仅与"宪法所保障的言论自由或真诚的政治抗衡毫不相关"而且意图使"人民从整体上怀疑自由民主的基本秩序"以及其言行反映或证明了该党反犹太主义的态度。[2]而在1956年的"德国共产党案"中，联邦宪法法院更是明确指出："政党是否违宪的问题，取决于它是否有决心不断抗衡自由民主的基本秩序之目的，以及为了达到这个目的而根据固定计划所采取的政治行动。要取缔政党，政府无须证明政党的非法活动或消灭宪政秩序的具体行动；但仅有推翻政府的口头宣传，并不足以查禁政党。涉嫌政党的计划和目标，可以从其政治纲领、官方口号、领袖发言以及教育材料中获得推测。"[3]我们很难想象，在"仅有推翻政府的口头宣传"的情况下都"不足以查禁政党"，而在未作出任何"企图损害或废除自由民主的基本秩序或企图危及德意志联邦共和国的存在"的行为情况下

---

① 张千帆：《西方宪政体系》（下册·欧洲宪法），中国政法大学出版社2001年版，第307页。

② 参见张千帆：《西方宪政体系》（下册·欧洲宪法），中国政法大学出版社2001年版，第306—307页。

③ 张千帆：《西方宪政体系》（下册·欧洲宪法），中国政法大学出版社2001年版，第308页。

仅凭政党的客观存在事实本身就可作出政党是否违宪的结论。

第二,德国学者齐佩利乌斯认为:"法是对行为的规整"。"法律规范并不服务于对世界的认识,而是服务于对行为的调整。"[1]而前引马克思主义经典作家所曾作出的且被法律学人反复引用的那句——"对于法律来说,除了我的行为以外,我是根本不存在的,我根本不是法律的对象。"——名言更是证成"法的调整对象是人的行为及其引致的社会关系"此一命题的有效论据。

就宪法的主要规制对象即国家机关及"参与形成人民的政治意志"的政党(德国《基本法》第21条第1款)而言,无论是组织、权限等实体性宪法规范抑或程序性宪法规范,其最终所要规整的对象均为国家机关、政党等组织体的行为。因此,德国联邦宪法法院所作出的政党违宪判决,表面上看是对一个组织体(政党)的合宪性所作的具有法效力的评价,实际上则是对该组织体所实施的行为所作的宪法意义上的否定性评价。

虽然中国宪法文本中并不存在与上述德国《基本法》相同或类似的规定,但与"政党违宪"相类似的"社团违法"的法律问题却在我国的法律规范体系中亦有所体现。根据国务院1998年10月25日发布(2016年2月6日修订)的《社会团体登记管理条例》第30条的规定,社会团体如有本条第1款所列八种违法情形之一且情节严重的,[2]登记管理机关可以作出"撤销登记"的行政处罚决定。"撤销登记"是对社会团体的最为严厉的行政处罚,其与"吊销企业营业执照"相类似,本质上否定了该团体的法律意义上的权利能力和行为能力,也可以说是在法律上"消

---

① [德]齐佩利乌斯:《法学方法论》,金振豹译,法律出版社2009年版,第1页。

② 这八种违法情形是:(一)涂改、出租、出借《社会团体法人登记证书》,或者出租、出借社会团体印章的;(二)超出章程规定的宗旨和业务范围进行活动的;(三)拒不接受或者不按照规定接受监督检查的;(四)不按照规定办理变更登记的;(五)违反规定设立分支机构、代表机构,或者对分支机构、代表机构疏于管理,造成严重后果的;(六)从事营利性的经营活动的;(七)侵占、私分、挪用社会团体资产或者所接受的捐赠、资助的;(八)违反国家有关规定收取费用、筹集资金或者接受、使用捐赠、资助的。

灭"了该团体。但"撤销登记"行政处罚决定的作出,是以被撤销登记的社会团体实施了法律、法规明确规定的违法行为为前提,也就是说,"撤销登记"否定的是社会团体的合法资格,然其评价的对象却是社会团体所实施的可给予法律评价的行为。

因而,所谓的"主体违宪"本质上依然可解读为"行为违宪"。据此,将违宪的属概念确定为"行为"在逻辑上是周延的。

二、违宪行为之"行为"的法属性:公务行为

在选择、确定违宪的"属概念"时,我们还应回答下述问题:是否违宪主体实施的所有性质的行为均可成为合宪性评价的对象?从前引有关违宪概念定义的学说主张来看,该问题的答案基本上可分为两种:一是违宪主体实施的所有行为均可成为合宪性评价的对象;二是宪法仅规制相关权力或权利主体所实施的公务行为或政务活动,或如有论者所言之"行使职权职责过程中的行为"。[①]如果我们选择第二种答案,那么,在确定违宪的"属概念"时就可将"行为"进一步限缩为"公务行为"或"职权行为"。然而,这种选择是否具有宪法规范和宪法学理基础呢?

我国《宪法》序言最后一自然段规定:"……全国各族人民、一切国家机关和武装力量、各政党和各社会团体、各企业事业组织,都必须以宪法为根本的活动准则,并且负有维护宪法尊严、保证宪法实施的职责。"《宪法》第5条第4款规定:"一切国家机关和武装力量、各政党和各社会团体、各企业事业组织都必须遵守宪法和法律。一切违反宪法和法律的行为,必须予以追究。"

以上宪法规定似乎表明,我国宪法意欲规制的是"一切"有可能与宪法相抵触的行为,无论是公务行为抑或非公务行为,均属于宪法的调

---

① 马克敏:《关于违宪与违宪审查制度的法理思考》,《社会科学家》2008年第5期。

整对象。但是,如果从我国宪法第三章"国家机构"的内容来看,全国人大及其常委会、国家主席、国务院、中央军事委员会、地方各级人民代表大会及县级以上人大常委会、地方各级人民政府、监察委员会以及法院、检察院所实施的、宪法规制的行为均为公务行为,如立法、行政、司法行为等等,而所谓的"非公务行为"并非宪法调整的对象。

如果我们将违宪主体的范围扩张至"社会团体、企事业组织",由于这些组织体所实施的行为绝大部分并非公务行为而是以追求私人利益为目的的"私行为",那么,将违宪行为的"属概念"进一步限缩为"公务行为"是否是不可能的呢?其实,这样的可能性依然存在。理由是:即使我们承认"社会团体、企事业组织"具有违宪主体资格,但这种资格与这些主体所实施的行为性质紧密相关,也就是说,这些组织体只有在"代表国家承担社会管理、调控职能,行使公共权力的行为"时才具有违宪主体之资格。[①]

因此,将违宪的属概念确定为"公务行为"是可以成立的。[②]不过,在此尚须注意的是,"公务行为"不等同于"公法行为",亦不等同于"权力性行为"。

根据我国《民法典》第97条(《民法总则》第97条、《民法通则》第50条)的规定及一般公、私法学原理,国家机关可以机关法人(私法法人)的身份从事民事活动(私法行为),而在这种民事活动中,国家机关并未行使具有强制性的国家权力。尽管如此,国家机关工作人员在代表国家机关以该机关的名义实施民事行为时,其目的不在于追求个人的私益,而是为了实现国家机关的利益且最终服务于公共利益。因此,国家机关所实施的私法行为亦可视为公务行为。[③]然随之而来的问题

---

① 参见胡锦光、秦奥蕾:《论违宪主体》,《河南省政法管理干部学院学报》2004年第1期。不过,前文第二章已经在原则上否定了这些组织体的违宪主体资格。

② 如前所论,公民并不具有违宪主体资格。如承认公民亦可成为违宪主体,则违宪的属概念则不能限缩为"公务行为",因为公民所实施的、与宪法相抵触的行为主要是"私行为"。

③ 有学者将这种行为称为"私法上的职务行为",参见沈岿:《国家赔偿法:原理与案例》,北京大学出版社2011年版,第11页。

是,此种私法行为是否亦受宪法的规制或调整? 以下即以行政法学中的"私经济行政"(也称国库行政)是否受宪法(尤其是宪法基本权利)的拘束来说明和回答该问题。

在德国及我国台湾地区行政法学理论中,行政机关所实施的行政行为根据达成国家任务的方式不同被分为公权力行政和私经济行政。公权力行政,又可称为高权行政,是指行政机关基于国家统治权的权力而实施的、公民必须遵从的公权力行为。而私经济行政乃是行政机关立于私人的地位,利用私法方式来达成国家任务的行为。私经济行政一般又可分为辅助达成国家任务的行政辅助行为、行政以营利为目的的行政营利行为和利用私法方式来直接达成国家任务的行政私法行为。[①] 由于行政机关在实施行政辅助行为、行政营利行为和行政私法行为时同相对人处于平等之法律地位,所采用的行为手段亦是不具有强制力、支配力的私法方式(如合同等),因此,行政法中的一般原则(如依法行政、法律保留、比例原则等)及宪法基本权利是否对其具有拘束力,是一个颇值得斟酌、考量的问题。对该问题,学者的回答存在分歧。

一是完全肯定说。该说主张,所有私经济行政即行政辅助行为、行政营利行为和行政私法行为均受宪法基本权利之拘束。如我国台湾地区学者吴庚认为:"私经济行政在性质上仍属行政,宪法课以行政机关尊重国民之基本权利,并平等对待一切国民之义务,不因行政机关之行为方式而有根本之改变,一旦发生私法上行为与上述宪法义务不相符合时,自应以宪法义务之遵守为优先。"[②]翁岳生先生亦主张:"行政机关为私经济行政时,并非因其属于私法形态而完全免除公法

---

① 参见陈新民:《中国行政法学原理》,中国政法大学出版社2002年版,第18—19页。我国台湾地区学者翁岳生先生则是以行政行为所适用法规性质不同将行政行为划分为公权力行政和私经济行政。参见翁岳生编:《行政法》(上册),中国法制出版社2002年版,第22页以下。

② 吴庚:《行政法之理论与实用》(增订八版),中国人民大学出版社2005年版,第13页。

上的拘束,尤其是宪法保障基本权利的规定,对于私经济行政亦有拘束力。"①

二是有限肯定说。该说主张仅有行政私法行为受宪法基本权利之拘束,而"如属透过私法组织或其他机构从事营利行为、私法上之辅助行为或参与纯粹之交易行为则不直接受基本权利条款之羁束,仅生基本权利对第三人之效力问题。"②该说乃德国学者之通说,③且为我国台湾地区"司法院大法官"所接受。④

三是完全肯定但区别说。该说为我国台湾地区学者许宗力先生所主张,其认为,私经济行政不论其形态如何,皆应完全直接受宪法上基本权利的拘束。不过,应针对不同类型的国库行为,设定不同的审查标准。对于私法形式的给付行政,应如同公法行为般地受严格限制,其余两种类型,则可以采较为宽松的拘束标准。⑤

以上三种主张虽存有差异,但其共同点在于:行政机关利用私法手段以直接达成国家行政任务的行政私法行为受宪法基本权利的拘束。就此,我国内地学者亦有相同之主张。如高秦伟先生即认为:"就规范基础而言,行政私法应受到宪法上基本权利保障原则、行政法治原则以及其他一些行政法上的诸如诚信原则、平等原则、信赖保护原则、自我拘束原则、比例原则等的约束。"⑥

---

① 翁岳生编:《行政法》(上册),中国法制出版社2002年版,第28页。

② 吴庚:《行政法之理论与实用》(增订八版),中国人民大学出版社2005年版,第13页。

③ 德国学者毛雷尔即持此说,参见[德]哈特穆特·毛雷尔:《行政法学总论》,高家伟译,法律出版社2000年版,第38页。

④ 台湾地区"司法院大法官"释字第四五七号解释:"人民无分男女,在法律上一律平等;'国家'应促进两性地位之实质平等,'宪法'第七条暨'宪法'增修条文第十条第六项定有明文。'国家'机关为达成公行政任务,以私法形式所为之行为,并应遵循上开'宪法'之规定。"转引自吴庚:《行政法之理论与实用》(增订八版),中国人民大学出版社2005年版,第13页。

⑤ 转引自翁岳生编:《行政法》(上册),中国法制出版社2002年版,第28页脚注②。

⑥ 高秦伟:《行政私法及其法律控制》,《上海行政学院学报》2004年第4期。另可参见王太高、邹焕聪:《论给付行政中行政私法行为的法律约束》,《南京大学法律评论》(2008年春秋合卷),第45页。

在现代经济、社会条件下,国家的角色已经从传统、消极的"守夜人"转变成积极的"生存照顾者",秩序、安全的维持已经不是国家任务的唯一组成部分,生存照顾、各类社会福利、社会保障的给付业已成为国家必须完成的重要公共职责。与之相对应,传统的、具有支配性的高权手段业已不太适应全新的诸如生存给付、风险防范等任务的完成。正如德国学者格林所言:"对于塑造秩序和预防危机的任务来说,命令和强制就无法发挥同样的作用。这是因为,这些目标的实现,不能只靠诉诸于权力,而是依赖于许多其他资源,对于这些资源,国家本身无法提供,而且,也不能通过强制手段来调控。""一旦国家不能或者不允许使用命令和强制,它就必须转而诉诸间接生效的、非强制性手段,以履行所承担的任务。"[1]

但间接生效的、非强制性手段如私法手段的运用,并不能使以国家机关为直接行为主体的国家可通过"遁入私法"的方式以致免受宪法基本权利的拘束。"如果允许国家享有私人所享有的自由,而私人反过来则可以行使国家的统治手段,那么,宪政国就不再是宪政国了。"[2]因此,"即使以私法形式进行的行政活动,也必须以公共福祉为依归,与国家的宗旨相关联。"[3]

据此,"公务行为"既包括"公法行为"也包括国家机关所实施的"私法行为",其涵盖了公权力主体所实施的权力性、弱权力性乃至于非权力性的所有以公共利益的实现为宗旨的行为。也就是说,作为违宪"属概念"的公务行为乃是以维护、增进公共利益为目的的行为,

---

① [德]迪特儿·格林:《现代宪法的诞生、运作和前景》,刘刚译,法律出版社2010年版,第110、111页。间接的手段包括金钱、信息或说服的方式、扩大或缩小公共机构的职责范围、改变私人决策的法律框架条件等。

② [德]迪特儿·格林:《现代宪法的诞生、运作和前景》,刘刚译,法律出版社2010年版,第22页。

③ [德]G·平特纳:《德国普通行政法》,朱林译,中国政法大学出版社1999年版,第97页。已有国内学者对国家私法行为应受公法规范(尤其是宪法基本权利规范)的约束作了较为详细的论证,参见张翔:《基本权利在私法上效力的展开——以当代中国为背景》,《中外法学》2003年第5期。

无论该行为采取权力手段还是非权力手段,是适用公法抑或适用私法。

三、违宪概念的定义式表述

在解答了第一章所提的四个问题之后,在已有学说主张的基础上,通过借鉴违法(行为)、侵权行为、犯罪、行政违法等概念的定义式表达,我们可以将"违宪"定义为:特定公权力主体实施的、侵犯最高法效力的宪法规范所保护的利益且无正当化事由的公务行为。对这一表述,我们还需作如下几点说明:

第一,违宪的主体是特定公权力主体。如前文所论,根据违宪主体资格的四项界定标准,我国宪法秩序内的违宪主体包括:全国人大常委会、国务院、中央军事委员会、国家监察委员会、省级国家权力机关、设区市人大及其常委会、民族自治地方的人民代表大会、最高人民法院和最高人民检察院、由全国人大及其常委会负责罢免的国家工作人员。但在对"违宪"概念进行定义时,不可能将以上主体均予以罗列,这将违反逻辑学有关用"简洁、明确"的语句进行定义的要求。但又不能采取有些学者在表述违宪概念时省略违宪主体的那种做法,因为这将无法凸显违宪与其他相近概念尤其是违法在行为主体方面存在的差异。

那么,我们在定义"违宪"时,应如何表述违宪主体呢?几经斟酌,我们决定选用"特定公权力主体"来指称违宪主体。作出如此决定的缘由是:根据《监察法》第1条和第3条的规定,所有行使公权力的公职人员均是监察委员会的监察对象。很明显的是,监察委员会的监察对象已经不限于行使"国家权力"的公职人员,还包括那些行使无法为"国家权力"概念所涵盖的"公权力"的公职人员(如法律、法规授权或者受国家机关依法委托管理公共事务的组织中从事公务的人员）。①因此，虽然前文所列的违宪主体均为国家机关和国家工作人员，其所行使的权力乃为"国家权力"，但国家权力的"下放"及社会组织"承接"国家权力并转变为公共权力是社会发展的必然趋势。同时我们也无法完全排除全国人大及其常委会对非由其选举或决定产生的机关或人员实施的公务行为进行合宪性审查的可能性（这一点前文已有指出）。此外，有鉴于当前的合宪性审查实践以及由全国人大及其常委会对社会团体等非国家机关组织实施合宪性审查存在的诸多繁杂以及较难回答的问题，我们在表述违宪主体时又需对其范围作出一定的限定。故此，在定义违宪概念时，便可将违宪主体表述为"特定公权力主体"。

第二，违宪固然是违反"宪法"的行为，但鉴于宪法表现形式的多样以及成文宪法典中包含有"叙述事实"的内容，因此，我们不得不较繁琐地将违宪之"宪"表述为"最高法效力的宪法规范"。这种表述意在强调：违宪之"宪"必须是具有最高法律效力的，无论其表现为成文宪法典还是宪法惯例抑或其他宪法形式；同时，违宪之"宪"是一种"当为"命令，是应然规范而非实然事实，无论其使用的是何种语句表达方式。

此外，根据第一章所梳理的有关违宪概念的各种学说或主张的表述来看，如果违宪的评价依据是宪法，那么在对违宪概念进行定义时，是否需要对"宪法"本身作进一步的具体化，即将其细化为"宪法的精神、原则及具体规定"或"宪法的原则或内容"？笔者认为，这完全没有必要，理由在于：从逻辑学的角度来讲，用以揭示概念之内涵的定义语句应该是"简洁、明确"的。表面上看，上述"宪法的细化表述"相较于

①《中华人民共和国监察法》第15条规定：监察机关对下列公职人员和有关人员进行监察：（一）中国共产党机关、人民代表大会及其常务委员会机关、人民政府、监察委员会、人民法院、人民检察院、中国人民政治协商会议各级委员会机关、民主党派机关和工商业联合会机关的公务员，以及参照《中华人民共和国公务员法》管理的人员；（二）法律、法规授权或者受国家机关依法委托管理公共事务的组织中从事公务的人员；（三）国有企业管理人员；（四）公办的教育、科研、文化、医疗卫生、体育等单位中从事管理的人员；（五）基层群众性自治组织中从事管理的人员；（六）其他依法履行公职的人员。

"宪法"而言更为明确,但事实上,却使得问题更为复杂。因为,在将宪法原则与宪法规则适用于宪法判断时,两者之间及其不同的原则、规则之间的关系错综复杂,仅依赖一个定义是根本无法解释清楚的。且在违宪概念的定义中采用"宪法的细化表述",反而会引发一连串的疑问:宪法的精神、原则、具体规定分别何指?[①]三者在宪法判断中是否处于同一"位阶"?某规范性文件仅抵触了宪法的具体规定,但却符合宪法的原则、精神,那么判断的结论究竟是合宪还是违宪?[②]

事实上,从前引我国法理学者有关"违法"概念的定义来看,也未将"法律"具体化为"法律的精神、原则和规则(具体规定)",而是以"现行法律""法律规定"等笼统称之。我们认为,在违法概念的定义中未将"法律"具体化的最主要肇因之一就在于:法理学通说认为,法律概念、法律规则和法律原则是构成法律(规范)的三大基本要素,[③]因而违法既包括违反法律规则也包括违反法律原则对于法律人而言并无任何理解上的障碍,所谓的"具体化"反倒成为"画蛇添足"之举。

第三,违宪是一种规范评价和价值评价相统一的社会现象。为了使这种主观意义颇强的评价行为具有客观性,我们就应建构一种具有

---

① 《立法法》第5条规定"立法应当符合宪法的规定、原则和精神"。但现行宪法文本并未明确指出哪些规定属于"宪法原则",全国人大常委会也未通过宪法解释的方式明确宪法原则的具体内容。至于宪法精神,则是"具有抽象特征的宪法观念,自身的确定性较弱,不易形成明确的合宪性审查标准。"参见莫纪宏:《依宪立法原则与合宪性审查》,《中国社会科学》2020年第11期。鉴于此,在违宪概念的定义中,更不适宜对"宪法"进行具体的、细化表达。

② 后文第七章有关"良性违宪"学说史的梳理,就在某个侧面反映出宪法精神、宪法原则、宪法规则等宪法规范要素在合宪性判断中是否存在效力位阶的问题。根据沈岿先生的意见,即使宪法原则与宪法规则之间存在派生关系,但该关系"并不等同于法律效力位阶关系",宪法原则和宪法规则属于同一法律位阶,违反其中任何一类规范,都应被视作违宪。参见沈岿:《宪法规范层次论:一种解释方法》,《清华法学》2012年第5期。不过,在韩大元先生看来,反映宪法精神、体现宪法目的的宪法基本原则与其他宪法规范在效力上具有"上下位阶关系",宪法基本原则是"宪法根本规范",效力上高于其他宪法规范("宪法律")。参见韩大元、张翔等:《宪法解释程序研究》,中国人民大学出版社2016年版,第16页。

③ 参见张文显主编:《法理学》(第二版),高等教育出版社2003年版,第87页以下。另可参见公丕祥主编:《法理学》(第二版),复旦大学出版社2008年版,第243页以下;孙笑侠主编:《法理学》(第三版),中国政法大学出版社2008年版,第54页以下。

指引性和可操作性的理论,而这便是前文所述的违宪构成理论。根据"双层式"违宪构成理论的基本主张,违宪构成要素是由积极构成要素和消极构成要素有机组成的,前者具有违宪证明作用,后者发挥的却是合宪论证功能。而合宪论证其实在某种意义上讲就是使公权力主体实施的侵犯宪法利益的公务行为正当化。因此,在定义违宪概念时,我们便可将作为定义项的违宪构成要素表述为"侵犯宪法所保护的利益且无正当化事由"。

此外,还有一点值得指出的是,本书在对违宪概念作出如上界定时,并未像民法学或法理学在定义侵权行为或违法行为时还使用了"承担民事责任"或"承担法律责任"这一定义项。主要理由在于:违宪仅是违宪责任承担的一项必要条件,而非充分条件,也就是说,特定公权力主体实施了违宪行为并不必然意味着其要承担违宪责任。"违宪行为一般要引起违宪责任,受到违宪制裁,但不是每一个违宪行为都引起违宪责任,引起违宪责任的也不一定必然受到制裁。"[①]

最后,尽管我们可将违宪概念界定为"特定公权力主体实施的、侵犯最高法效力的宪法规范所保护的利益且无正当化事由的公务行为",但基于"对象难以辨认,构思器官不完善,传达思想的手段的不合适",这种定义不可避免会出现"含糊和不正确的情况"。[②]此外,诚如美国联邦最高法院大法官霍姆斯所言:"一个词不是一块水晶,透明而固定不变,它是一个活思想的外壳,其色彩和内容可因使用的环境和时间而千变万化。"[③]因此,对于违宪现象的认识,不仅需要从逻辑上进行概念式

---

① 肖北庚:《违宪责任论略》,《湖南公安高等专科学校学报》2001年第4期。

② 参见[美]汉密尔顿、杰伊、麦迪逊:《联邦党人文集》,程逢如、在汉、舒逊译,商务印书馆1980年版(2015年印刷),第210页。另外,日本行政法学家中西又三先生对概念的定义方法之局限性作了重要的提醒,这亦值得我们注意:"概念的定义在明确某些事物的特点时,具有将不包含该概念构成要素的事物从以该概念把握的事物中排除的功能。"参见[日]中西又三:《日本行政法》,江利红译,北京大学出版社2020年版,第8页。

③ [美]斯坦利·I.库特勒编著:《最高法院与宪法——美国宪法史上重要判例选读》,朱曾汶、林铮译,商务印书馆2006年版,第637页。

的梳理,还需要从学说史、制度史等历史视角进行细致地考察,以达到逻辑与历史的统一。

四、违宪概念与违宪构成

我国刑法学者在阐释犯罪构成与犯罪概念之间的关系时主张:"犯罪概念是从总体上划清罪与非罪的界限,而犯罪构成则是分清罪与非罪、此罪与彼罪界限的具体标准。"①或者说,"犯罪概念是对犯罪之本质属性的高度抽象,而犯罪构成是对犯罪之基本条件的总体概括。"②这种主张是否可直接套用于解释违宪构成与违宪概念的关系之上呢?

我们认为,这种简单的套用是行不通的也是不恰当的。个中缘由主要在于:

第一,刑法学界对犯罪构成与犯罪概念的关系之所以能形成上述主张,其前提和基础乃是建立在其对犯罪概念和犯罪构成概念的如下表述上:犯罪是触犯刑法应受刑罚处罚的危害社会的行为,严重的社会危害性是犯罪的本质属性;而犯罪构成是我国刑法所规定的、决定某一行为成立犯罪所必需的一切客观要件和主观要件的总和或有机统一体。与之相异的是,笔者主张违宪构成是解释"抵触宪法"的理论模式,③而前文对违宪概念的界定则是:特定公权力主体实施的、侵犯最高法效力的宪法规范所保护的利益且无正当化事由的公务行为。

第二,虽然违宪的积极构成要素(侵犯宪法所保护的利益)和消极构成要素(正当化事由或者说违宪阻却事由)均被列为违宪概念的定义项,我们可通过分析违宪概念便可归纳出违宪的构成要素;但是这种对

---

① 高铭暄、马克昌主编:《刑法学》(第五版),北京大学出版社、高等教育出版社2011年版,第49页。

② 参见冯亚东:《犯罪概念与犯罪客体之功能辨析——以司法客观过程为视角的分析》,《中外法学》2008年第4期。

③ 参见拙著:《违宪构成研究》,同济大学出版社2019年版,第40页以下。

违宪构成要素的表述是简略的、抽象的,各要素的各自涵义及在违宪判断中所具有的功能均须进一步阐释。而违宪构成作为解释"抵触宪法"的理论模式,其具体的功能便在于逐一列示违宪的各项构成要素,并对其内涵作进一步的解释,同时明晰各构成要素在违宪判断中的具体地位及其相互之间的逻辑关系,以对违宪判断发挥"路径导向"功能。据此,在这种意义上,违宪概念是对违宪构成要素的简单、抽象描述;而违宪构成则是对违宪构成要素的具体的且具层次性、逻辑性的描述。

第三,由于违宪的属概念是"公务行为",而违宪构成的属概念是"理论模式",因此,二者是具有不同本质属性的事物。而且,就违宪判断的整个过程而言,违宪是在对特定公权力主体所实施的公务行为进行合宪性评价后所得出的一种判断结果;而违宪构成则是指导宪法判断以得出正确结论——合宪、违宪均有可能——的理论模式。在这个过程中,违宪构成在逻辑上先于违宪,是连接违宪审查对象与宪法规范的"理论桥梁"。

第六章　违宪与相关概念的辨析

小引:"违宪"与"违反宪法"

对违宪概念进行定义式的界说只是认识违宪现象、解析违宪概念的第一步,尽管是重要的、基础的一步。将违宪概念与相近的且在理论和实践中容易混淆的概念作一深入的比较,以明了概念之间的相互联系和区别,可以进一步深化对违宪的认识,也可以进一步检验前述定义的合理性,同时对于实践中违宪问题的处理亦颇有裨益。

在这些相近概念中,尤其值得比较的是"违宪"与"违法""不适当"等概念之间的逻辑联系。故此,本章第一节试从评价过程和评价结果两个维度对"违宪"和"违法"的差异作一细致地分析;第二节则对"不适当"与"违宪"的区别和联系作一深入地探讨。不过,在进入"正题"之前,有必要对"违宪"和"违反宪法"这两种语词表述的关系作一简要的分析,因为,我国学者对该问题的解释和回答存在不同的意见。

在有的学者看来,"违宪是违反宪法的简称";①但有些学者却并不认同这种说法,他(她)们主张应该区别"违宪"和"违反宪法",两者不能相等同。根据其阐述的细微差异,这种"区别论"大致有以下几种表述:

---

① 郭春涛:《论违宪》,《徐州师范大学学报》(哲学社会科学版)1997年第1期。另可参见杨晓静:《我国违宪审查模式选择与制度构建》,黑龙江大学硕士学位论文,2005年6月,第2页。

其一,有论者提出,对于什么是违宪,不能顾名思义地用"是违反宪法的行为"去解释,其具有特定的涵义。[①]在之后的文章中,该论者与合作者对"违宪"和"违反宪法"的逻辑关系作出如下详细的阐释:"违宪和违反宪法本不是一回事,二者之间虽有联系,但却是有区别的。""违宪和违反宪法各有自己的特定含义、主体和对象等。违反宪法的行为不全是违宪行为,只有那些特定国家机关和官员在特定事项上违反了宪法,才称得上违宪,其他的国家机关和工作人员,以至于政党、社会团体、企事业组织和公民的违反宪法的行为,不能视为违宪。""另外,违宪是通过违宪审查机关依法定权限,按违宪审查程序来纠正的;而对违反宪法的行为,则是通过有宪法实施监督权的机关,依法定权限,按宪法实施的监督程序来保障宪法在国家现实生活中得到实现。"[②]

其二,有学者撰文指出,应该把"违宪"与"违反宪法的行为"区别开来,违反宪法的行为可分为违宪行为(即违反宪法的法律、法规以及国家机关领导人的违宪行为)与违法行为(即指一般的违法行为),不能把"违宪"简单地理解为"违反宪法的行为"。[③]

其三,有学者则"从建立我国违宪审查制度出发","将规范性文件同宪法相抵触称之为违宪的一般含义。以此为基准来划分违宪和违反宪法:把规范性文件对宪法关系的侵害归入违宪;而把国家机关及其工作人员、各政党、社会团体、各企事业组织和公民对宪法关系侵害的行为归入违反宪法。"根据这种区分,该学者还主张:"宪法监督权与违宪审查权不是一种包含关系,而是一种对称关系,是两个各有其特定内涵

---

① 参见王才松:《浅议违宪和对违宪的监督审查》,《东北师大学报》(哲学社会科学版)1986年第3期。另可参见许崇德、杨炳芝、李春霖总主编,肖蔚云、周恩惠主编:《中华人民共和国法律大百科全书:宪法卷》,河北人民出版社1999年版,第46页。

② 王才松、宫玉春:《试论违宪和违宪审查程序》,《东北师大学报》(哲学社会科学版)1992年第1期。

③ 参见王世茹:《我国违宪审查制度初探》,《山西大学学报》(哲学社会科学版)1991年第4期;王士如、魏佩芬:《关于设立双重违宪审查制度的思考》,《晋阳学刊》1999年第4期。

的概念：……违宪由违宪审查权管辖,违反宪法则由宪法监督权管辖。"①

　　从以上三种"区别论"的主张来看,"违宪"和"违反宪法"的主要差异在于：(1)"违宪"的主体是特定的,是为"特定的国家机关和官员"("区别论"的三种观点在表述特定主体的范围方面也存在分歧),而"违反宪法"的主体是非特定的、是宽泛的,也可以说所有"违法的主体"均可以成为"违反宪法"的主体；(2)"违宪"只能通过违宪审查程序予以纠正,而"违反宪法"的行为却是通过宪法监督程序予以查究的。

　　事实上,在"区别论"看来,"违反宪法"本质上乃是"违法",且是一种广义上的"违法",或者说,"违反宪法"中的"宪法"指称的范围乃是一国法律体系的所有组成部分,不限于成文宪法典,还包括法律、法规等所有法律规范性文件。

　　我们认为,将"违宪"与"违反宪法"进行区别对待、硬性地予以界分的做法是不妥当的,可以说纯属"文字游戏"："违宪"之"宪"与"违反宪法"中的"宪法"指称的对象应该是同一的。正如下文所论,"违宪"和"违法"是两个特定的、独立的范畴,违宪不含违法,违法也不包括违宪。只要承认这一点,"违反宪法"中的"宪法"就是一国法律秩序体系中具有最高法律效力的法规性文件,而不可能涵括其他效力等级的法律规范。如此,"违宪乃违反宪法的简称"的命题便可成立。此外,虽然我们可以在某种意义上将违宪审查和宪法监督进行区分,但在规范意义上,将二者视为同一概念的不同称谓也不是不可以："就宪法监督而论,其与违宪审查的涵义是相同的。"②所以,为了区分"违宪"和"违反宪法",在没有坚实的规范和理论依据的情况下,将前者归于"违宪审查",后者归入"宪法监督"是武断的、恣意的。其实,如果不"咬文嚼字",玩弄"文字游戏",就常识而言,在公众的眼中,违宪不就是"违反

---

① 沈延志：《对违宪及违宪审查问题的几点思考》,《辽宁教育学院学报》1996年第1期。
② 胡锦光：《违宪审查与相关概念辨析》,《法学杂志》2006年第4期。

宪法"吗？①

第一节　违宪与违法的差异

　　"违宪和违法的含义以及彼此的关系,是一个基础性命题,把这个命题研究认识清楚了,对于如何认识违宪问题的性质,在什么样的层面上处理违宪问题,以及处理违法问题对于解决违宪问题的作用,都具有重要意义。"可惜的是,对于这一基础性命题,"理论中缺乏深入研究,也未达成共识"。②违宪与违法之间的纠缠不清,不仅将造成理论上的混乱和迷失(如前文所述区别"违宪"和"违反宪法"的观点),而且无益于今后以宪法和法律委员会为主要审查机构的合宪性审查实践。事实上,在理论和实践中,已经出现了"强将违法说成违宪"的现象:"过去几年,我国法学者和法律工作者程度不同地都有将普通法律纠纷往宪法案件上挂靠、将违法问题上升为违宪问题的倾向。现在和今后都要防止为了寻找启动违宪审查机制的契机而强说违宪、生造宪法案件、将违反普通法律说成违宪的种种事情出现。这类做法往往造成事与愿违的负面效果。"③且如下文所述,现有宪法学理论在违宪与违法逻辑关系阐释上的分歧更决定了我们必须在理论上廓清违宪和违法两个概念之间的逻辑关系及其差异。④

---

　　① "对一个概念下定义的任何企图,必须要将表示该概念的这个词的通常用法当作它的出发点。"参见[奥]凯尔森:《法与国家的一般理论》,沈宗灵译,商务印书馆2013年版,第31页。我们相信,"违反宪法"就是违宪概念的通常用法;违宪之"宪"与违反宪法中的"宪法"乃同一事物。

　　② 参见刘松山:《健全宪法实施和监督制度若干重大问题研究》,中国人民大学出版社2019年版,第93页。

　　③ 童之伟、姜光文:《日本的违宪审查制及其启示》,《法学评论》2005年第4期。

　　④ 有的学者对"违宪与违法"的对立概念即"守宪和守法"的差异进行了研析,参见徐祥民:《运行的宪法》,北京大学出版社2015年版,第132页以下。

一、差异之因：违宪与违法的矛盾关系

在逻辑学的视域中,辨析概念之间的差异,首先得明确概念之间存在何种逻辑关系。一般认为,概念(外延)之间的逻辑关系主要分为兼容关系和不兼容关系,而前者又可进一步分为同一关系、包含关系和交叉关系,后者则可分为全异关系、矛盾关系和反对关系。[①]就有关违宪与违法的逻辑联系,既有的论述绝大多数主张二者乃包含关系,只不过在"谁包含谁"的问题上存在分歧:

(1)违法包含违宪。如在法理学中,有论者在论述违法的种类时认为:"根据各种违法行为所违反的法律的类别或者性质,可以把违法划分为违宪行为、民事违法、刑事违法和行政违法等。"[②]"违宪是最严重的违法",[③]"违宪都是违法,但是违法并非都违宪"等命题亦体现了此种主张。[④]

(2)违宪包含违法。有的学者提出:"一切违反法律的行为,归根结蒂是违宪的行为。"[⑤]另有宪法学者在解说违宪的类型时,则主张根据违宪方式的不同,将违宪划分为直接违宪和间接违宪。其中,"直接违宪是直接与宪法的原则、精神和具体规定相抵触。间接违宪是违背一般法律的行为。"[⑥]

上述两种截然相异的观点似乎都具有合理的论证理由:若认为宪

[①] 南开大学哲学系逻辑学教研室编著:《逻辑学基础教程》(第二版),南开大学出版社2008年版,第29页以下。

[②] 葛洪义主编:《法理学》(第二版),中国政法大学出版社2012年版,第371页。

[③] 参见韩大元:《宪法学基础理论》,中国政法大学出版社2008年版,第486页。

[④] 参见王振民:《中国违宪审查制度》,中国政法大学出版社2004年版,第41—42页。

[⑤] 刘景欣:《论中国宪法监督体制》,《内蒙古大学学报》(哲学社会科学版)1992年第1期。有的学者认为,由于普通法律、法规等都是根据宪法的原则和精神制定的,因此违法必然违宪;但违宪未必违法,因为宪法上规定了的,普通法律上未必有规定。参见李西彦、张征、费京润等编:《中国宪法学概论》,西北大学出版社1991年版,第402页。

[⑥] 郭春涛:《论违宪》,《徐州师范大学学报》(哲学社会科学版)1997年第1期。

法是法的一种、宪法是法律的法律,则势必会得出"违法包含违宪"的结论;若主张宪法是母法、其他法律乃子法,违背子法亦在间接意义上违背了作为母法的宪法,自然会得出"违宪包含违法"的结论。①

也许正是基于"违宪包含违法"且"违法包含违宪"的互相包含关系,有论者提出了违宪与违法的逻辑关系乃是同一关系的主张。其解释道:"就本质属性来讲,宪法仍然是法,也是法的一种,从这一概念来讲,违宪也就是违法。""但是,宪法是根本法,是母法,是国家日常立法活动的基础,众多的普通法律、法规等都是根据宪法的原则和精神制定的。因此,违法就必然违宪。"②可以说,"违法必定违宪,而违宪也一定违法"③的命题正是这种主张的典型表述。

基于不同的认识视角,在对违宪与违法的各自内涵和外延作出不同界定的基础上,上引三种有关违宪与违法的包含、同一关系主张似乎均可成立。但是,无论是违宪包含违法、抑或违法包含违宪,或者二者同一,均无助于法律实践中宪法和法律问题的各自有效解决,在某种程度上反而可能会出现一种"两败俱伤"的局面(如上引学者的警示)。有鉴于此,我们必须跳出违宪与违法的关系乃包含、同一关系的"窠臼",从宪法和法律的各自产生历史、调整对象、基本精神和功能等维度重新确立二者的逻辑关系,亦即以"矛盾关系取代包含、同一关系"。违宪与

---

① 刘松山先生主张违法和违宪的区别不是绝对的,"在一些特殊情况下,违法行为实际上也就是违宪行为",其理由是:当一个行为(如国家机关及其负责人或者政党及其领导人的行为)严重违反了法律,同时也违背了宪法,造成了恶劣的后果,虽然可以通过违法处理的程序予以处理,但由于该违法行为具有了挑战宪法权威和尊严的恶劣影响,所以,就应当视为违宪行为。参见刘松山:《地方人大及其常委会保证宪法实施的地位和作用》,《法学论坛》2009年第3期。在另一篇文章中,刘松山先生则对违宪和违法的区别标准进行了研讨,认为二者的区别标准可"以是否直接执行宪法而定""以能否通过普通的违法处理程序加以解决而定",不过,其还是主张"一些极端的违法行为应归为违宪"。参见刘松山:《健全宪法监督制度之若干设想》,《法学》2015年第4期。

② 张征:《宪法保障与违宪问题》,陕西人民出版社1988年版,第45页。

③ 曹玉宗:《关于违法行为的类别、相互关系及其与违宪行为的关系》,《思想政治课教学》2012年第12期。而林来梵先生则从法理逻辑角度论证提出,通常所说的"违宪必然违法,违法未必违宪"是值得斟酌的,真正准确的命题应该表述为:"违宪必然违法,违法或亦违宪"。参见林来梵:《合宪性审查的宪法政策论思考》,《法律科学》2018年第2期。

违法的逻辑关系是矛盾关系的命题具有如下两个方面的涵义：①

其一，违宪与违法是两个不同的概念，其在外延上没有重合之处，并且在实在法秩序之内，二者共同构成了"违反实在法"这一属概念的全部外延。于此须指出的是，"违宪"概念中的"宪"是指在一国法律体系内具有最高法律效力的宪法（主要为成文宪法典和具有最高法律效力的宪法惯例），②其并不包含不具有最高法律效力的宪法性法律、宪法判例、宪法解释等宪法形式。③而"违法"中的"法"则是指法律以下的法规范性文件，在我国即为《立法法》所规定的法律、行政法规、监察法规、地方性法规、自治条例和单行条例、规章与军事法规、军事规章，以及与这些法规范性文件具有同等效力的法解释。④此外，违宪之"宪"和违法之"法"的上位概念（即属概念）是为"实在法"（即国家制定和认可的法规范性文件），而非涵括了自然法、神法等具有不同历史来源、表现形式和法律效力的各类型"法"。在作出如此框定的前提和基础上，我们便可说一国实在法包括具有最高法律效力的宪法和低于宪法且具有不同法律效力等级的法律（广义上）两个部分；而违反实在法便由违宪和违法两个具有不同内涵和外延的概念所组成。

其二，基于违宪与违法是两个相互矛盾的概念，因此，在法律实践中，我们不能说某种行为是违法行为但同时又是间接违宪行为，也不能谓某种违宪行为在广义上又是违法行为。易言之，宪法学人通常所言之直接违宪和间接违宪、广义违宪和狭义违宪的违宪类型，在违宪与违法的逻辑关系乃矛盾关系的语境下是不能成立的。事实上，为了理顺合法性审查机制和合宪性审查机制之间的关系及其衔接，更好、更有效

---

① 概念间的矛盾关系是指两个概念的外延完全不同，并且它们的外延之和等于其属概念的全部外延。参见南开大学哲学系逻辑学教研室编著：《逻辑学基础教程》（第二版），南开大学出版社2008年版，第32页。

② 参见前文第三章第一、二节的相关论述。

③ 参见前文第三章第二节的相关论述。

④ 参见《立法法》第2条、第53条、第117条、第118条；《全国人民代表大会常务委员会关于加强法律解释工作的决议》（1981年）。

地解决违宪和违法问题,从而实现社会秩序等公共利益的维持和增进以及公民等权利主体合法权益保护的"双赢",我们所要做的应该是"违宪的归违宪,违法的归违法"。

当然,我们在解析了违宪与违法的矛盾关系之涵义后,必须阐释和回答为何违宪和违法的逻辑关系(应)是矛盾关系而非包含、同一关系。个中原因主要可归结为如下四个方面:

第一,法律和宪法的不同发生史、调整对象和手段、基本精神与功能决定了违宪与违法是两种具有不同意义的法现象。

当我们的目光越过原始氏族社会而直接聚焦于国家产生后的中、西阶级社会,我们可发现,无论将法律视为一种统治阶级压迫被统治阶级并在有限程度上维护和促进社会公共利益的"统治工具",还是将其奉为体现秩序、平等、自由、公平等价值理念的"正义之剑",法律都是政治、经济和社会生活中不可缺少的"必需品",其与国家同时产生,亦将与国家治理"形影不离"。反观宪法,尽管学界对其起源的具体时间尚存在不同认识,但将1787年美国联邦宪法视为世界上第一部成文宪法乃处于通说地位,故此,我们可以说:成文宪法是资产阶级革命的产物,其并不是与国家相伴相随的,国家产生后的阶级社会在较长时间内并不存在宪法统治。据此,以下结论的得出乃顺理成章之事:违法现象自国家产生之后便自始存在,而违宪则是在成文宪法产生后才会出现的法现象。[①]

法律和宪法的不同发生史决定了其具有各自不同的历史使命:法律通过设定权利规范和义务规范界分社会关系主体各自的权利和义务,并在权利主体滥用权利、义务主体不履行义务时运用法律责任手段恢复受到破坏的法律关系,从而达到维护社会秩序和巩固政治统治的治理目的。据此,法律的调整对象是为公民等主体之间的社会关系,调

[①] 在英国这种不成文宪法国家,基于议会主权原则,法律"违宪"现象基本上是不存在的;即使在1998年《人权法案》通过之后此种现象似乎有所改变,但其与成文宪法国家实行的违宪审查亦不可同日而语。

整手段则为权利、义务和法律责任。而为了实现法律治理的使命,法律需要国家权力的"保驾护航"。易言之,没有国家强制力的保障,所谓的法律便缺损了其他社会规范所不具有的"法律效力",欲通过法律的治理形成法治社会的目标亦不可能在根本上完全实现。于是,我们可以说,在法律治理中,国家(以国家机关为代表)充当了"监管者"的角色,其"凌驾于"社会之上,控制和引导着社会的发展方向和进程。

而宪法则是通过组织规范和权利规范调整国家(以国家机关为代表)和公民等基本权利主体之间的关系,其运用职权分配、权力限制、追究宪法责任等手段规范国家权力的配置和行使,并借此维护公民等主体所享有的基本权利。由此,在宪法治理中,国家机关等公权力主体并不处于"监管者"的地位,反而成为宪法规范直接约束的对象,是宪法义务的主要承担者。在宪法的"眼"中,国家是社会的"异化"之物,其与社会处于一种"对立"状态。这就决定了作为法律后盾的"国家强制力"恰恰是宪法防范的对象,宪法效力发挥程度的大小与国家权力的强弱处于一种反比例关系中:宪法效力强,国家权力弱;宪法效力弱,国家权力强。[1]正是法律和宪法在基本精神和功能、调整对象和手段等方面的差异决定了宪法规范"不是法律规范,也不是特殊的法律规范"。[2]由此,我们可以说违法和违宪是两个具有不同法内涵的概念:违法是法律关系主体违反权利、义务规范而须承担法律责任的行为;而违宪则是国家机关等公权力主体违反组织规范和权利规范而须承担宪法责任的行为。

第二,法律和宪法所反映的意志不同亦导致违法和违宪的根本性

---

[1] 对此,德国学者作了精辟的阐述:"法律以有组织的国家强制力为后盾,因此违法行为将遭受国家制裁,但宪法却没有这种保护,因为宪法自身就是以规范最高权力为目标。也就是说,对宪法而言,规范对象同时又是规范保障者。在出现违反宪法的情况下,没有一种更高的权力可以强制执行宪法的要求。正是在这里,体现出最高位阶法律的内在弱点。"参见[德]迪特儿·格林:《现代宪法的诞生、运作和前景》,刘刚译,法律出版社2010年版,第18页。

[2] 胡锦光、任端平:《论宪法的救济》,《人大法律评论》2001年卷第二辑,第272页。

差异。

虽然我们可以说法律和宪法均是统治阶级意志的体现,但是从其各自产生的程序来看,法律尤其是制定法乃立法机关的"作品",其反映的是立法者的意志。尽管在民主法治社会立法者是通过选举产生的,在立法程序中亦会引入某种形式的公众参与,但我们很难说法律完全反映了全体人民的意志,这从立法机关可以全体成员的二分之一多数通过一部法律便可窥一斑。而作为国家根本法的宪法,其可被视为统治者和被统治者之间所达成的契约(社会契约论的视角),亦可被认作全体人民通过制宪程序就社会资源的分配达成妥协的产物。因此,宪法是人民的"作品",反映的是人民的意志。美国联邦宪法和1946年日本国宪法的下述规定可谓典型例证:(1)我们合众国人民,……特为美利坚合众国制定本宪法(美国宪法序言);(2)日本国民通过正式选出的国会代表而行动,……兹宣布主权属于国民,并确定本宪法(日本国宪法序言)。事实上,宪法至上性不仅仅取决于其内容体现了"一种实质性的、永恒不变的正义",也基于其"根植于人民的意志"。①正是宪法和法律所体现的意志不同,才决定了宪法是"法律之上的法律",在效力和作用上,"宪法与法律相较,以宪法为准;人民与其代表相较,以人民的意志为准"。②宪法控制着法律的价值倾向和历史发展方向。所以,我们可以说:违宪的本质在于其违反了"人民的意志",体现了宪法至上的价值选择,而违法的本质在于其抵触了"立法者的意志",在现代民主国家反映的是"议会至上"或"法律优先"。

第三,违宪和违法的"包含、同一"使二者丧失了各自的"内在规定性",从而使我国的法律和宪法实施(尤其是后者)走向了一条"死胡同"。

---

① 参见 [美]爱德华·S·考文:《美国宪法的"高级法"背景》,强世功译,生活·读书·新知三联书店1996年版,第Ⅳ页。

② [美]汉密尔顿、杰伊、麦迪逊:《联邦党人文集》,程逢如、在汉、舒逊译,商务印书馆1980年版(2015年印刷),第455页。

违宪也是违法,违法必定违宪。如此的表述使我们陷入"迷途":若违宪亦是违法,则违宪者便应与违法者一样须承受不利性的法律后果(如人身、财产的剥夺和限制);但宪法规范的特殊性(有些论者将此表述为"弱制裁性")又使此种推论极为勉强。若违法必定违宪,则又将使违宪无所不包,所有的社会主体均将成为违宪主体、所有的违法行为亦将是违宪行为,岂不荒唐。①从管辖的角度而言,主张宪法也是法律、违宪便是违法,便可顺理成章地论证我国法院尤其是最高法院应享有违宪审查权,就如同美国同行一样,可在具体的民事、刑事等个案中审查法律的合宪性;而主张违法必定违宪,同样可以论证得出我国法院享有审理宪法案件的权力,因为对违法的制裁便是对违宪的制裁,通过违法制裁亦可实现宪法的效力。

"违法必定违宪,违宪也是违法"的循环表述或论证不仅使违法的内核模糊不清,更使违宪的内在规定性消弭于无形,从而导致一种"轻言违宪"或如学者所言的"直把杭州(违法)当汴州(违宪)"的现象:"一些简单的违反法律、法规的案件被当作违宪案件的典型来宣传,一些应当属于合法性审查的案件被当作合宪性审查来讨论"。②同时,尽管我们可以理解论证我国法院(应)享有违宪审查权论者的良苦用心,但是我们却无法忽略我们自身的"体制内的内在参与者"角色:法院可以管辖违法行为,但却对违宪无能为力,因为违宪是由全国人大及其常委会"专属管辖"的。其实,宪法是宪法,法律是法律;违宪并非违法,违法亦非违宪。我们不能因为违宪在实践中的广泛存在但却未受到正式追究和制裁便将"违宪强扭成违法"从而欲通过法院实现制裁违宪的目的,也不能因为违宪行为纠正和制裁的差强人意而将"违法强扭成违宪"从

---

① 此种荒唐在20世纪50年代便有人提出:"比如说,宪法上规定要爱护公共财物,有人不小心碰碎了公家一个茶杯。如果一定要说这就是'违宪',不能说全然没有'道理'。可是果真如此,岂不是大家一举手、一投足都有'违宪'的可能? 岂不是宪法成为不是保护人民、倒是捆住人民手足的一条绳子?"参见些如:《话说"违宪"》,《人民文学》1957年第3期。

② 刘松山:《宪法监督与司法改革》,知识产权出版社2015年版,第20页。

而论证我国宪法已经通过其他方式而非正式的合宪性审查程序得到了某种意义上的实现。

第四,宪法和法律"质的同一"决定了违宪与违法的逻辑关系并非全异和对立关系,而是矛盾关系。

前文三点论证已经说明违宪和违法的逻辑关系不可能是兼容关系(含同一、包含和交叉关系),而是不兼容关系。但在不兼容关系中,违宪和违法究竟是全异关系(两个概念的外延没有任何重合且没有相同的属概念)、矛盾关系还是对立关系(两个概念的外延没有重合且它们的外延之和小于属概念的外延)?

尽管宪法和法律具有不同的发生史和历史使命、反映了不同主体的意志,但宪法和法律却具有如下"质的同一性":其均不同于道德、宗教等社会规范,而是受制于一定社会物质生活条件的、反映或集中反映统治阶级意志、仰赖于国家强制力保证实施的"人造之物";[①]其均须对社会资源和利益进行集中并在不同社会主体之间进行分配,从而实现资源的有效配置和利益的协调;其均具有假定、处理和法律后果的法规范结构,均须由专门机关通过专门程序才能得到有效实施。此种"质的同一性"保证了宪法和法律具有相同的上位概念(属概念),而非全然相异之物。同时,在一国的现行法秩序内,宪法和法律构成了国家制定及认可的所有实在法律规范的全部;除了宪法和法律,实在法并不包含其他法规范性文件。由此,我们就可得出上述论断:违宪和违法的逻辑关系是矛盾关系而非其他逻辑关系。

二、差异之形:评价过程与结果的"双重维度"

不仅在违宪与违法的逻辑关系上存在不同的学说主张,而且在表

---

① 宪法既要防范国家权力,其实施又得仰赖于国家权力(无论是三权体制内的司法审查权,抑或三权之外的专门性违宪审查权,均是国家权力的一种表现形态),这已经预示着宪法实施相较于法律实施的艰巨性和复杂性。

述违宪与违法的差异方面亦是观点纷呈(以承认二者存在差异为前提)。我们认为,无论是违宪抑或违法,其均不是纯粹的客观自存之物,而是融合了人为评价的因子。可以说,违宪与违法既是一种社会现象(从行为属性观之),更是一种规范现象(从法律属性观之)。因此,在规范意义上,违宪与违法是特定的评价主体依据特定的法规范性文件,遵循特定的法程序,运用特定的法技术对一定主体所实施的行为所作的评价活动及其结果。以刑法上的犯罪(违法的一种类型)为例,任何危害社会行为在有权机关作出具有法律效力的评价之前是不能谓为犯罪的。即使处于控诉过程中,依据"无罪推定原则",危害社会行为只能说是"疑似犯罪",其行为主体亦只能被称为"犯罪嫌疑人、被告人"。只有在人民法院作出终审有罪判决之后,相关行为才能被称为犯罪行为,其行为主体才能被贴上"罪犯"的标签。故此,对违宪和违法差异的分析,可以在规范意义上围绕评价过程和评价结果两个维度展开:前者侧重于从评价主体、评价对象、评价依据、评价要素、评价程序、评价空间等方面展开对二者差异的辨析;后者则侧重于从社会危害性的程度、责任承担形式等角度对二者进行区分。

(一)评价过程的维度

1. 评价主体的差异

既然违宪和违法是人为评价的结果,则首先需要解决的问题便是二者是由"谁"进行评价的,在评价主体上是否存在差异? 这一问题在有些论者的表述中被称为"审查违宪和违法的组织机构不同":"对违法行为的追究一般是司法机关,特别是审判机关,当然有时也可以是行政机关。违宪审查则具有专门的机关。"[①]对"专门的机关",有论者作了较

---

① 杨泉明:《宪法保障论》,四川大学出版社1990年版,第252—253页。另可参见肖金泉、徐秀义:《略论违宪》,《法学杂志》1984年第4期;胡锦光:《合宪性审查》,江苏人民出版社2018年版,第22页。

之更为详细的表述："审查违宪的组织机构一般由最高国家权力机关（立法机关）、最高司法机关或有关专门机构执行"。①

有关世界各国和地区的违宪审查体制或宪法监督体制，我国的宪法学教材均作了或详或略的介绍和解释，兹不赘言。于此，我们须指出的是：世界各国或地区的政治体制、法律文化、司法制度等均存在自身的特点，难以一概而论，应该在一国法秩序之下来具体研析和确定违宪和违法的评价主体。就我国而言，违法的评价主体具有相当的广泛性：在国家机构序列内，上至中央层级的全国人大及其常委会、国务院、中央军事委员会、最高人民法院、最高人民检察院、国家监察委员会，下至地方各级人大及县级以上地方各级人大常委会、地方各级行政机关、地方各级法院和检察院、地方各级监察委员会均具有违法评价的主体资格。②当然，上述机关各有不同的违法评价管辖权，有鉴于所涉法规范性文件颇多，于此就不详述。至于违宪的评价主体，宪法学界通说认为我国的违宪审查主体是全国人大及其常委会，当然也有学者提出了不同的意见或主张：如有的论者主张地方人大及县级以上人大常委会享有违宪审查权，③有的论者提出宪法所规定的"撤销或改变权"主体均是合宪性审查主体。④鉴于前文已有阐述，在此亦不赘言。根据前文讨论的结论，即使全国人大及其常委会是唯一的合宪性审查主体，其也能成为违法评价主体（《立法法》第110条可证），故此，单从评价主体角度我们是不可能界分违宪和违法的。其实，这种不可能性在实行司法审查的国家（如美国）也是存在的，因为美国联邦法院既能在审理民事、刑事

---

① 孙卫东：《论违宪与违宪制裁》，《吉林大学社会科学学报》1995年第2期。

② 参阅《宪法》（2018年第五次修正）第62条第（十二）项、第67条第（七）（八）项、第89条第（十三）（十四）项、第104条、第107条、第108条、第127条、第128条、第134条；《立法法》第110条、《军事法规军事规章条例》第40条等。

③ 参阅黄明利：《试论我国违宪审查制度的内容和特点》，《西北政法学院学报》1985年第3期。

④ 参阅朱福惠：《我国违宪审查机制中存在的问题及解决的途径》，《常德师范学院学报》（社会科学版）1999年第4期。

等案件中作出违法评价,也可以在具体个案中根据当事人的请求对国会立法等行为作出合宪性评价。

2. 评价对象的不同

无论是违法抑或违宪,均是对人实施的行为所作的法规范意义上的评价。但由于宪法和法律的发生史和历史使命不同、基本精神和功能存在差异,从而导致违宪和违法在评价对象上存在不同之处:违宪的评价对象仅限于国家机关等公权力主体实施的公务行为;而违法的评价对象既包括公务行为,也涵盖私主体实施的私行为。于此需指出的一点是:不能因为宪法具有适用于私行为的"间接效力",就肯定私主体的行为亦是违宪的评价对象。事实上,从德国宪法法院所作的有关宪法"第三人效力"的判例来看,宪法法院运用德国基本法评价的是其他法院所作的判决,审查该判决是否在正确理解宪法基本精神、原则和规定的基础上作出的,而非判断私主体是否违宪侵犯第三方的宪法基本权利。[1]

在既有的研究中,不少论者将"主体不同"或"实施主体不同"视为违宪与违法差异的表现之一,但在列举主体范围尤其是违宪主体范围时却存在不同的表述:国家机关和重要的国家机关领导人;[2]国家机关(包括立法机关、行政机关、军事机关、审判机关、检察机关及政党组织)和国家领导人;[3]国家机关及其组成人员;[4]国家机关及其负责官员(有时也包括有关政党、社会团体、企业事业单位的组织及其负责人员);[5]一切行使公权力的国家机关及社会组织(包括政党组织);[6]等等。基于行为是主体实施的行为,违宪与违法的主体不同与本书所称之评

---

① 参见本书第二章第一节的相关论述。另可参阅翟国强:《宪法判断的方法》,法律出版社2009年版,第85页。

② 参见肖金泉、徐秀义:《略论违宪》,《法学杂志》1984年第4期。

③ 参见张征:《宪法保障与违宪问题》,陕西人民出版社1988年版,第45、36页。

④ 参见程湘清:《关于宪法监督的几个有争议的问题》,《法学研究》1992年第4期。

⑤ 参见孙卫东:《论违宪与违宪制裁》,《吉林大学社会科学学报》1995年第2期。

⑥ 参见胡锦光:《合宪性审查》,江苏人民出版社2018年版,第22页。

价对象不同具有相同的指称意义。我们认为,探究违宪与违法的评价对象,抑或二者的主体范围,应该以评价主体的管辖权范围作为重要的指标。易言之,只有属于评价主体管辖范围的行为才能成为相应违宪还是违法的评价对象。在实行集中式违宪审查制的国家或地区,只有属于专门违宪审查机关管辖范围内的行为才可能成为违宪的评价对象;而在实行分散式的司法审查国家或地区,由于违宪与违法的管辖主体同一,故此在违宪评价对象上只能先行排除私主体的行为,至于公务行为中哪些行为属于违法评价对象(如行政法上的司法审查)、哪些行为属于违宪评价对象,则只能视具体审查实践而定。如根据美国的违宪审查实践,普通法院的合宪性审查对象包括联邦行为(涵括国会行为和联邦行政机关行为)和州政府行为(包括州议会的法律、州行政机关的行为、州法院涉及《联邦宪法》和联邦法律问题的裁判)。[①]就我国而言,在坚持全国人大及其常委会是唯一违宪审查机关的前提下,则只有下列主体实施的公务行为(主要是制定法规范性文件行为)才可能成为违宪的评价对象:全国人大常委会、国务院、中央军事委员会、国家监察委员会、省级国家权力机关、设区市人大及其常委会、民族自治地方的人民代表大会、最高人民法院和最高人民检察院、由全国人大及其常委会负责罢免的国家工作人员。[②]

3. 评价依据的相异

违宪和违法是评价主体根据一定的标准对评价对象所作出的理性判断,而非纯粹主观恣意的论断。尤其是在民主法治国家,违法与违宪必须是评价主体在结合事实(无论是裁决性事实抑或立法性事实)和法规范依据(法律或宪法)的基础上,运用逻辑推理并遵循一定的经验法则所得出的具有合法性和可接受性的结论。因此,违法与违宪的一项重要差异就体现在评价的依据上:违法是评价主体根据法律作出的判

---

① 参见郭海清:《美国违宪审查制度的形成及其影响》,上海交通大学博士学位论文,2009年11月,第8页。

② 参见本书第二章第三节的相关论述。

断,而违宪是评价主体依据具有最高法律效力的宪法作出的判断;前者的评价依据具有多样性,后者的评价依据往往是唯一的(即主要限于成文宪法典)。①

在既有的研究中,违宪与违法在评价依据上的差异被有些论者表述为:(1)侵害的客体不同。违宪侵害的客体是"宪法或宪法性法律所规定的国家机关和国家特定的工作人员的权利义务关系";违法侵害的客体则是"除违宪客体以外由法律保护的其他所有社会关系"。②(2)违反的法律不同。在成文宪法国家,违宪主要是相关主体违反宪法规范,宪法规范包括宪法典、宪法原则、宪法判例等相关内容。而违法是指违反除宪法以外的其他法律规范。③(3)性质不同。违宪是指违反了宪法规范,违法是指违反了一般的法律规范。④

我们认为,以上第一、二种表述存在可值得商榷或斟酌之处:(1)侵害客体论是在借鉴犯罪客体理论的基础上所形成的,该理论完全落入了传统四要件犯罪构成理论的思维框架中,并未反映违宪乃至公权力违法现象所具有的特殊性(详见第四章和下文论述),不足为训。此外,从其保护依据来看,不仅宪法规定的权利义务关系属于违宪客体,而且宪法性法律(有些论者表述为"宪法性文件")规定的权利义务关系也属于违宪客体。⑤但宪法性法律在法律效力等级上仍然是法律,而并非是具有最高法律效力的宪法,因此,宪法性法律并不能成为违宪的评价依

---

① 汉密尔顿在《联邦论》第80篇解释美国联邦宪法第3条第2款时,就以"联邦宪法而非联邦法律禁止各邦议会发行纸币"为例区别了"由宪法引起的案件"("违反宪法的案件")与"由联邦立法引起的案件"("违反合众国法律的案件")。参见[美]亚历山大·汉密尔顿、詹姆斯·麦迪逊、约翰·杰伊:《联邦论:美国宪法述评》,尹宣译,译林出版社2016年版,第546页;姜峰、毕竞悦编译:《联邦党人与反联邦党人:在宪法批准中的辩论(1787—1788)》,中国政法大学出版社2012年版,第224页。

② 参见杨泉明:《宪法保障论》,四川大学出版社1990年版,第251页。

③ 姚国建:《违宪责任论》,知识产权出版社2006年版,第22页。

④ 林来梵:《宪法学讲义》(第二版),法律出版社2015年版,第413页。另可参见胡锦光:《合宪性审查》,江苏人民出版社2018年版,第22页。

⑤ 参见孙卫东:《论违宪与违宪制裁》,《吉林大学社会科学学报》1995年第2期。

据;而宪法性文件指称的范围更加广泛,且不具有确定的内涵和外延,诸如执政党的纲领、文件、决定以及决议等均可在某种意义上视为"宪法性文件"。所以,"宪法性文件"亦不能作为违宪评价依据。(2)第二种表述将宪法判例列入成文宪法国家的违宪评价依据之内,是不妥当的,鉴于笔者在前文已有所讨论,此不赘述。①而将宪法原则与宪法典并列的做法亦值得讨论。宪法典是宪法的表现形式之一,归属于宪法渊源的范畴;而宪法原则与宪法精神、宪法规定则是宪法规范的内部结构要素,其与宪法典的关系可能是:宪法典规定了宪法原则,宪法原则是宪法典的重要内容(如德国宪法的联邦、法治、社会、基本权保障等原则);宪法典未明确规定宪法原则,但从宪法条款规定的内容及相互间的逻辑关系可推导之(如美国宪法的三权分立原则、联邦与州分权原则等)。因此,在表述违宪与违法的评价依据方面,不能将两个归属于不同范畴的概念(宪法典、宪法原则)并列表述。

4. 评价要素的区别

根据传统的四要件犯罪构成理论,评价某一危害社会行为是否构成犯罪,需要考虑犯罪主体、犯罪主观方面、犯罪客体和犯罪客观方面等四项要件。②而在民法学者看来,侵权行为的判断所需考虑的要素是:违法行为、过错、因果关系和损害。③而我国法理学者在论述违法构成时认为违法构成包括违法的主体、违法的主观方面、违法的客体、违法的客观方面等四项要件。④与之相类似的是,有些宪法学者在阐释违宪构成时亦主张违宪构成是由违宪主体、违宪客体、违宪的客观方面和违宪的主观方面等四项要件所组成的。⑤

违法(含犯罪、民事侵权)的评价要素与违宪的评价要素果真如上

---

① 参见本书第三章第二节的相关论述。

② 参见曲新久主编:《刑法学》(第四版),中国政法大学出版社2011年版,第50页以下。

③ 李响、冯恺:《侵权责任法精要》,中国政法大学出版社2013年版,第63页以下。

④ 参见公丕祥主编:《法理学》(第二版),复旦大学出版社2008年版,第347—348页。

⑤ 参见马岭:《"违宪构成"浅议》,《理论导刊》1988年第6期;王世涛:《违宪构成初论》,《法学家》2005年第5期。

述学者所言是相同或类似的吗？我们认为,违宪与违法的评价要素的梳理和归纳不仅须依据宪法和法律,而且还应考虑评价对象的特点。事实上,立宪和立法者正是基于评价对象的不同规定或建构不同的评价要素体系,而学者也正是在宪法和法律规定的基础上建构或完善具有不同解释力的违宪或违法的思考框架或构成理论。有鉴于笔者在他处已对违宪构成要素作了较为详尽的论证,[①]于此对违宪和违法的评价要素简单表述如下:(1)违法评价要素。就犯罪和民事侵权行为而言,依据通说,其评价要素主要包括行为主体(主要为责任能力和责任年龄)、主观方面(故意和过失等过错形态)、客体(法律所保护的社会关系)、客观方面(行为、行为结果及因果关系等)。而就行政行为违法而言,依据《行政诉讼法》《行政复议法》等法律规定,其评价要素主要为行政行为的事实和证据、行政主体的职权、行政行为的程序、行政行为的目的、行政行为的内容等。(2)违宪评价要素。由于公权力(公务)法律行为和公权力(公务)事实行为具有不同的特质(前者以意思表示为构成要件,后者不存在意思表示),因此二者的违宪评价要素略有不同:①公权力法律行为的违宪评价要素:侵犯宪法所保护的利益(积极要素);行为内容、行为主体的权限、行为程序、行为的目的与手段、行为情境和行为的事实根据(消极要素)。②公权力事实行为的违宪评价要素:侵犯宪法所保护的利益(积极要素);行为主体的权限、行为程序、行为的目的与手段、行为情境和行为的事实根据(消极要素)。

　　5.评价程序的差别

　　违宪和违法评价程序的差别在实行集中式违宪审查的国家表现得更为明显。如在德国,无论是抽象的法律法规审查、具体的法律法规审查还是宪法诉愿,均不同于一般的违法审查程序,其根本原因即在于德国的合宪性审查职权由宪法法院行使,其当然须遵循不同于普通法院

---

　　① 参见拙著:《违宪构成研究》,同济大学出版社2019年版。较为简略的论述参见前文第四章。

合法性审查程序的合宪性审查程序。而在实行分散式、附带性违宪审查的国家或地区(如美国),由于合法性审查与合宪性审查是由同一主体在同一程序中同时或先后进行的,因此,违法和违宪评价的程序并不存在根本性差异。①

观诸我国《立法法》第110条的规定,由于全国人大常委会既能行使合法性审查职权(下位法是否抵触法律的审查),亦能行使合宪性审查职权(审查下位法是否抵触宪法),故此,无论是国务院等特定机关提出的合法性或合宪性审查要求,抑或普通公民等主体提出的合法性或合宪性审查建议,相关机关或机构在评价行政法规等法规范性文件的合法性和合宪性时依循的是相同的程序,并不存在实质性的不同(不排除随着今后合宪性审查实践的展开,同一主体也可以在合法性审查与合宪性审查方面设定和遵循不同的程序)。当然,由于我国违法的评价主体相当广泛,因此,法院、行政机关等主体所遵循的违法评价程序当然不同于全国人大常委会,即使它们相互之间的违法审查程序也是不完全相同的(如行政处罚程序和法院对行政行为的合法性审查程序)。

6. 评价空间的殊异

尽管评价依据、评价要素与程序从不同的角度控制着评价主体的违宪和违法评价行为,但鉴于宪法与法律规范的抽象性(尤其是不确定法律概念的使用),以及宪法和法律的相对稳定性与社会关系变动的恒定性之间所存在的"罅隙",评价主体的解释与裁量权是不可避免的。然而,相较于法律规范而言,宪法规范的抽象性、原则性和开放性更甚。在一般法律中属于例外的情形(如规定的欠缺、概念不明确等),在宪法中却是常态,"宪法永远是一个活的、发展的体系"。②可以说,在每一个宪法案件中,违宪审查机关均享有一定范围的裁量权,那种严格按照

---

① 有论者认为违宪与违法的区别之一便在于责任追究程序不同。参见姚国建:《违宪责任论》,知识产权出版社2006年版,第22页。我们认为,违宪与违法在评价程序方面的差异应视具体情境而定,不同的国家或地区具有不同的表现形式,不可一概而论。

② 参见韩大元、张翔:《试论宪法解释的客观性与主观性》,《法律科学》1999年第6期。

"大前提—小前提—结论"的宪法判断基本上是不存在的。"实践中发生的纠纷经过方法论的过滤上升至宪法层面时,一般都具有较强的争议性,涉及到道德、政治、社会等多个方面且合宪理由与违宪理由并存。"①

违宪评价空间相较于违法评价空间的广大不仅导源于宪法规范的抽象性、原则性、开放性等特质,②亦是宪法案件政治性的必然结果。③宪法案件——无论是基本权利案件抑或国家权力配置案件——均在某种程度上涉及不同性质和种类的国家权力之间的关系,尤其是在实行司法审查的国家,法院在行使违宪审查权时不得不考虑其自身在整个政治体制中的地位,不得不顾及其他国家机关(如国会、总统)的地位与职权,④同时尚得照顾到"反多数的民主难题",因此,宪法判断结论(如合宪或违宪)的作出往往是各种政治力量博弈的结果。即使不考虑违宪审查者自身的经历、民族、种族、性别、宗教信仰等个人性因素对宪法裁判的影响,⑤即使不考虑宪法规范的政治性和宪法案件的政治性,违宪评价过程中充斥的利益衡量亦使得合宪性审查空间大于合法性审查空间。这同样导致相较于法律判断而言,宪法判断结论更不确定。"任何违宪审查的判断结果的形成都不可能像数理运算那样只要循着早已确定的公式或方程式那样进行,就能得出相应的结果。违宪审查……

---

① 王书成:《合宪性推定与"合宪性审查"的概念认知——从方法论的视角》,《浙江社会科学》2011年第1期。

② 德国学者认为:"与普通法律相比,宪法需要更宽厚的政治合意。它们也更难于修改。由于这些原因,宪法一般会比普通法律更加开放,同时,也不如普通法律那样具体和连贯。"参见[德]迪特儿·格林:《现代宪法的诞生、运作和前景》,刘刚译,法律出版社2010年版,第164页。

③ 有学者认为,违宪审查既具有法律性又具有政治性。参见费善诚:《试论我国违宪审查制度的模式选择》,《政法论坛》1999年第2期。

④ 在德国,尽管宪法法院对政治争论划定了宪法论证的界限,但宪法法院的"工作在很多方面还要参考法律之外的情况和其他宪法机关"。参见[德]克里斯托夫·默勒斯:《德国基本法:历史与内容》,赵真译,中国法制出版社2014年版,第74页。

⑤ 美国学者曾言道:"仅由法律上的不同观点还解释不清两个团体之间的冲突。除了在宪法解释及美国政治制度中最高法院的角色这些问题上的实质区别外,在最高法院还有个人特点的不同。"参见[美]霍华德·鲍:《宪政与自由:铁面大法官胡果·L·布莱克》,王保军译,法律出版社2004年版,第3页。

必须在诸多的相关因素中逐一进行比较、考量才能得出自己的结论。"①
事实上,不仅基本权利案件中充斥着利益衡量(如人的尊严与言论自由
之间的衡量、狭义比例原则即是利益衡量原则),即便是国家权力配置
案件也同样存在利益衡量的情形。如在合众国诉尼克松一案中,美国
联邦最高法院便对"总统在履行责任中对通讯保密"的利益和"刑事司
法的公正管理"利益进行了权衡,并认为:"当刑事审判必须使用受到传
票的资料时,仅基于保密的笼统利益而宣称的特免权,并不能超越刑事
司法中正常法律程序的基本要求。在刑事审判中,对特免权的广泛宣
称必须让位于对证据的确实和具体需要。"②

(二)评价结果的维度

评价主体根据评价依据在遵循特定的评价程序并通过考量诸多评
价要素之后,必须对评价对象的合法性或合宪性作出一个具有法效力
的结论。违宪与违法便是这些结论的可能性情形之一种。在评价结果
的意义上,我们认为,违宪与违法的差异主要体现在社会危害性程度和
责任形式两个方面。

1.社会危害性程度的不同

有的论者认为,违宪的危害具有一定的间接性和广泛性,而违法的
危害则是针对特定的人、物或行为,具有直接的破坏性。③有的学者则
主张:"违宪所造成的危害比违法一般要大。"④或者可以说,违宪"造成
的影响和损失最大,影响最深远,受损失的人最多,甚至有可能导致全
局性政治大灾难。"⑤概括这些表述,我们可以认为:违宪的危害范围广

① 陈云生:《违宪审查的原理与体制》,北京师范大学出版社2010年版,第248页。
② 张千帆:《西方宪政体系》(上册·美国宪法),中国政法大学出版社2004年版,第87页。
③ 参见肖金泉、徐秀义:《略论违宪》,《法学杂志》1984年第4期。
④ 杨泉明:《宪法保障论》,四川大学出版社1990年版,第252页。许崇德先生曾认为:
"违宪是一个大字眼,分量很重,所以,不能把一般违法行为都视为违宪。"参见许崇德:《中国
宪法学》,天津人民出版社1986年版,第17页。
⑤ 王振民:《中国违宪审查制度》,中国政法大学出版社2004年版,第14页。

（危害对象不确定）、烈度大但较为间接；而违法的危害范围小（危害对象具体）、烈度小但更为直接。然而，这种简单化、直线性的比较很难说明违宪与违法在危害程度方面的差异，因为，在宪法和法律实践中，违法的规范性文件（如行政法规）与违宪的规范性文件（如行政法规）在社会危害程度上是难分轩轾、不分伯仲的。

其实，违宪与违法的社会危害程度的差异非仅体现在范围、烈度和方式方面，其更体现在侵害对象及其后的法益方面：违法破坏的是一般法律秩序，侵犯的是法律所保护的利益；而违宪损害的是一国之根基（因为宪法是根本法、治国安邦的总章程），侵犯的是宪法保护的利益（如宪法规定的基本权利）。因此，我们可以说，违法动摇的是法秩序的"枝节"，违宪损害的却是法秩序的"根本"。[①]不过，值得指出的是，由于法律往往是宪法具体化的结果，因此，违法行为的"日积月累"亦足以侵及宪法的"肌体"，"千里之堤溃于蚁穴"的古训正可形容违法到违宪的"量变与质变"的辩证发展过程。

2. 责任形式的差别

诸多的研究指出，违宪与违法的差别尚体现在二者的责任形式或制裁措施方面：前者的责任形式主要为撤销、宣告无效（针对规范性文件）以及弹劾、罢免（针对国家公职人员）；后者的责任形式多种多样，主要有民事责任、刑事责任和行政责任。[②]但对宪法责任（违宪责任）的形式，学者们的表述并不完全一致。如有论者认为，违宪责任形式主要有：弹劾、罢免、撤销、宣告无效、拒绝适用、取缔政治组织；[③]有的学者则

[①] 违宪与违法在社会危害程度方面的差异并不意味着：违宪的判断结论是不可接受的，在任何情形下都不能作出违宪判决或决定。其实，违宪这种政治社会中的"疾病"与人生理和心理上的"疾病"相似，只要"早发现、早治疗"，就可以避免"覆巢"之害。如若等到"病入膏肓"，即便是合宪性审查也"无力回天"。

[②] 参见姚国建：《违宪责任论》，知识产权出版社2006年版，第22页；杨泉明：《宪法保障论》，四川大学出版社1990年版，第253页；肖金泉、徐秀义：《略论违宪》，《法学杂志》1984年第4期。

[③] 参见肖北庚：《违宪责任刍议》，《甘肃政法成人教育学院学报》2000年第4期。

主张违宪责任承担形式应当包括以下七种：撤销、宣告无效、罢免、弹劾、拒绝适用、责令作为、取缔政治组织；[1]王世涛先生则根据责任主体不同，确定了不同的违宪责任形式：国家机关适用"撤销、变更、退回、宣布无效"，对国家机关公职人员则适用"质询、弹劾、罢免"，而对政党、社会团体及公民则适用"政党的合法地位被取消，社团主体资格被取缔，公民基本权利被剥夺"等责任形式。[2]胡锦光先生则将宪法制裁区分为三种主要情形：(1)对于违反宪法的法律文件，通常的制裁形式是撤销、废除、改变、确认无效、不予批准和拒绝适用；(2)对于违反宪法的具体行为，通常的制裁形式是撤销、确认无效；(3)针对实施违宪行为的国家机关工作人员，通常予以弹劾或者罢免。[3]

　　根据前文对评价对象的论述，在我国法秩序内，社会团体和公民的行为并非全国人大及其常委会的合宪性审查对象，因此这二者的宪法责任形式在我国并不存在；而对法规性文件而言，根据《宪法》第62条、第67条等条款规定，其适合的宪法责任形式为改变或撤销；[4]就国家工作人员而言，根据《宪法》第63条、第65条等条款的规定，其宪法责任形式则为罢免。[5]

　　综合前论，我们可对我国法秩序下的违宪与违法的差异表现形式（区别维度及指标体系）梳理如下（见下表6.1）。从法律问题和宪法问

---

①　参见陈党：《宪法实施中的违宪责任追究问题探讨》，《浙江工商大学学报》2012年第6期。

②　参见王世涛：《违宪构成初论》，《法学家》2005年第5期。

③　参见胡锦光：《论法规备案审查与合宪性审查的关系》，《华东政法大学学报》2018年第4期。

④　其实，"改变或撤销"这种否定规范性文件效力的措施是否可视为宪法责任形式，是值得斟酌的。如在合同法视域内，合同无效和可撤销并非是违约责任的形式，而是合同不符合生效要件的两种结果；而违约责任的形式则包括继续履行、赔偿损失、支付违约金等。参见郭明瑞主编：《合同法学》，复旦大学出版社2005年版，第69页以下、第229页以下。而根据《民法总则》(《民法典》)第179条的规定，民事法律行为的无效和可撤销也非民事责任的承担方式。

⑤　其实，罢免是追究国家工作人员宪法责任的一种程序，而非宪法责任形式，真正的宪法责任形式应是通过罢免程序实现的"免职"。

题的有效解决来看,评价过程的维度相较于评价结果的维度更为重要。
而在下述区分指标体系中,更为关键和有用(尤其在我国法秩序范围
内)的是评价依据、评价对象和评价要素等三项指标。

三、差异之果:制度与实践"两个层面"的应对

违宪与违法的逻辑关系是矛盾关系而非包含、同一关系,或如其他
论者所言:"违宪与违法是两个具有各自独特内涵与外延的学术范
畴"。[①]有鉴于此,结合二者在评价过程和评价结果两个维度上所体现
出来的差异,在推进我国的合宪性审查工作方面,我们有必要在制度和
实践两个层面上作出如下应对或改善。

表6.1 违宪与违法的区别维度及指标体系(中国)

区别维度	区别指标	违 宪	违 法
1.评价过程	(1)评价主体	全国人大及其常委会	全国人大及其常委会等国家机关
	(2)评价对象	全国人大常委会、国务院、中央军事委员会、国家监察委员会、省级国家权力机关、设区市人大及其常委会、民族自治地方的人民代表大会、最高人民法院和最高人民检察院、由全国人大及其常委会负责罢免的国家工作人员等主体实施的公务行为	全国人大常委会等各级、各类国家机关、社会团体、企事业单位、公民等实施的公务行为、私行为

① 姚国建:《违宪责任论》,知识产权出版社2006年版,第24页。胡锦光先生亦认为,"违宪与违法,在法学上、宪法学上、法规范意义上,都是一个非常特定化的概念、范畴和制度。"参见胡锦光:《合宪性审查》,江苏人民出版社2018年版,第22页。

区别维度	区别指标	违　　宪	违　　法
1. 评价过程	(3) 评价依据	具有最高法律效力的宪法规范	法律、行政法规、地方性法规、自治条例和单行条例、规章与军事法规、军事规章、监察法规,以及与这些法规范性文件具有同等效力的法解释
	(4) 评价要素	侵犯宪法所保护的利益(积极要素);行为内容、行为主体的权限、行为程序、行为的目的与手段、行为情境和行为的事实根据(消极要素)	(1) 犯罪和民事侵权行为:行为主体(主要为责任能力和责任年龄)、主观方面(故意和过失等过错形态)、客体(法律所保护的社会关系)、客观方面(行为、行为结果及因果关系等) (2) 行政行为违法:行政行为的事实和证据、行政主体的职权、行政行为的程序、行政行为的目的、行政行为的内容等
	(5)评价程序	《立法法》第110条	《立法法》第110条以及审判程序、行政程序等
	(6) 评价空间	宽广(相对)	狭窄(相对)
2. 评价结果	(1) 社会危害性程度	宪法保护的利益(法秩序的"根本")	法律保护的利益(法秩序的"枝节")
	(2) 责任形式	改变或撤销、罢免	民事责任、刑事责任、行政责任等

（一）制度层面

在合宪性审查制度的构建及完善方面,合宪性审查体制与合宪性审查程序至为关键和重要,且二者之间亦存在决定与被决定的关系(体制决定程序)。就我国合宪性审查体制改革问题,不少学者已提出了诸多真知灼见。①但即便不触动现行的合宪性审查体制,在全国人大及其常委会既

---

① 对相关主张的简要梳理,参见刘志刚:《我国宪法监督体制的回顾与前瞻》,《法治现代化研究》2018年第3期。

承担合宪性审查又实施合法性审查的前提下，也必须在具体承担合宪性与合法性审查工作的机构(仅具建议权无决定权)、人员方面实现适度的分离，因为这是由合宪性审查的任务(追究和纠正违宪行为)不同于合法性审查任务(制裁和矫正违法行为)所决定的。①此外，在这种合宪性审查与合法性审查"一体化的混沌机制中"，合法性审查吸纳甚至抵消合宪性审查的功能的"真相"更加决定了"实现适度分离"的现实必要性。②

　　现行宪法第五次修正将"法律委员会"修改为"宪法和法律委员会"。根据中共中央印发的《深化党和国家机构改革方案》(2018年)及《全国人民代表大会常务委员会关于全国人民代表大会宪法和法律委员会职责问题的决定》(2018年)的规定，宪法和法律委员会虽然增加了"推动宪法实施、开展宪法解释、推进合宪性审查、加强宪法监督、配合宪法宣传等"工作职责，但依然承担了统一审议法律草案等原由法律委员会承担的工作。且根据《立法法》第112条的规定，宪法和法律委员会既可审查行政法规、地方性法规、自治条例和单行条例是否与宪法相抵触，亦可审查这些法规范性文件是否抵触法律(狭义)。因此，为了实现合宪性审查与合法性审查在机构、人员等方面的适度区隔，有必要将宪法和法律委员会"一分为二"，③即

---

①　刘松山先生认为，只有解决了"什么是违宪？什么是违法？违宪和违法是什么关系？"这个基本认识问题，才可以设计具体的可操作的宪法监督制度。参见刘松山：《宪法监督与司法改革》，知识产权出版社2015年版，第164页。

②　参见林来梵：《合宪性审查的宪法政策论思考》，《法律科学》2018年第2期。

③　张春生先生曾言：将宪法委员会与法律委员会"合并"成一个委员会，是经过反复研究的；而单设宪法委员会存在很多困难。参见张春生、秦前红、张翔：《推进合宪性审查　加强宪法实施监督》，《中国法律评论》2018年第4期。然"合并"方案无法体现合宪性审查与合法性审查的差异，也无助于人们对违宪和违法的差异认识，至少在机构、人员方面是如此。胡锦光先生也基于区分"合法性审查与合宪性审查"的需要，提出两者在审查主体上应该分离，即全国人大常委会法制工作委员会负责合法性审查，而宪法和法律委员会则专司合宪性审查，以避免如下现象："按照目前的做法，全国人大常委会法制工作委员会既进行合法性审查，又进行合宪性审查，其所进行的审查属于合宪性审查还是合法性审查，难以区分，易于使社会成员产生我国国家机关的违宪行为数量巨大的错觉。"参见胡锦光：《论法规备案审查与合宪性审查的关系》，《华东政法大学学报》2018年第4期。但也有学者提出，设立"宪法和法律委员会"需要修改宪法；如果单独设立"宪法委员会"则不需要修宪，只需根据《宪法》第70条通过全国人大决议的方式即可。故此，前一种选择反而"更有利于巩固该机构的地位，客观上提升了机构的重要性"；此外，还有利于提升合宪性审查的效率和便于开展事前的合宪性控制。参见李雷：《论宪法和法律委员会开展合宪性审查：审查原则与职能分析》，《地方立法研究》2021年第2期。

成立专司合宪性审查的宪法委员会及负责合法性审查的法律委员会,前者作为全国人大的专门委员会,专门负责以下工作:(1)审议法律草案的合宪性并提出报告(事前审查);①(2)审议自治条例和单行条例(在全国人大常委会和省级人大常委会批准前)的合宪性并提出报告(事前审查);(3)审议行政法规、地方性法规、自治条例、单行条例、司法解释等法规范性文件的合宪性并提出意见、议案或建议(事后审查)。②

就合宪性审查程序而言,则应该围绕宪法委员会进行具体设计,实现"统一立案、统一回复、统一审查"。主要方案为:

(1)合并合宪性审查要求和建议的立案程序,在宪法委员会内设置专门的立案审查机构。根据《行政法规、地方性法规、自治条例和单行条例、经济特区法规备案审查工作程序》《司法解释备案审查工作程序》的规定,国务院等机关提出的合宪性审查要求"由常委会办公厅报秘书长批转有关的专门委员会进行审查",而公民个人等主体提出的合宪性审查建议则"由常委会工作机构先行组织有关人员进行研究。需要审查的,由常委会办公厅报秘书长批准后,送有关的专门委员会进行审查"。事实上,这样的区别对待不仅有违"法律面前人人平等"的宪法原则,且是我国合宪性审查实践中难见违宪法规被撤销的程序原因之一,因为合宪性审查建议可能在"常委会工作机构组织的研究"中就被过滤掉,而缺乏内在动力、至今未见的合宪性审查要求与有幸进入下一阶段的合宪性审查建议则必须跨过"常委会办公厅"和"秘书长"两道门槛才可进入专门委员会的审查之列。故此,在由宪法委员会专司合宪性审查职责的情况下,应在宪法委员会内设置专门的立案审查机构负责审查合宪性审查要求及合宪性审查建议是否符合"立案

---

① 郑贤君先生认为,宪法和法律委员会在审议法律草案中进行的合宪性审查是为"立法审查",而其对行政法规等法律以下规范性文件的合宪性审查实为"宪法监督"。参见郑贤君:《全国人大宪法和法律委员会的双重属性——作为立法审查的合宪性审查》,《中国法律评论》2018年第4期。

② 参见《全国人民代表大会组织法》第37条、《立法法》第112条。

条件"：①符合者立案，不符合者驳回。

（2）立案审查机构统一回复不予立案的原因。无论是在《立法法》（2015年第一次修正前）以及上述两个《程序》的文本规定上，还是在业已发生的公民提出合宪性审查建议的实践中（如"孙志刚事件"中的"三博士要求审查《流浪乞讨人员收容遣送办法》的合宪性"），一个非常关键的程序性问题即合宪性审查要求与合宪性审查建议的受理答复问题既未在规范性文件的文本上有所体现，也未在实践中形成合乎理性的惯例。根据2023年第二次修正后的《立法法》第113条规定，有关的全国人大专门委员会和常委会工作机构应当按照规定要求，将审查、研究情况向提出审查建议的国家机关、社会团体、企业事业组织以及公民反馈，并可以向社会公开。但是该条并未明确调整合宪性建议的受理或不受理问题，而是要求有关机构将审查情况或研究情况（这些情况包括哪些内容并不明确）按规定反馈给建议主体（未涉及要求主体）。因此，基于有效保障和实现相关主体的要求权与建议权（尤其是后者）、顺利推进合宪性审查工作的考虑，宪法委员会内设的立案审查机构应在法定期限内向相关主体送达立案通知书或不予立案决定书，并说明不予立案的理由。②

（3）在取消其他全国人大专门委员会合宪性审查职责的基础上，于宪法委员会内设合宪性审查委员会（人数可进一步斟酌），独立且统一负责对法规等的合宪性审查，作出合宪或违宪建议。基于宪法委员会是全国人大专门委员会，在合宪与违宪问题上仅具建议权而无决定权，因此，合宪性审查委员会在对法规进行合宪性审查并得出相应的合宪抑或违宪的结论之后，应拟定相应的报告或议案，向全国人大常委会

---

① 对于立案条件，合宪性审查要求与合宪性审查建议是不同的，而由不同主体提出的合宪性审查建议之间亦应存在差异（如公民提出的建议可要求"涉己性""侵害性"与"成熟性"等；地方各级法院提出的建议则可要求"个案性""涉案性"等）。关于此问题，鉴于本章主旨，于此不予详论。

② 相似学术主张参见刘志刚：《宪法实施监督机构研究》，复旦大学出版社2019年版，第109页。

或全国人大提出,由后者作出具有法律效力的终局决定。

　　于此,须指出的一点是,无论是专门的立案审查机构,抑或合宪性审查委员会,其主要组成人员均为宪法委员会委员,其所作出的立案(不予立案)决定、合宪或违宪的报告或议案均是以宪法委员会的名义作出的,此类同于诉讼判决乃为人民法院的结论而非合议庭或审判委员会的判断。

　　(二) 实践层面

　　前文已述,违宪评价空间明显广于违法评价空间,且合宪与违宪并不存在泾渭分明的界线,其往往取决于评价主体的价值判断和政治智慧。但这并不代表评价主体(如合宪性审查委员会)可任意甚至是恣意裁量,因为其进行合宪性审查的终极目标在于维护一国宪法所确定的、经过合意达成的价值体系,在于维护社会主义法制的统一和宪法权威与尊严(我国《宪法》第5条)。故此,在具体展开合宪性审查实践时,合宪性审查委员会至少在实体方面应做好如下三项工作:(1)以具有最高法律效力的宪法为据,结合制宪者原意和时代变化,运用各种宪法解释方法对宪法作出合理的、可接受的宪法解释案,并向全国人大或其常委会提出;(2)始终铭记和遵循"四项基本原则",在此基础上调和不同宪法条款及其背后所隐含的价值冲突,尽力实现各种价值的最大化;(3)通过持续不断的合宪性审查实践,逐步确立各类宪法案件的合宪性审查标准,从而实现合宪性审查标准的类型化,以此"自控"合宪性审查的裁量空间。

　　鉴于合宪性审查的有效展开不仅依赖于宪法委员会及其内设机构的勤勉和努力,更需其他国家机关、武装力量、政党、社会团体、企事业组织以及公民的"勠力合作"。故此,在程序运行方面,合宪性审查应以公开、透明为原则,如此既能有效履行宪法委员会的"配合宪法宣传职责",又能以"看得见"的方式展示宪法委员会的工作成绩,从而不断强化人民的宪法信念,"在全社会树立一种奉宪法为圭臬的宪治文化",[①]

---

　　① 邹平学:《宪法和法律委员会的目标定位与机制创新》,《中国法律评论》2018年第4期。

最终达到维护宪法权威、实现中国特色社会主义宪法治理的目标。

第二节　"违宪"与"不适当"的逻辑关系

　　我国《宪法》第62条第(十二)项规定全国人大有权改变或者撤销全国人大常委会"不适当"的决定;第67条第(七)(八)项则授予全国人大常委会撤销国务院制定的同宪法、法律相抵触(即"违宪、违法")的行政法规、决定和命令以及撤销省、自治区、直辖市国家权力机关制定的同宪法、法律和行政法规相抵触的地方性法规和决议的职权。并且,如下文所引,"不适当""同宪法相抵触"之类的表述在其他宪法条款、法律条文中亦有体现。

　　那么,我国宪法、法律条文中的"违宪"与"不适当"这两个概念间存在何种逻辑关系呢? 是兼容抑或不兼容? [1]对此,学者们作出了不同的回答:

　　1. "不兼容论"。该论认为,现行《宪法》和《立法法》将"抵触"与"不适当"作为并列的概念,说明两个概念有着可以相互区别的内涵和外延。"抵触"是指"不法"或者"违宪",违反的是国家权力规范、公民的自由权规范等宪法消极规范;"不适当"则是指不合理,不是"最佳",其背离的是国家政策条款、公民的社会权条款等宪法积极规范。[2]

　　2. "兼容(包含)论"。有的学者为了论证地方国家权力机关"事实

---

　　[1] 如前所引,概念外延间的兼容关系是指两概念的外延至少有部分重合的关系;不兼容关系则指两概念的外延没有任何部分重合的关系。前者可进一步分为同一关系、包含关系和交叉关系;而后者则可细分为全异关系、矛盾关系和反对关系。参见南开大学哲学系逻辑学教研室编著:《逻辑学基础教程》(第二版),南开大学出版社2008年版,第29—33页。

　　[2] 参见刘连泰:《中国合宪性审查的宪法文本实现》,《中国社会科学》2019年第5期。然从该文的具体论述中我们无法得知"违宪"与"不适当"的各自外延及其"属概念"为何,故此不能确定这两个概念之间究竟是何种不兼容关系。相似主张还可参见翟小波:《论我国宪法的实施制度》,中国法制出版社2009年版,第59页。

上也都负有一定的合宪性审查责任"这一命题,在援引了《宪法》第99条、第104条等条款之后认为:"这些'不适当',都理所当然包括不合宪的情况。"①而这种主张"不适当"包含了"违宪""不合宪"或"与宪法相抵触"的含义的观点亦得到其他学者的赞同。②可见,依这些学者看来,"违宪"和"不适当"两个概念外延间的逻辑关系是兼容关系,或更准确一点说是"包含关系"。

上述有关"违宪"与"不适当"逻辑关系的不同学术主张业已说明了对二者的区别和联系问题进行探讨的理论意义。并且,这一问题还关涉到我国的合宪性审查体制,③以及备案审查乃至合宪性审查工作的顺利有效推进。因此,该问题的实践价值也不言而喻。不过,要解答和明确"违宪"与"不适当"二者间的逻辑关系,首先得明晰这两个概念各自的内涵与外延。故此,我们的分析便从解释"违宪"与"不适当"开始。

一、"违宪"概念略释

对于违宪概念的内涵,我国学者有不同的论述或表达:如有的学者认为:"违宪是违反宪法的简称,是与宪法的原则、精神及具体规定相抵触。"④有的学者提出:"违宪是指我国一切国家机关、武装力量、各政党、各社会团体、企业事业单位、以及公民个人实施的公务行为或非公务行为违反了我国的宪法或宪法性法律中可以追究违宪者宪法责任规定的行为及其结果。"⑤有的论者主张:"违宪是指国家机关、政党、社会组织

---

① 孙煜华、童之伟:《让中国合宪性审查制形成特色并行之有效》,《法律科学》2018年第2期。

② 参见王振民:《中国违宪审查制度》,中国政法大学出版社2004年版,第115页;杨泉明:《宪法保障论》,四川大学出版社1990年版,第78页。

③ 参见前文第二章第二节的相关论述。

④ 李元起主编:《中国宪法学专题研究》,中国人民大学出版社2009年版,第83页。有关违宪概念的各种学术主张在前文第一章部分已有所引用和评述,在此再予以赘引,目的在于使本节的论述更为完整。

⑤ 王世涛:《违宪构成初论》,《法学家》2005年第5期。

及国家公职人员采取的行为违反了其宪法上特定的权利义务或国家机关制定的规范性文件同国家的宪法发生了抵触和冲突,它具有国家性、后果的严重性和制裁的最高性的特点。"①另有学者则言道:"所谓违宪行为是指国家机关、特定人员违反宪法或与宪法相关法的行为以及国家机关因滥用权力而造成公民基本权利受侵害,而后者又得不到有效的普通救济的行为。"②

　　从以上所列违宪概念定义的各种观点来看,我们可以发现,学者间有关违宪概念内涵的解说主要分歧之处在于对违宪主体的范围(如公民是否能成为违宪主体)和违宪之"宪"的范围(如宪法性法律是否属于"违宪"之"宪")具有不同的认识。③但同下文将要论述的"不适当"涵义的比较而言,这些主张的分歧并不能影响确定两个概念间存在何种逻辑关系的结论。比如违反比例原则的要求是属于"违宪"还是"不适当",上引违宪概念的定义式界说就无法向我们提供有用的信息或明确的指引。

　　不过,基于两个概念间的逻辑关系主要指概念外延间的逻辑关系,因此,我们可通过审视违宪概念的外延来获取更多的有助于其与"不适当"比较的信息。浏览现有的学术研究成果,违宪概念的外延主要是以对违宪类型的划分或违宪的分类来体现的。广义违宪和狭义违宪、直接违宪和间接违宪、作为违宪和不作为违宪、良性违宪和恶性违宪、故意违宪和过失违宪、抽象行为(文件)违宪和具体行为(行为)违宪、程序违宪和实体违宪、原始性违宪和演变性违宪、"大违宪""中违宪"和"小违宪"、形式性违宪和实质性违宪等等,是目前学者提出的主要违宪类型。但遍观这些违宪类型的具体内容,④我们依然无法得到明晰"违宪"与"不适当"逻辑关系的有价值指引。

① 王广辉:《比较宪法学》,武汉水利电力大学出版社2000年版,第166页。
② 胡肖华主编:《宪法学》,湖南人民出版社、湖南大学出版社2003年版,第347页。
③ 前文第二章和第三章已对这两个问题做了全面的解析。
④ 参阅下文第七章对违宪类型的评述。

　　既然已有的有关违宪概念内涵和外延的学术研究成果无法给出直接有效的指引,那么,与"违宪"紧密相关的合宪性审查或违宪审查的理论研究或者域外的合宪性审查实践或理论言说是否能提供间接的指导呢? 我国有学者认为,法律或立法行为的合宪性审查的内容应当包括形式合宪性审查(是否超越立法权限与是否违反立法程序)以及实质合宪性审查(立法是否侵犯了公民的基本权利;立法是否有助于宪法序言和总纲中的国家目标、国家任务的实现,是否有助于保护国家象征等)。① 而据伯阳先生的考察,在德国,干预基本权利的法律除了需具备"被干预的基本权利必须是有受限制可能性"这一条件之外,还必须具备如下两项条件才符合宪法:即(1)法律的形式合宪性(该法遵守了有关立法权限与立法程序的规定)与(2)法律的实质合宪性(该法符合确定性原则、比例原则、重要内容保障等原则的要求)。②

　　从上述所引的"间接"论说来看,法律或立法行为的违宪至少可划分为形式违宪(如超越宪法规定的立法权限、违背宪定的立法程序)和实质违宪(违反比例原则、确定性原则等原则要求)。③ 由此可见,违宪的一项重要理由或表现之一便是立法行为或其他公务行为违反比例原则的要求。这一点不仅可获得德国宪法审查实践的证明(我国学者在分析公民基本权利限制的合宪性时也较多采用比例原则即"目的—手段"的分析框架),在美国这一"采用比例原则作为宪法裁决主要支柱"的"唯一例外"的国家也能找到相应的证据(尽管美国不把这些要求概

---

　　① 王锴:《合宪性、合法性、适当性审查的区别与联系》,《中国法学》2019年第1期。

　　② 参见伯阳:《德国公法导论》,北京大学出版社2008年版,第89页以下。

　　③ 这一形式违宪和实质违宪的解说与有些学者的既有主张并不相同:如有的学者认为违反宪法具体规定的行为是为"形式性违宪",而违反宪法原则、精神的行为则是"实质性违宪";有的学者则主张"实质违宪"是指违反了宪法所规定的规范权力与保障权利的内容要求;"形式违宪"则是指违反了宪法所规定的规范权力与保障权利的程序要求。分别参见刘广登、徐元善:《论行政机关及行政首长的宪法责任》,《中国行政管理》2008年第11期;殷啸虎:《收容制度若干问题的法理分析》,《法学》2003年第7期。

称为"比例原则")予以证实：[1]如在格里斯沃尔德诉康涅狄格州一案（1965年）中，道格拉斯法官陈述的法院意见认为："本案涉及的一条法律是禁止使用避孕药而不是管理避孕药的生产或销售，试图用对那种关系具有最大破坏性影响的手段达到其目的。按照本院经常使用的那个熟悉的原则，即'政府不得使用打击面过大从而侵入各项受保护自由的领域的手段来达到它控制或制止根据宪法属于州管辖的活动的目的'，这样一条法律是站不住脚的。"[2]这一法院意见，如果换用德国比例原则的话语来表述，我们就可以说该案所涉的法律（合宪性审查对象）违反了比例原则的必要性（"最小侵害性"）要求。

二、什么是"不适当"

对我国宪法或法律条款中"不适当"及其对立概念"适当（性）"的学理解释同样是歧见纷呈。根据其对"不适当"概念所界定的广狭程度，可以将这些学理解释大致区分为以下四种层次：

（1）最狭义解释。有的学者主张"适当性"仅仅是比例原则的要求之一（其他两项要求分别为必要性和均衡性），并且其还认为这种理解"已被广为接受"。[3]根据这种观点，"不适当"则可被理解为仅仅违反了比例原则的"适当性"要求。

（2）狭义解释。有的论者认为，规范性文件的适当性审查（即"合理性审查"或者"合目的性审查"）的内容包括：过度禁止（主要用于判断侵益性立法的合理性）、不足禁止（主要用于判断授益性立法的合理

---

① 参见[以色列]摩西·科恩—埃利亚、易多波·拉特：《比例原则与正当理由文化》，刘权译，《南京大学法律评论》（2012年秋季卷），第35—37页。

② [美]斯坦利·I.库特勒编著：《最高法院与宪法——美国宪法史上重要判例选读》，朱曾汶、林铮译，商务印书馆2006年版，第598页。

③ 刘权：《适当性原则的适用困境与出路》，《政治与法律》2016年第7期。相似主张还可参见蒋红珍：《论适当性原则——引入立法事实的类型化审查强度理论》，《中国法学》2010年第3期。

性)和恣意禁止(主要用于立法是否违反平等原则的判断)等三项。但是这三项内容"最终都走向了比例原则的判断,由此可以说,违反比例原则就构成了不适当"。①据此,这种观点便将"不适当"解释为违反比例原则的所有要求(即目的正当性、适当性、必要性和均衡性四项要求),而不仅仅是"最狭义解释"所主张的"适当性"要求。

(3) 广义解释。有的学者认为,规范性文件审查的适当性标准是由"合法性要求与合理性要求"共同构成的,而合法性要求具体包括职权合法、程序合法与内容合法三个方面,合理性要求则包括形式合理性、工具合理性与价值合理性。②在这种解释之下,"不适当"就具有了两种情形:"不合法"以及"合法但不合理"。并且,从合理性要求来看,"不适当"并不仅仅限于违反工具合理性(如比例原则)的要求,还包括违反形式合理性和价值合理性的要求。

(4) 最广义解释。《监督法》第30条规定,县级以上地方各级人大常委会有权撤销具有下列情形之一的下一级国家权力机关和本级政府发布的决议、决定或命令:(一)超越法定权限,限制或者剥夺公民、法人和其他组织的合法权利,或者增加公民、法人和其他组织的义务的;(二)同法律、法规规定相抵触的;(三)有其他不适当的情形,应当予以撤销的。有的学者认为,该条第(三)项"其他不适当的情形"主要是指规范性文件与宪法相抵触、与上位规章相抵触、与某些"软法"相抵触、与行政法基本原则相抵触以及自身规定不科学等。③因此,结合该条第(一)(二)项的内容,根据这一观点,"不适当"就包括了三种情形:不合

---

① 王锴:《合宪性、合法性、适当性审查的区别与联系》,《中国法学》2019年第1期。

② 卢群星:《论规范性文件的审查标准:适当性原则的展开与应用》,《浙江社会科学》2010年第2期。形式合理性主要包括法律规定内部不得自相矛盾、前后规定应能保持一致、内在精神需要融贯自洽等要求;工具合理性则意指比照行政法上的比例原则或比照法经济学上的成本收益分析;价值合理性要求与上位法的原则或精神相比较。从该文的具体论述来看,我们尚无法发现"不适当"包含"违宪"(或者说"适当性审查"包含"合宪性审查")的明确表达。

③ 武婷婷:《"其他不适当"规范性文件的界定》,《北华大学学报》(社会科学版)2014年第5期。

法、不合理与不合宪。

对"不适当"的不同解释不仅给规范性文件的审查标准的理解和运用带来困惑与混乱,且足以影响对"不适当"和"违宪"两个概念逻辑关系的正确解答。我们认为,将"不适当"和"违宪"作为学术概念使用时学者们基于研究的需要和立场的不同自可作出不同的界定和选择,尽管如此处理将阻碍学术见解的顺畅交流和学术本身的发展繁荣;但在对宪法、法律条文中作为法律概念出现的"不适当"和"违宪"进行学理解释时却应该遵守基本的宪法和法律解释原则,运用宪法和法律解释方法,作出较为合理和具有说服力的解读。有鉴于此,笔者试对《宪法》《立法法》等法律条文中的"不适当"作以下初步解释,并以这些解释为基础,探求我国宪法、法律文本中的"不适当"和"违宪"之间的逻辑关系。

第一,不同文本、不同条款中的相同概念不宜强求作"同一解释",而应"具体情况具体分析"。

在宪法和法律解释中,相同概念作同一解释是一条基本的解释规则,因为这是确保法制统一、法律体系和谐一致的客观要求。但同一解释规则并不是不可打破的铁律,因为"同一文字有不同的和多样的含义,须根据上下文来确定句中文字准确的含义。"①

1."不适当"仅指"不合理",不含"不合法(或违法)"之义

我国《行政复议法》第1条规定:"为了防止和纠正违法的或者不当的具体行政行为,保护公民、法人和其他组织的合法权益,保障和监督行政机关依法行使职权,根据宪法,制定本法。"而按我国行政法学界通说,行政复议与行政诉讼的一个非常重要的区别在于行政复议机关对具体行政行为可进行合法性和合理性审查,但人民法院依据《行政诉讼法》第6条的规定对行政行为原则上只能进行合法性审

---

① [美]詹姆斯·安修:《美国宪法解释与判例》,黎建飞译,中国政法大学出版社1999年版,第21页。

查而不能作合理性审查。因此,结合《行政复议法》第1条将"违法"和"不当"作并列表述和行政法学界的通说,我们可以认为,该条中的"不当"不应包括"不合法"或"违法"之义,仅指"不合理"。这种"不合理",根据学者的解释,主要是指违背比例原则、正当裁量原则和平等对待原则。①这种学理解释可以得到国务院于2004年发布的《全面推进依法行政实施纲要》(国发[2004]10号)中关于"合理行政"要求的印证。

《行政强制法》第5条规定:"行政强制的设定和实施,应当适当。采用非强制手段可以达到行政管理目的的,不得设定和实施行政强制。"而据相关释义书的解释,行政强制领域中适当原则就是比例原则,该原则"是指行政机关在可以采用多种方式实现某一行政目的的情况下,应当采用对当事人权益损害最小的方式,这样做才是适当和合理的"。②按照这种释义,行政强制行为的"不适当"就是指违背了比例原则的要求。至于该条中的"适当"是否还包括正当裁量原则和平等对待原则的要求,从上述释义中还无法明确得知。但如果根据适用于所有行政领域、所有行政行为的《全面推进依法行政实施纲要》有关"合理行政"的要求,行政强制行为除应符合比例原则的要求之外,无可置疑地也应遵守正当裁量和平等对待的要求。因此,我们可以认为,《行政强制法》和《行政复议法》有关"适当"和"不当"("适当"的对立面)可以作相同理解,即"适当"即"合理","不适当"即"不合理",均不含"合法(或不合法)"之义。

2. "不适当"包含"不合法"与"不合理"两种意涵

如前所引,从整个条文表述来看,我国《监督法》第30条中的"不适当"包括了不合法(如超越法定权限、同法律、法规规定相抵触等)和不

---

① 江国华、邱冠群:《论行政复议中的合理性审查》,《云南大学学报(法学版)》2015年第1期。该文认为,行政复议中合理性审查的原则分化为以下三个方面:比例原则、平等对待原则和正当裁量原则。

② 信春鹰主编:《中华人民共和国行政强制法释义》,法律出版社2011年版,第23页。

合理(如有其他不适当的情形)两种意涵。①

《立法》第108条第(三)(四)(五)(六)项规定:国务院有权改变或者撤销不适当的部门规章和地方政府规章;省级人大有权改变或者撤销它的常委会制定的和批准的不适当的地方性法规;地方各级人大常委会有权撤销本级政府制定的不适当的规章;省级政府有权改变或者撤销下一级政府制定的不适当的规章。相关法律释义书在解释此条中的"不适当"时认为:"关于什么是'不适当',本条没有明确规定,一般认为,不适当就是不合理、不公平。"②根据这种释义及其所列举的几种具体的"不适当"情形来看,《立法法》第108条中的"不适当"的含义就仅限于不合理,而不涵盖"不合法"在内。但是,如果我们结合《立法法》第107条的规定进行系统解读,应该会得出不同的结论。

《立法法》第107条规定,法律、法规和规章等规范性文件如有下列情形之一的,可由有权机关予以改变或者撤销:超越权限的;下位法违反上位法规定的;规章之间对同一事项的规定不一致,经裁决应当改变或者撤销一方的规定的;规章的规定被认为不适当,应当予以改变或者撤销的;违背法定程序的。以部门规章为例,如果某项部门规章具有"超越权限"这一种情形,国务院便可依据第107条的规定予以改变或撤销。但如果根据上述释义,第108条的"不适当"仅指不合理、不公平,而"超越权限"显然属于"不合法"而不属于"不合理"范畴,则国务院改变或撤销"超越权限"的部门规章便与该条规定相抵触。显然这种推论是不成立的,甚至是荒谬的。故此,《立法法》第108条第(三)(四)(五)(六)项

---

① 参见孔繁华:《规范性文件备案审查中"其他不适当"情形的具体适用——以广州市人大的审查实践为例》,《法治社会》2016年第2期。该文认为,"其他不适当的情形"既包括合法性问题也包括合理性问题。

② 全国人大常委会法制工作委员会国家法室编著:《中华人民共和国立法法释义》,法律出版社2015年版,第303—304页。该释义书认为,以下几种情况可以视为不适当:(1)要求公民、法人和其他组织执行的标准或者遵守的措施明显脱离实际的;(2)要求公民、法人和其他组织履行的义务与其所享有的权利明显不平衡的;(3)赋予国家机关的权力与要求与其承担的义务明显不平衡的;(4)对某种行为的处罚与该行为所应承担的责任明显不平衡,违反比例原则的。

中的"不适当"应该包括第107条规定的可予以"改变或撤销"的所有情形,即"不适当"具有"不合法"与"不合理"双重意蕴。

3."不适当"包含"不合宪""不合法"与"不合理"三种情形

前引《宪法》第62条第(十二)项规定全国人大有权改变或撤销全国人大常委会不适当的决定,而《立法法》第108条第(一)项也规定全国人大有权改变或撤销全国人大常委会不适当的法律。而据相关释义,"全国人大常委会制定的法律、人事任免、对条约的批准和废除等作出的一切决定,全国人大只要认为'不适当',而不管是否违反宪法和法律,都可以改变或者撤销。"[1]显然,在这种释义看来,此项中的"不适当"不仅包括违反宪法、违反法律,还应该包括其他不适当或者说不合理的情形。事实上,鉴于全国人大的最高国家权力机关地位及其与全国人大常委会之间的权力关系(后者乃前者的常设机关,受前者的监督),以及依据《宪法》第62条第(二)项(全国人大有权监督宪法的实施)与第5条第3款(一切法律不得与宪法相抵触)的规定,第62条第(十二)项的"不适当"应该包含"违宪"之义。

第二,法律概念的解释不纯粹是一个技术性问题,解释"法言法语"时还应关注文本之后隐藏或体现的国家机关的性质、功能及相互关系等体制性问题。

之所以要对不同法律文本或同一文本不同条款中的"不适当"作同一或相异的解释,主要原因不仅在于该术语的字面意义及其在整部法律或法律体系中的"相位",更在于其所反映出来的国家机关的性质、功能及其相互间的权力关系。前文已经指出,我国《宪法》中仅有第62条第(十二)中的"不适当"可以包含违宪之义,而其他条款中的"不适当"(如《宪法》第89条第(十三)(十四)项、第99条第2款第2分句、第104

---

① 全国人大常委会办公厅研究室政治组编著:《中国宪法精释》,中国民主法制出版社1996年版,第201页。

条第1款第3、4分句以及第108条)不具有"违宪"的意义,从中更不能推论出有关国家机关享有合宪性审查权,①主要的缘由就在于:如果将这些款项中的"不适当"确定含有违宪之义并以此推论国务院、地方国家权力机关乃至县级以上地方人民政府具有合宪性审查权,不仅无助于合宪性审查重要目标即社会主义法制统一的实现,更会使得宪法意义"政出多门"从而损害宪法的最高权威、最高地位和最高效力。并且,国务院、县级以上地方各级人民政府的行政机关性质、地方国家权力机关的"地方"属性也使得其不适合承担合宪性审查这种关涉法制统一和国家统一的工作;如果"强人所难",反而不符合国家权力配置的"功能适当性"原则。

此外,即使不同条款中"不适当"指称的意义大致相同,但其所蕴含的审查强度是不一致的,也不应该是一致的,这亦归因于审查机关和被审查机关的各自性质和相互之间的权力关系。如《宪法》第104条第1款第3、4分句规定县级以上的地方各级人大常委会有权撤销本级政府的不适当的决定和命令,有权撤销下一级人大的不适当的决议;第108条规定县级以上地方各级政府有权改变或者撤销所属各工作部门和下级政府的不适当的决定。同样是"不适当"的审查标准,但这两个条款暗含的审查强度是不相同的。

首先,县级以上地方各级人大常委会和下一级人民代表大会均是权力机关,它们之间是监督和被监督的关系而非上下级间的领导和被领导关系。如果从(间接)选举的角度看,下一级人大反而是上一级权力机关合法权威来源的正当性基础。因此,再加上发挥地方主动性和积极性的考虑,上级权力机关不能对下级权力机关干预太多、太深。这一点可以得到一段修宪史料的间接证明。我国1954年《宪法》第31条第(七)项曾规定,全国人大常委会有权改变或者撤销省、自治区、直辖市国家权力机关的不适当的决议;而1982年《宪法》第67条第

---

① 参见前文第二章第二节的相关论述。

(八)项将"不适当"改变为"同宪法、法律和行政法规相抵触"。对这一变化,相关释义书作出了如下解释:"这样修改同1954年宪法规定的相比,是对全国人大常委会此项职权更严格的限制。其目的是为了遵循中央的统一领导的前提下,充分发挥地方的主动性、积极性。……同行政法规相抵触的地方性法规和决议由全国人大常委会撤销而不由国务院撤销,其目的是为了更慎重地行使此项职权,更好地保护地方的自主权。"①很明显,宪法修改的原意便在于提醒全国人大常委会虽然具有监督省级国家权力机关的职权,但也不能"挟中央自重",更不能"越俎代庖",在行使撤销权时应该兼顾《宪法》第3条第4款规定的处理中央与地方关系的"遵循在中央的统一领导下,充分发挥地方的主动性、积极性的原则",不能以自己的判断恣意地取代地方国家权力机关的判断。

其次,县级以上地方各级人大常委会和本级人民政府分别是权力机关的常设机关和行政机关,尽管《宪法》第3条第3款规定行政机关由权力机关产生,对后者负责受后者监督,但基于对行政自主性、专业性等予以尊重的考虑,权力机关不宜也不能用自己对"适当性"的判断代替行政机关的判断。

最后,县级以上地方各级人民政府与其所属部门之间、与下级人民政府之间是领导和被领导关系。基于上下级行政机关之间的这种行政隶属关系,上级行政机关对下级行政机关制定的规范性文件、作出的具体行政决定可以进行全方位、深入彻底地审查,可以自己的判断替代下级的判断。

可见,即使审查标准均为"不适当",但基于审查者和被审查者的不同性质及其引致的不同权力关系,也应该作强弱不同的理解、解释和运用。

---

① 全国人大常委会办公厅研究室政治组编著:《中国宪法精释》,中国民主法制出版社1996年版,第213页。

三、逻辑关系：交叉关系（原则）与包含关系（例外）

行文至此，我们便可对我国宪法、法律文本中的"违宪"和"不适当"两个概念外延间的逻辑关系确定如下：原则上而言，两者是"交叉关系"（如均包含违反比例原则要求的情形）；但在例外情形下，二者是"包含关系"，具体而言乃"不适当'包含'违宪"。以下就对这些逻辑关系的具体内容及其所蕴含的"违宪"与"不适当"的区别和联系予以详述。

其一，从以上所论述的"违宪"与"不适当"的各自含义或表现形态来看，除却《宪法》第62条第（十二）项中的"不适当"之外，《宪法》其他条款中的"不适当"以及《立法法》《监督法》相关条款中的"不适当"均含有"不合法"和"不合理"两种情形："不合法"主要表现为超越权限、违背法定程序等；"不合理"则主要表现为不符合比例原则的要求。而"违宪"既包括形式违宪，也包含实质违宪：前者主要的形态也有超越（立法）权限、违背（立法）程序等；后者则主要指与比例原则的要求或精神相背反。就此而言，"违宪"与"不适当"二者的内涵与外延确有重合之处。[①]

但是，这种重合并不代表"违宪"和"不适当"的逻辑关系乃同一关系，二者可以相互替换使用。正如前引"不兼容论"所主张的，"违宪"与"不适当"是两个相互独立的概念。从相关宪法条款及法律条文的规定来看，"不适当"仅仅是一种审查标准，无论是县级以上地方人民政府、地方国家权力机关还是国务院，均可依法以"不适当"为由改变或撤销受审查的规范性文件。"不适当"本身并不暗含授权性内容，即相关主体并不能仅凭"不适当"规定主张自己享有何种权力，其权力内容和范围还需宪法或法律的明确授权。然而，"违宪"或"同宪法相抵触"的规定

---

① 即使是《行政复议法》《行政强制法》中的"不适当"仅具"不合理"之义，其与"违宪"的关系也属于交叉关系，即在违背比例原则的要求或精神等方面二者存在重合。

却并不仅仅是一项审查标准,同时具有授权性意涵,相关主体可根据此种规定主张或行使合宪性审查权。此外,"违宪"概念尚蕴含着"宪法至上""高级法""限权法"等价值意义,[①]其强调了宪法的最高法律效力、法律地位和法律权威,即使是一国最具民意代表性、在国家机构体系中居于最高地位的代议制机关(如我国的全国人大)也必须遵守宪法和执行宪法,否则,宪法的根本法属性将遭致极大之缺损,宪治国家的形成也将遥遥无期。

故此,"违宪"和"不适当"的不同性质与意涵,以及二者在具体表现形态方面的重合,决定了这两个独立概念外延间的逻辑关系乃交叉关系。

其二,无论是合宪性审查还是适当性审查,审查主体均应在个案中视不同情形、考虑不同因素而选择强弱不同的审查强度。但鉴于全国人大及其常委会是我国的唯一合宪性审查机关,因此,其在采取强弱不同的审查强度时更偏重考虑的是国家机关所负宪法义务的性质和内容。例如,相对于公民基本权利,国家机关所承担的宪法义务主要表现为尊重、保护和促进。尊重的义务意味着国家机关不得采取侵益性措施,如若采取,则不仅要获得法律授权(法律保留),而且还应该符合目的正当性、适当性、必要性和均衡性等比例精神。保护的义务要求国家机关采取有效措施(如建章立制、整备设施)保护公民基本权利不受第三者的侵犯,但是否有效、是完全有效还是部分有效,主要依赖于国家机关的自我裁量,而非审查机关的主观判断。至于增进的义务,由于考虑到国家财政的充足度、财政分配的随机性,宪法审查机关对相应增进措施很难作出违宪判断,只有增进措施根本无法满足最低限度的公民生存需要时才可能得出违宪结论。据此,尊重、保护和增进的宪法义务

[①] 法律概念的构建、表达或定义不纯粹是一个形式逻辑问题,因为其还承载着特定的目的或价值。法律概念背后隐藏的价值也可以成为区分不同乃至相似概念的一项重要指标。参见周伟:《行政行为成立研究》,北京大学出版社2017年版,第38页。

蕴含的合宪性审查强度是依次递减的。^①

至于适当性审查,由于审查机关和受审查者之间的权力关系多种多样,既有地方国家权力机关对其常设机关、地方国家权力机关对下一级国家权力机关,也存在地方国家权力机关对本级地方政府、行政机关对其所属部门和下一级行政机关,因此审查机关在拿捏适当性审查标准的审查强度时,既需要考虑受审查规范性文件或行为的效果(如是侵益还是授益)和对象(如是人格尊严还是财产权),也应侧重考虑相互之间的权力关系,以避免导致不必要的机关冲突和对抗,避免僵化的"适当性"束缚或阻碍社会的前进和发展。

其三,如前所述,《宪法》第62条第(十二)项的"不适当"具有违宪、不合法和不合理三种意涵,因此,可以说在例外情形之下"不适当"和"违宪"的逻辑关系是包含关系:前者包含后者。如此,就像有的学者所言,全国人大可以适当性审查"变相"地对全国人大常委会所制定的法律、作出的决定进行合宪性审查了。^②

---

①　于此需要回应的是,前引刘连泰先生认为违背公民自由权等宪法消极规范才是"违宪",而背离公民社会权等宪法积极规范则是"不适当"。我们认为,这种观点是不甚妥当的。无论是自由权还是社会权,其对应的国家义务形态均包括尊重、保护和促进,只不过自由权更侧重于尊重而社会权更侧重于促进而已。国家权力等公权力在无正当化事由的前提下侵犯自由权或者无法为社会权的促进提供最低限度的条件,均可视为"违宪"。

②　王锴:《合宪性、合法性、适当性审查的区别与联系》,《中国法学》2019年第1期。其实《宪法》第62条已经赋予了全国人大的监督宪法实施的权力,它根本不必要运用"不适当"规定来"变相"地(完全可以"正大光明"地)实现对全国人大常委会的立法或决定进行合宪性审查。

第七章　违宪的类型
——学说述评的维度

违宪概念的定义式界说及其与违法、不适当等概念的区分,仅有助于认识违宪的内涵和性质。因此,要全面、科学地认识违宪现象,还应对其外延作一深入地了解和解析。而这一任务的完成则有赖于对违宪的类型化。分类是对事物或其概念进行认识的重要手段,但须注意的是"不能为分类而分类"。笔者认为,分类应遵循以下几项规则:

第一,子类与被分类对象具有一致性,既不能出现概念内涵所无法涵括的外延(可谓"过多包含"),也不能出现外延"遗漏"(可谓"过少包含")(以下称为"第一规则")。如在对"人权"进行类型化时,就不能因强调动物的保护而将动物权利归属于人权。第二,每一类型的分类标准可以是多元的,但必须是一致的,不能出现子类之间交叉重合的现象(以下称为"第二规则")。如在对"人"进行分类时,可以以性别和年龄为标准,将人分成男性(老、中、青、少、儿童)和女性(老、中、青、少、儿童),但不能在这一类型中出现本国人、外国人(国籍标准)。第三,分类标准必须具有科学性或合理性,有助于对分类对象的认识,而不能适得其反地使人的认识"陷入迷途"(以下称为"第三规则")。第四,法学中的类型化还应具有实用性和可操作性,对立法、行政和司法等行为具有指导意义,而不能纯粹蜕变成理论上的"自说自话"(以下称为"第四规则")。

在对分类规则进行了以上粗浅的分析之后,我们便对理论上业已存在的各种违宪类型观点作一简要的评述,并在此基础上,提出其他的更符合以上四项分类规则的违宪类型。鉴于"良性违宪"理论曾在我国法学界引发了广泛且持久的争议,故本章对违宪类型的评述便从"良性违宪"和"恶性违宪"这一类型开始。

第一节　跨越时空的辩论:"良性违宪"的是与非
——事实、规范与价值层面的述评

在新中国成立70多年来的中国宪法学发展过程中,在域外宪法学理和制度的镜鉴及本土化问题的刺激之"双重挤压"下,中国法学界向世界宪法学贡献了不少具有中国特色的中国智慧和中国方案,"良性违宪"理论便是其中的典型性代表。20世纪90年代中期,郝铁川先生首度提出了"良性违宪"概念,其意在用此描述中外宪法史上出现的"表面上看似违宪,但实际上符合历史发展趋势、符合人民的根本利益"的宪法现象。该种宪法现象更为精确的界定是:"国家机关的一些举措虽然违背当时宪法的个别条文,但却有利于发展社会生产力、有利于维护国家和民族的根本利益,是有利于社会的行为。"[①]

"良性违宪"一经提出,赞同、反对的声音皆有,且这些争议持续至今。[②]从相关讨论来看,良性违宪理论的学术影响力不仅表现在该理论本身所引发的各种直接争议,而且还表现在如下几个方面的"外溢"效应:其一,社会现象的学术分析工具的功能。有些学者和实践部门的同志在肯认良性违宪理论的基础上,采取"拿来主义"的策略将其直接用

---

　　① 郝铁川:《论良性违宪》,《法学研究》1996年第4期。

　　② 有的学者认为,如果以郝铁川先生和童之伟先生为代表的学者们能够从宪法变迁的角度来理解和论述"良性违宪"所要解决的问题,则"分歧可能不会产生"。参见王锴:《宪法变迁:一个事实与规范之间的概念》,《北京航空航天大学学报》(社会科学版)2011年第3期。

于分析一些法律或宪法问题。如在对违宪进行分类时,有学者直接依据"违宪的社会后果的不同"将违宪划分为"良性违宪"和"恶性违宪"。①有的论者在对案例指导制度的合宪性进行分析时认为:"最高人民法院制定并实施案例指导制度的行为其实就是良性违宪,但这却是一种转型正义。"②而有的实践部门同志则直接以"良性违宪"作为基本概念和分析工具研析《立法法》的合宪性问题。③其二,产生新概念、新名词的"母机"功能。围绕良性违宪理论的是与非,有些学者为了克服"良性违宪"概念本身存在的瑕疵或者基于其他学术目的,提出了一些新概念或新名词,如"非规范行为""正常冲突""形式合宪""不合宪""宪法变通"等等。④其三,相关论题深入研讨的"导火线"功能。有鉴于"良性违宪"涉及到宪法规范与社会现实之间的相互关系、改革与立法的关系、修宪模式、违宪判断的基本标准等诸多繁杂的宪法、法律理论和实践问题,因此,良性违宪概念本身及其理论争议促发了一些其他宪法、法律问题的更为深入地挖掘与研讨,如宪法变迁、宪法适应性、宪法规范的层次、中国法律体系的构建模式等宪法、法律问题。⑤

　　囿于研究主题即违宪的类型划分,本节仅试图从事实、规范和价值三个层面在博采众长的基础上对"良性违宪"和"恶性违宪"此一违宪分

---

　　① 参见郭春涛:《论违宪》,《徐州师范大学学报》(哲学社会科学版)1997年第1期。该文认为良性违宪本质上仍是违宪行为,不宜提倡。

　　② 张超:《从事实拘束力到法律拘束力——论指导性案例的效力》,载陈金钊、谢晖主编:《法律方法》(第15卷),山东人民出版社2014年版,第267页。

　　③ 参见周阿求:《我国〈立法法〉良性违宪嫌疑现象浅析》,《人大研究》2000年第10期。

　　④ 分别参见胡锦光:《非规范行为与宪法秩序》,《法学》1996年第5期;韩大元:《社会变革与宪法的社会适应性——评郝、童两先生关于"良性违宪"的争论》,《法学》1997年第5期;童之伟:《宪法实施灵活性的底线——再与郝铁川先生商榷》,《法学》1997年第5期;游伟、杨利敏:《论冲突及冲突的解决——关于"良性违宪"的若干思考》,《社会科学》1998年第6期;张千帆:《宪法变通与地方试验》,《法学研究》2007年第1期。

　　⑤ 分别参见王锴:《宪法变迁:一个事实与规范之间的概念》,《北京航空航天大学学报》(社会科学版)2011年第3期;郭晖:《全面深化改革背景下宪法适应性问题探析》,《河北法学》2019年第2期;沈岿:《宪法规范层次论:一种解释方法》,《清华法学》2012年第5期;钱大军、薛爱昌:《繁华与无序:法律体系建构的中国模式之检讨》,《法律科学》2016年第1期。

类的合理性、逻辑性作一粗浅的分析。该论题的解析可以通过讨论如下三个问题得以进一步展开:(1)"良性违宪"的成因;(2)"良性违宪"之"良性"的判断标准;(3)"良性违宪"的利弊。

一、事实层面:"良性违宪"缘何产生

对于"良性违宪"产生的原因尤其是中国"良性违宪"现象的根源,无论是赞同论者还是反对论者都作出了自己的分析。从既有的学术观点来看,"良性违宪"现象产生的缘由主要涉及对以下几个问题的分析与解答。

(一)宪法规范与社会现实之间的"差距"是否是"良性违宪"产生的必然原因

作为良性违宪理论的首倡者,郝铁川先生认为,中外宪法史上之所以会出现"表面上看似违宪,但实际上符合历史发展趋势、符合人民的根本利益"的"良性违宪"现象,一项重要的原因便是"文本与现实的背离",即法律相对于社会现实的发展具有滞后性,社会变革的现实引致的制度改革,势必要冲破旧有的宪法法律框架。[①]而在之后的商榷性讨论中,其又对该原因进行了补充性阐释。他认为,"文本与现实背离"的矛盾主要表现在以下三对范畴:一是法律的保守性与社会变革的发展性;二是法律规则的僵硬性和社会变革的灵活性;三是法律的控制性与社会变革的越轨性。[②]

"文本与现实的背离"是"良性违宪"产生的"罪魁祸首"吗?或者说,宪法规范与社会现实之间必然恒定存在的"罅隙"与"良性违宪"之间存在因果关系吗?对此,童之伟先生作出了否定的回答。他认为,宪

① 参见郝铁川:《论良性违宪》,《法学研究》1996年第4期。
② 参见郝铁川:《社会变革与成文法的局限性——再谈良性违宪兼答童之伟同志》,《法学研究》1996年第6期。

法文本与现实的背离并不意味着必须采用本质上是"故意违宪"的"良性违宪"行为或举措。①韩大元先生亦认为,在宪法规范与社会现实相冲突或不一致时,为了尊重和维护宪法价值,应该运用宪法解释、宪法修改等手段,通过宪法程序使社会现实的合理要求得以及时反映,"没有必要采取宪法之外的途径"。②

不可否认且可极端地说,任何规范,无论是道德、伦理、宗教抑或法律,从其诞生之日起,就必然会面对逐渐脱离社会现实而被修改、抛弃的命运。尽管相较于一般法律而言,宪法规范更具有原则性、概括性、开放性和包容性,但毕竟其是"人造之物"而非"神的启示"。因此,囿于人类认识能力的局限性以及社会发展的恒定性,即便我们希望宪法乃是"万世不变之大典",随着时间的推移,其也无法挣脱上述命运之枷锁。

宪法规范与社会现实不相一致的历史发展规律,是否可以成为国家机关公然"违背宪法个别条文"搞创新、搞改革或采取其他举措的凭据且可美其名曰"良性违宪"呢? 本书对此的回答是:非也。理由在于:第一,宪法规范与社会现实之间的冲突是必然的,这是从一般的发展规律来说的。但如果置于具体的情境下,我们便不得不作出如下"质问":谁有权判定宪法规范与社会现实发生了冲突或背离? 从上述"良性违宪"的界定来看,"良性违宪"的举措是"国家机关"采取的,因此,宪法规范与社会现实之间已经不相一致的判定主体必然是"国家机关"。但问题是:是否所有的国家机关都有权判定,上至全国人大、国务院,下至乡镇人大、乡镇政府? 如果不是所有的国家机关都有权判定,那么应该限定在哪一类、哪一级? 从一些学者所举的"良性违宪"事例来看,这些国家机关有

---

① 参见童之伟:《"良性违宪"不宜肯定——对郝铁川同志有关主张的不同看法》,《法学研究》1996年第6期。

② 参见韩大元:《社会变革与宪法的社会适应性——评郝、童两先生关于"良性违宪"的争论》,《法学》1997年第5期。有的学者提出,韩大元先生在该文中提出的通过宪法解释来回应现实要求,本质上已非宪法解释,而是"解释改宪"。参见陈伟:《论宪法规范价值和现实价值的统一》,《东岳论丛》2011年第4期。

全国人大常委会、省市级地方人民政府等。①这是否说明在这些学者看来,所有的国家机关都可以搞"良性违宪",都有权判定某些宪法条文已经滞后于社会发展呢? 从其表述来看,似乎无法得出明确的结论。

假设所有国家机关(上至中央下至地方,立法、行政、司法、监察等)都有权判定宪法规范与社会现实相背离并不惜采取违反宪法个别条文的举措的话,将会出现什么样的局面呢?"诸神混战""社会失序""宪法颜面尽失"等等,都可能成为这一局面的恰当描述。笔者深信,这些也不是肯定"良性违宪"的学者们所愿意看到的。如此,我们是否可以"定于一尊",将这种判定权授予一个机关来消解"政出多门"的局面?

从宪法的地位、内容、意义以及违宪可能产生的后果来看,在我国的国家机构体系中,最有权威、最有资格作出上述判定的机关是全国人大。假设全国人大在广泛征求意见、集思广益的基础上作出了宪法规范与社会现实相冲突的判定,其是否需要冒着"违宪"的风险制定法律、作出决定或决议呢? 熟知中国人大制度、熟知中国修宪程序的读者是不会得出肯定答案的。从我国宪法第 64 条第 1 款规定的修宪程序来看,中国宪法是刚性宪法,而在王世杰、钱端升二位宪法学前辈看来,刚性宪法的一个重要"弱点"在于,倘若"社会的政治经济等等状况已发生重大变迁",但由于宪法"修改不易",使其"无以适应已经变更的环境","则宪法自将为社会进化的阻力。"这个弱点,在"社会变迁非常迅速的时期","更不容我们忽视。"②但这种宪法文本上的"刚性"在具体的修宪过程中已经变易为"柔性",③这从现行宪法的五次修正实例中就可见端

---

① 参见郝铁川:《论良性违宪》,《法学研究》1996 年第 4 期;张千帆:《宪法变通与地方试验》,《法学研究》2007 年第 1 期。

② 参见王世杰、钱端升:《比较宪法》,商务印书馆 1999 年版,第 14—15 页。美国学者将刚性宪法区分为形式刚性宪法和功能刚性宪法,区分两者的关键在于是否存在一个政府机关有权决定立法机关的行为是否超越了宪法界限。参见[美]约翰·亨利·梅利曼、[委]罗森里奥·佩雷斯·佩尔多莫:《大陆法系》(第三版),顾培东、吴获枫译,法律出版社 2021 年版,第 154 页。依据此种学理分类,中国宪法应属于前者。

③ 参见李林、翟国强:《健全宪法实施监督机制研究报告》,中国社会科学出版社 2015 年版,第 11—12 页。

倪,无需多加赘论。

有鉴于此,在宪法规范与社会现实是否存在"差距"的判定主体方面,赋予所有国家机关均享有判定权是不妥当、不可行且危害极大的;而由全国人大行使此权虽然合理,但就我国宪法运作尤其是宪法修改的现实来看,全国人大根本无需此权。并且如前文所述,即便基于各种主客观原因,全国人大在宪法规范背离社会现实但怠于修改宪法并采取"违宪"的举措,其也不会成为违宪主体,其所实施的行为也不构成违宪行为。因此,以"良性违宪"来为全国人大"背书"实在是"多此一举""画蛇添足"。

第二,假定全国人大就宪法规范与社会现实是否发生冲突有权判定且需要这种权力,那么随之而来的一个问题是:全国人大在什么时候、以什么标准来认定冲突成立呢?从有关"良性违宪"的诸多学术讨论来看,无论是支持者抑或反对者,虽然大家都在谈宪法规范与社会现实会发生冲突,但并未发现哪一种观点明确提出认定冲突成立的标准。至于宪法规范与社会现实相冲突到哪个时点足以导致国家机关不得不采取"良性违宪"之举措,则更无明确之论述。据笔者拙见,学者们之所以无法明确提出判断冲突成立的标准和时点,最主要的一项根本原因是:这种标准和时点是不存在的,即便客观存在,也无法为人所认识和把握。

1982年宪法制定时,其第15条规定"国家在社会主义公有制基础上实行计划经济",而根据1993年宪法修正案,该项内容修改为:"国家实行社会主义市场经济"。计划经济形态自1949年中华人民共和国成立后就开始实行,且历时40多年之久,在国民经济恢复、工业发展等各项领域,也发挥过积极作用。就当时而言,在当时人们的意识和观念中,计划经济形态才有利于发展社会生产力,才有利于维护国家和民族的根本利益。这种经济形态在何时才开始成为经济、社会发展的阻力且为人们所认识,是1993年还是哪个时点?这是无法精确回答的,因为人的认识是逐渐发展的,事物的变化是一个"量变"到"质变"的过程。如此,"国家实行计划经济"的宪法规范在何时与社会现实相冲突且这种冲突已达到非采取"良性违宪"不可的程度,是无法作出精确回答的。

综上,虽然我们可以以一种"预言家"的身份说明宪法规范一定是会与恒定发展的社会现实相冲突的,但在这种冲突何时成立等问题上则只能以"事后诸葛亮"的方式作出解答。在这种境况下来"苛求古人"是不合理的、不现实的。易词言之,以宪法规范与社会现实的冲突来论证"良性违宪"产生的必然性,必然会遭遇谁来判定、以什么标准判定、冲突何时成立等一系列诘问。如若不能解决这些问题,言宪法规范与社会现实的差距是"良性违宪"产生的必然原因,则有失偏颇、有失客观。

(二) 中国宪法的 "内在缺陷" 是否必将催生 "良性违宪" 之举

基于"良性违宪"的中国特色,我们也许更应该看重其产生的中国理由。对这些中国元素的解读,不同学者亦提供了不同的思路和答案。郝铁川先生认为,我国之所以会出现"良性违宪"现象,一项非常特殊的原因在于"中国的立宪制度不够完善",与计划经济体制相适应的中国宪法中的"列举式授权性规范"(意为"法无授权即禁止")无法为主体的行动预留足够的、可容纳"摸着石头过河"式的改革要求的空间。[1]不过,就此点而言,童之伟先生并不认同。他认为,比较宪法上的考察给予吾人的启示是国家机关权力的列举式规定与良性违宪之间不存在因果关系。[2]宪法作为一种授权规范,其意在通过列举国家机关的权力来实现对后者的规限,即对于国家机关而言,"法无授权即禁止"。因此,为了实现宪法规约国家权力的功能,宪法必须采用这种授权性规范的

---

[1] 参见郝铁川:《论良性违宪》,《法学研究》1996年第4期。

[2] 有论者指出,无论是对国家公权力的列举还是公民基本权利的列举,都是"符合立宪根本原理的,也符合各国立宪通例"。参见曦中:《对"良性违宪"的反思》,《法学评论》1998年第4期。

设制模式,中外宪法莫不如是。如果为实现某种政治目标而对国家机关采取概括性授权方式,宪法将背离自己的初衷而沦为政治的"婢女"。如此,我们当然可以得出如下的结论:肯定良性违宪的学者们忽略了宪法的基本功能,将本质上为宪法的"优良品质"错误地指责为阻碍社会进步的"渊薮"。我国宪法的"列举式授权性规范"根本不是中国良性违宪产生的特殊原因,反而是评价国家机关行为是否违宪的一项重要指标。

还有些学者指出,在宪法规范结构方面,我国1982年宪法对经济制度过于细密的规定破坏了以改革开放为隐含宪法原则且总体较为成功的宪法基本结构的效用。[①]张千帆先生甚至认为,我国宪法"不应该"规定公民义务、经济制度的细节以及太多积极权利,这些内容的存在是我国宪法未能得到顺利实施的"文本障碍"。[②]从"良性违宪"论者所举的实例及我国1982年宪法的历次修改情况来看,我国宪法对经济政策或经济制度细节的规定"似乎"正是国家机关为了发展生产力、维护国家和民族的根本利益不得不违反的最主要对象。但我们认为,这仅仅是一种"表象"。事实上,如下文所论,如果我国宪法解释机制能够得到顺畅、有效运作的话,1982年宪法的有关规定是可以包容那些表面上看似"违宪"的改革举措的。并且,从比较宪法上来看,尽管以美国宪法为代表的近代宪法并未过多地规定经济政策等政策性、纲领性内容,但以德国1919年魏玛宪法(其中第二编第五章 经济生活)为代表的现代宪法却对此亦不乏规定。如1947年《意大利共和国宪法》第三章即规定了"经济关系"。就此来看,经济内容的宪法规定与"良性违宪"之间并不存在必然的因果关系。

最后,张千帆先生在考察了若干地方经济改革和民主试验(如乡镇长直选)的实例基础上提出我国"良性违宪"出现的原因其实是宪法和

---

① 参见游伟、杨利敏:《论冲突及冲突的解决——关于"良性违宪"的若干思考》,《社会科学》1998年第6期。另可参见曦中:《对"良性违宪"的反思》,《法学评论》1998年第4期。

② 参见张千帆:《宪法不应该规定什么》,《华东政法学院学报》2005年第3期。

中央法律过多地限制了地方自主权。①暂且不论这种原因分析是否可以成立,即使宪法和中央法律过多地限制了地方自主权,就应以"良性违宪或宪法变通"来为地方国家机关的违宪行为进行正当化吗? 为了追求所谓的更高目标(如本地人民的根本利益及社会发展),地方国家机关就可以突破宪法或中央法律的束缚而搞创新或改革呢? 只要稍微考虑一下这样做的后果便知:允许各地方规避甚至突破宪法或中央法律,让其"各行其是",则宪法、法律的尊严将损耗殆尽,中央政令将无法贯彻落实,法治统一与国家统一亦将无从谈起。因此,当宪法或中央法律过多地限制了地方自主权时,地方国家机关的正确做法并非搞"良性违宪",而是应该通过合法途径、运用合宪手段去改变这种不合理的宪法或法律规定。即便合法、合宪之门一时无法打开,地方国家机关也不能搞"良性违宪",否则无异于"饮鸩止渴"。

（三）改革的现实是否是"良性违宪"产生的肇因

有的学者指出,我国"良性违宪"行为的产生,是和"摸着石头过河"的制度突破与"可改可不改的不改"之宪法修改模式的相互冲突有关。而这种冲突的根源,正在于改革本身。有鉴于此,由于改革还远未完成,我们很难乐观地预期通过提高立宪技艺或放权地方来消除良性违宪行为。②而夏勇先生更是在区分"革命宪法""改革宪法""宪政宪法"的基础上提出:"'改革宪法'的合法性基础既是现有法统,又是改革本身。这决定了无论实体方面,还是程序方面,都在一定程度上允许违宪改革、违法改革。"③这些观点是否说明:违宪、违法是改革所无法摆脱的"宿命"呢?

中国最大的现实便是改革开放,且"当前我国正处于快速发展和变

---

① 参见张千帆:《宪法变通与地方试验》,《法学研究》2007年第1期。

② 参见常安:《"摸着石头过河"与"可改可不改的不改"——改革背景下的当代中国宪法变迁》,《法律科学》2010年第2期。

③ 夏勇:《中国宪法改革的几个基本理论问题》,《中国社会科学》2003年第2期。

革转型时期"。①无论是经济体制抑或政治体制,均是改革的重要对象。而肇始于上世纪70年代末的改革,"是中国的第二次革命",是一种根本性的变革。并且,判断改革成败得失的标准便是"三个有利于"标准,即"是否有利于发展社会主义社会的生产力,是否有利于增强社会主义国家的综合国力,是否有利于提高人民的生活水平。"②可以说,改革的意义本身就蕴含着"破"与"立"两个方面:在突破既有"条条框框"的基础上建立新的适应社会发展的体制或机制。如果宪法的规定恰好在这"条条框框"范围之内,当然免不了被突破的命运。但此处关键的问题是:我们应该选择何种突破的方式? 合宪还是违宪? 我们能否以"三个有利于"的政治标准作为正当化违宪改革的理由?

《中共中央关于全面推进依法治国若干重大问题的决定》提出:"实现立法和改革决策相衔接,做到重大改革于法有据、立法主动适应改革和经济社会发展需要。实践证明行之有效的,要及时上升为法律。实践条件还不成熟、需要先行先试的,要按照法定程序作出授权。对不适应改革要求的法律法规,要及时修改和废止。"这一规定说明,改革与违宪、违法之间并不存在天然的"亲合"关系,违宪改革、违法改革并非是改革时代必然出现的现象,更谈不上是社会发展的规律甚或真理。如果说"良性违宪"现象在改革开放初期,在"依法治国"方略尚未成为国家治理重大方略,人们尤其是执政党和国家机关的法治意思还较为薄弱的特殊历史时期具有一定合理性的话,那么,自1999年宪法修正案确立"依法治国"的国家治理方略开始,就不能再允许违宪改革、违法改革。③即便

---

① 应松年:《关于行政法总则的期望与构想》,《行政法学研究》2021年第1期。
② 参见徐永军:《邓小平关于改革的论述及其思想探源》,《党的文献》2006年第3期。
③ 有学者曾指出,是否应使用违宪的方式进行改革,不能简单地肯定或否定。应该分阶段历史地看待"良性违宪"。具体来说:改革初期,在法治精神淡薄、人们对市场经济尚未形成共识,改革要"摸索前进"的状态下,要求用宪法法律指导改革是不现实的。但在进入新世纪的当下,在社会主义法律体系建成的背景下,不宜再用违宪或违法手段进行改革了。参见解永照、何晓斌:《"改革于法有据"的争论及其破解——基于良性违宪的思考》,《理论探索》2015年第4期。

"现行宪法的核心理念是改革",其是"为认可和推动改革而制定,又应随着改革而不断被修改",①但现行宪法的精神并非只有改革一项,尊重和保障人权(宪法第33条第3款)、依法治国(宪法第5条第1款)、中国共产党领导(宪法第1条第2款)等均是现行宪法的重要理念或精神。因此,正确与合理的做法应该是:调和这些旨趣各异的宪法精神,使之"最大化、最优化",共同服务于"富强民主文明和谐美丽的社会主义现代化强国和中华民族伟大复兴"目标的实现。在改革与法治的关系处理上,正确的解决之道是:"改革不是违法,是废法、修法和立法。"要"用法律引导、推进改革"。②

（四）"良性违宪"的真正成因：宪法运行机制的不畅与宪法文化的稀薄

童之伟先生在反对前文所述郝铁川先生观点的基础上,提出:中国式"良性违宪"现象产生的真正原因是:"有关国家机关工作人员法治意识淡薄、国家的宪法监督机制不健全"。③另有学者指出,我国良性违宪现象的出现与我国的宪法制度和宪法文化两项因素有关:在宪法制度方面,享有宪法解释权的全国人大常委会未积极履行宪法解释职责,导致诸多的利益冲突无法通过宪法解释等"渐变性"的宪法变迁机制得到解决。在宪法文化方面,我国之所以出现肯定变革价值优先且不惜损害宪法价值的"良性违宪"现象,根源在于宪法文化传统的淡薄。④

"众所周知,历史上的每一发展都是由许多同时发生、相互影响

---

① 翟小波:《论我国宪法的实施制度》,中国法制出版社2009年版,第23页。

② 参见张帆:《改革·立法·合宪性——"良性违宪论"的法理分析》,《福建师范大学学报》(哲学社会科学版)1998年第3期。

③ 参见童之伟:《"良性违宪"不宜肯定——对郝铁川同志有关主张的不同看法》,《法学研究》1996年第6期。另有学者也认为"良性违宪"的根本原因在于法治观念淡薄。参见陈东:《"良性违宪"之辨析》,《忻州师范学院学报》2010年第1期。

④ 参见游伟、杨利敏:《论冲突及冲突的解决——关于"良性违宪"的若干思考》,《社会科学》1998年第6期。另可参见曦中:《对"良性违宪"的反思》,《法学评论》1998年第4期。

的因素决定的,而且要衡量其中某个具体因素所起的作用,往往也是很困难的。"①我们认为,在中国特定历史时期出现国家机关采取背离某些宪法条文的举措且学术界中有些学者将其名为"良性违宪",根本的原因就是两条,即上述学者所言之宪法文化传统和宪法运行机制,这两种因素相互影响、相辅相成,共同锻造了所谓的"良性违宪"之举。

首先,当社会发展或改革的现实与实在的宪法或法律规定发生不一致时,究竟采取何种举措或机制来应对,是同人的行为习惯密切相关的,而行为习惯又是由文化传统所决定的。张君劢先生在研析"吾国宪政何以至今没有确立、视宪法为具文"的原因时曾认为,国人的"越轨为能、舞文弄法"的习惯是其中两项重要的因素。②诚哉斯言。非常显明的是,相较于两千多年的人治传统而言,我国的法治传统是薄弱的,宪法传统更是稀薄。即便是在建设法治中国的当下,无论是官方抑或民间,人情世故、关系哲学依然大行其道,依法办事、依宪行事的行为习惯远未形成。在法律工具论、宪法工具论的支配下,当宪法或法律因为随着时代发展而一时无法因应社会需求甚至成为社会发展的障碍时,规避法律与宪法将其束之高阁甚至公然违背宪法和法律就成为当然的、下意识的且是最佳的选择。有利时用之,不利时弃之,便是我们对待宪法或法律的基本态度。这种便宜行事的态度和习惯就是良性违宪行为及其理论的深层原因。

其次,也正是依宪行事的习惯或传统的缺失,使正常且在其他国家行之有效的宪法变迁机制(尤其是宪法解释机制)缺少了根本性的原动力。③在有的学者看来,良性违宪论者所提出的一个重要的良性违宪事

---

① [美]E·博登海默:《法理学:法律哲学与法律方法》,邓正来译,中国政法大学出版社2004年修订版,第25页。

② 参见张君劢:《中华民国民主宪法十讲》,商务印书馆2014年版,第13—14页。

③ 有关宪法变迁问题,权可参阅韩大元:《宪法变迁理论评析》,《法学评论》1997年第4期。

例即"深圳等地突破 1982 年宪法关于土地不得买卖、出租的规定,决定将土地使用权出租的行为"在充分运用宪法解释的方法和技术的前提下,"违宪"并不一定是当然的、唯一的结论,该行为被解释为合宪亦不是不可能。①但由于我国宪法第 67 条规定的全国人大常委会宪法解释机制尚未真正启动,我们无法确知上述这种学理解释是否可以成立。即便如此,我们也可以得出如下一个推论:宪法解释的缺位以及通过事后修宪赋予"貌似"背离宪法条款实践的合宪性,为肯定良性违宪提供了一种重要的依凭。其实,此中的关键仍然在于,在官方或部分学者的潜意识中并不存在依宪行事的元素。该元素的缺乏必然导致其无法想起或试图运用宪法解释等宪法变迁机制来解决宪法规定与社会现实发生不一致的问题。在他们看来,为了追求一个更高的利益(如生产力水平的提高、人民的幸福生活),规避甚或抛弃个别宪法条款是正当的、合理的。

同时,我们还应注意到的是,宪法解释等宪法变迁机制的运行不畅,反过来进一步强化了不依宪行事的习惯或传统。既然违宪可能因良性而获得肯定且不被追究宪法责任,既然可以通过事后修宪来赋予先前违宪行为的合宪性,既然在宪法解释等机制不能正常运转的状态下宪法依然是最高法和根本法,我们又何必耗费人力、财力和精神去不断地培育依宪行事的习惯或传统呢? 维持现状不正是一种更好的、成本更小的最佳选择吗? 旧习惯或传统的惰性恰是新习惯或传统形成的最大障碍和阻力。②

---

① 参见沈岿:《宪法规范层次论:一种解释方法》,《清华法学》2012 年第 5 期。

② 还有一些论者提出了其他一些我国良性违宪形成的原因:如有论者认为,行政权力的膨胀也是我国"良性违宪"产生的社会根源之一。参见黄建华:《试论我国的"良性违宪"现象》,《湖北成人教育学院学报》2006 年第 5 期。另有学者基于自然法学(尤其是罗尔斯的制度正义两类型)的立场,提出中外出现"良性违宪"现象的缘由在于如下两点:一是宪法不当地限制了随经济发展而不断扩张的人的自然权利(如生命、平等、自由);二是在社会经济领域不能平等地分配社会经济利益或者不能保护最少受惠者的利益。参见阮露鲁:《立宪理念与良性违宪之合理性——评郝、童两先生关于"良性违宪"的争论》,《法学》1997 年第 5 期。

二、规范层面："良性违宪"的"良性"何在

略显稀薄的宪法文化和运行不畅的宪法变迁机制,共同促成了公权力主体在面对宪法规定滞后于社会发展时轻易地舍弃宪法而追求更高价值的局面。正是更高价值的存在,才能正当化背离宪法规定的行为,并能获得"良性违宪"的美称而豁免于宪法制裁。不过,对于此种更高价值或曰"良性"的具体所指,学者们亦提出了不同看法。概而言之,计有如下三种代表性主张:"政治标准论""法律标准论"与"综合论"。

(一) 政治标准论

在"良性"判断的标准问题上,郝铁川先生提出了"一种未经立宪程序、必须经过实践检验的抽象的政治标准"。[①]他认为,违宪行为的"良恶"的判断标准为:是否有利于发展社会生产力、是否有利于维护国家和民族的根本利益。[②]与之相似的是,有的学者则指出,"违宪良恶的判断标准只有一个,那就是是否符合社会变革的方向,顺应历史发展潮流。"[③]

(二) 法律标准论

针对上述郝铁川先生提出的"两标准说",张千帆先生认为,这些标准过于抽象,难以把握。具体来说:第一,"国家利益"乃至"公共利益"都是大而空的整体概念,基本上属于只能在民主过程中决定的政治问题,而不是司法可以确定的法律问题。第二,"生产力"很难确切衡量,况且也不是现代经济学的常用概念。在此批判的基础上,其提出了判

---

① 参见曦中:《对"良性违宪"的反思》,《法学评论》1998年第4期。
② 参见郝铁川:《论良性违宪》,《法学研究》1996年第4期。
③ 王凤涛、张维权:《地方政治改革的宪法维度》,《理论观察》2009年第1期。

断违宪良恶的"更学理化、法学化和司法化"的"三标准说",①即:第一,
实体标准:有关措施是否有助于落实宪法保障的基本权利。第二,程序
标准:有关措施是否有助于完善宪法所要求的民主与法治。第三,必要
性标准:在符合前两项标准的前提下,有关措施与宪法相抵触是否必
要,是否是不得已采取的"最后一招"? 有无可能采取合宪的方式来实
现同样的目标? ②

(三) 综合论

　　韩大元先生认为,"在遵循宪法基本原则和基本精神的前提下",
"社会现实中出现的违背当时宪法规定的措施、提法,如果是符合人民
的根本利益,符合社会发展的客观要求的话,不属于违宪,而是正常冲
突。"由于"我国现行宪法的重要特征是体现了改革的精神",因此,社会
变革时期的改革措施是合宪的。③从这段引述来看,其不仅使用"正常
冲突"概念替代了"良性违宪",并且在如何评价具体改革措施("良性违
宪"论者眼中的"良性违宪"现象)的合宪性时运用了双重标准,即政治
标准(是否符合人民的根本利益、是否符合社会发展的客观要求)和法
律标准(是否符合宪法基本原则和宪法基本精神)。④至于两类标准之
间存在何种逻辑关系,在价值位阶上是否相等,则未见更多论述。

---

　　① 参见田雷:《超越文本:"八二宪法"框架内的宪法变革——从"八二宪法"有过多少次
"修改"谈起》,《哈尔滨工业大学学报》(社会科学版)2012年第5期。

　　② 参见张千帆:《宪法变通与地方试验》,《法学研究》2007年第1期。

　　③ 参见韩大元:《社会变革与宪法的社会适应性——评郝、童两先生关于"良性违宪"的
争论》,《法学》1997年第5期。相似主张还可参见孙艳:《试论依法治国与良性违宪》,《理论探
讨》1997年第6期。

　　④ 翟小波先生认为,违宪可以分为"违反宪法的实在条款"和"违反宪法的根本精神或基
本原则"。而需要由"人民"出场予以纠正的全国人大违宪即属于前述第二种违宪类型,但这
种违宪已经不是能够在法秩序范围内解决的问题了,"与其说是'违宪',不如说是'恶政'。"可
以说,第二种违宪类型只能归属于"政治判断"而非"法律判断"。参见翟小波:《论我国宪法的
实施制度》,中国法制出版社2009年版,第64—66页。按照这种论述,所谓的宪法基本原则或
基本精神同"是否有利于发展社会生产力、是否有利于国家和人民的根本利益"这种政治标准
并没有本质的区别。

（四）违宪行为的判断标准：宪法规则与宪法原则

从表面上来看，以上学术主张的分歧在于"良性"的判断标准是在"宪法内"还是处于"宪法外"。"政治标准论"所主张的"有利于"标准外在于宪法且缺乏可操作的规范内涵，而"法律标准论"所言之"人权、民主与法治"等却是宪法的基本原则，且相较于"有利于"标准而言更具有可操作性。不过，值得注意的是，如果认真研读中国宪法文本，通过宪法解释学的努力，依然可以将"有利于"标准纳入宪法之内，从而成为与"人权、民主与法治"等相并列（甚或优位）的价值或原则。《宪法》序言第7自然段规定的国家根本任务在于"将我国建设成为富强民主文明和谐美丽的社会主义现代化强国，实现中华民族伟大复兴"，而中国共产党的领导、中国特色社会主义道路、改革开放、民主法治建设、新发展理念、"四个现代化"等等，均是实现这一根本任务的根本指导思想、重要方略、方式和方法。在体系解释意义上，宪法正文的内容，无论是总纲所规定的基本政治、经济制度等，还是国家机构规范与公民基本权利义务规范，都可以解释为是实现上述根本任务的"手段性"规范。有鉴于此，国家根本任务所体现的"国强民富"目标或理念是我国宪法的根本价值或最为基本的原则。"有利于"标准只不过是这种"国强民富"理念的另一种表达。

但此处的关键是，"良性违宪"理论所称的"宪法个别条文"并非是孤立存在的，它们是构成整体宪法秩序的有机组成部分，其背后亦有宪法原则或宪法精神的支撑。易言之，"有利于"标准或"人权、民主与法治"等抽象性原则是否在效力位阶上一定优于具体的宪法规则（如1982年宪法第10条关于"任何组织或者个人不得侵占、买卖、出租或者以其他形式非法转让土地。"的规定）；公权力主体所实施的公务行为违背了具体宪法规则但可能符合其他宪法原则的要求，应被认定为违宪抑或合宪呢？

在前文第一章所引述的诸多违宪概念的定义中,将违宪表述为"违反宪法的规定、原则和精神"是一种常见的表达方式。"'违宪',最终指的是违反了被解释了的宪法某个或某些规定、原则或精神。"①有鉴于宪法原则是更为抽象的宪法精神的集中体现,②于此我们的讨论主题就限定于宪法规则和宪法原则在宪法判断中的关系问题。即便如此,以下的讨论也是非常简略的,因为该问题域是十分宽广且艰深的,短小的篇什无法做到完全覆盖、通透。

第一,宪法原则是否可成为违宪判断的标准?

在这一问题上,普遍的学术共识是:作为"构成宪法规范和宪法行为之基础或本源的综合性、稳定性原理和准则"的宪法原则是违宪审查标准的重要组成部分。③有学者提出,在宪法诉讼中,"以宪法作为裁判的依据"中的"宪法"是指作为国家根本大法的宪法典,既包括宪法典中的条文或宪法规范,也包括宪法原则、宪法精神。④另有学者认为:"违宪审查的标准是判断审查客体是否符合宪法。'符合宪法'包含两层含义:一是指符合宪法条文规范;二是指符合宪法的精神。""以违宪审查的依据为标准,违宪审查可分为依宪法条文的审查和依宪法文件精神或者一般原则的审查。"⑤但也有学者提出了相反的主张,尽管其属于"少数的异议":宪法原则"只能为国家的活动指明方向,因缺少具体行为模式而无法对主体的行为产生硬性的约束,更不能作为人们主张权利的根据,也就难以据此判断某种行为是否符合宪法。……没有规则的支持,原则便难以为司法断案直接援用。"⑥

---

① 林来梵:《宪法学讲义》(第二版),法律出版社2015年版,第412页。

② 参见陈久奎:《宪法基本原则体系初探》,《重庆师范大学学报》(哲学社会科学版)2006年第1期;王广辉等编著:《比较宪法学》,武汉大学出版社2010年版,第355页。

③ 徐秀义、韩大元主编:《现代宪法学基本原理》,中国人民公安大学出版社2001年版,第184页。

④ 参见谢维雁:《宪法诉讼的中国探索》,山东人民出版社2012年版,第175页。

⑤ 林广华:《违宪审查制度比较研究》,社会科学文献出版社2004年版,第18、60页。

⑥ 王德志:《对宪法规范原则性的质疑》,《当代法学》1998年第5期。

　　宪法原则可作为违宪判断的标准,不仅是一项学术共识,也是一项经验做法。"在建立宪法诉讼制度的国家,宪法原则往往成为进行宪法判断的基础和具体依据。"①如在英国,其"宪法的基本构成包括三个部分,即宪法性法律文件、宪法判例和宪法惯例,可作为英国违宪审查依据的是英国宪法的基本原则(主要包括议会主权原则、法治原则、权力分立原则,引者注)和宪法性法律文件。"②在法国,可包容和统摄任何一项具体的宪法原则、作为宪法原则的属概念之"宪法价值的目的"是"宪法委员会一个重要的解释和推理手段"。"在面对两个或多个宪法原则发生冲突的情况下,宪法委员会可以用内涵更加丰富和模糊的'宪法价值的目的'来进行平衡和取舍。"③在日本,"法院在进行宪法判断时,除了要依据宪法规定进行宪法判断外,还需要根据隐含在宪法条文中的或者是在实践中被遵循的宪法原理和宪法价值,对进行违宪审查的事项作出必要的宪法判断。"④

　　学术上的普遍性共识与其他国家合宪性审查的实践均已说明:宪法原则是违宪审查的重要依据或标准,违反宪法原则亦是违宪的一项重要原因。⑤虽然我国宪法所规定的"监督宪法的实施"制度尚未真正、有效地展开,但我国《立法法》第5条有关"立法应当符合宪法的规定、原则和精神"的规定亦间接地肯定了宪法原则作为我国违宪审查依据

---

①　韩大元:《宪法学基础理论》,中国政法大学出版社2008年版,第182页。

②　童建华:《英国违宪审查》,中国政法大学出版社2011年版,第58页。

③　吴天昊:《法国违宪审查制度》,中国政法大学出版社2011年版,第256页。

④　莫纪宏主编:《违宪审查的理论与实践》,法律出版社2006年版,第281页。宪法原理和宪法价值往往通过宪法原则规范表现出来,因为宪法原则"大多蕴含于宪法规范之中","体现了宪法应然的价值取向"。参见秦前红:《宪法原则论》,武汉大学出版社2012年版,第5页。

⑤　在对良性违宪现象的讨论中,有的学者即提出:对于那些制度突破性的改革行为,是不能一概以"违宪"或"违法"为由加以禁止的。当然,这并不意味着任何制度突破和行为都可以无视宪法的规定,它不能违反民主、法治、人权的基本原则,不能损害我国的基本政治秩序(我国宪法第1—3条规定)和公民基本权利等"宪法的基本精神",否则就是"违宪",而非"良性违宪"或"宪法变通"。参见常安:《"摸着石头过河"与"可改可不改的不改"——改革背景下的当代中国宪法变迁》,《法律科学》2010年第2期。

之一的法律地位。①

第二,宪法规则与宪法原则的效力位阶:孰弱孰强?

从国内学界的主流观点来看,虽然宪法规则与宪法原则都可作为违宪审查依据或标准,但二者在效力上是不同等的,宪法原则的效力高于宪法规则。其理由主要在于以下两点:

(1) 宪法原则自身的性质、内容及法律地位决定了宪法原则的效力高于宪法规则。宪法原则是一国宪法精神的集中体现,是"宪法的宪法",是"体现宪法应然价值取向、统合宪法规则并指导全部行宪过程的依据和准则"。②故此,宪法(基本)原则是"宪法所调整的社会关系中的最高准则,是宪法价值和宪法权威的最高体现,是评判一切政治行为、决策过程、执法过程和普通法律是否合法的最高标准,因而具有效力上的最高性。"③

(2) 宪法原则与宪法规则产生的逻辑时序决定了宪法原则的效力高于宪法规则。从二者产生的逻辑时序上看,"宪法原则是不依赖于宪法而存在的","应当是先有宪法原则,后有宪法,宪法原则不受形式宪法的左右。"④而这也就决定了宪法(基本)原则"居于比宪法规则更深的地位和更高的层次,宪法规则是宪法基本原则的具体化或外化。"⑤

正是由于"宪法原则效力高于宪法规则",这也就决定了在处理宪法原则与宪法规则冲突时"宪法规则应让位于宪法原则"。"具体宪法规则在特殊情况下的适用会导致在根本上违反宪法基本原则所体现的宪法精神。此时,宪法的适用者便可依据宪法基本原则对具体的宪法规则加以变通适用,以求得个别正义的实现,而不是机械地、僵化地去满

---

① 《立法法》第5条规定:立法应当符合宪法的规定、原则和精神,依照法定的权限和程序,从国家整体利益出发,维护社会主义法制的统一、尊严、权威。

② 秦前红:《宪法原则论》,武汉大学出版社2012年版,第5页。

③ 程华:《宪法基本原则在我国宪法中的发展与完善》,《中国人民公安大学学报》(社会科学版)2006年第6期。着重号为笔者所加。

④ 莫纪宏:《论宪法原则》,《中国法学》2001年第4期。

⑤ 王广辉、叶芳:《宪法基本原则论》,《法商研究》2001年第5期。

足具体宪法规则的要求。"①也有学者在此问题上秉持一种相较于上述"变通适用论"更为激进的"绕行论"观点:"由于宪法规范具有明显的抽象性、概括性,许多条文都是一些原则性的规定,当有权机关做出违宪判断时,就不能单纯地依照宪法的某条条款。此外,由于宪法判断在许多情况下都是现实政治性的判断,所以不能也不必要依据宪法的特定的条款和语句。这就有必要通过对宪法条文的引申解释,或者干脆撇开宪法的规定,直接从所谓的'一般原则'做出宪法判断。"②

在违宪审查实践中,宪法原则的效力高于宪法规则且在一定条件下后者因与前者相抵触而无效的主张亦见于一些国家的违宪审查裁判之中。如德国宪法法院在"西南重组案"中表达了如下意见:"并不因为它们是宪法的一部分,宪法条款就一定有效。某些宪法原则是如此根本,并表达了超越宪法的法律原理,以至它们也约束宪法的缔造者;其他次级宪法条款,可能因抵触这些原则而无效。"③

尽管我们可以在价值、效力位阶上主张宪法原则高于宪法规则,④但在具体的违宪审查实践中,当适用宪法原则判断受审查对象的合宪性尤其是处理宪法规则与宪法原则的关系且将得出宪法规则无效的结论时,如下诸点对于违宪审查机构而言不得不察:

第一,宪法原则存在形式的多样及其内容相较于宪法规则而言更为抽象、概括、模糊,意味着适用宪法原则进行违宪审查将赋予违宪审查机构更大的自由裁量权。宪法原则"大多蕴含于宪法规范之中,只有

① 王广辉、叶芳:《宪法基本原则论》,《法商研究》2001年第5期。变通适用宪法规则的观点亦可参见顾爱平:《论宪法原则》,《唯实》2003年第Z1期。

② 林广华:《违宪审查制度比较研究》,社会科学文献出版社2004年版,第61页。

③ 张千帆:《西方宪政体系》(下册·欧洲宪法),中国政法大学出版社2001年版,第195页。

④ 德国学者阿列克西并不认为原则的效力一定高于规则的效力。他将规则与原则的冲突分为以下两种情形:(1)与原则冲突的规则具有严格的效力,不可能被相冲突的原则限制,无论该原则多么重要,都应作出退让。(2)与原则冲突的规则并不具有严格的效力,允许原则在特定条件下限制该规则的适用,该规则若非因此无效,就须改变其内容,即必须被嵌入一例外条款。转引自林来梵主编:《宪法审查的原理与技术》,法律出版社2009年版,第208页。

少数宪法原则由宪法规范直接予以确认"。①由于宪法原则并不由宪法本身加以明确规定,其内容大多由本国违宪审查机构或宪法学者进行概括、总结,这就导致了在"宪法原则包括哪些"的问题上见仁见智,并无统一之意见。②即使可以对宪法原则的内容达成一致,但在具体的宪法原则含义、适用范围及其各宪法原则相互间关系上,由于宪法原则的不确定性,更加难以形成一致之意见。③宪法原则的这种形式与内容上的特性就为违宪审查机构"滥用"违宪审查权埋下了"伏笔"。事实上,我们不能忘记,违宪审查机构也是由具体的个人组成的,其与其他国家权力机关除了权限范围及处理的事项之外并无本质上的差异,法国智者孟德斯鸠的那句名言同样适用于违宪审查机构:"一切有权力的人都容易滥用权力,这是万古不易的一条经验。有权力的人们使用权力一直到遇有界限的地方才休止。"④另外,由于宪法原则本身是一种价值现象,不同宪法原则反映了不同乃至可能相互冲突的价值内容。违宪审查机构及其人员依据宪法原则进行宪法判断时,必然进行某种价值意义上的衡量,而价值衡量中充斥着的裁量性因素将可能使宪法变成"价值的专制"。⑤

第二,宪法规则虽然从逻辑时序上看,是宪法原则的具体化,宪法规则在制定、修正、解释、适用等方面必须受到宪法原则的制约。但宪法规则(尤其是宪法典中的宪法规则)本身是宪法的重要组成部分,是制宪者的一种"政治决断",其亦具有最高法律效力。在修正之前,任何机构包括违宪审查机构不能轻易否定其效力,这是由违宪审查机构自

---

① 秦前红:《宪法原则论》,武汉大学出版社2012年版,第5页。

② 参见拙文:《论推进合宪性审查的理论和制度难题——透过"概念"看问题》,《中州大学学报》2018年第4期。

③ 莫纪宏先生对国内学界有关宪法原则问题的一项综述性研究较为充分地展示了宪法原则学说"互异"的特点。参见莫纪宏:《宪法原则在宪法学理论研究体系中的地位及发展》,《法学论坛》2012年第6期。

④ [法]孟德斯鸠:《论法的精神》(上册),张雁深译,商务印书馆1961年版,第154页。

⑤ 关于"价值的专制"观点参见颜厥安:《法与实践理性》,中国政法大学出版社2003年版,第66页。

身的法律地位所决定的。前文已述,违宪审查依据对于违宪审查机构而言具有绝对的拘束力,违宪审查机构不能突破"依据"进行违宪审查,否则,将导致违宪审查机构以自己的意志代替"人民的意志"(宪法)、僭越制宪权、修宪权的违背宪法精神的不良后果。早在"良性违宪"理论出现之前的20世纪80年代,我国学界就已经有论者提出违反宪法精神才是违宪、违反宪法原则或宪法条文不是违宪的理论观点:"是否违宪的标准应该是是否违反宪法精神。光违反宪法原则,宪法规定而没有违反宪法精神的做法不是违宪。"①无论是前述的"有利于"标准还是此处的"宪法精神"标准,其比宪法原则更加抽象、模糊和不确定、难以捉摸。②如若赋予违宪审查机构不顾宪法规则甚至宪法原则仅凭宪法精神或其他标准进行违宪审查,其后果可想而知:宪法不是事实上存在的"宪法典",而是违宪审查机构所说的"宪法";事实上存在的"宪法"效力是不确定的,随时会被违宪审查机构所抛弃。如此,一国的宪法信仰的树立、宪法秩序的形成等等,都将处于不确定状态之中。

第三,在合宪性审查中,仅凭宪法原则作出是否合宪的判断充满了"风险"。这种风险不仅表现在上述已提及的"违宪审查权的滥用""价值的专制"及"僭越人民意志"等方面,也表现在由于宪法原则内涵的过度"开放性"导致合宪性判断结论的"不确定性"上。尽管依据宪法规则进行判断同样会出现这种"风险",但其程度远比不上宪法原则。考夫曼教授在探讨"一般法律原则"时业已指出:"它(指一般法律原则,引者注)就是太一般性且太规范性。……很少能仅据一个此种原则下决定。"尽管其亦承认在判断一个法律本身是否涉及"制定法上之不法"时

---

① 黄松良、郑永流:《如何确定违宪》,《中南政法学院学报》1986年第4期。该文认为,宪法精神是宪法的根本属性,它反映的是统治阶级的意志,是国民利益和需要的集中表现。由于宪法精神的变动和制宪的局限两个原因,致使宪法原则和宪法条文并不总是宪法精神的正确反映,因此存在着矛盾和冲突。

② 事实上,"有利于"标准及"宪法精神"标准都可以看成是另一种"宪法原则"标准。因为按照学界的一般界说,宪法原则是一国宪法精神的体现;而"有利于"标准本身就可以成为"宪法精神"的具体内容。

"实务上首先应判断是否违反基本权利和人权以及/或者违反一般法律原则。"①

综上,对在违宪审查实践中适用宪法原则进行违宪审查,笔者的倾向性意见是:违宪审查机构在解释宪法规则时应受宪法原则之制约,不能得出违背宪法原则之解释结论;在宪法规则缺位仅凭宪法原则进行合宪性判断时应"慎之又慎";在利用各种解释方法无法使宪法规则之解释符合宪法原则时,亦不可直接否定宪法规则之效力,而可采取依据宪法原则进行宪法判断并利用宪定或法定程序向宪法修正机关提出修宪建议的策略。

三、价值层面:"良性违宪"是可欲的吗②

即便在事实论的层面上肯定"良性违宪论"所描述的社会现象在"改革宪法"时代不可避免,但在价值论的层面上是否就应该对其加以赞赏、支持甚至鼓励呢?"存在即合理"的论断是否可适用于"良性违宪"? 也许,我们只有在概览赞同与反对两方的观点、理由之后可对此作一更为客观、理性地分析。

(一)赞同论者的主张

郝铁川先生对于"良性违宪"基本上是持肯定态度的,且这种肯定立场一直未发生实质性变化。③他认为:"良性违宪是社会实际生活中难以避免的事情,是宪法演进过程中一个不争的事实",且"良性违宪一

---

① [德]考夫曼:《法律哲学》,刘幸义等译,法律出版社2004年版,第267、279页。

② 在马岭先生组织的一场宪法学教学讨论中,赞同"良性违宪"论的同学约占1/3;反对者则约占2/3。马岭先生本人的立场则是:未经法定程序的任何"违宪"都是非法的。参见马岭:《当代大学生宪政观念管窥——一次关于"良性违宪"问题的讨论》,《法商研究》2002年第2期。

③ 参见郝铁川、夏纪森:《权利实现的差序格局与良性违宪——郝铁川教授访谈》,《法律与伦理》2020年第1期。

修宪—合宪,是一个似难超越的宪法发展规律。"①尽管持有这种上升到历史发展规律的对"良性违宪"的高度评价态度,其还是有所顾虑地主张不能对"良性违宪""放任自流",应该采取以下两项限制性措施:一是设置一个权威的违宪鉴定机构来负责鉴定违宪的良与恶,恶性者阻止或排除之,良性者则向人民解释之;二是对良性违宪设定一个时间限制,即必须在一定的时间内,通过法定的修宪程序,使得良性违宪最终转变为合宪。②

此外,"赞同论"阵营中的其他学者亦表达了"良性违宪"具有积极意义的论说:如有的学者尽管认识到且说明了"良性违宪"所具有的消极意义(如不利于法治意识的树立、危害国家根本利益),但依然肯定"良性违宪"亦具有积极的价值:"良性违宪"是"中国改革开放实践的催化剂,是当代中国宪法发展史上必然出现的现象,也是中国宪法发展完善的必要条件之一。"③又如有的论者提出,虽然"良性违宪"理论还存在诸多不完善之处,且允许良性违宪的确可能会给国家和社会造成巨大损失,但是,如果否定良性违宪,就是否定我国改革开放以来各项改革的合法性,就是对我国已取得的改革成绩的否定和对今后部分重大改革尝试的否定。④再如有的学者虽然认为"良性违宪"属于一种违宪性社会变革,"具有不可低估的负作用",但其仍然认为处于"改革宪法"时代,"良性违宪"是"回避不了的","同修宪一样都是社会进步的一种方式、手段和表现形式",具有"暂存的合理性"。⑤另外,有的论者主张"良性违宪"作为一种特定历史时期的"试错"机制,其实质是一种政治性宪法实施。即通过政策先行,逐步突破旧的制度樊篱,最终

---

① 参见郝铁川:《温柔的抵抗——关于"良性违宪"的几点说明》,《法学》1997年第5期。

② 参见郝铁川:《论良性违宪》,《法学研究》1996年第4期;郝铁川:《社会变革与成文法的局限性——再谈良性违宪兼答童之伟同志》,《法学研究》1996年第6期。相似主张还可参见孙艳:《试论依法治国与良性违宪》,《理论探讨》1997年第6期。

③ 孙艳:《试论依法治国与良性违宪》,《理论探讨》1997年第6期。

④ 参见喻海龙、刘玉萍:《良性违宪问题研究》,《天中学刊》2016年第3期。

⑤ 参见张正德、喻中:《修宪与中国社会变革》,《探索》2004年第3期。

通过正式的宪法修改程序将这些符合现实需要的"违宪"行为确定下来。①

(二) 反对论者的论说

相较于上述的"肯定"立场,以童之伟先生为代表的学者们对所谓的"良性违宪"秉持着却是相反的态度。其中,童之伟先生认为,"良性违宪"比"恶性违宪"更可怕、更值得警惕,在理论上肯定"良性违宪"是错误的,在实践上付诸实施则是有害的:其"必然会给我国的法治事业带来极大的危害,最终只会妨碍社会生产力的发展,危害国家、民族的长远利益、全局利益和根本利益"。至于"良性违宪"的两个限制条件,则更是不切实际的,"限制不了良性违宪的社会危害性。"②

胡锦光先生在以"非规范行为"这一概念描述"良性违宪"所指称的相同社会现象时指出,尽管"非规范行为"在改革开放及新经济体制形成中,曾在一定程度上发挥过形成新制度萌芽及催化旧制度变革的作用,但是,从社会总体发展方向及社会存在和发展的价值选择意义上说,非规范行为仍然是不可取的。非规范行为可能带来的局部利益不能成为损害宪法秩序这一根本利益的正当理由。③

曦中先生则认为,体现实质合理性的"良性违宪"理论必然导致否定宪法的普遍效力,破坏了宪治和法治所提供的可预测性价值,使人们行为的法律后果变得难以预测。④刘旺洪、唐宏强二位先生提出,通过所谓的"良性违宪"方式推动社会进步尽管确乎是有利于社会发展的进程,"但在方法、手段的选择上又是一种文明的悲剧,是当代中国宪政史

---

① 周泽中:《从政治性宪法实施的视角诠释"良性违宪"——基于学说史的对比考察》,载蒋海松主编:《岳麓法学评论》(第12卷),中国检察出版社2017年版,第181、184页。

② 参见童之伟:《"良性违宪"不宜肯定——对郝铁川同志有关主张的不同看法》,《法学研究》1996年第6期。

③ 参见胡锦光:《非规范行为与宪法秩序》,《法学》1996年第5期。

④ 参见曦中:《对"良性违宪"的反思》,《法学评论》1998年第4期。

上的重大缺憾,也是宪法本身的悲哀。"①陈东先生更是断言:"良性违宪"是一个本身矛盾,并且有害于法治建设的概念。②

(三)"良性违宪"的价值评估

从以上"良性违宪"价值的正反论说来看,双方之间并不存在重大的分歧,因为双方既看到了"良性违宪"的积极意义,也顾虑到了其所具有的消极价值,只不过在积极价值和消极意义之间,双方有所侧重而已:肯定论者更为重视"良性违宪"对改革、对发展社会生产力及维护国家、民族之根本利益等的积极价值;反对论者则偏重于"良性违宪"对法治、对依宪治国所带来的巨大弊害。

对任何一种社会现象或事物的价值评估,既要坚持"一分为二"的视角,也要坚持历史的、发展的观点。具体而言,在对待"良性违宪"上,我们应该以时间为轴线、以大利、小利的权衡为基本策略或方法。据此,本书对"良性违宪"价值的基本观点是:以"违背宪法个别条文"为代价,推进改革或解放、发展生产力,也许在改革开放之初,囿于人的认识能力之局限性及社会现实的急速变动,且考虑到社会整体的法治意识水平,具有一定的合理性。但是在1999年"依法治国"方略入宪尤其是2014年中共十八届四中全会通过《中共中央关于全面推进依法治国若干重大问题的决定》强调"重大改革于法有据"的时代背景下,继续肯定违宪、违法改革的必要性与合理性,是一种得不偿失且不利于深化改革、保护改革成果之举,也是一种丧失民心之举。

其一,我们可以为坚持和实施依法治国、依宪治国提供诸多肯定和支持的理由,但关键的一点则是:相较于人治而言,法治、宪治的重要价值在于其确定性,其通过权利、义务和责任等特有元素为人们的行为提

① 参见刘旺洪、唐宏强:《社会变迁与宪法的至上性——兼论良性违宪问题》,载南京师范大学法制现代化研究中心编:《法制现代化研究》(第三卷),南京师范大学出版社1997年版,第500页。

② 参见陈东:《"良性违宪"之辨析》,《忻州师范学院学报》2010年第1期。

供可预测性。违法、违宪是一种必须接受负面评价且必须追究责任的行为,如若某种行为在被评价为违法、违宪之后可通过所谓的法外理由或抽象的政治、道德意义被正当化而无需接受制裁,且还能得到赞许甚至是鼓励,那么,法治、宪治所蕴含的确定性(秩序)价值则会如"敝屣"般被人们无情地抛弃,社会与国家的治理又将重新进入人治的深渊。

其二,无论是经济体制抑或政治体制改革,其根本和最终的目标在于转变两千多年来的封建专制统治体制、机制和文化传统,形塑和发展现代化的、遵循人类普遍价值,且更适合于国家和社会治理的法治和宪法秩序。在这种转变和形塑的过程中,如果为了一时、一地的短期可见成效的利益,采取所谓的"良性"违法或违宪手段,则无异于自掘法治和宪治的"坟墓",亦会为主张人治者所嘲笑、讥讽甚至为继续实施人治提供辩解的理由。

其三,尤其应该注意到的是,"良性违宪"行为的实施者更主要的是中央或地方的国家机关及其工作人员,这些本应受宪法、法律规范和限制的主体以更高的政治或道德价值来正当化其违宪、违法行为的做法更值得警惕。我们无法断绝崇高理想,但崇高理想的过于推崇以及不择手段的追求与实现将会把我们自己带入无法预知和控制的罪恶深渊。另外,国家机关及其工作人员的违宪、违法不被追究且能被美化,将会产生不良甚至是邪恶的示范效应:"州官可以放火,百姓为何不能点灯?"对于这一点,美国第一任总统华盛顿已经作了精辟的说明:"先例是很危险的东西;要让政府的腰身,由坚强可靠的手支撑,要谨防任何违反宪法的行为;若有违反,必予纠正,不要让违反宪法的行为贻误社会,为后人诟骂。"[1]

其四,在社会发展过程中,不可预知的新问题层出不穷,倾向于保守的宪法和法律当然无法及时地适应社会现实的发展,滞后性是成文

---

[1] [美]亚历山大·汉密尔顿、詹姆斯·麦迪逊、约翰·杰伊:《联邦论:美国宪法述评》,尹宣译,译林出版社2016年版,第474页注释147。

宪法和法律必然具有的局限。但是,如若我们因宪治和法治的优点而选择了它们,就必须容纳它们固有的缺点,这是实现宪治和法治必须付出的一种代价或成本。不能因为它们好就取之,它们表现不好时就弃之,这种典型的工具观本质上与宪治和法治背道而驰。

也许,在此重温汉密尔顿在《联邦论》中的如下两段话会有助于我们正确地认识和取舍良性违宪的价值:"每当违反基本信条时,哪怕是出于必要,也会触犯到神圣的尊重,而治理者的心胸中,对一个国家的宪法,必须保持这种崇敬,形成先例,警示后来违犯宪法的人,届时,那种必要已不复存在,或者不像当初那么紧急和明显。""承认人民改变或废止已有的宪法的权利",并不意味着:"人民的议员,每当一种临时的倾向发生,正好抓住了大部分选民,与现存的宪法的条文格格不入,就能以这个理由,说明他们违反宪法有理。""在人民通过神圣的、权威的行动废止或改变现有的形式之前,法律对他们,不论是集体,还是个人,仍具约束力;不能假设,即使人民的感性知识,要议员在采取这种行动之前,就偏离宪法。"[①]

宪法必须被信仰,否则无宪更佳;违宪就是违宪,无所谓恶性与良性之分。这就是本节的最后结论。

第二节　其他违宪类型的学说述评

一、"广义违宪"和"狭义违宪"

可以说,广义违宪和狭义违宪的提法在我国宪法学界颇有市场。从具体表述来看,此一类型主要有两种表达方式:

---

① 分别参见 [美] 亚历山大·汉密尔顿、詹姆斯·麦迪逊、约翰·杰伊:《联邦论:美国宪法述评》,尹宣译,译林出版社2016年版,第25篇,第165页;第78篇,第532页。

一是明确广义违宪和狭义违宪的区别标准(即违宪主体):"依违宪主体的不同,分为广义违宪、狭义违宪。广义违宪的主体是国家机关、社会团体、企事业单位及其领导人或普通公民。狭义的违宪在法律、行政法规、地方性法规、决议、决定、命令等规范性文件及其职权职责在宪法或宪法性文件中有明文规定的国家机关工作人员(主要指负责官员)在行使其职权职责的过程中与宪法的原则、精神与具体规定相抵触。"①

二是未明确提出广义违宪和狭义违宪的区别标准,仅是概括地先提出"违宪有广义和狭义之分"或者"违宪包括狭义违宪和广义违宪",再对广义违宪和狭义违宪的各自内涵进行定义式解说:"违宪有广义和狭义之分。就广义而言,是指国家的法律、法规、行政命令、行政措施以及国家机关或公民的行为与宪法的原则或内容相抵触;就狭义而言,是指国家的法律、法规、行政命令等规范性文件与宪法的规定、原则及精神相抵触。"②"违宪包括狭义违宪和广义违宪,狭义违宪专指以下违宪行为:(一)国家立法机关的立法活动(由宪法的修改到地方性法规、单行条例的制定和修改以及决议、决定等,引者注)抵触宪法的情节,(二)国家执法机关的执法活动(包括制定规章、指示、命令等,引者注)违宪的情节,(三)国家机关或其主要领导人在履行职务中的违宪现象。至于广义违宪则除上举三项之外,泛指其他一切违宪现象。(范围扩及于政党、社团、群众组织、公民个人的行为活动中有违反宪法规定者。引者注)"③

当然,即使是赞同广义违宪和狭义违宪分类的观点,在具体表述两种类型(尤其是狭义违宪)的内涵时也略有差异:"(狭义的违宪)仅

① 郭春涛:《论违宪》,《徐州师范大学学报》(哲学社会科学版)1997年第1期。
② 许崇德主编:《宪法学》(中国部分),高等教育出版社2000年版,第87页。另可参见许崇德主编:《法学基础理论·宪法学》(全国律师资格考试指定用书),法律出版社1998年版,第155页;许崇德主编:《宪法学》,当代世界出版社2000年版,第25页。
③ 冷承基:《关于维护宪法尊严和监督、保证宪法实施的中心问题——对违宪行为的原因及对策之探讨》,《贵州民族学院学报》(社会科学版)1989年第1期。

指违宪审查,泛指根据宪法或惯例,对特定法律或特定国家机关或官员的行为是否违反成文宪法的审查。"①"狭义违宪指国家机关制定的法律、行政法规、决定、命令、地方性法规和决议、以及采取的措施和重要的国家机关领导人行使职权与宪法或宪法性文件的原则和内容相抵触。"②"狭义的违宪,仅指国家立法机关制定的法律、行政机关制定的法规和颁布的决议、地方性法规以及国家官员的活动触犯了宪法的有关规定,或将导致破坏宪法所保护的国家某些基本制度、基本原则或公民的基本权利的行为。"③只要认真、仔细地梳理相关文献,具有细微差异的表述肯定还可列出许多,但这对于本书主题的论述而言并不重要。

不过,有些学者对违宪的这一类型提出了质疑。如有的学者基于公民也是违宪主体的理由,并不赞同广义违宪和狭义违宪的分类。④有的论者则提出:"诚然,'狭义的违宪'在一定程度上虽然起到了把违宪和违反宪法这两个本身均具有确定含义的法律现象区别开来的作用,从而排斥了把某些似是而非的、归根到底不属于违宪的一般违反宪法行为混入违宪的可能。可是,'广义的违宪'却又在实际上重新将违宪和违反宪法这两种不同的概念和现象'搅拌'到了一起,再度模糊了二者间的区别。"⑤

笔者认为,上述质疑观点不能成立:首先,公民不是违宪主体,这就使第一种质疑观点失去了不赞同的理由;其次,广义违宪和狭义违宪并非搅乱或模糊违宪与违反宪法的"元凶",因为,如前所论,区分违宪与违反宪法的观点本身就近乎是一种"文字游戏",是不科学、不合理、不具说服力的主张。故而,第二种质疑观点也站不住脚。

---

① 马忠法、刘国明:《浅议"违宪"的慎用》,《行政与法》2008年第2期。
② 肖金泉、徐秀义:《略论违宪》,《法学杂志》1984年第4期。
③ 黄温泉主编:《宪法学概论》,兰州大学出版社2005年版,第256—257页。
④ 参见刘广登:《宪法责任研究》,苏州大学博士学位论文,2005年4月,第42页。
⑤ 王才松、宫玉春:《试论违宪和违宪审查程序》,《东北师大学报》(哲学社会科学版)1992年第1期。

但这并不代表广义违宪和狭义违宪的主张就不值得商榷：首先，如前所论，在我国当前的宪法秩序内，公民、社会组织等宪法关系主体不具有违宪主体资格，违宪行为的实施主体仅限于国务院等特定公权力主体。这样，公民等宪法关系主体实施的"与宪法原则、内容相抵触的行为"就不属于违宪概念的外延，因为该概念内涵本身就将这种行为排斥在外。因此，广义违宪和狭义违宪的划分首先违反了前述分类的"第一规则"。

其次，有学者曾言："广义和狭义的区分作为一种方法未尝不可使用，事实上学界总有人喜欢用广义和狭义之类的区分，解说有关概念或现象。但应当指出，将这种方法用于说明更具确定性的制度问题或与制度关联紧密的问题，是需要比较谨慎的。"[①]事实上，对概念或现象作广义和狭义的区分，不但不利于廓清人们对概念或现象的认识，而且也不利于概念本身的确定性，更不利于以确定的概念为基础建构相应的制度或规范。诚如学者所言："违宪作为一种客观现象，它的范围应该是确定的。因此，严格说来，违宪不存在广义还是狭义的问题，广义和狭义提法的本身与违宪的客观确定性是不相一致的。"[②]即使在宪法或法律条文中不可避免地要使用一些"不确定概念"，但对"不确定概念"本身也不宜再作广义和狭义的区分，以免不适当地扩张或限缩概念的内涵与外延，从而对规范的适用产生不利影响，结出非正义的法律适用结果。

其实，广义违宪和狭义违宪的类型划分，其主要学术意义便在于提供了一种"史料"，说明在违宪概念的类型史上，曾经存在过一种学术主张，反映了人们对违宪现象认识的变迁过程。

---

① 周旺生：《法的渊源与法的形式界分》，《法制与社会发展》2005年第4期。

② 杨泉明：《宪法保障论》，四川大学出版社1990年版，第249页。但作者认为："既然宪法在一个国家中要管一切组织和一切个人，那么一切组织和一切个人的一切违反宪法的行为都应该属于违宪的范围。从这个意义上说，前述广义违宪论，如果抛开'广义'这个说法，其内容和所确定的违宪范围应该说是正确的。"参见该书第249页。

二、"直接违宪"和"间接违宪"

我国宪法学界有一种观点认为:违宪可"依违宪方式的不同,分为直接违宪和间接违宪。直接违宪是直接与宪法的原则、精神和具体规定相抵触。间接违宪是违背一般法律的行为。"①有的学者虽然将违宪区分为直接违宪和间接违宪,但其所持的区分标准并非"违宪方式"而是"违反宪法规范的明确性"。该种观点首先认为,宪法中的规定包括两种:一种是清楚、明了、具体,可以直接约束有关组织或者个人的规定,是否违反这种宪法规定具有明确的尺度和界限,并且如何处理,宪法也作了具体规定。另一种是比较概括和原则,对组织或者个人只具有间接的法律约束力的规定,这种宪法规定需要其他部门法的具体化,人们才便于遵循,是否违反了也才便于判断,对违反者也才能够作出处理。在对宪法规定作出以上区分的基础上,该观点主张违反前一种规定是为"直接违宪",违反后一种是为"间接违宪(直接违法)"。②

对于违宪的这种分类,笔者有以下几点商榷性意见:

其一,如前文所论,违宪之"宪"必须是具有最高法律效力的宪法规范,即使是宪法性法律、宪法解释等宪法表现形式,也因不具有最高法律效力而不能归入违宪之"宪"的范畴,更遑论一般法律。因此,"'违宪'是特定的概念,间接违宪实际上是违法行为,并不能纳入违宪的范畴。从各国所建立的违宪审查制度来看,其审查的对象都是直接违宪。各国的宪法学者也都是在这一前提下,对违宪进行分类。"③可以说,直

---

① 郭春涛:《论违宪》,《徐州师范大学学报》(哲学社会科学版)1997年第1期。另可参见毕传华:《关于监督宪法实施问题的思考》,《淮南师专学报》(综合版)1999年第2期。

② 参见杨泉明:《宪法保障论》,四川大学出版社1990年版,第249页。另可参见该作者所发表的如下两篇论文:杨泉明:《论违宪制裁》,《四川师范大学学报》(社会科学版)1987年第6期;杨泉明:《关于加强我国宪法监督的几个问题》,《政治学研究》1988年第6期。

③ 胡锦光:《中国宪法问题研究》,新华出版社1998年版,第180页。转引自李卫刚主编:《宪法学讨论教学教程》,对外经济贸易大学出版社2005年版,第452页。

接违宪和间接违宪的划分违反了前述分类的"第一规则"。

此外,直接违宪和间接违宪之间"并无法划出较为明确的界限"。因为,宪法规范和法律规范在规范内容上会呈现"交叉重叠状态,甚至有可能完全重合。"[①]例如,我国《宪法》第46条第1款规定:"中华人民共和国公民有受教育的权利和义务。"而《教育法》(2021年修正)第9条第1款规定:"中华人民共和国公民有受教育的权利和义务。"在受教育权既是宪法权利也是法律权利的情境下,侵犯受教育权的行政法规究竟是违宪还是违法就不能立即作出"泾渭分明"的回答了。直接违宪和间接违宪的分类不但不能使"违宪还是违法"问题得到更为清晰的解答,反而更令人茫然或不解:间接违宪是违宪还是违法? 提出间接违宪的概念具有何种理论和实践意义? 间接违宪的提法是否更有助于维护宪法权威? 一般性违法也是违宪,虽然是间接的,那么要违法概念何用,不如都称为违宪不是更好?

其二,根据规范的明确性程度,我们似乎可以将宪法规范区分为"具体明确"的规范和"概括原则"的规范。但就宪法规范而言,其相较于一般法律规范,最主要的特质在于政治性、抽象性和开放性等,也许可以极端地说,所有的宪法规范都是概括性的、原则性的规范。即使能够区分,所谓的"明确性"也是相对的。此外,即使违反的是"抽象原则"的宪法规范,也是违宪行为,而不是违法行为;不能因为这种宪法规范需要法律的具体化,便将此种行为归入违法而排斥于违宪之外。正如有些违宪概念所表述的,违宪是与宪法的具体规定、原则和精神相抵触。如果仅把违宪限于违反"具体明确"的宪法规范,那么违反宪法原则或精神的行为就不能称为违宪只能归入违法了,这显然是不合理的(违反前述分类的"第三规则")。

综上所论,直接违宪和间接违宪,无论采取何种划分标准,都是不可取的、不符合逻辑的违宪类型。

---

① 参见翟国强:《宪法判断的方法》,法律出版社2009年版,第31页。

三、"文件违宪"和"行为违宪"

有的学者提出:"依违宪的具体内容的不同,分为文件违宪和行为违宪。文件违宪指有权制定规范性文件的有关组织制定的规范性文件与宪法的原则、精神和具体规定相抵触。这里,文件包括法律规范性文件和一般社会规范性文件。行为违宪指一切宪法关系主体的行为与宪法的原则、精神和具体规定相抵触。"①如果不考虑此种观点所指称的违宪主体范围,文件违宪和行为违宪还与一些学者所称的"立法违宪"和"具体行为违宪"、②"规范违宪行为"和"具体违宪行为"、③"法律文件内容违宪"和"行为违宪"相似。④而根据我国学者的研究,日本宪法学理论和实践中也存在近似的违宪类型:"日本法院做出的违宪判决,以违宪的对象为标准,可以大致划分为涉及国家抽象行为违宪和涉及国家具体行为违宪两类。""在日本,所谓国家具体行为违宪,也通常指国家

---

① 郭春涛:《论违宪》,《徐州师范大学学报》(哲学社会科学版)1997年第1期。

② 林来梵:《宪法学讲义》(第二版),法律出版社2015年版,第415—416页。"违宪的类型主要有:第一,立法违宪。它指的是法律、法律以及规章等规范性文件的违宪。第二,具体行为违宪。第一种是指执行某部立法的具体行为违反了宪法。如果是这样的话,我们当然要追究这个具体行为,同时更重要的是要追究该部立法的责任。这样看来,这种执行某部立法的具体行为的违宪,就不是具体行为违宪的典型类型。真正典型的是第二种,它不是执行某一部立法,而是某种没有立法依据的具体行为。这种行为,在法学上也属于事实行为。此种事实行为违反宪法规范,就叫事实行为违宪。"

③ 胡肖华主编:《宪法学》,湖南人民出版社、湖南大学出版社2003年版,第126页。"规范违宪行为是指立法主体立法的程序及立法内容违反了宪法规范与宪法原则、精神的行为。具体违宪行为是指国家机关及党团等采取的具体行动违反规范、原则、精神的行为。"另可参见秦前红主编:《宪法》,武汉大学出版社2010年版,第407页;刘广登、徐元善:《论行政机关及行政首长的宪法责任》,《中国行政管理》2008年第11期。该文认为"规范违宪行为(抽象违宪行为)和具体违宪行为"的划分标准是"违宪行为的性质"。

④ 李龙:《宪法基础理论》,武汉大学出版社1999年版,第252页。转引自李卫刚主编:《宪法学讨论教学教程》,对外经济贸易大学出版社2005年版,第452页。"违宪案件大致可分为两类:一类是法律文件内容违宪。即有权制定法律、法规的机关没有依照宪法精神立法,致使该法律文件在内容上违背了宪法。另一类是行为违宪。行为违宪,主要是指国家机关或国家机关工作人员在执行公务中违背宪法的规定。当然,这两类违宪案件有一定联系,凡是法律文件违宪的,一般也属于行为违宪之列。"

机关公务人员实施的事实行为违反宪法。国家事实行为违宪的典型例子是日本福冈地方法院和大阪高等法院对日本现任首相小泉纯一郎以公职身份参拜靖国神社违宪判决。"①

对文件违宪和行为违宪,笔者亦提出以下几点商榷性意见:

第一,如前所论,违宪的属概念乃"公务行为",并不存在"主体违宪"这种非"行为违宪"。而"文件违宪"的称谓似乎意味着除"行为违宪"之外还存在其他不能为违宪属概念所涵括的违宪情形。同时,"文件违宪"的提法还会使人们的注意力仅关注文件的内容,而对其他可能违宪的要素如文件制定主体的职权、文件制定的程序等予以忽略("法律文件内容违宪"的提法更具有这种效果)。因此,"文件违宪"的称谓是不甚妥当的。事实上,从"文件违宪"和"行为违宪"的具体内容来看,更准确的提法应该是"抽象行为违宪"和"具体行为违宪"。

第二,"具体行为违宪"是否像有的学者所说的乃"事实行为违宪"的别称呢? 在我国行政法学中,基于1989年《行政诉讼法》的规定,学理上有将行政行为划分为抽象行政行为和具体行政行为的做法。但无论是抽象行政行为还是具体行政行为,均属于行政法律行为的范畴。行政事实行为乃是行政法律行为的对立概念,两者根本的差异表现在行政法律行为以效果意思表示为必备构成要素,而行政事实行为则缺失这一要素,这就导致二者在合法性判断的要素方面存在一定的区别:行政法律行为合法除了须具备主体合法、职权合法、程序合法等要件之外,还要求内容合法(且符合行政明确性原则);而行政事实行为合法却不存在内容合法的要求。有鉴于此,在与"抽象行为"的对立意义上,"具体行为"不仅包括针对特定对象或事件的法律行为,也包括事实行

---

① 裴索:《日本违宪审查制度——兼对中国的启示》,商务印书馆2008年版,第96—97、102页。林来梵先生亦曾将国家行为的违宪现象分为"国家的抽象行为违宪"和"国家的具体行为违宪"。参见林来梵:《从宪法规范到规范宪法:规范宪法学的一种前言》,商务印书馆2017年版,第339页以下。另有论者将社会公权力行为违宪区分为社会公权力具体行为违宪和社会公权力抽象行为违宪。参见徐靖:《中国社会公权力行为的宪法审查研究》,法律出版社2018年版,第73—76页。

为。此外,具体的法律行为中,不仅存在具有立法依据的行为,也存在没有立法依据的行为。就前者而言,违宪审查的重点和违宪责任追究的对象是立法依据而非具体行为,但就后者而言,违宪审查的对象只能是该具体行为,而无法涉及并不存在的立法依据。故此,言"没有立法依据的具体行为"就是"事实行为"就有失偏颇了。

第三,在坚持违宪的属概念乃是"公务行为"的前提下,为了使"文件违宪"和"行为违宪"这一违宪类型更符合以上所述的四项分类规则,我们认为,可以在前述学者认识的基础上,将违宪分类为"法律行为违宪"和"事实行为违宪":前者以公权力主体所作出的效果意思表示为必备构成要素,后者则不具备这一必备要素;前者的合宪性审查涉及到公权力主体的职权、公务行为的内容、程序、目的、手段、事实与法律根据、情境等各项要素;而后者的合宪性审查则不含公务行为内容这一要素。[1]同时,"法律行为违宪"还可进一步划分为"立法行为违宪"和"适法行为违宪":前者是立法机关(无论是国家立法、行政立法抑或地方立法等)制定规范性文件的行为违宪(类似于有的学者所称的"抽象行为违宪");[2]后者则是指行政机关、审判机关、检察机关等执行、适用法律的机关在执行、适用法律等规范性文件时与宪法相抵触。而"立法行为违宪"和"适法行为违宪"的区别表现和意义则与下述的"法规违宪"和"适用违宪"的违宪类型相近,故于此不赘论。

四、"法规违宪"和"适用违宪"

何谓"法规违宪"和"适用违宪"? 根据莫纪宏先生的阐释,日本学者提出的"法令违宪"和"适用违宪"的区分是:前者是指法令所确立的

---

① 参见拙著:《违宪构成研究》,同济大学出版社2019年版,第112—113页。

② 笔者赞同"行政行为都是具体的、具象的、实际的,没有抽象的、虚化的行政行为"的观点,因此,不主张使用"抽象行为违宪"和"具体行为违宪"这种称谓。参见江必新主编:《新行政诉讼法专题讲座》,中国法制出版社2015年版,第7页。

限制其目的性与宪法相违背,属于立法不当;而后者是指法院在适用法令时对法令中所规定的限制作出了扩张性解释,属于司法不当。①而据林来梵先生的研析,在立法作为的违宪形态中,"法规违宪"乃指"法规的规范本身在形式上或实质上违反宪法";"适用违宪"指的是即使特定的某个规范本身没有违宪,但在将该法规适用于本案中的当事人这一点上则构成违宪。另外,还存在与前二者相并列的一种违宪形态,即"运用违宪",指的是在实际运用、执行或操作的方式本身可被认定为违宪的情形。②

相较于前述两位学者的简单分析,杜强强先生对"法规违宪"和"适用违宪"作了比较详尽的研究,其先后撰文指出:"法规违宪"又可称为"表面违宪"(或"字面违宪",unconstitutional on its face),其与"适用违宪"(unconstitutional as-applied)的区别主要体现在以下三个方面:

(1)法律后果方面。即对于前者而言,由于法规在任何情形下都构成违宪,因此应宣告该法规全部无效;而对于后者而言,由于该法规只是在适用于特殊个案时才构成违宪,因此只宜宣告其部分无效。并且,由于全部无效的严重性超过部分无效,因此,如果通过宣告法规适用违宪就能达到目的和解决问题的话,则审查机关没必要作出法规违宪的判断。③

(2)判断路径方面。即前者的违宪性体现在法条的字面之上,而无需通过具体个案即可认定;而后者的"判定必须深入分析个案事实,它无法经由只在字面上审查法条是否与宪法相符来完成"。

(3)立法事实的多寡方面。虽然字面违宪和适用违宪的判断均需

---

① 参见韩大元、莫纪宏主编:《外国宪法判例》,中国人民大学出版社2005年版,第22页。

② 参见林来梵:《从宪法规范到规范宪法:规范宪法学的一种前言》,法律出版社2001年版,第333—336页。另可参见[日]芦部信喜:《日本违宪判断的方法——结合案例所作的理论分析》,于敏译,《法学译丛》1985年第1期。

③ 参见杜强强:《试论对适用违宪的合宪性审查——基于不同违宪类型的分析》,《长白学刊》2018年第1期。

考虑相关立法事实,但前者考虑的是普遍性的立法事实,后者考察的则是个别性的立法事实。易言之,"如果一项法律没有普遍性立法事实的支持,那么它会在适用于这些普遍性的事实时都构成违宪,此即字面违宪;反过来说,一项法律虽然有普遍性立法事实的支持,但如果它没有顾及个别性的立法事实,那么它就可能在适用于这个个别事实时构成违宪,此即适用违宪。"不过,"普遍与个别并不是一个可以严格界定的事物"。①

最后,该种违宪类型划分的一个重要意义在于:对"法规违宪"和"适用违宪"可以采取不同的审查模式,前者适宜采取集中式的审查模式,后者适宜采取分散式的审查模式。②如若从合宪性解释的维度观之,则"集中式"合宪性审查机关的合宪性解释不宜扩及法律的适用违宪,此一任务宜由法律适用机关即法院来承担。③

从以上学者的论说来看,"法规违宪"和"适用违宪"的违宪类型区分,主要建基于违宪判断的方法,就合宪性审查实践的展开而言,具有重要的审查技术和方法意义。但我们必须注意的是:首先,"法规违宪"或"字面违宪"的提法同前文所述的"文件违宪"或"文件内容违宪"一样,存在使人们尤其是合宪性审查机关的注意力仅限于法规内容的缺陷,致使无法从立法全过程的视角进行合宪性审查。

其次,无论是"法规违宪"还是"适用违宪",均是立法作为违宪的子类型,无法涵盖下文所述的立法不作为类型,尽管这一类型"在法制完备的立宪国家较为鲜见"。④因此,如果仅将违宪区分为"法规违宪"

---

① 参见杜强强:《法律违宪的类型区分与合宪性解释的功能分配》,《法学家》2021年第1期。

② 参见杜强强:《试论对适用违宪的合宪性审查——基于不同违宪类型的分析》,《长白学刊》2018年第1期。

③ 参见杜强强:《法律违宪的类型区分与合宪性解释的功能分配》,《法学家》2021年第1期。

④ 参见林来梵:《从宪法规范到规范宪法:规范宪法学的一种前言》,法律出版社2001年版,第333页。

"适用违宪"及"运用违宪",尽管其具有重要的方法论意义,但依然不符合前文所述的分类规则(即"第一规则")。

再次,在合宪性审查实践中,是否能够在所有情况下对"法规违宪"和"适用违宪"作一"泾渭分明"的界分,也是值得怀疑的。日本宪法学家芦部信喜先生曾将"适用违宪"具体区分为三种情形:一是不能对法令进行合宪的限定解释情形下的适用违宪,二是能够对法令进行合宪限定解释情形下的适用违宪,三是执法者以侵害宪法所保障的权利、自由的形式对合宪的法令加以适用情形下的适用违宪。而第一种情形下的适用违宪与"法规违宪"中的法令内容"部分违宪""在实质上是很难加以区分的"。①

最后,从当下我国的规范性文件备案审查实践来看,②无论是"纠正与上位法相抵触的规定"还是"督促修改滞后于改革要求或制度调整的规定",全国人大常委会法工委进行的都是一种"字面审查"。易言之,即便当下存在违宪个案,在违宪分类意义上,也只存在"法规违宪"而无"适用违宪"。

还须补充的一点是,尽管我们可以找出不同的实例运用前述的违宪判断方法进行合宪性审查的"沙盘推演",③但毕竟仅是一种学理上的尝试,无法代替真实的案例,故此也无法有效知晓当前和今后我国合宪性审查机关将运用何种违宪判断方法。当然,由于违宪判断方法更多的是具有方法论意义,与意识形态并无太多的纠葛,因此,"法规违宪"和"适用违宪"及其所蕴含的审查技术和方法意义依然值得我们镜鉴。

---

① 参见[日]芦部信喜:《日本违宪判断的方法——结合案例所作的理论分析》,于敏译,《法学译丛》1985年第1期。

② 参见沈春耀:《全国人民代表大会常务委员会法制工作委员会关于2021年备案审查工作情况的报告》,中国人大网,http://www.npc.gov.cn/npc/c30834/202112/2606f90a45b1406e9e57ff45b42ceb1c.shtml,2023年5月28日访问。

③ 参见杜强强:《法律违宪的类型区分与合宪性解释的功能分配》,《法学家》2021年第1期。

五、"形式（性）违宪"和"实质（性）违宪"[①]

形式(性)违宪和实质(性)违宪不仅是宪法学理上一种重要的违宪分类,且从比较宪法上来看,其还体现在宪法文本的规定上,[②]并具有界分违宪审查管辖权的意义。[③]但对这一类型的划分标准,不同学者却有不同的看法:

（1）有些学者主张违反宪法具体规定的行为是为"形式性违宪",而违反宪法原则、精神的行为则是"实质性违宪":"形式性违宪行为是指国家机关、社会团体违反宪法的具体规范的行为","实质性违宪行为是指违反宪法原则、宪法精神的行为"。[④]（以下称为"甲说"）

（2）有的论者在分析《流浪乞讨人员收容遣送办法》的合宪性时认为:"实质违宪"指违反了宪法所规定的规范权力与保障权利的内容要

① 值得一提的是,在有关"良性违宪"的讨论中,童之伟先生提出了一种"形式合宪"的概念,并将其确定为"宪法实施的灵活性的底线",而"形式合宪"的意涵则是:有关国家机关制定的规范性文件或做出的行政行为,虽然事实上不一定合宪,但按照逻辑和通行的语义确定方法,在最大限度从宽解释有关宪法条款的情况下,能够获得合宪的外观。参见童之伟:《宪法实施灵活性的底线——再与郝铁川先生商榷》,《法学》1997年第5期。有的学者认为,这种"形式合宪"的概念很不准确。参见曦中:《对"良性违宪"的反思》,《法学评论》1998年第4期。无论这种"形式合宪"的提法是否合理或具有解释力,其与正文所要讨论的"形式违宪"及"实质违宪"是根本不同的。也就是说,尽管皆言"形式",此"形式"不同于彼"形式":"形式违宪"之"形式"主要指程序或手续(与实体相对)之意;"形式合宪"之"形式"主要指"表象(外观)"(与本质相对)之意。

② 如德国《基本法》第93条关于联邦宪法法院审判管辖权的如下规定:关于联邦法律或各邦法律与本基本法在形式上及实质上有无抵触或各邦法律与其它联邦法律有无抵触、发生歧见或疑义时,经联邦政府、邦政府或联邦议会议员三分之一之请求受理之案件。

③ 如一战后的捷克宪法法院将法律违宪分为形式违宪和实质违宪,前者由普通法院审查(审查某项法律是否依法公布、制定程序是否合宪),后者则由宪法法院审查(审查法律的内容是否合宪)。参见李林、翟国强:《健全宪法实施监督机制研究报告》,中国社会科学出版社2015年版,第135—136页。法律的形式效力和实质效力在界分立法行为合宪性审查管辖权方面的意义(尤其是在大陆法系国家中),可参阅[美]约翰·亨利·梅利曼、[委]罗格里奥·佩雷斯·佩尔多莫:《大陆法系》(第三版),顾培东、禄正平译,法律出版社2021年版,第157页。

④ 胡肖华主编:《宪法学》,湖南人民出版社、湖南大学出版社2003年版,第126页。另可参见刘广登、徐元善:《论行政机关及行政首长的宪法责任》,《中国行政管理》2008年第11期。

求;"形式违宪"则是违反了宪法所规定的规范权力与保障权利的程序要求。①(以下称为"乙说")

(3) 有的学者主张在"形式违宪"和"实质违宪"之外还存在一种"价值违宪",三者具体所指为:"形式违宪指违反法定程序,实质违宪指违反宪法条文。"价值违宪则是"违反宪法价值追求"。②(以下称为"丙说")

(4) 有的学者在将法律的合宪性问题区分为"形式问题"和"实质问题"的基础上,主张两者应适用不同的违宪审查基准或宪法原则。其中,"形式问题"是指不直接涉及基本权利的宪法问题,包括如下几个方面:一是所立之法是否具备法律的一般特征;二是所立之法是否侵犯公民的信赖利益;三是所立之法是否给人以明确的预期;四是立法机关是否具有立法职权;五是立法是否存在程序瑕疵;六是所立之法是否侵害法律制度的本质核心。违宪审查机关在解决"形式问题"时应适用"个案法律之禁止原则""法律不溯及既往原则""法律明确性原则""法律保留原则""正当程序原则""制度性保障原则"等宪法原则。而"实质问题"是指直接涉及基本权利的宪法问题。在该案件类型中,立法措施对公民所享有的宪法权利构成了限制,甚至剥夺,从而涉及系争法律是否违宪的问题。在该问题领域,"大陆法系国家的违宪审查机关一般是适用'不当联结之禁止原则''比例原则''核心内容保障原则'作为违宪审查的基准,而英美法系国家倾向于以'平等保护原则'与'实质性正当程序原则'作为审查的基准。"③(以下称为"丁说")

---

① 参见殷啸虎:《收容制度若干问题的法理分析》,《法学》2003年第7期。

② 参见王三秀、范芳:《民本权力的根本性保障——从民本政府的构建看我国违宪责任制度的完善》,《华中科技大学学报》(社会科学版)2005年第5期。王世杰、钱端升二位宪法学前辈在《比较宪法》一书中亦将违宪大致划分为"形式的违宪"和"实质的违宪",前者指"法律或命令的成立,曾否具备宪法上所规定的条件",后者则是"法律或命令的条文,有无违反宪法条文的规定"。从这一解释和其所举示例来看,二位先生所讲之"形式的违宪"与"实质的违宪"与正文中"乙说""丙说"的相关解释较为接近。参见王世杰、钱端升:《比较宪法》,商务印书馆1999年版,第341页。

③ 参见欧爱民:《宪法实践的技术路径研究——以违宪审查为中心》,法律出版社2007年版,第107—108、210页。

　　根据《现代汉语词典》的释义，"形式"是指"事物的形状、结构等"，而"实质"即"本质"。①以这种通用解释为据，形式违宪的本意应该是违宪这种事物的形状、结构，而实质违宪的本意应该指称的是违宪的本质。如果采取这种理解，作为一种行为，违宪的形式在形状（即外部可感知、观察）上可以有作为违宪与不作为违宪、程序违宪和实体违宪、法律行为违宪和事实行为违宪等诸多表现形态（如上文、下文所述），在结构上可以有行为主体（权限）、行为内容、行为目的与手段、行为程序等各种要素违宪形态。至于违宪的本质，在与犯罪本质、违法本质作相同理解的基础上，可将其理解为侵犯宪法所保护的利益（"法益说"）或侵犯宪法所保护的统治关系（"阶级本质说"）。

　　依据以上解释，上述有关形式违宪和实质违宪的四种学说在这种意义上均不妥当：

　　其一，尽管"甲说"涉及到宪法原则和宪法精神，但无论是宪法原则还是更为抽象的宪法精神，均是同宪法规则（具体规定）一样乃宪法的内部结构要素（即构成宪法整体的形式要素），二者还不能上升至宪法的本质高度。因为按照我国宪法学界的主流解说，宪法的本质在于"它是一国政治力量对比关系的全面、集中表现，是统治阶级根本意志和根本利益的集中反映。"②

　　其二，"乙说"将"形式违宪"等同于"程序违宪"，将"实质违宪"界定为"内容违宪"。这样的解释不仅背离了"形式"与"实质"的通常释义，且与下文所述的"程序违宪"和"实体违宪"并无二致，只不过使用了不同的名称而已。对违宪进行类型化的处理，其目的在于更清晰地认识不同违宪行为的各自特征，从而梳理和构建不同违宪行为的构成要件，

————————

　　① 参见中国社会科学院语言研究所词典编辑室编：《现代汉语词典》（第六版），商务印书馆2012年版，第1458、1180页。

　　② 许崇德主编：《宪法学：中国部分》，高等教育出版社2000年版，第29页。

以服务于具体的宪法判断活动。但"乙说"将"形式"与"程序"、"实质"与"内容(或实体)"混同的做法却不利于上述目的的实现,也不符合前述分类的"四项规则"。

其三,"丙说"不仅存在与"乙说"类似的缺陷,且其将实质违宪界定为"违反宪法条文"更是令人困惑、不解且无法接受。在宪法对立法权等公权力的运作程序作出了明确规定的前提下,"违反法定程序"难道不是"违反宪法条文"的一种表现形态吗?"违反宪法条文"也是一种形式违宪,其相较于"甲说"所言之"宪法原则、精神"更难以上升到宪法本质的高度和深度。不过,该说提出的"价值违宪"值得我们注意,如果从"法益说"的角度考量违宪的本质,在某种意义上"宪法的价值追求"何尝不可理解为"宪法所保护的利益",因为"价值"和"利益"都具备主客观相统一的属性(事物的客观属性能够满足人类的主观需求)。故此,"价值违宪"其实是"实质违宪"的另一种表达,只不过从语词表达及逻辑对称的角度考虑,还是使用"实质违宪"更为妥帖。

其四,"丁说"虽然未直接使用"形式违宪"和"实质违宪"的提法,但有关法律合宪性的"形式问题"与"实质问题"的最后结论就具有两种可能性:形式合宪(违宪)和实质合宪(违宪)。易言之,违反"个案法律之禁止原则""法律不溯及既往原则""法律明确性原则""法律保留原则""正当程序原则""制度性保障原则"等宪法原则的法律是为"形式违宪",法律不符合"不当联结之禁止原则""比例原则""核心内容保障原则"("平等保护原则"与"实质性正当程序原则")等宪法原则的要求便为"实质违宪"。就此点而言,"丁说"所言之"形式违宪"和"实质违宪"本质上仍然均属于"形式违宪"范畴,因为,无论是"法律保留原则"还是"比例原则",都只是宪法规范的一项具体要求,违反这些原则也仅仅是违宪的某种表现形式,尚不能谓侵犯某种隐藏于宪法规范之后的法益或曰"统治关系"。

六、"程序（性）违宪"和"实体（性）违宪"

在前述"形式(性)违宪"和"实质(性)违宪"这一违宪类型中,我们业已发现"程序违宪"和"实体违宪"的观点,尽管其隐藏于"形式违宪"和"实质违宪"的论说中。对于"程序违宪"和"实体违宪",目前的学说主要有两种区分标准:一是"侵害对象标准",即"实体性违宪行为是指违宪主体违反宪法设定的实体性规定的行为;程序性违宪行为是指违宪主体违反宪法规定程序的行为。"[1]二是"违宪形态标准",即"依据违宪的形态,可以分为程序违宪和实体违宪。所谓程序违宪,是指制定法律的程序违反宪法;所谓实体违宪,是指法律文件中的规定违反了宪法。"[2]

从上述言说来看,"侵害对象标准"与"违宪形态标准"的差异是明显的:前者的关注点是应然意义上的宪法规范类型(实体规范抑或程序规范),后者的聚焦点则是实然意义上的公务行为(如立法行为)的程序与内容;一是宪法规范,另一则是宪法规范所要调整的行为(如立法行为)。尽管二者的关注和聚焦点不同,然就违宪的分类而言,二者具有相同之功效:既然宪法或法律是对人类行为的调整,其规则或原则的设定自然应以行为的特征为基础;易言之,宪法或法律中的实体规范和程序规范自应以行为的内容和程序作为各自的规制对象,绝不可能出现实体规范调整行为程序,而程序规范调整行为内容的"错位"现象。

不过,如前所论,由于合宪性审查的对象既包括法律行为,也涵盖事实行为;既有作为也有不作为。而从宪法判断的逻辑结构和次序以及公务行为"全过程、全覆盖"的审查之角度来看,将关注点设定在审查对象(即公务行为)上更为妥当和有效。因此,如欲将违宪区分为实体

---

① 胡肖华主编:《宪法学》,湖南人民出版社、湖南大学出版社2003年版,第127页。另可参见胡肖华:《违宪审查原则论》,《湖南科技大学学报》(社会科学版)2004年第3期。

② 胡锦光:《合宪性审查》,江苏人民出版社2018年版,第19页。

违宪和程序违宪,自应以上述"违宪形态标准"作为区分标准更为合理。

七、"作为违宪"和"不作为违宪"

根据相关主体行为方式的不同,有论者将违宪划分为"作为违宪"和"不作为违宪":"依据行政机关及行政首长行为的方式不同,可分为作为违宪和不作为违宪。作为违宪是指行政首长在其意识支配下,积极实施宪法禁止的行为。"[①]另有学者则将"作为违宪"和"不作为违宪"分别称为"积极违宪"和"消极违宪":"积极违宪是指以积极作为的方式直接违反宪法的规定。消极违宪是指以消极不作为的方式,违反宪法的规则、原则及精神。"[②]

对这一违宪类型,我们需要思考的是"作为违宪"与"不作为违宪"的区别标准问题。

根据以上学者的界说,两类违宪行为的区别标准是"行为的方式":一为积极作为的方式,另一则为消极不作为的方式。可以说,这种区分标准在法理学、刑法学以及行政法学中均得到运用。如在法理学中,有的论者以上述标准将法律行为划分为"积极的法律行为和消极的法律行为",[③]有的刑法学著述亦以行为方式的不同,将危害行为分为作为和不作为,[④]至于行政法学上对行政行为的分类,也采纳了这一标准将行政行为区分为"作为行政行为和不作为行政行为"。[⑤]如此看来,将某一性质的行为划分为作为和不作为的标准乃是行为的方式,似乎已成为

---

① 刘广登、徐元善:《论行政机关及行政首长的宪法责任》,《中国行政管理》2008年第11期。另可参见马岭:《关于违宪的几个理论问题的探讨》,《当代法学》1988年第3期。

② 王广辉:《通向宪政之路——宪法监督的理论和实践研究》,法律出版社2002年版,第175页。转引自李卫刚主编:《宪法学讨论教学教程》,对外经济贸易大学出版社2005年版,第453页。

③ 参见李龙主编:《法理学》,武汉大学出版社2011年版,第380页。

④ 参见刘宪权主编:《刑法学》(上册),上海人民出版社2012年第三版,第102页。

⑤ 参见张世信、周帆主编:《行政法学》(第二版),复旦大学出版社2006年版,第151页。

学界的共识。但在这一标准之下,我们又该如何处理这样的问题:行政机关明确拒绝行政相对人的申请(无论是许可抑或其他授益行为),是行政作为还是行政不作为? 立法机关未在合理期限内及时依据社会形势的发展修改或废止某一过时的法律,是立法作为还是立法不作为?

　　以行为的方式为标准,上述问题的答案应该是:行政机关明确拒绝相对人申请的行为应该是行政作为而非不作为,因为行政机关以积极的动作作出了明确的否定意思表示。但在有的观点看来,这种行政作为乃是积极的"不作为",即只要是"当为不为"便是不作为,而不管其行为形式如何。[①]至于立法机关未及时修改或废止不合时宜的法律,从行为方式来说,似乎应该构成立法不作为(有学者将这种立法不作为称为"相对立法不作为或不完全立法不作为或不真正立法不作为")。[②]但是,从另一侧面来看,对公民基本权利造成损害或构成违宪的并非是立法机关的不完全立法不作为行为,反而是应修改或废止却没有得到修改或废止的、事实上已经存在的法律(立法作为)。即便是在绝对立法不作为(又称为"完全立法不作为""真正立法不作为")的情况下,[③]以下情形依行为形式标准应该视为是立法作为:立法机关在立法程序上积极地规划、起草、审议(立法机关有积极的立法动作),但最终因各种主客观原因未在宪法规定的期限内或合理期间内颁布实施相关法律。

　　有鉴于此,对作为与不作为的区别标准问题应重新整理,可考虑的一种思路便是区分二者的意义何在? 这种意义可从以下几个方面考量:

　　第一,行为构成要件的角度。作为与不作为的构成要件是不同的,在这一点上应不存疑义。一般而言,不作为的成立要件至少包括:(法定)作为义务的存在和不履行作为义务,即不作为是"应为而不为",而作为乃是"应不为而为"。但这一角度的困难在于:哪些义务应该被认

---

① 参见李佳编著:《行政法专题讲座·精讲卷》,人民日报出版社2019年版,第77页。

② 参见杨福忠:《立法不作为问题研究》,知识产权出版社2008年版,第29页。

③ 参见杨福忠:《立法不作为问题研究》,知识产权出版社2008年版,第28页。

定为是"作为义务",哪些行为应该被认定为是"不履行作为义务的行为"？如以行政机关拒绝相对人许可申请为例,(1)行政机关应予许可而未许可(应予许可是"作为义务","拒绝许可"是不履行作为义务的行为),则该拒绝行为应是不作为(如前所述的"积极不作为");(2)行政机关应不予许可且拒绝许可("应不为且不为"),这种合法的行政行为既不是行政作为("应不为而为")也不是行政不作为("应为而不为")。如此,将行政行为区分为作为和不作为就出现了"中间地带",这种分类就成为一种不周延的分类。

其实,此处的症结在于不同的部门法学在使用相同词汇时不应在不加反省的前提下简单地采取"拿来主义"的态度或方略。我们应该清楚地认识到,刑法学中的作为与不作为分类针对的是"危害行为",也就是说,无论是作为还是不作为,在刑法的"眼中"都是危害社会的行为,不存在合法的作为与不作为。但在行政法学乃至法理学中,作为与不作为的区分针对的是"行政行为"或"法律行为",而行政行为与法律行为均存在合法的与违法的"双重可能性"。因此,行政机关拒绝相对人许可申请的行为,既有合法的可能性也存在违法的可能性,在"行为形式"的标准下,其便有可能是合法的作为或违法的作为;在"当为不为"的标准下,其便可能是违法的积极不作为或合法的行为(无法归类在作为与不作为项下)。

由以上讨论可见,其他部门法学甚至是法理学在探讨不作为和作为的构成要件时,不能完全套用刑法学上对作为与不作为构成要件的分析结论,否则,将会出现在理论上无法完全自圆其说的境况。也正是基于此,虽然刑法学上也使用"行为方式"为标准区分作为与不作为,但"此行为方式(即危害行为的方式)"与"彼行为方式(其他部门法学意义上)"是具有不同意涵的。

第二,监督公权力行使的角度。对公权力主体而言,法无授权不可为,法有授权必须为,这已经是一个无需多作证明的常识性命题。公权力主体行使公权力既意味着一种可能性(职权意义上),也具有必须性的意涵(职责意义上)。因此,在宪法、法律明确授予某一公权力主体相应职权(无论是立法职权还是行政职权),而该公权力主体未能按照或未能完全按照宪法或法律规定的要求(如时间要求、范围要求等)实施该项职权时,即便其作出了一些明确的意思表示、在行为方式上有所动作,也构成不作为(或怠于履行职责)行为。

依此而言,从监督或促进公权力主体有效行使公权力的角度,我们可以以"是否履行或是否完全履行法定职责"为标准,将公权力主体所实施的行为分为作为和不作为,前者是积极履行法定职责的行为,[①]后者则是怠于履行法定职责的行为。此一区分标准无需考虑公权力主体的具体行为方式。在这一标准之下,前文引述的"相对立法不作为"才可能成立,即立法机关承担了在一定期限内(宪法明确规定的或合理的期限)修改或废止法律的职责,但却没有或没有完全履行该项职责。

第三,公民等权利主体权益救济的角度。首先,让我们来看一则典型行政案例。在最高人民法院所发布的"行政不作为十大案例"中,"彭某诉深圳市南山区规划土地监察大队行政不作为案"(以下简称"彭某案")的基本案情是:彭某向被告反映并要求查处陆某实施的违法搭建钢结构玻璃幕墙的行为,被告深圳市南山区规划土地监察大队先后对陆某作出《责令停止(改正)违法行为通知书》《行政处罚决定书》《催告书》等行政行为,并向深圳市房地产权登记中心建议对陆某房产实施产权暂缓登记。但截至案件开庭审理之日,上述违法搭建的玻璃幕墙也未拆除。原告彭某认为被告行政不作为,要求法院确认被告未履行强制拆除的行为违法,责令被告立即依法作为,强制拆除违建部分。法院经审查亦认为:被告在长达一年多的时间里,仅作出催告而未对案件作进一步处理,且未提供证据证明有相关合法、合理的事由,其行为显然

---

① 须注意的是,公权力主体积极履行法定职责的行为并不代表其就一定合法,因为,在"积极"的背后会隐藏着"超越职权"或"滥用职权"等违法的风险。

不当,已构成怠于履行法定职责,应予纠正,遂判决被告在三个月内对违法建设问题依法继续作出处理。

"彭某案"向我们展示的是:无论行政机关在整个行政执法过程中作了什么、作了多少行为(如该案中的行政命令、行政处罚),只要其未满足符合法律规定的相对人权益救济要求(如该案中的违法建筑之拆除),都将被法院认定为怠于履行法定职责而构成行政不作为。同时,我们还应注意到,"日本麻风病人要求国家赔偿案"之所以被视为立法不作为之典型案例,乃由于日本国会怠于修改《癞病预防法》(法院认为最晚在1960年时麻风病患者隔离政策的必要性就已消失)从而导致麻风病患者深受歧视之害。[1]易言之,法院在该案中审查的重心在于国会怠于修改法律所引致的权利损害,而非该法律存在本身所引致的权利损害。

有鉴于上述,笔者认为,以行为方式为标准来区分作为和不作为,无法合理且有效地解释公权力主体积极地采取了某些措施但仍然无法完全满足公民等权利主体权益救济要求的情形。而公民等权利主体权益诉求的满足度又与公权力主体是否或是否完全有效地履行职责具有正相关的关系,即:公权力主体完全、有效地履行了法定职责,就能完全、有效地满足权利主体的权益诉求;反之,则不能。因此,在宪法学、行政法学上,区分作为和不作为的标准应该是"是否履行或是否完全履行法定职责",而非"行为方式"。但是,此种标准并不是"放之四海而皆准"的真理,刑法学上的作为和不作为就不能以该标准进行区分,而只能以行为方式为标准。

八、"故意违宪"和"过失违宪"

有些论者根据违宪的主观方面不同,将违宪分类为"故意违宪"和

---

① 参见《日本政府将向麻风病患者家属进行国家赔偿》,https://world.huanqiu.com/article/9CaKrnKlq3W,2023年5月28日访问。

"过失违宪":"故意违宪指有关宪法关系主体明知其行为违宪而故意实施该行为。过失违宪指有关主体主观上不知其行为违宪而实施该行为从而造成了违宪的后果。"①

在公务行为的宪法判断中,是否需要考虑违宪主体实施该行为时的主观过错,对此,我们已经作出了初步的解释和回答:②对于公权力组织实施的公务行为违宪而言,主观过错并非是该行为违宪的必要构成要素,易言之,公权力组织实施的违宪行为,并不存在故意违宪和过失违宪之分;而就公权力个体实施的公务行为违宪而言,违宪审查机关应该考量公权力个体在实施该行为时是否存在过错、存在何种形态的过错(即是故意抑或过失),也就是说,公权力个体实施的违宪行为可从主观方面的角度分类为故意违宪和过失违宪。

九、"原始性违宪"和"演变性违宪"

国内学界有一种观点主张违宪可以分为"原始性违宪"和"演变性违宪",前者是指"直接违反宪法的行为,这种违宪行为仅是指违反内容具体、明确并带有宪法性制裁措施的宪法规范及宪法原则、精神的行为。这种违宪行为主要包括立法违宪行为、政党违宪行为、司法违宪行为、选举违宪行为以及国家领导人违宪行为。"而后者是指"由一般违法行为转变而来的违宪行为。这类违宪行为本应由普通法院审理,由其制裁违法者,但由于普通法院的司法程序存在瑕疵或者由于有关人员的渎职行为,致使公民基本权利在普通法院得不到救济,允许当事人针对一般违法行为向宪法审判机关提出宪法诉讼,这时一般违法行为便

---

① 郭春涛:《论违宪》,《徐州师范大学学报》(哲学社会科学版)1997年第1期。另可参见童之伟:《"良性违宪"不宜肯定——对郝铁川同志有关主张的不同看法》,《法学研究》1996年第6期(该文同时认为肯定"良性违宪"实质上是主张可以有条件地故意违宪);马岭:《关于违宪的几个理论问题的探讨》,《当代法学》1988年第3期。

② 参见拙著:《违宪构成研究》,同济大学出版社2019年版,第61—85页。

转变为违宪行为。"①

　　如若不仔细辨别，此一违宪类型似乎与前述"直接违宪"和"间接违宪"相似。不过，二者之间还是存在不同之处："间接违宪"实乃一般违法行为，以法律等规范性文件及其发挥实效为存在前提；而"演变性违宪"虽然也是一种一般违法行为，且法律等规范性文件也是存在的，但却并不具有实效，从而导致宪法诉愿的产生，也使一般违法行为"质变"为违宪行为。但是，正如前文第一章所论，"公民基本权利在普通法院得不到救济"并不能使普通法院管辖的违法行为转变为违宪行为，而是普通法院因违反了宪法规定未完全有效履行司法救济职责而成为违宪主体，其相关行为则应评价为违宪行为。"演变性违宪"的观点将关注点聚焦于普通法院管辖的一般违法行为，而未注意到普通法院及其宪法职责，从而得出一般性违法行为经过宪法诉讼之后"转变"为违宪行为的错误结论。

　　因此，违宪并不存在"演变性违宪"这一形态，后者本质上是一种该主张所谓的"原始性违宪"所涵括的"司法违宪行为"。由此，"原始性违宪"和"演变性违宪"这一违宪类型在逻辑上是不成立的。

十、"大违宪""中违宪"和"小违宪"

　　从目前所搜集、阅读的资料来看，这一违宪类型不是学者所主张的，而是实践部门同志甚至是党和国家领导人所曾提出的。如张春生同志在谈及我国的合宪性审查问题时曾言："其实依我的理解，违宪不见得都那么重。我认为违宪分'大违'、'中违'和'小违'。大违，我认为'大跃进''文化大革命'都是大违，直接违反了宪法秩序，造成严重后果。也有中违、小违，举个例子，劳动法是个基本法，按宪法规定应该由全国人民代表大会通过。当时急于搞劳动体制改革，结果

_____
① 参见胡肖华主编：《宪法学》，湖南人民出版社、湖南大学出版社2003年版，第126页。

是人大常委会通过了,这跟宪法规定的不一样。侵权责任法、涉外民事关系法律适用法,也是基本法啊,结果上了常委会,严格来说也是涉嫌违反宪法。有时候违宪可能就是个瑕疵性违宪行为,改过了就是了。"①

　　而据刘松山先生的叙述,作为我国社会主义法制的主要奠基人的彭真同志也在不同场合提出过"大违宪""中违宪"和"小违宪":(1)1983年4月21日,彭真在同全国人大常委会机关内部有关负责人谈人大常委会监督宪法实施时,专门提出了这个问题:"违宪行为有各种各样,有大违、中违,也有小违。"如果"所有违宪都提到全国人大常委来管,怎么管得了?"(2)1983年4月30日上午,彭真在同胡绳、王汉斌等人的谈话中,再次提出违宪行为有大违、中违,也有小违的问题。并说:"一般的违宪行为,由各地方、各部门、各方面及时处理、纠正";"全国人大和它的常委会主要是对那些有关国家安危、国计民生的重大违宪事件,进行监督"。②

　　违宪存在"大、中、小"之分,其积极的意义在于告诉我们:违宪并不那么可怕,并非所有的违宪行为都将严重损害国家的根基和法治的根本,因此,推进合宪性审查,追究和纠正违宪行为是一国宪法治理秩序所能够承受的,无需"谈违宪而色变"。不过,此种违宪类型的主张还是有值得斟酌和反思之处:

　　其一,"大、中、小"违宪的区分标准具有不确定性。且不说"造成严重后果"需要一种"事后诸葛亮"式的评估,即使是何谓"严重"或"重大"也是聚讼纷纭的话题。我们很难在"重大"和"非重大"之间划一条"泾渭分明"的界线,更何况其中还夹杂着"中等"的判断和衡量。

　　其二,诚如有的学者所言,"大违、中违、小违"的分类法实质上并未严格区分违宪和违法,强调"全国人大只管重大的违宪问题"是为

────────────

① 张春生、秦前红、张翔:《推进合宪性审查　加强宪法实施监督》,《中国法律评论》2018年第4期。

② 参见刘松山:《彭真与宪法监督》,《华东政法大学学报》2011年第5期。

全国人大常委会与地方人大常委会在法律监督的分工提供了方案。①但如前所论,我们并不认为地方国家权力机关享有合宪性审查权,因此,"大、中、小"违宪的分类并不能起到"配置违宪案件管辖权"的作用。当然,由于全国人大及其常委会都能行使合宪性审查权,在它们二者之间如何合理分配违宪案件管辖权确实需要审慎思考和设计,能否以违宪的社会危害性程度作为划分标准依然值得考虑。不过,这并非完全是而且也不应该是一个学理论证的问题,在更大程度上是一个"政治决断"问题。我们可以在宪法规定的基础上断言全国人大管辖的违宪案件是"重大的",而全国人大常委会负责的违宪案件是"非重大的",就如前者制定的法律是"基本的"而后者制定的却是"一般的"或"非基本的"。但这种分类对于违宪的判断而言又有何意义呢? 事实上,届时学术界的努力方向是如何解释宪法的规定,在学理上使全国人大及其常委会在违宪案件管辖问题上"各安其位、各司其职"。

十一、其他违宪类型

除却以上十种违宪类型及上节专门探讨的"良性违宪"和"恶性违宪"的类型之外,有些学者还提出了其他一些违宪类型。

根据既有的学理观点,以违宪主体为标准,可将违宪划分为国家机关违宪和非国家机关违宪、集体违宪和个人违宪、中央违宪和地方违宪;②或曰机关违宪行为和社团违宪行为;③或曰国家与政府及其部分领

---

① 参见邢斌文:《什么是"违宪"——基于全国人大及其常委会工作实践的考察》,《中外法学》2020年第2期。

② 参见马岭:《关于违宪的几个理论问题的探讨》,《当代法学》1988年第3期。

③ 参见胡肖华主编:《宪法学》,湖南人民出版社、湖南大学出版社2003年版,第126页。机关违宪行为是指拥有一定宪法职权的机关(主要是指立法机关、行政机关、司法机关)违反宪法规范、原则、精神的行为;社团违宪行为是指享有一定公共权力的社会团体或对宪法秩序有较大影响的政党违反宪法的行为。

导人违宪、公务人员违宪、公民违宪和国家机关违宪；[①]或曰立法机关违宪、行政机关违宪、司法机关违宪和政党组织违宪[②]等等，不一而足。

以违宪主体作为违宪的分类标准，其积极意义在于：有助于人们理解和识别违宪行为的实施者，从而依据不同主体的特点（如集体和个人）梳理和构建不同的违宪构成要素，并创制出与之相适应的宪法责任形式。同时，在设计合宪性审查体制时通过考量不同主体的性质（如中央和地方）确定合宪性审查机关的纵向与横向的职权划分。但是，这些积极意义在更大的程度上归属于"宪法的制定层面"，如从宪法的适用层面考虑，违宪主体的分类标准价值将大为降低。如中央违宪和地方违宪在宪法判断上有何重大的、实质性的差别呢？其实，从规范论的角度而言，我们需要做的是对实在宪法的各项规定进行体系化的解释，从而确定不同宪法关系主体在宪法秩序内的地位，并在其违宪时根据宪法对之匹配最相适应的宪法责任形式，而不是泛泛而谈违宪主体。

此外，有学者还主张根据违宪的内容不同，将违宪分为侵犯公民权利的违宪和侵犯国家权力的违宪；根据制裁机关的层次不同，违宪可分为最高权力机关制裁的违宪和地方权力机关制裁的违宪；从权利义务的角度划分，违宪可分为行使权利违宪和履行义务违宪。[③]对于这些学术主张，笔者认为：首先，尽管宪法规范主要是由基本权利规范和国家组织规范所构成，但宪法实践中的违宪现象是错综复杂的，某一公务行为可能同时触犯这两类规范。如在前文已有所引用的"审查竞争委员会案件"（1987年）中，法国宪法委员会不仅从"更好地进行司法活动的目的"审查了系争法律将不服竞争委员会决定的管辖权分配给司法法院而非行政法院的合宪性，且以这种分配剥夺了当事人辩护

---

① 参见李龙：《宪法基础理论》，武汉大学出版社 1999 年版，第 252 页。转引自李卫刚主编：《宪法学讨论教学教程》，对外经济贸易大学出版社 2005 年版，第 452 页。

② 参见胡锦光：《合宪性审查》，江苏人民出版社 2018 年版，第 19 页。

③ 参见马岭：《关于违宪的几个理论问题的探讨》，《当代法学》1988 年第 3 期。

权为由宣布"将有关竞争委员会的争议提交给司法法院的法律是违宪的"。①此外,现代宪法尤其是我国宪法,不仅存在上述典型的宪法规范类型,还存在各种政策性、纲领性规范,且如前文所述,这些规范依然属于违宪审查依据的范围,立法等公务行为背离这些规范仍然可能构成违宪。因此,将违宪分为侵犯公民权利的违宪和侵犯国家权力的违宪虽然在一定范围和程度上可以成立,但其在逻辑上还是存在不周延之处。

其次,至于以制裁机关为标准来对违宪进行分类,至少从我国的合宪性审查体制来说是不能成立的。因为正如前文所论,我国的合宪性审查机关仅为全国人大及其常委会,地方国家权力机关不应也不享有违宪审查的权力。即便是在实行普通法院、宪法法院、宪法委员会体制的国家,根据合宪性审查机关的不同来对违宪进行分类,也意义不大(至多也就是违宪案件管辖权配置方面的意义)。

最后,以权利义务为标准将违宪区分为行使权利违宪和履行义务违宪,在理论与实践上均不妥当。因为,在可辨识的权利个体意义上,人民是宪法的受益者,人民行使宪法权利的行为即便损害了他人的合法权益或公共利益,也不能构成违宪行为,而只能由法律、法规等下位法进行制裁,这在前文"违宪主体"的讨论中已作了较为详细的解释,此不赘论。另外,既然是行使权利的行为,在法理上又怎么可能违宪甚至是违法? 即便构成违宪或违法,这种行为就不再能够被视为是行使权利的行为,而演变为违背义务的行为。违法与违宪只能与义务相关联,而与行使权利无关。即便主张"权利与义务相一致",在考察与分析违法或违宪时,也只能从义务角度进行考量。因为从权利角度去分析违法或违宪,将产生"阻遏"权利行使的效果,不利于权利意识的培育与塑造。

---

① 参见韩大元、莫纪宏主编:《外国宪法判例》,中国人民大学出版社2005年版,第420、421页。

代结语：违宪应如何分类

在对既有的违宪类型学说作了前述的梳理之后，我们在遵循前文已述的分类规则基础上提出如下违宪类型，以就教于各位方家：

第一，以违宪主体为标准，可将违宪分为公权力组织违宪和公权力个体违宪。此一类型的主要意义在于以下两个方面：一是二者的构成要素不同。如前所述，[①]故意或过失等主观方面要素并非公权力组织违宪的构成要素，但却是公权力个体违宪的构成要素；同时，两者适用的违宪构成理论亦不同，公权力组织违宪应该适用"双层式"违宪构成理论来判断，公权力个体违宪则可适用传统的"四要件"违宪构成理论加以判断。二是二者的宪法责任形式不同。公权力组织违宪一般适用的是改变、撤销等宪法责任形式；公权力个体违宪适用的则是罢免等宪法责任形式。

第二，以是否或是否完全履行宪定职责为标准，可将违宪分为作为违宪和不作为违宪。这一类型的区分意义在于：后者是以宪法所明示或可通过宪法解释推导出的公权力主体作为义务为考虑焦点，判断某一具体公权力主体是否或是否完全履行了该义务。如得出否定的结论，违宪审查机构就应责令该主体在一定期限内完成宪法义务；如得出肯定的结论，则应驳回申请人的要求公权力主体履行宪法职责的请求。至于前者，则是较为常见的违宪类型，违宪审查机构可作出撤销、确认无效等判决或决定形式。

第三，以是否存在效果意思表示为标准，可将违宪分类为法律行为违宪和事实行为违宪。此一分类的意义主要在于：法律行为违宪的判断除了需要考虑公权力主体的职权、行使职权的程序等要素之外，还需要考虑该行为的内容（即效果意思表示）是否违背宪法、是否符合明确

① 还可参阅拙著：《违宪构成研究》，同济大学出版社2019年版，第114—115页。

性和平等性原则;但事实行为的违宪由于缺失效果意思表示要素,故其不存在行为内容违宪这一形态。但值得一提的是,该类型主要是针对作为违宪的分类。因此,在逻辑上不宜同上述两种违宪类型并列,否则将违背前述的分类规则(尤其是"第一规则")。

第八章　违宪概念的生成条件

——以美国联邦最高法院大法官的言说为证

尽管前文对违宪概念的内涵和外延作了初步地阐释,但这对违宪概念的理解和解释而言仍然是不充分的。有鉴于此,本章意图从违宪概念生成的历史维度对其形成和确立的条件作一初步的解说,以裨益于违宪概念所体现价值的把握和违宪与违法概念的区分等问题的进一步厘清。

一、问题的提出：违宪概念起源之"谜"

违宪概念起源于何时? 我们从不同的材料中可以获取到相异的答案。以下提供五份可供我们解答违宪概念起始时间问题的"证据"材料：

(1)违宪概念是与1803年发生在美国的"马伯里诉麦迪逊案"同时问世的,此案判词的宣布就是违宪概念正式成立之时。①

(2)在"马伯里诉麦迪逊案"确立美国违宪司法审查制度之前,美国独立革命和邦联时期的州法院就开始尝试性地运用司法审查权,依据州宪法审查州议会法令的合宪性。如早在1787年,北卡罗来纳州最

---

① 参见张光博、王秋玲:《宪法的实施和保障》,吉林大学出版社1993年版,第190页。另可参见杨晓静:《我国违宪审查模式选择与制度构建》,黑龙江大学硕士学位论文,2005年6月,第2页;王建华主编:《宪法学新论》,电子科技大学出版社2005年版,第462页。

高法院在审理"贝亚德诉辛格尔顿案"中就以州议会制定的《没收财产法》不符合州宪法有关"陪审团审判"的规定为由判决该法违宪无效。"该案是美国独立后第一宗有确切记录的州法院推翻一项州法律的案件。"①

（3）现代意义上的违宪概念最早出现于英国17世纪的宪法政治的大辩论中。②

（4）1390年法国巴黎高等法院以"有害于国王且违反法律"为理由拒绝注册查理六世向圣母院授予特权的行为,由于注册在法律属性上是法院对国王法令进行的宪法审查,因此拒绝注册"在结果形式上"就是"将国王法令认定为违宪"。③

（5）在古希腊雅典,由人民大众选出的陪审团的法院,不仅可对地方行政官施以控制,而且"还对法律本身进行控制"。法院可以发布一种特殊形式的令状对"议事会"或"公民大会"作出的某项决策进行非难或抨击,即"宣称该项决策违宪"。④

只要我们继续在"史海"中细心地查找,也许就一定能发现更多的

---

① 参见白雪峰:《美国司法审查制度的起源与实践》,人民出版社2015年版,第117—119页。该书第87页还记载了早在1761年,马萨诸塞殖民地著名律师詹姆斯·奥蒂斯在"协助收缴走私物品令案"的法庭辩论中就明确指出:"违背宪法的议会法案是无效的,违背自然公平的议会法案也是无效的",法院"必须废止这样的法案"。另外,根据张千帆先生的研究,在1780年的"刑事陪审人数案"中,新泽西州最高法院判决一项规定刑事陪审团由6人(而非12人)组成的州法律违反了州宪而无效。"这可能是北美法院第一次宣布立法违宪的案例。"参见张千帆:《宪法学导论:原理与应用》(第三版),法律出版社2014年版,第161—162页。

② 刘风春:《试论我国违宪审查制度的改革》,延边大学硕士学位论文,2004年5月,第4页。另可参见程隽:《公共政策违宪审查问题研究》,西北大学硕士学位论文,2004年6月,第7—8页;郭爱萍:《我国违宪审查制度研究》,苏州大学硕士学位论文,2006年4月,第2页;[美]爱德华·S.考文:《美国宪法的"高级法"背景》,强世功译,北京大学出版社2015年版,第115页。而据考文教授的引证,查默斯在其《政治学年鉴》中注意到,"违宪"一词于1691年在新英格兰适用到某些议会法令中。参见该书第130—131页。

③ 参见王建学:《法国式合宪性审查的历史变迁》,法律出版社2018年版,第9、12页。

④ 参见[美]乔治·萨拜因:《政治学说史:城邦与世界社会》(第四版),邓正来译,上海人民出版社2015年版,第50页。

有关违宪概念起源的论说。①但本章的主旨并不要求我们对违宪概念起源时间作出最后权威的确定(当然亦是不可能完成的任务),只是在于促使我们思考和诠释违宪概念生成所必须具备的条件。因为,在"万事俱备"的境况下,违宪概念自然而然地就会形成了,其起源之"迷"也将得到破解。

如果我们不"沉湎于"违宪的词语,认为:"违宪"词语的诞生便是违宪概念的产生之时,②那么,违宪概念的生成就必须具备以下三项条件:

其一,违宪概念不仅仅是一个技术性的、逻辑性的概念,其在本质上表达了宪法的"高级法"效力和价值意蕴。不论是基于世俗抑或宗教的原因,是依据自然法学说抑或实证上的"基础规范"假定,③宪法尤其是成文宪法是一国法律体系中的最高法、根本法已经成为一项无需太多证明、可谓"约定俗成"的常识性命题。而违宪概念恰恰是这一命题的"对立"或曰"否定"的一面。违宪不同于一般违法的一项重大差异就在于:违宪违反的是一国最高法,违法违反的是效力更低的其他法规范。如若违宪不反映这种"高级法"意蕴,则其就不能成为一个独立于违法的特定概念,反而会"湮没于违法的海洋中迷失自己的方向"。

其二,违宪概念的生成要求具有实效性的合宪性审查制度,无论该制度采取何种模式,体现何种意识形态。"高级法"的价值和理念只是为违宪概念的生成预设了一种可能性,但理念毕竟是理念,没有相应的配套制度设计,违宪概念永远只能"漂浮在法治的天空",这已被悠久的自然法观念和英国的普通法传统所证明。④而这种制度就是作为"法治大

---

① 美国第一任总统华盛顿在 1765 年 9 月 20 日致伦敦弗朗西斯·丹德里奇的信中谈及英国议会制定的"印花税法"时言道:殖民者认为英国强加于殖民地的该法是"违宪的"。参见[美]乔治·华盛顿:《华盛顿选集》,聂崇信、吕德本、熊希龄译,商务印书馆 2012 年版,第 26 页。

② 词语仅仅是概念的物质外壳,它可以在同一时空条件下表达不同的概念,也可以随着时代的演进而发生概念的变迁。

③ 参见[奥]凯尔森:《法与国家的一般理论》,沈宗灵译,商务印书馆 2013 年版,第 194 页。

④ 参见[美]爱德华·S.考文:《美国宪法的"高级法"背景》,强世功译,北京大学出版社 2015 年版,第 11 页以下。

厦拱顶石"的宪法审查(或曰合宪性审查)制度。该制度所内含的组织机构、审查程序等内容,为违宪概念的"落地"架设了一座"从抽象到具体"的"桥梁"。正如美国学者考文教授所言,如若没有司法审查制度,"高级法"即使具备了制定法(即成文宪法)的形式,也无法成为"个人求助的源泉"。①而在我们看来,没有某种形式的具有实效性的合宪性审查制度,违宪也只能是"说说而已"。

其三,在实践层面,宪法审查机关作出积极的违宪判断,则是违宪概念生成的现实条件。宪法的最高法律效力和合宪性审查制度的构建,仅仅是为违宪概念的形成提供了可能性而已,而违宪判断则提供了现实性。没有积极的、具有法律效力的违宪判断,违宪概念只能停留于"纸面",无法变成"活生生的"社会现实。违宪不仅仅是学说或理论现象,更是一种社会现象。人们正是通过合宪性审查机关所作出的违宪决定,才具体且感性地"感知"到违宪概念的存在。由于全国人大及其常委会至今未作出任何一项违宪决定,导致国人无法真正地"感觉"到违宪的存在,也使得违宪概念本身变成一种"不敢轻易言说"的、充满政治敏感性的概念。其实,这是对违宪的一种误解。违宪并非是一只可怕的"洪水猛兽",其与违法一样,是社会政治和法治发展过程中必然存在的正常现象,尽管违宪决断过程充斥着政治裁量,其结果也可能具有一定的政治性。

当以上所述三项条件均已具备时,违宪概念就真正地形成了。但是,前文的论述是粗线条的,很多的问题——如宪法"高级法"效力的价值意蕴、合宪性审查权的范围、作出违宪判断的标准及程度——都未得到更为精细地阐述。因此,下文的论述将围绕违宪概念生成的三项条件,通过检索美国联邦最高法院判例中的大法官言说,对这些问题作些初步的解释和回答。

①参见〔美〕爱德华·S.考文:《美国宪法的"高级法"背景》,强世功译,北京大学出版社2015年版,第192页。

二、宪法的"高级法"效力：意义的展开

宪法（尤指成文宪法）地位、权威和效力的最高性，虽然业已成为政界、学界与大众"耳熟能详"的"常识"，但这种"最高性"的表现、来源、本质与范围等问题仍然需要更为精细地解说。若不如此，"误解"甚至是"曲解"宪法（价值与功能等）就不可避免地发生，从而影响到宪法本身的"最高性"。

（一）效力表现：成文宪法高于国会立法、联邦宪法高于邦宪法

在没有宪法的时代，人类社会并不缺少法律，也不能说不存在"法治社会"。宪法的"横空出世"，其最初意图或曰"初心"在于控制立法者及其行使的立法权，[①]以避免其过度限制或侵害人民通过"社会契约"保留的基本人权。因此，宪法"高级法"效力的最主要也是最重要的表现便是：宪法高于法律，人民高于立法者（代议制政体下即为议会或其他代议制机关）。

费城制宪会议代表、来自于新泽西州的威廉·佩特森大法官在1795年"范霍恩的承租人诉多兰斯案"中对宪法"高级法"效力的上述表现作了非常精辟且异常生动的阐释。他在给陪审团的指示中指出："宪法是什么？宪法是人民强有力的手勾画出来的，其中确立了基本法某些首要原则的政治体制。宪法是固定不变的；它包含人民的永久性意愿，是国家的最高法。""宪法是政治制度的太阳，所有立法、行政及司法机关必须绕着它转。不论其他国家的情况如何，在我国却毫无疑问，立法机关的任何法案，凡与宪法相抵触者，均属绝对无效。""立法机关是什么？

---

① 宪法的"初心"在否定的层面上也说明：宪法并不能（也不应该）控制所有的权力行为，应由法律及其他效力等级的规范性文件控制的权力行为不能无限地"上纲上线"到合宪性审查的层面。将合宪性审查对象无限制地泛化，只会损害合宪性审查功能的正常发挥。参见莫纪宏：《依宪立法原则与合宪性审查》，《中国社会科学》2020年第11期。

是宪法的创造物;他们因宪法而存在;他们的权力来自宪法;宪法是他们的授权书;因此,他们制定的一切法案必须符合宪法,否则即属无效。"①

值得注意的是,在阐述以上有关宪法性质和效力表现的论点之前,佩特森法官还运用了对比的手法,将美国与英国的情况相比较,阐明英国议会主权原则并不适用于美国:在英国,"议会的权力高于一切,漫无边际。""议会权力是绝对的、高于一切的;它在政治存在的等级上是最高级的。""英国没有成文宪法,没有基本法,没有看得见的、实实在在的、确定无疑的东西可据以检验一条法规。而美国的情况迥然不同:联邦每个州都有它自己的严谨精确的成文宪法。"②

在其他案件的司法意见中,我们同样可以发现这种"对比"方法的运用来说明成文宪法相较于议会立法的"最高效力"。如在1884年"赫塔多诉加利福尼亚州案"中,马修斯大法官陈述道:英国"议会对普通法的权力总之是绝对的,哪怕有违公共的权利和理智";但"我们的宪法对州政府和全国政府的行为施加的限制对于维护公私权利是至关重要的,尽管我们的政治制度是代议制的。"③其实,"美国宪法之父"麦迪逊同样使用了这种方法说明美国宪法的"高级法"效力。他在《联邦论》第

---

① [美]斯坦利·I.库特勒编著:《最高法院与宪法——美国宪法史上重要判例选读》,朱曾汶、林铮译,商务印书馆2006年版,第9页(因为本章引用该书较多,为节约篇幅计,以下简称为"库特勒编著书")。罗伯茨大法官在1936年"合众国诉巴特勒案"中陈述的法院意见亦指出:"宪法是人民所制定的国家最高法。一切立法必须符合宪法所规定的各项原则。"参见该书第348页。

② 库特勒编著书,第8—9页。英国宪法学家戴雪在20世纪初就明确指出:"按照英国宪法,议会……有权制订或取消任何法律;并且英国法律不承认其他人或机构能够制订规章以压倒或毁损议会法律,或……在违反议会法律时得到法院执行。""在大英帝国的任何部分,不存在任何人、集团、执法、立法或司法机构能基于法律违反了宪法或任何理由,宣布任何英国议会通过的法律无效,当然除非它被议会取消。"转引自张千帆:《西方宪政体系》(上册·美国宪法),中国政法大学出版社2004年第二版,第36页。惠尔教授也指出:"在英国,议会是至高无上的,对议会的控制只能通过政治手段,而不是法律手段。"参见[英]K.C.惠尔:《现代宪法》,甘藏春、觉晓译,宁夏人民出版社1989年版,第12页。

③ 参见库特勒编著书,第179、181页。

53篇中说道：在美国，"政府不能改动由人民树立的宪法，但是，政府可以改动由议会通过的立法。"而在英国，"议会的权力至高无上，不受控制，可以改变宪法，也可以对普通的题目立法。"①

恰恰是这种"对比"手法的运用，更能凸显宪法"高级法"效力的主要表现：宪法高于法律，是控制立法者与立法权的；在立法者与立法权不受控制的国家，不存在真正的、具有"高级法"效力的宪法，当然更不会存在"违宪"概念。"正如'国王不能为非'，一个主权满满的议会也是不能为非。此时，如果立法权具有自我裁判权，就不可能出现违宪的概念。"②

此外，鉴于美国建国是先有邦（州）而后才有合众国的历史事实，为了巩固联邦的统一及避免州权蚕食、抵制联邦之权，美国宪法第6条特别规定："宪法、为实现宪法而制定的联邦立法、根据联邦授权已经缔结和将要缔结的条约，为联邦最高法律；各邦宪法和立法若与联邦最高法律抵触，各邦法官应受最高法律约束。"美国联邦最高法院在一系列涉及州法律的合宪性的案件中，也不断地强调、重申了美国宪法的这一"最高法律"精神。如在1824年"吉本斯诉奥格登案"中，马歇尔首席大法官就指出，我们的制宪者早就预见到州法和联邦法律冲突的情况，并提出了相应的对策，即"宣布不仅宪法自身至高无上，而且根据宪法制定的法律同样至高无上。""州法律尽管是在行使无可辩驳的权力的过程中制定的"，也必须服从与之相抵触或对立的联邦法律或条约。③在1842年"普里格诉宾夕法尼亚州案"中，坦尼首席大法官陈述的反对意见亦强调："合众国的宪法，以及宪法中的每一条每一项，乃是联邦每一个州的法律的一个组成部分，而且是最高法。"④

---

① [美]亚历山大·汉密尔顿、詹姆斯·麦迪逊、约翰·杰伊：《联邦论：美国宪法述评》，尹宣译，译林出版社2016年版，第362页。张君劢先生亦曾注意到"合宪违宪问题为美所有，为英所无"，其原因乃在于美国宪法是刚性宪法，英国宪法则是柔性宪法。参见张君劢：《中华民国民主宪法十讲》，商务印书馆2014年版，第9页。

② 尹华容：《宪法诉讼正当性研究》，湘潭大学博士学位论文，2008年10月，第24页。

③ 参见库特勒编著书，第90—91页。

④ 参见库特勒编著书，第138页。

其实,无论是在联邦制国家还是单一制国家,在处理中央与地方关系时,宪法的"高级法"效力就意味着:宪法及其合宪的中央法律、法令,高于一切地方权力机关制定的规范性文件;否则,建基于"法治统一"基础上的"国家统一"便无法实现。

(二) 效力本源:人民高于议员、全体高于部分

为什么宪法可以居于一国法律体系这一"金字塔"的"顶端"呢? 我们认为,成文宪法之所以具有最高效力和至上性,高于其他一切形式的法律,其根源——并非惟一——便在于宪法是一国全体人民意志的集中体现,[①]而法律充其量是人民选出的议员或代表意志的体现,两相比较,当然前者高于后者。"宪法高于议会立法,人民的意向,高于议员的意向。""否定这一点,就会肯定以下说法:代理人高于委托人,仆人高于主人,议员高于人民大众。"[②]就此点而言,威廉·佩特森大法官在1795年"范霍恩的承租人诉多兰斯案"中同样作了极为精彩的譬喻式论述:"宪法是处于创始的、至高无上及不受限制的地位的人民自身的产品或意愿。法律是处于派生及从属地位的立法机关的产品或意愿。一个是

---

① 美国学者克林顿·罗西特认为,解释"美国人尊崇宪法"的理由有很多,其中之一便是"宪法是由拥有主权的人民制定的"。不过,依照考文教授的说法,这种解释仅仅是"美国宪法理论相对新近的一种产物",美国宪法的合法性、至上性及人们对其的尊崇奠基于一个历史久远并已确立的基础之上,即人们深信一种法("高级法")高于人间统治者的意志,这种法体现了一种实质性的、永恒不变的正义。分别参见[美]爱德华·S.考文:《美国宪法的"高级法"背景》,强世功译,北京大学出版社2015年版,序言第2页、第8—9页。日本学者芦部信喜教授亦认为宪法的最高性即"宪法至上"根源于其以规范形态保障了"基本人权"这一最高价值。参见林来梵:《从宪法规范到规范宪法:规范宪法学的一种前言》,商务印书馆2017年版,第318页。值得注意的是,宪法是"人民意志的体现"中的"人民"具象是否就只限于制宪时刻的"人民"? 其是一个固定不变的还是随时代发展的"范畴"? 也许,法国学者在讨论法国宪法委员会的民主正当性时提出的"持续民主论"(尤其是关于"制宪者人民"与"现时人民"区分的理论)可以为我们提供极具启发意义的智识资源。相关论述可参阅方建中:《超越主权理论的宪法审查:以法国为中心的考察》,法律出版社2010年版,第120—128页。

② [美]亚历山大·汉密尔顿、詹姆斯·麦迪逊、约翰·杰伊:《联邦论:美国宪法述评》,尹宣译,译林出版社2016年版,第529—530页。

创造者的产品,另一个是创造物的产品。"①而马歇尔首席大法官在1803年"马伯里诉麦迪逊案"中从人民的"原始权利"(即制宪权)维度对此也作了精到的阐述:他认为宪法及其所规定的原则是人民通过"非常费力"且"不能也不应经常重复使用"的"原始权利"所创造的,它们之所以被看作是"根本原则",缘由在于"产生这些原则的权力是至高无上的和只能难得使用的"。②

同上所述,对于实行中央和地方分权或分治的国家而言,尤其是对于具有特殊的国家形成背景且伴随有"邦(州)主权"传统的美国而言,为了维护中央或联邦的权威,为了保障一国法秩序的统一,强调国家宪法或法律等规范性文件效力高于地方(邦、州)宪法或法律等规范性文件就具有特别重要的意义,③美国宪法第6条规定之原初意图便在于此。那么,这种"中央高于地方"或"联邦高于邦(州)"的根源在哪呢?一言以蔽之,便是"全体"人民的意志高于"部分"人民的意志。犹如蔡斯大法官在1796年"韦尔诉希尔顿案"中所言:"州宪法是人民授权制定的,合众国宪法是人民授权制定的;人民有权修改或废除州宪法,或使州宪法服从联邦政府。"假如一条州法律与一项联邦已缔结或将缔结的条约抵触但不失效,则其结果必然是"合众国一小部分人的意愿可以控制或挫败全体人民的意愿。"④又如首席大法官马歇尔在1821年"科恩斯诉弗吉尼亚州案"所宣布的法庭意见所述:"人民制定了宪法,人民也能够废止它。宪法是他们意愿的产物,只根据他们的意愿存在。但是这一最高的、不可抗拒的制定或废止的权力只存在于全体人民之中,而不存在于任何一部分人之中。任何一部分人企图行使这种权力就是篡权。"⑤

---

① 库特勒编著书,第9页。

② 参见库特勒编著书,第28页。

③ 在1958年的"库珀诉阿伦案"中,联邦最高法院不仅强调了联邦宪法的最高效力,而且强调了联邦最高法院在解释宪法方面至高无上的原则,州当局(立法、行政和司法部门)必须服从合众国法院的裁决,不得抵制或规避。参见库特勒编著书,第514页。

④ 库特勒编著书,第19—20页。

⑤ 库特勒编著书,第44页。

大法官们有关"全体高于部分"的司法意见事实上也可以得到麦迪逊在《联邦论》第44篇阐述联邦宪法第6条立宪原意时所陈述的下列观点的印证:如果"整个社会的权威,到处从属于它的组成部分",那么,世人就"会见到一头""头脑受身体指挥"的"怪兽"。①

(三)效力本质:议会地位的非至上性及权力的受限性

强调宪法的最高地位和最高效力,其本质和意图并非仅仅在于说明宪法是一纸社会契约,是人民权利的保障书,是立法的依据和基础,而更在于凸显权力的有限性,尤其是一国国家机构体系中最具有民意代表性的代议制机关权力的有限性和地位的非至上性。如若代议制机关具有不受宪法限制的权力,谈论法律违宪则纯属奢望。②诚如艾尔德尔大法官在1798年"考尔德诉布尔案"中所传达的法庭意见所言,如果由立法、行政和司法组成的政府是"根据一部对立法权不加限制的宪法成立的,其结果必然是,立法权想要制定什么法律,那个法律就会被合法地制定出来,司法权断难进行干预,宣布它无效。"③

就立法机关地位的非至上性和权力的受限性而言,联邦最高法院大法官们在不同历史时期的案件中曾作出过极为精彩的论述,现兹举几例予以说明:(1)威廉·佩特森大法官在1795年"范霍恩的承租人诉多兰斯案"向陪审团传达的指示中指出:"宪法是立法权力的来源和尺度。宪法告诉立法者,你只能走这么远,不能再远。""立法机关握有无限权力就是专制主义。"④(2)蔡斯大法官就1798年"考尔德诉布尔案"

---

① 参见 [美]亚历山大·汉密尔顿、詹姆斯·麦迪逊、约翰·杰伊:《联邦论:美国宪法述评》,尹宣译,译林出版社2016年版,第306页。

② 值得注意的一点是,立法至上或议会至上"并不意味着宪法因此会失去其作为规定政府结构以及提供规范来控制和限制政府活动之根本法的全部效力"。参见 [美]约翰·亨利·梅利曼、[委]罗格里奥·佩雷斯·佩尔多莫:《大陆法系》(第三版),顾培东、吴获枫译,法律出版社2021年版,第154页。

③ 库特勒编著书,第14页。

④ 库特勒编著书,第11、12页。

所单独发表的意见认为,那种宣称联邦或州的立法机关拥有不受限制的权力的观点是"一种政治上的异端邪说,是我们自由共和政府绝对不能容许的。"①(3)马歇尔首席大法官在1803年"马伯里诉麦迪逊案"中陈述的法庭意见强调了立法机关权力的有限性:"立法机关的权力是规定的和受限制的;宪法载明这些限制不得弄错或遗忘。假如这些限制没有限制它们所要限制的人,假如被禁止的行为和被允许的行为负有同样的义务,那么一个有限权力政府和一个无限权力政府之间的区别就不存在了。"如果宪法"像其他立法一样,立法机关想要改变就可以改变",那么,"成文宪法就是人民想要限制一项其本身性质是无限的权力的荒谬企图。"②(4)哈伦大法官在1959年"巴伦布拉特诉合众国案"代表最高法院传达的法庭意见指出:国会的调查权"尽管广泛,却并不是没有限制的。"它"只能调查它可以在其中制定立法或拨款的领域内的事情","不能调查那些在政府其他部门职权范围内的事情。"③

（四）效力范围：宪法并非无所不能、无微不至

无论是何种效力位阶的法律规范,其适用范围都是有限的,而非无限的。作为"高级法"的宪法,其各项条款及其所构成的体系,也非对任何人、任何地域、任何事务均有管辖权,应根据其产生背景、条款性质及词句意义乃至社会变迁等来确定具体的适用对象。诚如张千帆先生所言:"宪法是'最高的',是'神圣的',但不是'万能的'。"④美国联邦最高法院对联邦宪法修正案的适用范围的解释及其判例就有力地说明了这一点。

起初,最高法院的大法官们认为联邦宪法前十条修正案(即"权利法案")只适用于联邦政府,而其效力并不扩及州政府。在1833年"巴

---

① 库特勒编著书,第17页。
② 库特勒编著书,第28页。
③ 参见库特勒编著书,第411页。
④ 张千帆:《宪法学导论:原理与应用》(第三版),法律出版社2014年版,第21页。

伦诉巴尔的摩案"中,首席大法官马歇尔即认为宪法第5条修正案的
"唯一目的是限制合众国政府行使权力,对各州的立法不适用"。其理
由在于:宪法只能适用于"宪法缔造的政府",其限制也只是针对"宪法
赋予的权力",由于各州政府是各州宪法创造的,联邦宪法只缔造了联
邦政府,故此联邦宪法及其修正案并不适用于各州政府。此外,各州民
意代表大会在批准联邦宪法时提出"防止滥用权力的修正案"也是用来
"预防联邦政府的侵权行为"而非"预防地方政府的侵权行为。"①不过,
随着时间的推移及其引致的社会变化和与之相应的思想观念的转变,
联邦最高法院在之后的判决中逐渐改变了这一做法,通过1868年生效
的宪法第14条修正案不断"吸收"或曰"纳入"(incorporation)"权利法
案"的内容,将之适用于州政府行为。桑福德大法官在1925年"吉特洛
诉纽约州案"中陈述的法院意见认为,宪法第1条修正案保护的"言论
自由和出版自由""属于个人基本权利和自由范围","它们受宪法第十
四条修正案关于正当法律程序条款的保护,各州不得侵犯。"②也正是
"吉特洛诉纽约州案","标志着联邦最高法院第一次采取了实质性的司
法行动,把《权利法案》的具体条款'纳入'了第14条宪法修正案中,正
式迈上了《权利法案》的联邦化之路。"③

在界定宪法条款的适用范围时,就违宪概念的研究主旨而言,更值

---

① 库特勒编著书,第59、60页。马歇尔的意见也能得到制宪者"原初意图"的证明:麦迪
逊向美国国会提出了一系列修正案,众议院通过了17条,参议院在裁剪合并后通过了12条,
但后者却否决了麦迪逊最为珍视的一项:禁止各州侵犯民众的信仰、言论和出版自由以及陪
审团审判的权利。因为代表各州利益的参议院只想让《权利法案》限制联邦政府,而不是约束
各州政府。参见任东来、胡晓进等:《在宪政舞台上:美国最高法院的历史轨迹》,中国法制出
版社2007年版,第36页。

② 参见库特勒编著书,第301页。

③ 白雪峰:《美国司法审查制度的起源与实践》,人民出版社2015年版,第341页。关于
联邦最高法院通过宪法第14条修正案"纳入"《权利法案》的历史过程、影响因素、理论学说等
的介绍与分析,亦可参阅该书第九章内容,第329页以下。也可参阅下述案件中联邦最高法
院的判决意见:1961年"马普诉俄亥俄州案"(克拉克大法官陈述的判决意见);1964年"马洛
伊诉县治安官霍根案"(布伦南大法官陈述的法庭意见);1963年"吉迪恩诉温赖特案"(布莱克
大法官发表的法院意见)等。分别参见库特勒编著书,第569、571、577—578页。

得关注和思考的问题便是它们能否直接适用于"个人行为"？就此点而言，我们依然可从联邦最高法院大法官们表达的司法意见中得到有益的借鉴和启示。美国联邦宪法第14条修正案规定："任何一邦不得制定和实施剥夺联邦公民特权和豁免权的立法；未经正当法律程序，任何一邦不得剥夺任何人的生命、自由和财产；在该邦的司法范围内，不得否认任何人得到法律平等保护的权利。""联邦议会有权通过适当立法贯彻执行此条。"该条修正案能否直接规制个人的"种族歧视"行为呢？在1880年"弗吉尼亚州诉里夫斯案"中，斯特朗大法官陈述的法院意见对此作了否定的回答："宪法第十四条修正案的各项条款专门针对州的行为而不针对个人的任何行为。"[①]而在1883年"公民权案"中，布雷德利大法官陈述的法院意见对该问题同样作了否定的回答：上述修正案的内容"所禁止的是具有某种特征的州的行为"，或者说，其"针对州法律和凭借州的权力采取的行动"，"个人侵犯个人权利不是该修正案的主题。""宪法想要纠正的最根本性的侵权行为"是"由州单独负责的取消和否定权利的做法"，其并不"谴责个人犯下的罪行"。尽管哈伦大法官在本案中提出了自己的异议，但其并未否定第14修正案不规范"个人行为"的立宪意图，仅仅是对"州行为"作了扩大解释而已：他认为"集体和个人在履行公职或准公职时实行的行为"也是"州的行为"，在"一切具体意义上"，"铁路公司、旅馆老板、公共娱乐场所经理都是州的代理人或工具，因为他们对公众负有责任，在他们的责任和职能方面要服从政府的管理。"[②]可以说，联邦大法官们并不认为宪法可以适用于纯粹的"私人行为"，即"私主体"并非违宪主体。

　　从以上的叙述来看，违宪概念并非仅仅是一个技术性、规范性的概

---

　　① 库特勒编著书，第193页。
　　② 参见库特勒编著书，第185—187、190—191页。"州行为"的判断标准是变动不居的，"州的参与""州与个人行为的牵连""州与个人的相互依存"等等，均是美国联邦最高法院将个人行为视为"州行为"时运用的重要标准。如1961年的"伯顿诉威尔明顿停车管理处案"运用的便是"相互依存"标准，参见库特勒编著书，第526页。

念,其背后蕴藏着丰富的立宪主义意义上的价值:违宪概念意味着宪法在法律效力上高于其他一切法规范,体现了"人民意志"相较于"代议士意志"的最高性,反映了掌握国家立法权的代议制机关权力的有限性和地位的非至上性。正是基于这种"价值诉求",违宪概念又是"有限"概念,它并非可以替代"违法"而掌控所有的法律领域,可谓"有所为亦有所不为"。"泛化"违宪概念,并不能促进这些价值,反而有损于它们的实现。

三、合宪性审查制度:必要的理由

前文已述,违宪概念的"落地"要求建立有效的合宪性审查制度,而这种制度中的首要和重要内容便在于建立和完善一套符合国情、能够实际运作并反映立宪主义价值的组织体制。于此,简要回顾和体会美国违宪司法审查制度建立过程及联邦大法官阐释的理由对于我们来说仍然是具有借鉴意义的,尽管中美两国的合宪性审查体制"南辕北辙"。[①]

虽然我们一般认为联邦最高法院有权对国会立法进行合宪性审查乃是归功于马歇尔大法官在1803年"马伯里诉麦迪逊"案中所作的推理和论断,[②]但是宣称法院拥有合宪性审查权、违宪的法律无效(尽管个案中审查对象乃是州法律)的司法意见在1803年前的案例中就存在。[③]如威廉·佩特森大法官在1795年"范霍恩的承租人诉多兰斯"

---

① 尤其值得注意的是,运用论证美国联邦法院享有对法律的违宪审查权的逻辑(如马歇尔首席大法官的逻辑)来证立中国法院也享有对法律、法规的违宪审查权,是不合适的,也可能会带来巨大的灾难。相关的分析可参见翟小波:《论我国宪法的实施制度》,中国法制出版社2009年版,第84页以下。

② 参见白雪峰:《美国司法审查制度的起源与实践》,人民出版社2015年版,第40页。对美国联邦法院违宪司法审查权的支持和反对意见,可阅读[美]查尔斯·比尔德、爱德华·考文、路易斯·布丁等:《伟大的篡权:美国19、20世纪之交关于司法审查的讨论》,李松锋译,上海三联书店2014年第二版。

③ 根据国内学者的研究,阐述司法机关享有合宪性审查权方面具有理论原创性的应该是乔治·韦思法官在1782年的"邦诉卡顿案"中发表的司法意见。参见刘练军:《消极主义:宪法审查的一种哲学立场》,法律出版社2010年版,第32—33页。

案中就宣布:"我还有一个同样明确合理的观点,那就是:在这种情况(即立法机关的一项法案违反宪法原则,引者注)下,法院的职责是恪守宪法,宣布该法案无效。宪法是立法权威之本,是全部法律的基础,是立法者和法官据以行事的规则和授权书。我国的司法机关不是政府的从属部门,而是政府的并列部门。"①再如艾尔德尔大法官在1798年"考尔德诉布尔案"中主张,如果立法机关越权制定法律从而违反了根本法,那么"我们被要求作为法官确定立法机关""法律的有效性"。②

当然,本书的意图并非去考证违宪司法审查权的真正起源,而是在确定该权力乃是违宪概念生成的必要条件的基础上,从大法官的智慧中寻找出司法性合宪审查权应该或实际存在的诸多理由,并从这些理由中获致我们所欲求的"食粮"。③

(一)排除宪法实施障碍、保卫宪法的必要手段

"徒法不能以自行"可谓法律人皆知的道理。宪法在实施的过程中不可避免会遇到诸多的可控或不可控的风险或障碍,这已经被中国清末以来制定和实施宪法的历史经验与教训所证实。如果在非常时期,因政治情势等导致宪法失效或挫败是宪法自身难以克服、任何制度性措施都"无力回天"的话,那么在平常时期,制宪者就必须为宪法的顺利实施、排除前进道路上的障碍提供必要的、捍卫自身权威的手

---

① 库特勒编著书,第9页。

② 库特勒编著书,第15页。被美国学者斯图沃特誉为"有关政府问题奇才"的汉密尔顿在《联邦论》第16篇谈到各邦是合法实施权力还是非法篡权的判别时亦宣称:"如果法官不与议会共谋,他们就会宣布:议会中多数派的决议,违背了全国最高法律,构成违宪,因而失效。"参见[美]亚历山大·汉密尔顿、詹姆斯·麦迪逊、约翰·杰伊:《联邦论:美国宪法述评》,尹宣译,译林出版社2016年版,第104页。斯图沃特之语参见[美]戴维·O.斯图沃特:《1787年之夏:缔造美国宪法的人们》,顾元译,中国政法大学出版社2011年版,第85页。

③ 囿于见识和学识,本书对大法官们阐述的证立违宪司法审查权的理由的介绍是不完整的、非系统的。

段,否则,欲求达到宪法治理的状态则必然成为"镜花水月"。对此,马歇尔大法官在1821年"科恩斯诉弗吉尼亚州案"中作了极为精辟的说明:宪法的"进程不可能总是风平浪静。它会遭受狂风暴雨的侵袭。倘若宪法制定者们没有在宪法性质允许范围内为它提供避免它必然要遇到的危险的自我保护手段,他们就一定是一些愚不可及的政治家。没有一个政府在组织上可以有如此大的缺陷,竟然没有一套办法保证它自己的法律顺利执行,防备每天都发生的危险之外的其他危险。法院是最常用的办法;可以合理地认为,一个政府宁可依赖自己的法院,而不依赖其他办法。"[1]马歇尔大法官的这段论述不仅阐释了宪法自我保护的必要性和重要性,并且提供了他所认为的"最常用"的保护方法:(有权进行合宪性审查)的法院。[2]正如汉密尔顿在《联邦论》第78篇中所言:主持正义的法庭,是捍卫限权宪法——一部对议会的立法权列出特定例外的宪法——的堡垒,是捍卫公共正义和公共安全的守护神。[3]

(二)解决法律和宪法冲突的必然选择

在一般的法律适用实践中,上位法高于下位法的适用原则是无可置疑的,一般也是不存例外的。那么,在同一个案件中,当法官发现可适用于本案的宪法和法律两者之间存在冲突或抵触的情形时,该如何取舍呢?"上位法高于下位法"的适用原则是否于此就不能适用呢? 对此问题,汉密尔顿在《联邦论》中就给出了明确的答案:"上级权威先做出的立法,应该优先,下级从属权威的后续立法,应该置后。""不论何时,一条具体的法令,与宪法抵触,法庭的责任,应该是忠于宪法,不顾

---

① 库特勒编著书,第43页。

② 但是,在时任宾夕法尼亚州最高法院法官的吉布森(1825年"埃金诉劳布案")看来,在宪法没有明确授权的前提下,捍卫宪法、"矫正立法机关的弊端,必须依靠拥有完全和绝对的最高权力的人民",而不是法院。参见库特勒编著书,第34页。

③ 参见 [美]亚历山大·汉密尔顿、詹姆斯·麦迪逊、约翰·杰伊:《联邦论:美国宪法述评》,尹宣译,译林出版社2016年版,第529、531页。

这项具体法令。"①而马歇尔首席大法官在"马伯里诉麦迪逊案"中亦作出了与其"英雄所见略同"式的回答:"假如一条法律违反宪法,假如这条法律和宪法都应用于一个案件,法院在裁决该案件时必须要么依照法律不顾宪法,要么依照宪法不顾法律",在这种情况下,"如果法院必须尊重宪法,而宪法又高于立法机关的任何法律,那么适用于两者都应用的案件的必须是宪法,而不是一般法律。"②

法院违宪司法审查权是"解决法律和宪法冲突的必然选择",其根源就在于宪法(上位法)的效力高于其他一切形式的法律(下位法);或者说,法院的权力乃是宪法"高级法"效力的必然推论。诚如坦尼首席大法官在1859年"艾布尔曼诉布恩案"中陈述的法院意见所言:"由于宪法是基本法和最高法,如果国会的一项法令不遵循分配给联邦政府的权力,不在这项权力范围之内,合众国法院就有责任宣布它违宪因而无效。"③又如罗伯茨大法官在1936年"合众国诉巴特勒案"代表最高法院拟定的判决意见指出:"宪法是人民所制定的国家最高法。""当国会的一项法令被在法院里指控违反宪法时,政府的司法部门只有一个责任——把作为根据提出的那条宪法同被指控的法令并列在一起,然后断定后者是否与前者符合。"④

(三)宣誓拥护宪法的职业伦理要求

严格遵守宪法和法律、忠诚于宪法和法律,是法官首要的法律和职业伦理义务。当法官宣誓忠于宪法却在具体个案中违背宪法作出司法判断,岂不是"自相矛盾"之举?故此,法官宣布违宪的法律无效的权力

---

①[美]亚历山大·汉密尔顿、詹姆斯·麦迪逊、约翰·杰伊:《联邦论:美国宪法述评》,尹宣译,译林出版社2016年版,第531页。

②库特勒编著书,第29页。对此点意见,吉布森法官依然不予认同,他认为承认"宪法与法律冲突,法律应该让步"这一点并不能推导出"该冲突应由司法部门来解决"这一结论,如此推导是"大谬不然"的。参见库特勒编著书,第34页。

③库特勒编著书,第105页。

④库特勒编著书,第348页。

乃是其忠于宪法誓词的必然要求。就此点而言,我们还是来重温、感受一下马歇尔首席大法官在"马伯里诉麦迪逊案"中书写的伟大判词吧:"宪法制定者是把那个文件(即成文宪法,引者注)看作法院和立法机关必须遵守的准则的。否则为什么宪法要规定法官必须宣誓拥护宪法呢? 这一誓言当然专门针对他们的公务性质的行为。如果他们被用作违反他们宣誓拥护的准则的工具,而且是明知故犯的工具,那么把誓言强加于他们真是太不道德了!"[①]

在我国宪法已明确规定由全国人大及其常委会实施合宪性审查权的境况下,意图用上述乃至其他理由来论证中国法院也可行使合宪性审查权,显然是枉然的。但联邦最高法院大法官们阐释的上述理由却可用来"督促"全国人大及其常委会能在不远的将来积极稳妥地行使合宪性审查权:合宪性审查权的积极行使是宪法赋予全国人大及其常委会的宪法职责,是其成员宣誓效忠中华人民共和国宪法的职业伦理要求,也是保证宪法全面贯彻落实、捍卫宪法权威的必然之举,更是解决其他法律规范与宪法是否相抵触、不一致的实践要求。

四、谦抑的违宪判断:立场、范围与标准

如前所论,宪法的"高级法"效力和合宪性审查制度的确立仅仅为违宪概念的生成提供了可能性,欲使违宪概念成为"鲜活的"、人们可以感觉到的规范和社会现象,则还有待在实践层面合宪性审查机关能作出积极的违宪判断。但是,违宪是否像违约、违法、犯罪那样在社会生

[①] 库特勒编著书,第30页。吉布森法官不认为"宣誓"可以成为论证违宪司法审查权的依据,其主张:(1)拥护宪法的宣誓并非法官所特有,而是每个政府官员不加区别地都要宣誓,其目的与其说是在官员履行职责时对他加以约束,倒不如说是检验他的政治原则。(2)誓言"仅以公务上的职责所包含的为限",也就是说,如果法官的职责中并未包括违宪审查,那么拥护宪法的誓言也不能使他(她)的职责增加违宪审查。(3)如果法官在一案中适用了一部违宪的法律,并不意味着法官就违宪、就违背拥护宪法的誓言,因为,真正违宪的是立法机关,过失与责任都应归于立法者。参见库特勒编著书,第33、34页。

活中"随处可见"呢？审查机关是否动辄可以挥舞"宪法的大棒"否定一切下位法的效力呢？其实不然。

美国历史学家路易斯·布丁认为，美国违宪司法审查权的行使存在两项重大的限制：一是该权力是"只有在特殊情况下为着特殊目的才能使用的特殊权力"；二是除非一部法律违反了宪法中适用于该领域的一些有明确表述、或"通过必要的暗示"包含的具体条款，否则便不能宣布其违宪的原则，及其该原则的引申——明显、清晰且排除所有怀疑。如果抛弃以上的限制，就会形成"司法专制"。[①]此一"真知灼见"给予我们的教示是：尽管我们非常期待全国人大及其常委会能积极行使合宪性审查权，希冀其能够作出一些违宪判断从而"激活"中国的宪法审查体制，但合宪性审查权的行使毕竟并非纯粹是一个法律问题，违宪的判断毕竟牵涉到法律安定性和社会秩序的稳定性乃至整个国家体制和政治生态，因此，"慎言违宪"可能是任何从事合宪性审查事业的机关都必须秉持的"基本立场"。[②]在这一点上，美国联邦最高法院在历年的判例中显示出来的"司法智慧"亦值得我们学习和体悟。

（一）宪法审查权的行使："小心翼翼"

虽然联邦最高法院享有对国会或各州议会立法、行政法规等的合宪性审查权，但其并非在任何时期、任何案件中都积极地行使这种权力。鉴于违宪司法审查权不仅关涉公民宪法权利的保护，也同样涉及司法部门与立法、行政部门之间的权力关系，因此联邦最高法院的大法官们原则上在大多数时期、大多数案件中都秉持着一种审慎的立场，

---

① 参见[美]查尔斯·比尔德、爱德华·考文、路易斯·布丁等：《伟大的篡权：美国19、20世纪之交关于司法审查的讨论》，李松峰译，上海三联书店2014年第二版，第104—105页。

② 法国宪法委员会在宪法审查实践中所持的"慎言违宪"立场及其发展出来的具体审查技术，可参阅方建中：《超越主权理论的宪法审查：以法国为中心的考察》，法律出版社2010年版，第135—153页。

"小心翼翼、如履薄冰"式地展开合宪性审查。我们可以通过如下所述的大法官们发布的法庭意见感受到这种谨慎的心理和自制、谦抑的态度。

在1796年"希尔顿诉合众国案"中，蔡斯大法官宣称其不会行使合宪性审查权，"除非在异常明显的情况下。"[①]而艾尔德尔大法官在1798年"考尔德诉布尔案"中言道：宣告违反宪法条款的法律无效的权力"具有微妙和异常的性质，法院除非在一起清楚和紧急的案件中，绝不会使用这一权力。"[②]

（二）宪法审查权的广度和深度："浅尝辄止"

联邦最高法院除了谨慎行使违宪司法审查权之外，即使是在"该出手时就出手"的场合，也并非是对涉案法律"挖地三尺"，方方面面的问题都要全部、仔细地考虑，而是秉持一种"浅尝辄止"的审查态度，自我约束式地控制审查的广度和深度。这种"点到为止"的策略具体表现在如下五个方面：

第一，立法部门在制定法律规范时具有何种心理状态或者出于何种动机并非属于合宪性审查的范围，此乃"立法动机不受审查"原则的要求。对于司法部门并不探查立法者心理，马歇尔首席大法官在1810年"弗莱彻诉佩克案"中作了初步的阐释，尽管其表述略带不确定性："一条法律的有效性在多大程度上取决于其制定者的动机，影响一州最高权力机关成员的诱因对该权力机关订立一项契约起多大作用，应在多大程度上受法院审查，这些问题都是很难确定的。""如果立法机关多数成员受贿，那么，控制他们的行为是否在司法机关的职权范围之内，是很成问题的。如果少数成员根据不纯动机行事，司法部门据以出面

---

① 转引自刘练军：《消极主义：宪法审查的一种哲学立场》，法律出版社2010年版，第39页。

② 库特勒编著书，第14页。

干预的原则也不明确。"①而蔡斯首席大法官在1869年"麦卡德尔案"中,就国会通过的撤销法院受理上诉权的1868年法令的合宪性时明确宣布:"我们无权调查立法机关的动机。"②

　　第二,法院审查的宪法问题必须具有可"司法性","政治性"问题不由法院而是属于立法、行政等政治部门裁决。坦尼首席大法官在1849年"卢瑟诉博登案"(该案被美国学者库特勒视为"政治问题不审查原则"的滥觞)中,③认为关涉美国宪法第4条第(四)项(即联邦政府应保证各州实行共和政体)的如下权力属于国会而不属于法院:确定一州内政府是否为合法的共和政府。④而在1867年"密西西比州诉约翰逊案"中,蔡斯首席大法官传达的法庭意见在区分总统的政务性(ministerial)任务和行政性(executive)任务的基础上,认为总统保证法律被认真实施的任务乃是具有行政性和政治性的任务,禁止总统履行这种任务不在法院审判权范围之内。⑤

　　当然,哪些问题属于"政治性问题"并无一定之规,也无恒久的、确

---

　　① 库特勒编著书,第62—63页。根据王名扬先生的研究,美国法院在审查行政行为的合法性时,在原则上亦不探究行政官员的心理:"法院虽然必须审查行政机关支持其决定所陈述的理由,但是法院不能进一步审查在这些理由后面的动机,除非有明显的不诚实情况时例外。这个规则称为不能探索决定者的心理活动规则。这是最高法院1938年在第二摩根案件,和1946年在第四摩根案件中所确立的规则。"参见王名扬:《美国行政法》(第二版),中国法制出版社2005年版,第685页。

　　② 参见库特勒编著书,第163页。蔡斯大法官在该案中陈述的法庭意见被有的学者视为是典型消极主义价值立场的一个重要例证。参见刘练军:《消极主义:宪法审查的一种哲学立场》,法律出版社2010年版,第20页。阐释"立法动机不受审查"原则的司法意见还有:(1)1904年"麦克雷诉合众国案"中韦特大法官陈述的法院意见;(2)1922年"贝利诉德雷克塞尔家具公司案[童工税案]"中塔夫脱首席大法官陈述的判决意见;(3)1941年"合众国诉达比木材公司案"中斯通大法官传达的法院意见;(4)1957年"沃特金斯诉合众国案"中沃伦首席大法官传达的判决意见。分别参见库特勒编著书,第287、313、368、405页。

　　③ 但有证据表明,马歇尔首席大法官在1803年"马伯里诉麦迪逊案"中,就阐述过司法机关不审查"政治问题"的思想。参见白雪峰:《美国司法审查制度的起源与实践》,人民出版社2015年版,第303页;张千帆:《宪法学导论:原理与应用》(第三版),法律出版社2014年版,第210页。

　　④ 参见库特勒编著书,第95—98页。

　　⑤ 参见库特勒编著书,第161—162页。

定不变的普适性标准,在相当大的程度上依赖于不同法官依据不同时期的国内社会和政治情势作出不同的解释。如对于不公正分配议席问题,联邦最高法院就作出了前后不同的解释和裁决。法兰克福特大法官在1946年"科尔格罗夫诉格林案"中指出,要改正议席分配不公,依赖于联邦国会充分行使指导权;如果联邦国会不作为,那也只能依靠人民自己。联邦最高法院如果对议席分配问题作出司法裁决的话,就会破坏分权原则,"深深地介入联邦国会的权辖范围"。联邦司法机关"不应该进入这一政治棘丛"。①而在1962年的"贝克诉卡尔案"中,布伦南大法官代表法院陈述的多数意见指出:"产生'政治问题'的乃是司法部门与联邦政府各并列部门之间的关系,而不是联邦司法部门与各州的关系。"因此,本案所涉及的田纳西州选区划分或议席分配问题并非是法院不可审理的政治性问题。②

能够为法院解决的问题不仅不能是"政治性"问题,且"经济性问题"——遵循何种经济规律、选择何种经济形态、采纳何种经济理论等——也与司法的本质和功能相抵牾,同样不能由法院来解决。在1904年"北方证券公司诉合众国案"中,哈伦大法官陈述的法院意见指出:"竞争法则的自由运作对交易和贸易是不是一个明智和有益的规律,这是一个经济问题,本院无需加以研究或确定。"③其实,法院不解决经济问题不仅归因于司法的本质和功能,也归结于美国宪法本身:宪法并不是某一特定意识形态、经济理论、哲学理念的"集大成者",而是容纳了"多种价值"、反映不同利益主体利益的"容器"。对此,霍姆斯大法

---

① 参见白雪峰:《美国司法审查制度的起源与实践》,人民出版社2015年版,第300页。

② 参见库特勒编著书,第553页以下。在该案中,布伦南大法官提出了判断政治问题的六项因素,而这六项因素大致可分为三类:第一,管辖权问题,即宪法是否把司法性裁决权委托给政府的另一个分支? 第二,司法标准问题,即法院是否具有可操作的法律规则之指导? 第三,所谓的"审慎"原则,其含义是法官承担较少的政治责任,因而应尽可能避免行使司法自由裁量权。参见张千帆:《宪法学导论:原理与应用》(第三版),法律出版社2014年版,第211页。

③ 库特勒编著书,第250页。

官在1905年"洛克纳诉纽约州案"中作了经典的阐释:"宪法第十四条修正案并没把赫伯特·斯宾塞先生的《社会静力学》制定为法律。""宪法的目的不在于体现某一个经济理论,无论是家长主义及公民与州的有机关系理论,还是自由放任主义理论。宪法是为持有各种截然不同观点的人制定的。"①既然如此,法院要裁判经济问题势必就无法找到可依据的审查标准;如果强行为之,就有"以法官的理念"代替甚或凌驾于"人民意志"之嫌。

第三,法院只审查案涉问题,至于更为宽泛的与具体个案无关的问题法院并不解决;易言之,法院只"就事论事","一次一案"。此乃宪法判断必要性原则(或曰"法律领域的奥康剃刀")的要求或体现。②而这种法院对其审查权宽度的"自限性"也可归因于美国联邦法院违宪审查权的"司法性"。在1851年"库利诉费城港管理委员会案"中,柯蒂斯法官指出:管理领航员的法律属于管理贸易的法律,但即便如此,也不意味着国会对此享有专属立法权从而剥夺各州对领航员进行管理的权力。不过,本院的这个意见"被认为是有局限性的。它并不扩及其他哪些贸易权方面的事完全在国会控制范围之内,或者在没有国会立法的情况下可由各州自行管理,也不扩及一个总的问题:国会对某件事实行的何种程度的管理可被视为使各州对同一件事失去全部立法权。"③当然,在其他案件中,我们亦可发现相似的司法观点。哈伦大法官在1903年"钱皮恩诉艾姆斯案"([彩票案])中陈述的多数意见指出,国会有权依据"州际贸易条款"禁止"彩票"从一州运往另一州,至于辩护方提出的这将导致国会"可以专横地将它选择的任何种类或性质的商品或物品"排除在州际贸易之外的问题法院将在适当时机予以考虑,但"目前的案件并不要求法院宣布国会在管理州际贸易时可以行使的权力的详尽范围"。④在1972年"合

---

① 库特勒编著书,第264页。

② 参见翟国强:《宪法判断的方法》,法律出版社2009年版,第17、20—21页。

③ 参见库特勒编著书,第128页。

④ 参见库特勒编著书,第285页。

众国诉密执安东部管区联邦地方法院案"中,由大法官鲍威尔陈述的法院意见指出:"本案只涉及国家安全的国内方面。关于可能与外国或其代理人的活动有关的问题,我们没有述及,也不发表意见。"①也就是说,大法官们在本案中所发表的"政府实施电子监听之前应事先获得法院授权的"结论性意见只适用于"国家安全的国内方面",而不能扩展到"国家安全的国外方面"。由于本案并未涉及"国家安全的国外方面",依照"就事论事"的原则,法院当然对此不能也不应"节外生枝"。

第四,法院只控制行政或立法部门的"越权"行为,至于两个部门在权力范围内制定的法律或采取的措施是否恰当、是否明智,则不在法院审查范围之内。韦特首席大法官在1877年"芒恩诉伊利诺伊州案"中指出:"关于立法权力范围内立法干预是否恰当,立法机关是唯一的评判者。"即使立法机关可能滥用这种权力,但"要防止立法机关滥用,人民必须求助于选举,而非求助于法院。"②当然,正如韦特大法官在1910年"州际贸易委员会诉伊利诺伊州中央铁路公司案"中所言,如果被质疑的权力是以一种"极其不合理的方式"行使的话,就不再是"适当性"问题了,而是进入了"越权"范围之内。③

至于法院不审查"立法是否明智"问题,哈伦大法官在1905年"洛克纳诉纽约州案"中所陈述的不同意见对此作了斩钉截铁的肯定回答:"在我国的政体下,法院并不关心立法是否明智。"④而在1934年"住宅建造和贷款联合会诉布莱斯德尔案"中,休斯首席大法官代表最高法院拟定的判决宣称:"该立法(即1933年《明尼苏达抵押借款延缓偿付法》,引者注)作为政策问题是明智抑或不明智,这个问题与本院无关。"⑤布莱克大法官在1963年"弗格森诉斯克鲁帕案"中对法院不审查

① 库特勒编著书,第667页。
② 库特勒编著书,第224、226页。
③ 参见库特勒编著书,第238—239页。
④ 库特勒编著书,第262页。
⑤ 库特勒编著书,第336页。

立法是否明智原则作了"有益的历史性概述"。他认为："按照我国宪法创立的政体，立法是否明智，是否有用，要由立法机关决定，而不是由法院决定。"在1905年"洛克纳诉纽约案"、1923年"艾德金斯诉儿童医院案"等案件中流行的下列学说早就被摒弃了："正当法律程序授予法院权力，只要他们认为立法机关制定的法律不明智，即可将它们判为无效"。我们不愿意当"衡量立法是否明智的超级立法机关"。[①]在1968年"合众国诉奥布赖恩案"中，沃伦首席大法官更是断言："国会有权制定一个不明智的立法。"[②]

　　为什么法院不能或不愿审查立法是否明智呢？斯通大法官在1936年"合众国诉巴特勒案"中发表的不同意见对个中原因——法院并不比立法机关更高明——作了初步的解答："国会和法院在履行它们宪法规定的任务时不幸都会动摇或犯错误。"而且"法院不是唯一的一个必须被认为具有控制能力的政府部门。"那么，当立法出现不明智问题时，又该如何纠正呢？对此，哈伦大法官早在1903年"钱皮恩诉艾姆斯案"（[彩票案]）中就通过引证马歇尔首席大法官于"吉本斯诉奥格登案"所发表的司法意见作出了回答：纠正办法在于"国会的明智和判断力"，在于"国会与人民的同一性"以及"选民在选举时所起的作用"。[③]易言之，不明智立法的纠正依靠的是人民及其代表自身的力量而非法院。

　　第五，如果立法或行政措施是实现宪法所赋予立法部门和行政部门职责的必要手段的话，法院便承认该措施的合宪性，并不究问"必要性的程度"。如在关涉美国宪法第1条第8款第（十八）项所规定的"必要和适当"条款解释的1819年"麦卡洛克诉马里兰州案"中，马歇尔首

---

　　① 参见库特勒编著书，第384页。

　　② 库特勒编著书，第434页。法院并不关心"立法是否明智"的司法意见还可参阅：(1)1904年"麦克雷诉合众国案"中韦特大法官陈述的法院意见；(2)1923年"艾德金斯诉儿童医院案"中塔夫脱首席大法官发表的不同意见；(3)1937年"西海岸饭店公司诉帕里什案"中休斯首席大法官传达的法院意见；(4)1942年"威卡德诉菲尔伯恩案"中杰克逊大法官拟定的判决意见。分别参见库特勒编著书，第287、322、357、376页。

　　③ 参见库特勒编著书，第285页。

席大法官陈述道:"如果这条法律未被禁止,而是确实打算用来达到委托给政府的任一目的,那么,再查究其必要性的程度,就会超出司法部门的界限,进入立法部门的领域。本院不承认对这种权力的一切要求。"①

与不究问立法措施"必要性程度"相似的是,最高法院在案件中着重考虑的是国会制定的法律是否超越了宪法的授权范围,至于该立法是否全面、完整,是否能够"全方位""一次性"地解决法律所要解决的问题则"在所不问"。如在1937年"国家劳资关系委员会诉琼斯和劳克林钢铁公司案"中,首席大法官休斯代表联邦最高法院言道:"我们是在处理国会的权力,而不是处理一项政策或政策实施的范围。""立法机关在其恰当领域内行使权力,是不必把一切弊病都包罗在其范围之内的。在对付立法权力范围内暴露出来的弊病时,宪法并没有禁止'一步一步,小心翼翼地前进'。"②

(三)宪法审查标准的拿捏:"重大且明显"

即使是在必要的情境下行使合宪性审查权力,并在可审查的问题领域,审慎的宪法审查策略也未必导致判决结论以违宪居多的样态。正如美国学者库特勒在评价马歇尔时代(1801—1835年)的法院判决时所言:"以马歇尔为首的最高法院从未(即马伯里案之后,引者注)再次宣判国会的一个法案违宪,这表明了它的政治立场。"③此种政治立场在确定违宪标准的场合——借用行政行为无效的标准——便可转化为如下语言:"重大且明显违宪"。易言之,法院只有在违宪达到重大且明显的程度时才能作出肯定的结论,而在其他场合或情境下则需

① 库特勒编著书,第56页。

② 库特勒编著书,第366页。

③ 库特勒编著书,第25页。从有关统计数据来看,美国联邦最高法院在1790—1996年约200多年的时间内,判决国会立法违宪无效共计135件,判决州与地方立法违宪无效共计1233件。转引自刘练军:《消极主义:宪法审查的一种哲学立场》,法律出版社2010年版,第42—43页。这些略显稀少的违宪判决数量恰恰证明了联邦最高法院审慎的宪法审查策略。

"慎言"。用美国学者佩里的话来说:"即便法院(或者大部分法院)相信某一法律是违反宪法的","也不意味着法院应当判定这一法律违宪。""法律是否违反宪法,与法院是否应当判定其为违宪,是两个截然不同的命题。"①

1810年马歇尔首席大法官在"弗莱彻诉佩克案"中陈述的下列意见可说是"慎言违宪"的具体表达:"一条法律是否因与宪法相抵触而无效,这个问题永远是个极其微妙的问题,在一个有疑问的案件里,几乎绝对不应该对之作出肯定的裁决。"此种表达借用刑诉法学中"存疑不起诉"的话语亦可转化为"存疑不违宪"。而该案中的下列意见便可视为"重大且明显"违宪标准的具体展示:"但是并非根据细微的含义和模糊的臆测,就可以宣称立法机关越权,并将其法案判为无效。宪法与法律之间的对立必须极其严重,使法官清楚和深刻地相信它们互不相容。"②

当然,我们还可以在其他案件中找到其他法官所坚持的"慎言违宪"立场及所表达的"重大且明显违宪"标准的司法意见。如斯特朗大法官在1871年"法定货币(诺克斯诉李;帕克诉戴维斯)案"中言道:"如果宪法与法定货币法令明显地不相容",即便将要造成的结果有多么严重,也必须判定该法令为违宪。特别值得一提的是,斯特朗法官还指出了之所以这样做的原因——相互尊重的政治原理:"对一个政府并列部门的尊重要求司法部门在矛盾明显地出现以前,必须认定国会没有越

---

① [美]迈克尔·J.佩里:《慎言违宪》,郑磊、石肖雪等译,清华大学出版社2017年版,第3页。

② 库特勒编著书,第60—61、62页。从理论上而言,法律合宪性推定原则下辖两个子原则:法律合宪性解释原则与法律明显违宪原则。法律明显违宪无效原则是指宪法审判机关在运用技术手段不能规避宪法问题或不可能对争议法律作出合宪性解释时,其也只能在法律违宪情节达到明显而易见的程度时,宣布法律违宪而无效,若法律违宪未至明显而易见的程度,即使其存在不妥当的情形也不能宣布其因违宪而无效。瑞典1987年通过的宪法修正案明确规定了违宪审查制度,并在修正案的最后规定:"如果法条是国会或政府确定的,该法条只有在其错误极为明显的情况下才能被废除。"参见胡肖华:《违宪审查原则论》,《湖南科技大学学报》(社会科学版)2004年第3期。

权行为。"①

值得注意的是,在联邦最高法院大法官所陈述的司法意见中,我们还可以发现其他与"重大且明显违宪"标准具有相似或同等意义(即不轻言违宪)的词汇或语句:"专横""确定无疑""毫无疑问""超越合理怀疑"等等。如罗伯茨大法官于1934年"尼比亚诉纽约州案"代表最高法院拟定的判决指出:"价格管制,像任何其他管理方式一样,只有在如果是专横的、歧视的,或显然与立法机关所制定的政策无关,从而是不必要和不合理地干预个人自由的情况下,才是违反宪法的。"②而在1878年"霍尔诉德凯尔案"中,韦特首席大法官在其陈述的判决意见中指出:"我们在最大程度上承认支持一项立法的原则,除非其违宪性确实无疑。"③马歇尔大法官在1819年"达特默思学院诉伍德沃德案"中表达的"唯有在毫无疑问的情况下才会宣布立法与宪法相抵触"以及华盛顿大法官在1827年"奥格登诉桑德斯案"中发表的"推定立法机关立法的有效性,除非其对宪法的违反被证明超出了合理怀疑程度"均可视为是违宪应达到"重大且明显"程度的另种表述方式。④

可以说,违宪的判定牵涉到诸多方面和繁杂的利益,因此,合宪性审查机关不仅通过谨慎乃至不行使合宪性审查权、在宪法、法律的要求

---

① 参见库特勒编著书,第174—175页。日本最高法院亦表达了只有在"明显不合理"的情况下才能判决涉案行为违宪的意见:"对个人经济活动法律上的规制,应当属于立法机关技术上的裁量问题,法院应当尊重立法机关的裁量,但是,如果立法机关明显地超越了自由裁量的范围,或者是有关的立法规制措施明显不合理的,法院应当宣布其违宪,否定其法律效力。"参见韩大元、莫纪宏主编:《外国宪法判例》,中国人民大学出版社2005年版,第28页。

② 库特勒编著书,第338—339页。桑福德大法官在1925年"吉特洛诉纽约州案"中发表的判决意见亦提到"专横"的违宪标准。参见库特勒编著书,第302页。

③ 参见库特勒编著书,第198页。哈伦大法官在1905年"洛克纳诉纽约州"案中陈述的不同意见也提及"确定无疑"的违宪标准。参见库特勒编著书,第263页。

④ 转引自刘练军:《消极主义:宪法审查的一种哲学立场》,法律出版社2010年版,第47、48页。美国各州法院运用"重大且明显"(或曰"超出合理怀疑")违宪标准的案例及司法意见参见该书第58—63页的论述。另外也可阅读路易斯·布丁的《司法政府》一文,参见[美]查尔斯·比尔德、爱德华·考文、路易斯·布丁等:《伟大的篡权:美国19、20世纪之交关于司法审查的讨论》,李松峰译,上海三联书店2014年第二版,第99—101页。

下或自我控制审查的范围和深度来避免违宪判断,而且在必须作出宪法判断时亦采用"重大且明显"的标准来限制违宪判断的数量。以上所述种种,均在提示我们:如若不是在理论上抽象地谈论违宪,则在具体实践场合应该不"轻言合宪性审查",更要"慎言违宪"。虽然在人大体制内,国务院等国家机关必须向全国人大及其常委会负责并报告工作,后者有权监督前者,但全国人大及其常委会在对行政法规等法规范性文件实施合宪性审查时,也并非可以在完全不顾其他国家机关"感受"的情况下"轻言违宪",因为违宪无效的判断毕竟会对已经形成的法律秩序造成一定的影响。诚如有的学者所言:"我国宪法监督的违宪判断应坚持绝对必要性原则,即若无充分必要,就尽量少做违宪判断,仅在绝对必要的情况下才做出违宪判断。"①

---

① 李林、翟国强:《健全宪法实施监督机制研究报告》,中国社会科学出版社2015年版,第112页。

参考文献①

一、中文著作

1. 白雪峰:《美国司法审查制度的起源与实践》,人民出版社2015年版。

2. 伯阳:《德国公法导论》,北京大学出版社2008年版。

3. 陈新民:《德国公法学基础理论》(增订新版·上卷),法律出版社2010年版。

4. 陈新民:《中国行政法学原理》,中国政法大学出版社2002年版。

5. 陈玉山:《中国宪法序言研究》,清华大学出版社2016年版。

6. 陈云生:《宪法监督司法化》,北京大学出版社2004年版。

7. 陈云生:《违宪审查的原理与体制》,北京师范大学出版社2010年版。

8. 陈子平:《刑法总论》(2008年增修版),中国人民大学出版社2009年版。

9. 储槐植、江溯:《美国刑法》(第四版),北京大学出版社2012年版。

10. 范进学:《认真对待宪法解释》,山东人民出版社2007年版。

11. 范进学:《美国司法审查制度》,中国政法大学出版社2011年版。

12. 方建中:《超越主权理论的宪法审查:以法国为中心的考察》,法律出版社2010年版。

13. 龚祥瑞:《比较宪法与行政法》(第三版),法律出版社2012年版。

14. 韩大元主编:《比较宪法学》,高等教育出版社2003年版。

15. 韩大元:《宪法学基础理论》,中国政法大学出版社2008年版。

---

① 这里仅列出了本书主要参考的著作类文献,至于论文类文献未能一一列出。值得说明的是:未在此列出的文献并非不重要,前文脚注中所列的所有文献均对本书的写作提供了有益的帮助。

16. 韩大元编著:《1954年宪法与中国宪政》(第二版),武汉大学出版社2008年版。

17. 韩大元、张翔等:《宪法解释程序研究》,中国人民大学出版社2016年版。

18. 韩大元、莫纪宏主编:《外国宪法判例》,中国人民大学出版社2005年版。

19. 何华辉:《何华辉文集》,武汉大学出版社2006年版。

20. 胡锦光主编:《违宪审查比较研究》,中国人民大学出版社2006年版。

21. 胡锦光、韩大元:《中国宪法》(第二版),法律出版社2007年版。

22. 胡锦光:《合宪性审查》,江苏人民出版社2018年版。

23. 胡建淼:《行政法学》(第二版),法律出版社2003年版。

24. 李林、翟国强:《健全宪法实施监督机制研究报告》,中国社会科学出版社2015年版。

25. 李娜主编:《逻辑学导论》,武汉大学出版社2010年版。

26. 李卫刚主编:《宪法学讨论教学教程》,对外经济贸易大学出版社2005年版。

27. 李修琼:《意大利宪法审判制度研究》,北京大学出版社2013年版。

28. 李忠:《宪法监督论》(第二版),社会科学文献出版社2002年版。

29. 林广华:《违宪审查制度比较研究》,社会科学文献出版社2004年版。

30. 林来梵:《从宪法规范到规范宪法:规范宪法学的一种前言》,法律出版社2001年版。

31. 林来梵主编:《宪法审查的原理与技术》,法律出版社2009年版。

32. 林来梵:《宪法学讲义》(第二版),法律出版社2015年版。

33. 刘练军:《消极主义:宪法审查的一种哲学立场》,法律出版社2010年版。

34. 刘嗣元:《宪政秩序的维护:宪法监督的理论与实践》,武汉出版社2001年版。

35. 刘松山:《宪法监督与司法改革》,知识产权出版社2015年版。

36. 刘松山:《健全宪法实施和监督制度若干重大问题研究》,中国人民大学出版社2019年版。

37. 刘向文、韩冰、王圭宇:《俄罗斯联邦宪法司法制度研究》,法律出版社2012年版。

38. 刘志刚:《宪法实施监督机构研究》,复旦大学出版社2019年版。

39. 马岭:《宪法原理解读》,山东人民出版社2007年版。

40. 苗连营、郑磊等:《宪法实施问题研究》,郑州大学出版社2016年版。

41. 莫纪宏主编:《违宪审查的理论与实践》,法律出版社2006年版。

42. 欧爱民:《宪法实践的技术路径研究——以违宪审查为中心》,法律出版社2007年版。

43. 彭真:《论新时期的社会主义民主与法制建设》,中央文献出版社1989年版。

44. 秦前红:《宪法原则论》,武汉大学出版社2012年版。

45. 全国人大常委会办公厅研究室政治组编:《中国宪法精释》,中国民主法制出版社1996年版。

46. 裘索:《日本违宪审查制度——兼对中国的启示》,商务印书馆2008年版。

47. 任东来、胡晓进等:《在宪政舞台上:美国最高法院的历史轨迹》,中国法制出版社2007年版。

48. 沈岿:《国家赔偿法:原理与案例》,北京大学出版社2011年版。

49. 沈宗灵:《现代西方法理学》,北京大学出版社1992年版。

50. 舒国滢等:《法学方法论问题研究》,中国政法大学出版社2007年版。

51. 童建华:《英国违宪审查》,中国政法大学出版社2011年版。

52. 王广辉:《比较宪法学》,武汉水利电力大学出版社2000年版。

53. 王广辉等编著:《比较宪法学》,武汉大学出版社2010年版。

54. 王汉斌:《王汉斌访谈录——亲历新时期社会主义民主法制建设》,中国民主法制出版社2012年版。

55. 王建学:《法国式合宪性审查的历史变迁》,法律出版社2018年版。

56. 王磊:《宪法的司法化》,中国政法大学出版社2000年版。

57. 王名扬:《法国行政法》,中国政法大学出版社1988年版。

58. 王名扬:《美国行政法》(第二版),中国法制出版社2005年版。

59. 王世杰、钱端升:《比较宪法》,中国政法大学出版社1997年版。

60. 王禹编著:《中国宪法司法化:案例评析》,北京大学出版社2005年版。

61. 王振民:《中国违宪审查制度》,中国政法大学出版社2004年版。

62. 翁岳生编:《行政法》(上册),中国法制出版社2002年版。

63. 吴庚:《行政法之理论与实用》(增订八版),中国人民大学出版社2005年版。

64. 吴天昊:《法国违宪审查制度》,中国政法大学出版社2011年版。

65. 谢晖:《法律的意义追问:诠释学视野中的法哲学》,商务印书馆2003年版。

66. 谢维雁:《宪法诉讼的中国探索》,山东人民出版社2012年版。

67. 徐靖:《中国社会公权力行为的宪法审查研究》,法律出版社2018年版。

68. 徐秀义、韩大元主编:《现代宪法学基本原理》,中国人民公安大学出版社2001年版。

69. 许安标、刘松山:《中华人民共和国宪法通释》,中国法制出版社2003年版。

70. 颜厥安:《法与实践理性》,中国政法大学出版社2003年版。

71. 杨福忠:《立法不作为问题研究》,知识产权出版社2008年版。

72. 杨泉明:《宪法保障论》,四川大学出版社1990年版。

73. 杨仁寿:《法学方法论》,中国政法大学出版社1999年版。

74. 姚国建:《违宪责任论》,知识产权出版社2006年版。

75. 张光博、王秋玲:《宪法的实施和保障》,吉林大学出版社1993年版。

76. 张君劢:《中华民国民主宪法十讲》,商务印书馆2014年版。

77. 张千帆:《西方宪政体系》(上册·美国宪法),中国政法大学出版社2000年版。

78. 张千帆:《西方宪政体系》(下册·欧洲宪法),中国政法大学出版社2001年版。

79. 张千帆:《宪法学导论:原理与应用》(第三版),法律出版社2014年版。

80. 张千帆、包万超、王卫明:《司法审查制度比较研究》,译林出版社2012年版。

81. 张征:《宪法保障与违宪问题》,陕西人民出版社1988年版。

82. 翟国强:《宪法判断的方法》,法律出版社2009年版。

83. 翟小波:《论我国宪法的实施制度》,中国法制出版社2009年版。

84. 周伟:《行政行为成立研究》,北京大学出版社2017年版。

二、译著

85.[奥]凯尔森:《法与国家的一般理论》,沈宗灵译,中国大百科全书出版社1996年版。

86.[德]伯恩·魏德士:《法理学》,丁晓春、吴越译,法律出版社2013年版。

87.[德]迪特儿·格林:《现代宪法的诞生、运作和前景》,刘刚译,法律出版社2010年版。

88.[德]N·霍恩:《法律科学与法哲学导论》,罗莉译,法律出版社2005年版。

89.[德]G·平特纳:《德国普通行政法》,朱林译,中国政法大学出版社1999年版。

90.[德]哈特穆特·毛雷尔:《行政法学总论》,高家伟译,法律出版社2000年版。

91.[德]汉斯·沃尔夫、奥托·巴霍夫、罗尔夫·施托贝尔:《行政法》(第二卷),高家伟译,商务印书馆2002年版。

92.[德]卡尔·拉伦茨:《法学方法论》,陈爱娥译,商务印书馆2003年版。

93.[德]考夫曼:《法律哲学》,刘幸义等译,法律出版社2004年版。

94.[德]康拉德·黑塞:《联邦德国宪法纲要》,李辉译,商务印书馆2007年版。

95.[德]克劳斯·施莱希、斯特凡·科里奥特:《德国联邦宪法法院:地位、程序与裁判》,刘飞译,法律出版社2007年版。

96.[德]克里斯托夫·默勒斯:《德国基本法:历史与内容》,赵真译,中国法制出版社2014年版。

97.[德]齐佩利乌斯:《法学方法论》,金振豹译,法律出版社2009年版。

98.[法]孟德斯鸠:《论法的精神》(上册),张雁深译,商务印书馆1961年版。

99.[法]让·里韦罗、让·瓦利纳:《法国行政法》,鲁仁译,商务印书馆2008年版。

100.[美]E·博登海默:《法理学:法律哲学与法律方法》,邓正来译,中国政法大学出版社2004年修订版。

101.[美]C.H.麦基文:《宪政古今》,翟小波译,贵州人民出版社2004年版。

102.[美]P.S.阿蒂亚、R.S.萨默斯:《英美法中的形式与实质——法律推理、法律理论和法律制度的比较研究》,金敏等译,中国政法大学出版社2005年版。

103.[美]阿奇博尔德·考克斯:《法院与宪法》,田雷译,北京大学出版社2006年版。

104.[美]爱德华·S.考文:《美国宪法的"高级法"背景》,强世功译,北京大学出版社2015年版。

105.[美]查尔斯·比尔德、爱德华·考文、路易斯·布丁等:《伟大的篡权:美国19、20世纪之交关于司法审查的讨论》,李松峰译,上海三联书店2014年第二版。

106.[美]汉密尔顿、杰伊、麦迪逊:《联邦党人文集》,程逢如、在汉、舒逊译,商务印书馆1980年版。

107.[美]亚历山大·汉密尔顿、詹姆斯·麦迪逊、约翰·杰伊:《联邦论:美国宪法述评》,尹宣译,译林出版社2016年版。

108.[美]霍华德·鲍:《宪政与自由:铁面大法官胡果·L·布莱克》,王保军译,法律出版社2004年版。

109.[美]路易斯·亨金、阿尔伯特·J·罗森塔尔编:《宪政与权利:美国宪法的域外影响》,郑戈等译,生活·读书·新知三联书店1996年版。

110.[美]迈克尔·J.佩里:《慎言违宪》,郑磊、石肖雪等译,清华大学出版社2017年版。

111.[美]乔治·萨拜因:《政治学说史:城邦与世界社会》(第四版),邓正来译,上海人民出版社2015年版。

112.[美]乔治·华盛顿:《华盛顿选集》,聂崇信、吕德本、熊希龄译,商务印书馆2012年版。

113.[美]斯坦利·I.库特勒编著:《最高法院与宪法——美国宪法史上重要判例选读》,朱曾汶、林铮译,商务印书馆2006年版。

114.[美]戴维·O.斯图沃特:《1787年之夏:缔造美国宪法的人们》,顾元译,中国政法大学出版社2011年版。

115.[美]约翰·亨利·梅利曼、[委]罗格里奥·佩雷斯·佩尔多莫:《大陆法系》(第三版),顾培东、吴荻枫译,法律出版社2021年版。

116.[美]詹姆斯·安修:《美国宪法解释与判例》,黎建飞译,中国政法大学出版社1999年版。

117.[日]渡边洋三:《日本国宪法的精神》,魏晓阳译,译林出版社2009年版。

118.[日]芦部信喜:《宪法》(第三版),林来梵、凌维慈、龙绚丽译,北京大学出版社2006年版。

119.[日]三浦隆:《实践宪法学》,李力、白云海译,中国人民公安大学出版社2002年版。

120.[日]中西又三:《日本行政法》,江利红译,北京大学出版社2020年版。

121.[意]贝卡里亚:《论犯罪与刑罚》,黄风译,中国方正出版社2004年版。

122.[英]H.L.A.哈特:《法律的概念》(第二版),许家馨、李冠宜译,法律出版社2006年版。

123.[英]K.C.惠尔:《现代宪法》,翟小波译,法律出版社2006年版。

124.[英]W.Ivor.詹宁斯:《法与宪法》,龚祥瑞、侯建译,生活·读书·新知三联书店1997年版。

125.[英]戴雪:《英宪精义》,雷宾南译,中国法制出版社2001年版。

126.[英]杰弗里·马歇尔:《宪法理论》,刘刚译,法律出版社2006年版。

三、学位论文

127. 郭海清:《美国违宪审查制度的形成及其影响》,上海交通大学博士学位论文,2009年11月。

128. 梁红霞:《公民基本义务原理、规范与应用》,西南政法大学博士学位论文,2010年3月。

129. 刘广登:《宪法责任研究》,苏州大学博士学位论文,2005年4月。

130. 尹华容:《宪法诉讼正当性研究》,湘潭大学博士学位论文,2008年10月。

后　　记

　　"文章千古事,得失寸心知。"

　　在拙作完成且即将付梓之际,总免不了再絮叨几句。本意想将这几年来发生在自己乃至家庭中的一些足以改变个体"历史进程"的变故在此详述一遍,但转念一想还是作罢。为何?一则浪费读者宝贵时间,且具有骗取读者"银两"之嫌;二则在此新时代之际,芸芸众生又何尝不曾遭遇此前所无法预料的诸多变故呢?

　　有鉴于此,在此后记之中,我对拙作仅作以下几点说明:

　　其一,本书是国家社科基金西部项目(17XFX001)和井冈山大学博士科研启动项目(JRB1704)的最终研究成果。本书的出版亦获得这些项目以及井冈山大学高峰学科社会工作的资助。

　　其二,本书的大部分内容曾以论文形式在不同时期的不同刊物上公开发表过,收入本书时除了在体系上照顾"前后一贯"之外,还根据相关法律、法规的修改对文中的内容予以订正,但基本观点未变。

　　其三,由于本书的主题即违宪概念的研究是一项宪法学基础理论研究,且自己的学识和能力均欠"火候",因此,文中的观点及其论证肯定存在诸多问题,还望读者朋友不吝多多指教。

其四,本书能够顺利出版发行,得益于上海三联书店的惠允,在此深表谢意! 当然,文责自负。

饶龙飞

2023年6月于江西吉安寓所

图书在版编目（CIP）数据

违宪概念的一般原理/ 饶龙飞著.
一上海：上海三联书店，2024.
ISBN 978 - 7 - 5426 - 8443 - 1

Ⅰ.①违…　Ⅱ.①饶…　Ⅲ.①宪法—违法—研究

Ⅳ.①D911.04

中国国家版本馆 CIP 数据核字（2024）第 069889 号

违宪概念的一般原理

著　　者　饶龙飞

责任编辑　钱震华
装帧设计　陈益平

出版发行　上海三联书店
　　　　　中国上海市威海路 755 号
印　　刷　上海新文印刷厂有限公司

版　　次　2024 年 6 月第 1 版
印　　次　2024 年 6 月第 1 次印刷
开　　本　700×1000　1/ 16
字　　数　302 千字
印　　张　23.25
书　　号　ISBN 978 - 7 - 5426 - 8443 - 1/ D · 630
定　　价　88.00 元